U0879556

清流县地图

比例尺 1:240 000

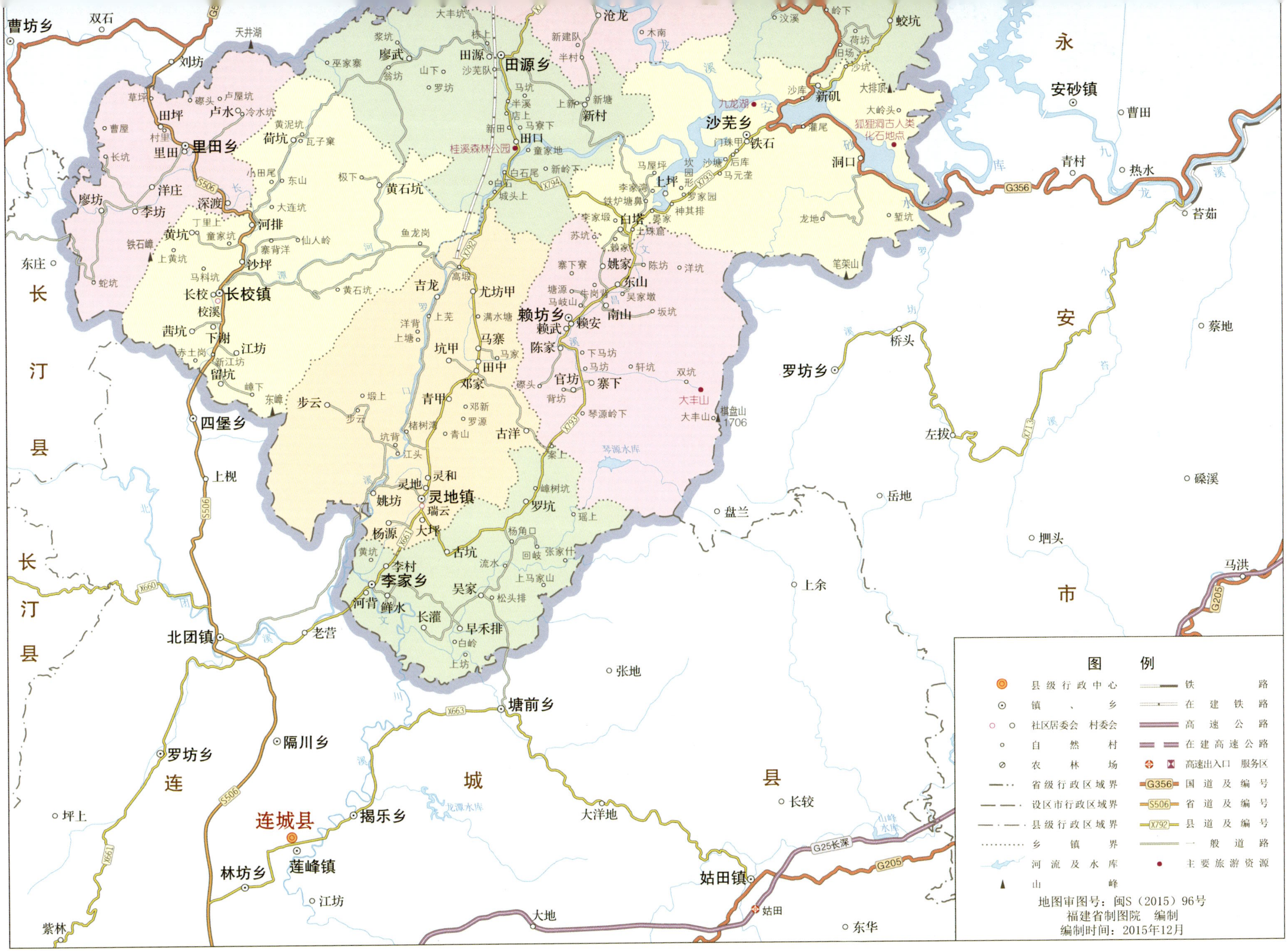

图例
县级行政中心
镇、乡
社区居委会 村委会
自然村
农林场
省级行政区域界
设区市行政区域界
县级行政区域界
乡镇界
河流及水库
山峰
铁路
在建铁路
高速公路
在建高速公路
高速出入口 服务区
国道及编号
省道及编号
县道及编号
一般道路
主要旅游资源
地图审图号：闽S（2015）96号
福建省制图院 编制
编制时间：2015年12月
永
安
市
长
汀
县
连
城
县
连城县
安砂镇
曹田
青村
热水
苍茹
蔡地
罗坊乡
桥头
左拔
岳地
盘兰
上余
燊溪
岬头
马洪
张地
长较
塘前乡
大洋地
姑田镇
姑田
大地
东华
隔川乡
揭乐乡
莲峰镇
林坊乡
江坊
北团镇
老营
罗坊乡
坪上
紫林
上枧
四堡乡
东庄
曹坊乡
双石
刘坊
天井湖
田源乡
沙芜乡
新矶
洞口
铁石
九龙湖
狐狸洞古人类化石地点
大排顶
笔架山
白塔
赖坊乡
姚家
东山
南山
赖安
陈家
官坊
寨下
大丰山
棋盘山
1706
琴源水库
灵地镇
李家乡
长校镇
里田乡
黄石坑
河排
沙坪
深渡
荷坑
卢水
田坪
廖坊
李坊
洋庄
黄坑
校溪
茜坑
下谢
江坊
留坑
步云
吉龙
尤坊甲
坑甲
马寨
田中
邓家
青甲
古洋
灵和
姚坊
杨源
大坪
古坑
罗坑
吴家
长灌
早禾排
鲜水
河背
李村
新村
田口
桂溪森林公园
廖武
田源
蛟坑
沧龙
G356
G205
G25长深
S506
X792
X793
X794
X661
X660
X663
X713

清流年鉴

2015

清流县人民政府 主办
清流县地方志编纂委员会办公室 编

方志出版社
Publishing House of Local Records

图书在版编目（CIP）数据

清流年鉴. 2015 / 清流县地方志编纂委员会办公室编.
— 北京 ：方志出版社，2015.11
ISBN 978-7-5144-1823-1

Ⅰ. ①清… Ⅱ. ①清… Ⅲ. ①清流县—2015—年鉴
Ⅳ. ①Z525.74

中国版本图书馆CIP数据核字（2015）第293148号

清流年鉴（2015）

编　　者：清流县地方志编纂委员会办公室
责任编辑：张　昊
出 版 人：冀祥德
出 版 者：方志出版社
地址　北京市朝阳区潘家园东里9号（国家方志馆4层）
邮编　100021
网址　http://www.fzph.org
发　　行：方志出版社发行中心
（010）67110500
经　　销：各地新华书店
印　　刷：福建省彩之龙印务有限公司
开　　本：889×1194　1/16
印　　张：14.25
字　　数：611千字
版　　次：2015年11月第1版　2015年11月第1次印刷
印　　数：001~600册
ISBN 978-7-5144-1823-1　定价：240.00元

· 版权所有　翻印必究 ·

2014年11月19日，省人大常委会党组书记、副主任徐谦（右三）到清流吉阳太阳能公司调研

2014年9月17日，省委常委、政法委书记苏增添（左一）到清流灵地镇调研，并与灵和村种养大户亲切交谈

2014年7月18日，市委书记邓本元（右三）到清流春舞枝公司调研

2015年5月23日，市长杜源生（左二）在县委书记梁奕章、县长冯明生陪同下，到清流龙津农贸市场了解“5·19”洪灾后恢复经营情况

2015年2月19日，市政协主席程立双（左一）到清流长校镇慰问困难户

2015年5月29日，清流县召开全县领导干部大会，宣布省委、市委关于清流县党政主要领导人事调整的决定，冯明生同志任中共清流县委书记，张春华同志任中共清流县委委员、常委、副书记

“5·19”抗洪

2015年5月18日晚至19日，清流县遭受特大暴雨袭击，18个小时降雨量368毫米，全县5个乡镇降雨超过300毫米，城区最大降雨量402毫米，引发严重洪涝灾害。国家防汛抗旱总指挥部指出，清流此次暴雨洪灾超百年一遇。县城区被淹长达18个小时，平均水深2米，最深5米，街面商铺、市政设施受损严重。全县13个乡镇道路、民房、水利设施及烤烟、花卉等经济作物遭受重创，8.1万人受灾。初步统计，直接经济损失超过17.8亿元。

“5.19”洪灾发生前，县委、县政府根据雨情水情，及时启动防洪1级响应，县城区和各乡镇紧急转移安置39340人，以确保人民群众生命安全，最大限度减轻群众财产损失。

19日凌晨3点，省人民政府防汛抗旱指挥部总指挥、副省长陈荣凯，省委常委、省委秘书长叶双瑜，市长杜源生连夜赶赴清流，现场指挥抗洪抢险工作。灾后，县委、县政府成立县抗洪抢险救灾应急指挥部，下设综合协调和纪律督查组、城区救灾组、基础设施救灾组、农业救灾组、工业救灾组、商贸旅游救灾组、教育救灾组、治安维稳和交通秩序组等9个工作组，有序开展抗灾救灾工作。

消防支队、武警部队接到县政府防汛抗旱指挥部命令,紧急展开救援行动，救出被困群众。危难时刻涌现出法院干警蔡忠新、协警林鹏峰，公安干警王时汝，嵩口镇高赖村民兵营长吴永生等不顾个人安危，跳进深水中抢救落水群众，他们的义举谱写下可歌可泣的感人篇章。

一方有难，八方支援，彰显人间大爱。武警三明森林支队、武警三明支队，梅列、明溪、尤溪、大田、永安、泰宁消防支队,永安、明溪县民兵应急分队闻讯纷纷赶来救援。厦门蓝天、曙光救援队，泉州荒野救援队等民间公益组织也在第一时间赶到清流救援，协助灾民转移安置，确保群众生命安全，全县未发生重大人员伤亡。

县财政紧急调拨1000万元专项救灾资金，用于应急救助、恢复生产、灾后重建，保障群众正常生产生活秩序。城区救灾小组组织全县机关干部，武警、消防和部队官兵分片清淤，重点进行城区受灾学校全面自救，保障学校早日复课；卫生防疫部门及时做好灾区防疫、消杀工作，确保灾后无大疫；市场监督、物价等部门加强巡查，防止商贩哄抬物价，销售病、死猪肉等；县农业救灾小组、基础设施救灾小组、治安维稳和交通秩序小

▲ 5月19日10时25分，武警大队士兵徒手破拆防盗网，转移南极幼儿园被困师生

◀ 5月19日，时任省人民政府防汛抗旱指挥部总指挥、副省长陈荣凯（左一）连夜赶赴清流，现场指挥抗洪抢险工作

救灾纪实

▲ 5月23日，市长杜源生（中）到清流指导灾后自救工作，慰问奋战在救灾一线的武警官兵

▲ 5月24日，县长冯明生（左四）在长校镇沙坪村查看大桥损毁情况，指导重建工作

组各负其责，指导乡镇、企业开展生产自救、重建家园，维护灾后秩序。卫生、通讯、电力、广电、环卫、交通、水利等对口部门也都展开驰援行动，为清流恢复家园作出重大贡献。

经过全县人民齐心奋战，截至5月26日，清流抗灾自救取得阶段性成果。乡村道路已全部通车。城区基本恢复通水通电，城区道路全部恢复畅通，广电网络全部恢复，城区学校全面复课。灾区人心安定、社会稳定。

天灾无情人有情。厦门集美区政府，厦门、漳州、广东、上海清流商会以及泉州广电网络分公司、福建上河建筑发展有限公司等社会各界和民间人士纷纷伸出援助之手，帮助清流人民共渡难关。

历史不会忘记，人民更不会忘记。清流人民将以昂扬的斗志、拼搏的精神，加快恢复生产、重建家园的步伐，将灾害造成的损失降至最低，以实绩回报各地各界对清流的关心与支持。

▲ 6月14日，县委副书记、代县长张春华（左二）到龙津镇指导灾后恢复生产工作

5月20-28日，广大干群分片进行清淤行动

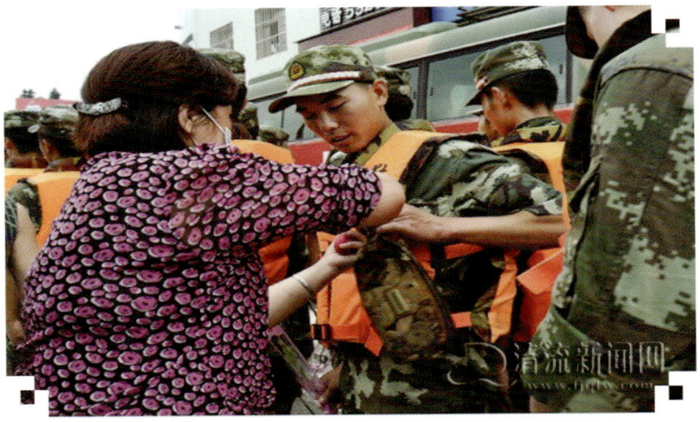

5月29日，在欢送驰援抗洪救灾的武警三明森林支队现场，热心市民给官兵们送红蛋

编 辑 委 员 会

主　　任：张春华
常务副主任：周美华
主　　编：曾嫦珊
编　　辑：刘江平　唐功轩
余王灼　姚　全
编务助理：李兴平
排版设计：陈晓峰

地　址：福建省清流县政府办公大楼大院内
电　话：0598-5320055　　邮　编：365300
E-mail：Smqlfzb@163.com

编 辑 说 明

一、《清流年鉴（2015）》系清流县人民政府主办，清流县地方志编纂委员会办公室编纂、出版的年刊，是一部以中国特色社会主义理论体系为指导，翔实记载清流县自然、经济、政治、文化、社会等方面情况的综合性资料检索工具书，供存史资政参考之用。

二、《清流年鉴（2015）》采用条目体，分为特载，专文，县情总貌，大事记，政党政权，人民、社会团体，公务员管理、机构编制，法治武装，人民生活，经济管理，工业经济，园区建设，交通运输，信息产业，农业农村，国土城建，财税审计，金融，商贸流通，教科文卫，乡镇概况二十一个板块，板块下分类、条和目，采用规范的语体文记述。附录副科级以上在职领导名录、光荣榜、重要文件选编及索引。

三、《清流年鉴（2015）》资料、插图由县党政机关各部门、乡镇、企事业单位提供，同时得到县委宣传部、报道组、广播电视台等单位及摄影爱好者林旭煌等人的大力支持。有关数据以县统计局的《统计年鉴》为准，个别采用部门提供数据并加注。正文资料收录范围为2014年1月1日至12月31日清流县发生的重大事件、重要活动，部门、乡镇、企业宣传彩页内容延伸至2015年，政务活动图片以2015年为主。

四、《清流年鉴（2015）》的编纂工作，承蒙县委、县政府领导关心、重视，以及各部门单位、乡镇和社会各界鼎力协作、配合，在此一并致谢。书中难免存在不足、错漏之处，敬请读者批评指正。

清流县地方志编纂委员会办公室

2015年11月

总　目

目　录

县人大常委会

县人民政府

政协清流县委员会

组　织

工 业

经 贸

城镇集体工业

非公有制经济

煤炭行业管理

供 电

园区建设

台湾农民创业园

经济开发区

交通 运输

交通 运输

公 路

特 载

国务院办公厅
关于印发全国地方志事业发展规划纲要（2015－2020年）的通知

国办发〔2015〕64号

各省、自治区、直辖市人民政府，国务院各部委、各直属机构：

《全国地方志事业发展规划纲要（2015-2020年）》已经国务院同意，现印发给你们，请认真贯彻执行。

国务院办公厅
2015年8月25日

全国地方志事业发展规划纲要
（2015—2020年）

为推进全国地方志事业科学发展，充分发挥地方志工作在我国经济社会发展和社会主义文化强国建设中的重要作用，为全面建成小康社会作出更大贡献，根据《地方志工作条例》，结合当前工作实际，制定本规划纲要。

一、发展基础与机遇

编修地方志是中华民族优秀文化传统，历史悠久，连绵不断。新中国成立后特别是改革开放以来，在党中央、国务院正确领导下，经过各地区各有关部门不懈努力，地方志工作取得巨大成就，形成以修志编鉴为主业、各项工作协调开展的事业格局，拓展了方志文化的内涵，为提升国家文化软实力发挥了独特作用。

（一）工作体制机制基本建立。基本形成党委领导、政府主持、负责地方志工作的机构（以下简称地方志工作机构）组织实施、社会各界广泛参与的工作体制；逐步形成将地方志工作纳入各地国民经济和社会发展规划、地方各级政府工作任务，“认识、领导、机构、编制、经费、设施、规划、工作”到位（以下统称“一纳入、八到位”）的工作机制。

（二）法治建设取得新进展。2006年国务院公布施行《地方志工作条例》，各地相继制定和完善地方性法规规章，进一步明确了各级政府对地方志工作的领导责任，加强地方志工作机构履行组织、指导、督促和检查地方志工作的职责，确保地方志工作依法开展。

（三）编修成果不断丰富。目前，首轮修志结束，第二轮修志进入关键时期，已出版7000多部省、市、县三级地方志书，2万多部行业志、部门志、军事志、武警志、专题志、乡镇（街道）志、村（社区）志等，1900多种、1.5万多部地方综合年鉴，1000多种、7000多部专业年鉴，大量地情文献。这些与现存的8000多种、10万多卷旧志及其整理成果，共同构成了一座以国情地情为主要内容并不断丰富的地方志资源宝库。

（四）理论研究逐渐深化。紧密结合修志编鉴实践，积极开展理论研究，已出版各种志鉴理论著作1000多部，发表论文6万多篇，取得显著成果，有力地指导了地方志工作开展，推动了方志学、年鉴学学科建设。

（五）基础设施建设逐步推进。全国已建成国家方志馆1个、省级馆15个、市级馆60多个、县级馆近200个，省级网站26个、市级网站近200个、县级网站470

多个，方志工作公共基础设施建设迈上新台阶。

（六）存史育人资政作用日益彰显。通过修志编鉴、开发利用地方志资源，地方志编修已发展成为为国存史的一项重要工作，在记录当代、保存历史、传承文明、发展文化、激发民族自豪感和自信心、推动海内外文化交流合作、提供促进经济社会发展的历史借鉴和智力支持等方面，成绩日益突出、作用日益显著。

目前，全国地方志事业呈现出良好发展态势和前所未有的大好局面，但也存在着制约事业发展的问题，主要是：事业发展不平衡现象比较突出；少数地区和部门对地方志工作重要性认识不够；相关法规规章落实不到位；机构不健全，编制、人员和经费不足；志书质量有待进一步提高；人才队伍青黄不接，人员素质亟待提升；信息化与方志馆建设比较滞后；方志文化的作用有待彰显等。这些问题必须通过科学发展和深化改革，采取有效措施，认真予以解决。

“治天下者以史为鉴，治郡国者以志为鉴。”按照“四个全面”战略部署，党和国家对地方志工作提出了新任务新要求，强调要高度重视修史修志，把历史智慧告诉人们。全国地方志事业迎来重要发展机遇。修志问道，以启未来。地方志工作要适应经济社会发展新形势，明确在发展改革大局中的目标任务，科学规划，积极创新，有序推进地方志事业持续健康发展。

二、指导思想与基本原则

（一）指导思想。全面贯彻落实党的十八大和十八届二中、三中、四中全会精神，按照党中央、国务院决策部署，落实第五次全国地方志工作会议要求，解放思想，实事求是，锐意进取，改革创新，依法全面推动全国地方志事业发展繁荣。

（二）基本原则。

1．坚持正确方向。坚持走中国特色社会主义文化发展道路，坚持为人民服务、为社会主义服务的方向，通过编修和开发利用地方志成果，为培育和践行社会主义核心价值观提供丰富、优秀的精神文化产品。

2．坚持依法治志。国家地方志工作机构依法统筹规划、组织协调、督促指导全国地方志工作；省、市、县级地方志工作机构依法履行组织、指导、督促和检查地方志工作职责，加强编纂业务工作。

3．坚持全面发展。以修志编鉴为主业，统筹兼顾理论研究、开发利用、信息化建设、方志馆建设、旧志整理等工作，实现地方志事业全面协调可持续发展。

4．坚持改革创新。继承和弘扬中华民族修志的优良传统，认真总结地方志工作的经验教训，深化改革，与时俱进，推动理论创新、制度创新、管理创新、方法创新。

5．坚持质量第一。坚持存真求实，确保地方志质量。正确处理质量与进度的关系，将精品意识贯穿于地方志编纂出版工作全过程，严把政治关、史实关、体例关、文字关、出版关，编纂出版经得起历史检验、具有鲜明时代特征和地域特色的地方志成果。

6．坚持修志为用。发挥地方志资源优势，全面提升开发利用水平；拓宽用志领域，提升服务大局能力，为党政机关、社会各界和人民群众服务；加大宣传力度，提高全社会读志用志水平。

三、总体目标与主要任务

（一）总体目标。到2020年，全面完成第二轮修志规划任务，实现省、市、县三级综合年鉴全覆盖，加快信息化和方志馆建设，做好第三轮修志工作准备，加强对社会修志的指导和管理，基本形成地方志编修体系、理论研究和学科建设体系、质量保障体系、资源开发利用体系、工作保障体系“五位一体”的地方志事业发展综合体系，努力开创地方志事业发展新局面。

（二）主要任务。

1．全面完成第二轮修志规划任务。到2020年，完成第二轮地方志书规划任务，省、市、县三级地方志书全部出版。在抓紧完成第二轮修志任务的同时，全面总结第一轮、第二轮修志工作的经验教训，认真研究第三轮修志的组织管理、运作模式、续修方式等，为启动第三轮修志做好资料收（征）集、队伍培训及理论准备等工作。

2．大力推进地方综合年鉴工作。到2020年，做到地方综合年鉴由地方志工作机构组织编纂，一年一鉴，公开出版，实现省、市、县三级综合年鉴全覆盖。

3．重视军事、武警及其他各类专业志鉴、民族地区地方志、乡镇村志和地方史编纂工作。加强对已开展和准备开展志鉴编纂工作的行业、部门、单位等的业务指导和管理。支持民族地区做好地方志编纂工作。指导有条件的乡镇（街道）、村（社区）做好志书编纂工作，做好中国名镇志文化工程、中国名村志文化工程组织编纂工作。具备条件的，可将地方史编写纳入地方志工作范畴，统一规范管理。

4．深入开展旧志整理工作。编制全国旧志整理规划，编辑旧志联合目录。具备条件的地方应编辑出版历代方志集成，分类整理旧志资料。加强与国内外高等院校、科研院所、公共图书馆、档案馆等单位的交流与合作，开展旧志点校、提要、考录、辑佚等工作。

5．加强地方志理论研究和学科建设。制定方志、年鉴理论和方志学、年鉴学学科建设规划，建立和完善方志、年鉴理论研究学术规范，力争到2020年形成较为成熟的方志学和年鉴学学科体系。充分发挥方志期刊和各级地方志学会的作用，活跃学术研讨，推动理论建设。加强与相关学科交流合作，开展地方志编纂、地方志事业发展等重要理论问题研究，编写方志学、年鉴学通用教材及各分支学科研究论著。总结历代一统志编纂经验，开展编修一统志的可行性研究。

6．加强人才队伍建设。重视人才选拔、培养和使用，加强专兼职结合、结构合理的人才队伍建设，培养和引进一批高端人才，建设一支高素质的地方志编修、研究工作队伍，弘扬修志问道、直笔著史的方志人精神。

7. 深化地方志质量建设。严格执行《地方志书质量规定》《地方综合年鉴编纂出版规定》有关要求，制定质量管理、质量监督等规定，完善地方志质量评议、审查验收制度，严把质量关。按照国家有关规定申报设立志书、年鉴及优秀学术成果评比奖励项目，逐步将志书、年鉴纳入国家及地方有关图书奖评比。

8. 强化地方志资料建设。加大依法收（征）集地方志资料力度，建立和完善地方志资料收（征）集、保存、管理制度，推行地方志资料年报制度并形成常态机制；运用社会调查、口述史等方法，大力拓展资料收（征）集范围和渠道，建立能够全方位适应地方志编纂、地方志事业发展和方志文化建设需要的地方志资料保障机制。

9. 加快地方志信息化建设。按照统一规划、统一标准、分级建设、资源共享、安全保密的原则，制定全国地方志事业信息化发展意见，充分利用已有信息基础设施和数据资源，加快地方志信息化建设步伐，支持民族地区地方志信息化建设。逐步建立地方志全文数据库。应用现代信息技术，加强对不同载体的地方文献收（征）集、保护和开发利用，推动信息标准化工作。实现国家、省、市、县四级地方志资源共享，面向社会提供优质服务。

10. 提高地方志资源开发利用水平。加强对地方志资源的深加工，拓宽服务渠道，增强服务功能，创新服务手段，更好地贴近经济社会发展实际，贴近人民群众需要。做好《中国地情报告》《中国方志发展报告》《中国年鉴发展报告》编纂工作。发挥地方志资源在地方公共文化服务中的重要作用，利用各类媒体广泛宣传地方志成果，推动方志文化进机关、进农村、进社区、进校园、进企业、进军营，推动城乡方志文化建设，培育地方历史记忆。

11. 扩大学术交流与合作。采用多种形式，加强与香港、澳门和台湾地区以及国外的高等院校、科研机构、档案机构与图书馆等单位的学术交流与合作。服务国家文化“走出去”战略，推介一批高质量地方志成果，充分展示地方志的当代价值及永恒魅力，推动方志文化走向世界，增强方志文化影响力。

四、保障措施

（一）法治保障。推动《地方志工作条例》的贯彻落实，逐步建立健全地方性法规规章。加大地方志工作法规规章的宣传、执行力度，定期开展执法监督检查，依法纠正、查处执行不力和违法行为。

（二）制度保障。健全地方志工作机构主导、社会各界有序参与修志编鉴的途径和方式。加强督促检查，健全和完善目标考核责任制、督查通报制，强化责任落实；健全和完善地情资料收（征）集及管理、修志编鉴业务制度和主编（总纂）责任制，确保在篇目设计、资料收（征）集、总纂统稿、志（鉴）稿评议、审查验收、出版发行、报送备案等环节上均有章可循、有序推进，保障志鉴质量。

（三）经费保障。改善地方志工作条件和图书资料收藏保管条件，做好修志、编鉴、出版、科研、开发利用、信息化建设、资料文献保存等工作，加大对民族地区、贫困地区地方志工作的支持力度。地方各级人民政府要将地方志工作所需经费列入财政预算。

（四）队伍保障。建立国家级、省级地方志专家库。探索地方志人才培养、引进等政策和措施，探索将方志学人才培养纳入国民教育体系的方式方法。完善教育培训制度，分级实施对地方志工作机构新任负责人、志鉴主编（总纂）的专项培训，实现修志编鉴人员岗前培训全覆盖、培训工作常态化；与高等院校、科研机构联合开展地方志专业方向研究生教育，举办专业进修班，支持地方志工作人员接受专业继续教育。按照国家有关规定开展先进集体和先进工作者评选表彰活动，建立干事创业的激励机制，营造良好氛围。

（五）宣传保障。利用各级各类新闻媒体，大力宣传地方志工作机构贯彻落实党和国家大政方针的新举措、地方志工作服务经济社会发展的新成绩、地方志工作者投身现代化建设的新贡献。挖掘地方志资源的现实价值、历史价值，设计宣传主题，创新宣传形式，推出一批人民群众喜闻乐见、有较大社会影响力的地方志宣传精品。

五、加强组织领导

地方志工作要坚持和健全党委领导、政府主持、地方志工作机构组织实施、社会各界广泛参与的工作体制，坚持“一纳入、八到位”的工作机制。地方志工作机构设置和人员编制，要与其有效履行职能、顺利开展工作的要求相适应；按照德才兼备原则和专业要求，配齐配强地方志工作机构的领导班子。

各地区各有关部门要结合工作实际，根据本规划纲要要求，制定本地区本部门地方志事业发展规划或实施方案，切实加强分类指导，加大组织推动力度，全面提高地方志工作水平，确保全国地方志事业平稳、有序、健康发展。

军事志事业发展规划由中国人民解放军军事志指导小组制定。

中国地方志指导小组及其办公室要对本规划纲要落实和执行情况进行督促检查。

政府工作报告

——在清流县第十六届人民代表大会第四次会议上

清流县人民政府县长 冯明生

各位代表：

现在，我代表县人民政府向大会报告政府工作，请予审议，并请县政协各位委员和其他列席人员提出意见。

一、2014年工作回顾

2014年，县政府在市委、市政府和县委的坚强领导下，在县人大、政协的监督支持下，围绕建设幸福清流目标，继续突出“做美城区、做强产业、做优环境、做好民生”四个工作重点，依靠全县上下的共同努力，较好地完成了县十六届人大第三次会议确定的各项目标任务。全年可实现地区生产总值75.86亿元，增长10.4%；农林牧渔总产值24.3亿元，增长5.5%；规模以上工业总产值96.54亿元，增长15.3%；县级公共财政收入3.34亿元，增长8.7%；农村居民人均可支配收入11404元，增长10.2%；城镇居民人均可支配收入22177元、增长9.8%。13项主要经济指标中有9项增幅位居全市前列，其中农林牧渔业总产值、规模以上工业总产值、社会消费品零售总额增幅居全市第一。

一年来的工作成效主要体现在以下七个方面：

（一）突出做优做特，夯实提升现代农业。特色农业加快发展。在稳定粮食生产基础上，全县种植烤烟4.39万亩，烟叶销售收入1.6亿元、税收3513万元。新增花卉1000亩、苗木2100亩，新增淡水鱼养殖面积1000亩、肉羊养殖5000只。15个航天蔬菜品种试种成功，全省第二个光伏农业项目获得省发改委批准立项，“清流鲜切花”获国家地理标志保护产品称号，全县新增农业“三品一标”企业4家。新型主体培育壮大。发展市级以上农业龙头企业28家，其中省级3家。春舞枝公司在德国证券交易所成功挂牌上市，成为全国首家花卉上市公司，全年销售收入超3亿元，税收可望突破2000万元。新增农民专业合作社41家、家庭农场45户、各类专业大户205户。设施建设投入加大。投入2.3亿元实施农业综合开发、土地整理等农业基础设施建设，其中投资6700万元的南面乡镇集中供水工程春节前可基本建成，投资1.21亿元的俞坊水库、岭官水库明年上半年可建成投入使用。新增花卉标准钢架大棚450亩，春舞枝公司建成全省首个标准化智能花卉馆。

（二）突出保量增效，促进工业平稳运行。工业后劲不断增强。吉阳太阳能电池芯片一期10条生产线有2条建成试产，另外8条正进行设备安装调试，并与孟加拉国签订了首批3亿美元光伏电动车、家用光伏发电机等光伏应用产品订单。总投资4亿元的钨矿废弃石循环利用重选项目正在建设。思恩电器、伊科电子已建成投产，展化化工二期厂房全面完工。帮扶解困力度加大。认真落实省、市扶持工业企业发展政策，出台鼓励工业企业增产增效奖励办法，为伊科电子、汽枪厂等20家企业争取技改、节能改造、企业创新等补助资金2103万元。设立专项应急转贷资金，为闽山化工、宏志矿业等11家小微企业提供应急转贷资金12笔8040万元。转型升级步伐加快。投入8.8亿元实施气枪厂等20家企业技改，列入省“百项千亿”重点技改项目4个。新增规模以上工业企业16家，总数达88家。园区设施逐步完善。投入1.1亿元，完成城南工业园土地平整和2.18公里园区主干道及雨污管网铺设，完成金星工业园亮化工程，动工建设福宝工业园污水处理厂。

（三）突出创新业态，增强第三产业活力。电子商务打响品牌。我县被列入全省第一批电子商务示范县，春舞枝公司被评为全省电子商务示范企业。建立海西电子商务青年创业基地，发展电子商务法人企业16家，注册资本1.32亿元。旅游经济发展壮大。清流温泉地质公园获批升格为国家地质公园，天芳悦潭生态旅游区被评为国家4A级旅游景区。全年共接待游客9.8万人次，实现旅游综合收入2000多万元。林畲毛泽东旧居项目基本建成，海峡两岸中华桂花文化园对外营业，中华客家祖山文化园博物馆装修进入扫尾阶段，花海温泉养生苑、朱德旧居•锅蒙山战斗遗址纪念馆等景区建设加快推进。商贸物流加快发展。出台《关于扶持商贸企业发展的若干意见》，全年新增限上商贸企业5家。佳云物流公司开通了清流至泉州的货运专线，拥有各类大型运输车辆93辆，吨位达2600吨；久鸿化工运输公司投入营运，实现我县危化产品运输企业零的突破。房地产业保持稳定。面对房地产市场急剧下滑的严峻形势，在全省率先出台《关于促进房地产市场持续健康发展的若干措施》，通过税费优惠、购房奖励，扭转了我县房地产市场严重滞销的局面，全年完成房地产投资5.5亿元，商品房销售12.68万平方米、增幅位居全市第四位。完成资质建筑企业二级升一级2

家，资质建筑企业总数达7家，实现建筑业产值24.5亿元，增幅居全市第一位。

（四）突出统筹协调，优化提升城乡环境。城区建设品位提升。投入8500万元建设城区管网、道路等基础设施，迎宾路拓宽改造春节前可竣工通车。投入4500万元完成河滨路立面改造二期、碧林公园、古树公园等景观提升项目建设，新增城市绿化面积7万平方米。城市管理加强，将12万平方米二级环卫路段纳入统一保洁，基本完成农贸市场“一线天”商户搬迁及周边环境整治，完成凤翔山公园、九龙公园、世纪公园改造修缮。乡村建设步伐加快。总投资9.22亿元的“五镇二乡”和美丽乡村建设项目有序推进，打造了长校河排、沙芜铁石、田源福源、赖坊赖武、李家鲜水、嵩溪元山等一批示范村。新建成赖坊赖安、嵩口清泉2个省级造福工程百户示范点，嵩口大轿垅自然村春节前可完成整村搬迁。开展“两违”综合治理和公路沿线环境综合整治“百日会战”，累计拆除违法违规建筑23.58万平方米。生态建设成效明显。获得省级生态县命名，国家级生态县创建工作通过省级预验收。投入3675万元完成开发性水土流失重点治理32平方公里，落实封禁治理面积2.4万公顷。完成造林绿化3.13万亩、“四绿工程”2848亩。严格实行“河长”责任制，加大节能减排工作力度，全面完成环保目标任务。

（五）突出投资拉动，全力推进项目建设。重点建设有序推进。全年实施“五大战役”项目131个，完成投资63.6亿元，有118个项目开工建设，开工率达90%；有41个项目建成投产或部分投产。制定“四百”重点项目工程建设五年计划，实施重点项目200个，完成投资56.5亿元。招商引资力度加大。完善“1+1”招商机制，组团参加“6.18”、“9.8”等重大招商活动，共引进项目67个。项目保障更加有力。全年争取交通、水利、农业、教育、卫生等项目资金4.9亿元，获批各类建设用地1131亩。投入1.63亿元，基本建成温郊至塘凤、余朋至杨梅后、赖坊至横七3条公路，完成嵩马大桥、罗陂岗桥等5座危桥改造，省道307线沙芜洞口至永安界公路加快建设。35千伏“林畲变”即将投入运营，110千伏“五里变”动工建设。

（六）突出惠民利民，切实加强民生保障。社会事业协调发展。坚持教育优先，投入教育事业资金2.1亿元，义务教育发展均衡县通过省级验收，高考上线考生数量和质量稳步提升，总投资1.5亿元的新一中项目基本完成主体工程。投入3280万元实施县乡医疗机构改造提升，县医院感染科病房建成投入使用，妇幼保健院综合楼、疾控卫生监督综合楼完成主体封顶进入内部装修。完成人口计生工作年度目标，“单独两孩”政策稳妥实施。县文化馆、图书馆建成投入使用，国家公共文化服务体系示范区创建工作代表三明市通过文化部中期督查。在第十五届省运会上，我县获得4金2银1铜好成绩。科技创新活力增强，全县专利申请166件、专利授权71件，鸿翔农庄被认定为国家高新企业和省级鲜切花卉育种栽培企业工程技术研究中心，鑫磁线圈被授予福建省创新型企业。保障体系逐步完善。新增城镇就业1920人，农村劳动力转移就业3200人。新建保障性住房103套。在原发放90周岁以上高龄补贴的基础上新增80－90周岁高龄补贴，低保年标准提高200元，农村集中供养和分散供养年标准分别提高588元、456元，年满60周岁被征地农民养老保障金月标准提高40元。城乡居民养老保险参保率达83%、基本医疗保险参保率达99.9%。落实专项扶贫资金3066万元，完成造福工程危房改造950户、4381人；成立扶贫小额信贷促进会，全县实现脱贫656户、2155人。社会治理成效显著。深入开展综治“三率”大提升入户挂包活动，上半年全省综治“三率”测评中，我县群众安全感、执法满意度、平安建设知晓率分别居全市第1名、第2名、第2名，全省第3名、第7名、第11名。严格落实县乡领导接访制度，化解矛盾纠纷，全县矛盾纠纷调处成功率99%，信访积案化解率100%。严格落实安全生产责任制，实现全年无重特大安全事故。

（七）突出转变职能，不断加强自身建设。按照市委、县委统一部署，深入开展党的群众路线教育实践活动，突出解决“四风”问题，修订完善制度117项，新建立制度164项。推进依法行政，自觉接受县人大、政协和社会各界的监督，重视人大议案、建议和政协提案办理，全年共办理人大议案、建议70件，政协提案61件。推进信息公开，全年公开信息1136条，网上发布857条。严格落实“八项规定”，建立“三公”经费监管平台，全年“三公”经费减少235万元。完成政府采购和工程招投标295期，节约资金4500多万元。认真落实党风廉政建设责任制，廉政建设和反腐败工作进一步加强。

此外，统筹推进统计、物价、司法、民族、宗教、气象、档案、方志、人防、双拥、民兵预备役、老区、老龄、残疾人各项工作，支持工会、共青团、妇女儿童等各项事业加快发展。

这些成绩的取得，是上级党委、政府和县委科学决策、正确领导的结果，是全县人民凝心聚力、团结拼搏的结果。在此，我代表县人民政府，向全县广大人民，向全体人大代表、政协委员、离退休老同志，向关心支持清流发展的社会各界人士，致以衷心的感谢和崇高的敬意！

看到成绩的同时，我们也清醒地认识到，我县的发展还面临不少困难和问题，主要是：受国内外大环境影响，经济下行压力加大，部分企业生产经营困难，金融风险防控形势严峻；经济总量小、发展后劲不强，落地投产项目不多，大项目、好项目偏少，实现跨越发展目标任务艰巨；产业结构不尽合理，新经济形态和业态尚处初级阶段，转型升级任重道远；社会转型期各种矛盾集中凸显，征地拆迁、医患纠纷、债务纠纷等矛盾问题时有发生；行政提速提效仍不理想，一些单位仍然存在“庸懒散拖”现象，等等。对此，我们要高度重视，采取更加有力有效措施切实加以解决。

二、2015年主要工作安排

2015年是全面完成“十二五”规划的收官之年。政府工作的总体要求是：深入贯彻落实党的十八大、十八届三中、四中全会和习近平总书记系列讲话及对福建工作的重要指示精神，全面落实中央和省、市、县委的各项部署，主动适应经济发展新常态，坚持稳中求进、生态优先、精准发力、有效作为，继续突出“做美城区、做强产业、做优环境、做好民生”四个工作重点，进一步夯实基础、做大总量、争先进位，全力推动清流科学发展跨越发展，努力建设机制活、产业优、百姓富、生态美的幸福清流。

2015年全县经济社会发展的主要预期目标是：地区生产总值增长11.5%；农林牧渔总产值增长5.5%；规模以上工业总产值增长16.5%；规模以上工业增加值增长16.5%；全社会固定资产投资增长22.5%；县级公共财政收入增长10%；实际利用外资增长8%；外贸出口增长8%；农村居民人均可支配收入增长11%；城镇居民人均可支配收入增长11%；社会消费品零售总额增长16%；居民消费价格指数控制在103%以内；城镇登记失业率控制在3%以内。围绕上述目标，着重做好七个方面工作：

（一）加快发展特色现代农业

1.做优示范基地。稳定粮食播种面积26万亩，建立2个万亩高产示范区，实现粮食总产9万吨以上。全力抓好集光伏农业、航天育种基地、千亩花卉产业园于一体的闽台千亩花卉产业基地建设，完成嵩口、余朋、赖坊千亩玫瑰基地建设，全县新增花卉1000亩、苗木2000亩，分别达1.17万亩和5.2万亩。推进闽台生态羊业基地建设，力争年内湖羊养殖达5000只以上，带动全县发展肉羊养殖5万只以上。推进嵩溪水产苗种、里田观赏鱼、李家鲟鱼等名优水产品基地建设，全年新增水产品产量2000吨以上。进一步做优烤烟，稳定种植面积4.02万亩，收购烟叶10.23万担以上。发展金线莲、铁皮石斛等中药材示范基地610亩，稳步扩大豆腐皮、茶叶、油茶、雪薯、赖坊花生等其它特色农产品种植加工规模。

2.突出龙头带动。加大春舞枝、闽滕园林、宏畅农牧科技、山珍源等农业产业化龙头企业扶持力度，鼓励支持龙头企业建立产业示范基地，采取“公司＋基地＋合作社＋农户”的模式，带动更多农户参与产业化经营，新增培育省级龙头企业2家、总数达5家，市级龙头企业7家、总数达35家以上。规范提升农民专业合作社，新发展家庭农场15家，新增“三品一标”企业5家。继续加强国家级台湾农民创业园和省级农民创业示范基地建设，深化对台农业交流合作，充分发挥“以台引台”的叠加效应，力争全年新引进台资企业10家以上，总数达75家以上；引进台湾农业新技术、新品种20个（项）以上。

3.延伸产业链条。发展农产品精深加工，加快玫瑰精油提炼及玫瑰系列食品加工、九龙湖豆腐皮深加工、双叶猕猴桃酒加工等项目建设进度，动工建设宏畅农产品冷链及深加工项目，提升农产品附加值。发展休闲观光农业，推进林畲海峡两岸中华桂花文化园、苏福生态观光茶园，嵩溪承远台湾农业观光园和山茶花博览观光园，赖坊生态观光茶园和樱花观光园等项目建设；加快嵩口沧龙、林畲龙泉鱼庄等休闲渔业基地建设，拓展提升农业发展空间。

4.夯实基础设施。组织实施总投资8500多万元的土地整理、烟基工程、农业综合开发等项目建设。实施总投资2.24亿元的水利建设项目，抓好里田长潭河、余朋罗丰溪和罗口溪李家段3个中小河流治理项目建设，完成林畲舒曹和赖坊姚家、金鸡山3座水库除险加固工程，动工建设闽江上游沙溪流域防洪一期（清流段）工程。新建标准钢架大棚500亩，新增农机具2000台（套）。

（二）培育发展生态新型工业

1.壮工业总量。坚持工业打头阵，力争全年新增规模以上工业企业20家以上，新增工业产值14亿元以上，实现工业总产值110亿元以上。全力扶持东莹化工、高宝矿业、红火水泥3家产值5亿元以上龙头企业稳定生产、扩大产能，推动双德钨矿废弃石循环利用重选、新型连发汽枪生产线、展化过硫酸盐系列产品、伊科电子、磐铖电子、华晟无纺布、思恩电器二期扩建、镇源食品一期、常恒电子一期等在建项目全面建成投产，形成新的产能。

2.促产业升级。加快培育新兴产业，重点推进吉阳太阳能电池芯片项目建设，力争一期后8条生产线全面建成投产，同时抓好应用产品生产线建设。着力延伸产业链，推进永福化工年产8万吨高纯氟化物、高宝矿业高纯氟化盐、东莹化工高纯电子级氢氟酸、鑫福化工含氟稀土氧化物、红火水泥特种高效水泥、30万吨纳米碳酸钙系列产品开发等重点产业链项目建设。强化企业技改，推动闽山化工、长灌煤矿等40家传统企业进行技术改造，力争列入省“百项千亿”项目4个以上。实施品牌战略，全年新增省级以上品牌4个以上。

3.重解困帮扶。着力推动一批资金困难但有市场、有潜力的企业寻找战略合作伙伴，实施资产重组、联合兼并，化“危”为“机”，二次创业。全面落实省、市、县出台的扶持工业企业发展优惠政策，积极帮助企业争取技改、用电奖励、企业创新等补助资金。加强银企对接力度，发挥好“万家企业成长贷”、“应急转贷资金”作用，积极争取兴业证券、海峡创投等各类创投基金或风投基金投资我县工业企业，帮助企业解决融资难问题。开展“手拉手”活动，帮助企业开拓市场，解决销售难问题。继续实行“一企一策”帮扶机制，加强协调服务，促进企业生产发展。

4.筑园区平台。继续完善省级经济开发区“一区两园”主干道、次干道配套管网、路灯、绿化等基础设施建设，加快推进温郊福宝工业园污水处理厂建设进度，动工建设金星园区污水集中处理设施。加大园区闲置土地清理力度，盘活存量用地500亩以上。加强与厦门集美区的沟通对接，全力推进山海协作产业园建设。

（三）做旺做活现代服务业

1.发展旅游经济。围绕“清新福建”主题和打造“海西后花园”目标，开展以温泉为主题的专题宣传体验活动，推出“大美清流”一日游、二日游线路。继续抓好林畲毛泽东旧居、里田朱德旧居红色之旅和嵩口花海温泉养生苑、清流温泉地质公园等重点景区建设，动工新建里田长潭河漂流娱乐项目，毛泽东旧居和花海温泉养生苑年内正式对外开放。加大中华客家祖山文化园二次招商力度，争取年内有实质性突破。做好乡村旅游文章，加大旅游促销力度，进一步拓展客源市场。启动中华客家祖山文化园A级景区、海峡两岸中华桂花文化园乡村旅游示范单位创建工作，提升我县旅游知名度。

2.拓展电子商务。发挥春舞枝花卉电商“领头羊”作用，加快成都（福建）花木交易所及春舞枝鲜花电子交易中心建设，3月底前花木交易所正式挂牌运营。大力实施“促一进三”工程，借鉴春舞枝花卉电商模式，加快金麒麟、鑫牌豆腐皮和赖坊花生等电商平台建设，努力形成特色农业“一业一电商”的良好发展格局。依托海西电子商务青年创业基地平台，积极引导清流在外电商从业人员和年轻大学生回乡发展电子商务，力争年内新入驻电商企业10家以上。

3.搞活商贸流通。大力发展现代物流业，建设以公路港为主体，佳云物流、久鸿化工运输、诚晔超现代物流等公司为龙头，集信息、仓储、货运、配送为一体的物流体系，新增大吨位货运、集装箱、危险货物运输车辆70辆以上，进一步改善我县运力结构。抓好限上批发企业的培育和申报工作，全年新增限上企业5家以上。提升发展批发零售、住宿餐饮等传统服务业，培育金融保险、物业中介、信息咨询等新兴服务业。

4.稳定房地产业。进一步完善政策，扶持本地建筑企业加快发展，全年新增三级以上建筑企业2家以上，扶持培育三级升二级、二级升一级建筑企业各1家以上，实现建筑业产值25亿元以上。认真贯彻落实好中央和省、市、县出台的促进房地产平稳健康发展的相关政策，鼓励购房，消化存量，推进磐安国际城、龙郡首府等精品楼盘建设，全年完成房地产开发投资7亿元以上、商品房销售13万平方米以上。

（四）大力实施项目带动战略

1.推进项目建设。坚持重点项目县领导挂包、序时推进和考核评价奖惩机制，全力抓好县“四百”重点项目工程建设五年计划的实施，突出抓好总投资245.1亿元、年度计划投资65.7亿元的121个“五大战役”项目建设，重点推进31个全省行动计划重大项目、11个省级重点项目和20个市“双十”项目建设，确保全面完成年度目标任务。

2.加强政策对接。充分运用好中央和省市相关政策，做好项目前期工作，争取上级更多政策、项目、资金支持。全力抓好吉永泉和浦建龙梅铁路前期工作，争取两条铁路在清流并点设站，吉永泉铁路年内动工。力争泰宁经清流至连城高速公路列入全省规划，并尽早动工建设。争取国家、省、市加大对我县稀土资源开采的政策扶持，力争温郊、嵩口矿区稀土矿勘查项目列入国土资源部扩证范围。

3.加大招商引资。进一步完善奖励政策，重奖招商引资有功单位和人员，促进社会各界踊跃参与招商，营造大招商、招大商的浓厚氛围。注重招商选资，着力引进生产性、税源型项目，提高招商实效。积极对接国家产业政策，借力自贸区“外溢”效应，强化“三维”项目对接，突出一批重点招商项目，组织开展专场招商，增强招商的吸引力和成功率。力争全年新引进1000万元以上项目50个以上，其中亿元项目5个以上。

4.强化要素保障。探索建立民间资金融资平台，鼓励社会资本通过BOT、PPP等市场化融资模式参与我县基础设施项目建设。加强金融体系建设，加大金融支持力度，确保村镇银行上半年正式挂牌营业。努力化解金融风险，有效控制不良贷款率，严厉打击民间非法融资。强化土地保障，争取建设用地指标600亩以上，实施旧村复垦300亩以上，实现土地增减挂钩指标交易收入1亿元以上。

（五）加快推进新型城镇化

1.打造更具魅力的城区。围绕“大美清流、太极之城”和“小县大城关”发展定位，启动编制县域传统风貌、防洪排涝等专项规划，完成龙津路周边地块等控制性详规编制。重点结合铁路建设，做好南岐火车站周边地块规划。抓好城区污水管网扩建工程，启动桥下人工湖、屏山路环岛等城市节点景观工程建设。做好南岐主村整村搬迁，推进黄家排精品居民示范小区建设。完成气象站和移动大楼建设。启用数字城管平台，加强小区物业管理，健全城市管理长效机制。

2.打造更有特色的集镇。按照“宜工则工、宜农则农、宜游则游”原则，持续推进嵩溪市级中心小城镇试点和“五镇二乡”小城镇项目建设，打造宜居宜业人居环境。紧紧抓住省、市交通项目支持城镇过境公路建设的契机，争取将龙津、嵩溪、嵩口同城化路网建设列入省市项目盘子，并早日动工建设，加快同城化建设进程。探索农村土地流转模式，进一步放宽城镇户口准入条件，鼓励和引导农村人口向城镇集中，让农民进得来、留得住、过得好。

3.打造更加美丽的乡村。大力推广长校河排、沙芜铁石、嵩溪元山、赖坊赖武等美丽乡村建设的经验做法，结合发展乡村游，通过整合资源，加大资金投入，每个乡镇各抓1－2个独具特色的美丽乡村示范村建设。注重挖掘和保护历史文化遗存、乡土风俗、传统古村落，更多凸显绿地、湿地、林地、人文，提升村庄建设品位。实施农村生活垃圾治理五年行动计划，深化“两违”、“三边三节点”和库区移民村环境综合整治，全力打造“生态环境优美、村容村貌整洁、产业特色鲜明、乡土文化繁荣”的美丽乡村。

（六）切实加强生态文明建设

1.实施生态立县战略。树立尊重自然、顺应自然、保护自然的生态文明理念，加快实施生态文明先行示范区建设，积极争创国家级生态县，确保年内顺利通过环保部考核验收并命名。配合省市对接国家生态保护与建设规划，争取我县作为闽江源纳入国家重点生态功能区，享受中央财政生态保护转移支付政策。

2.加强生态资源保护。重点抓好大气污染防治，优化能源结构，鼓励企业发展余热发电，建设大中型沼气工程，减少大气污染，确保空气质量达到或优于二级标准。加大生态修复力度，严控林木采伐量，实施矿山复绿治理工程项目2个，完成绿化造林2.84万亩，确保森林覆盖率保持在77%以上，林木蓄积量保持在1200万立方米以上。严格落实“河长”责任制，加强饮用水源保护和流域水环境综合整治，确保全县集中式饮用水源地水质达标率100%，辖区主要水系水质达标率100%。

3.推动绿色低碳发展。坚持节约集约用地，严格按项目投资强度确定供地面积，提高土地利用效率。严把项目环保准入关，强化项目环境影响评价。严格控制污染物排放总量，积极引导企业引进和应用节能减排新技术，抓好建材、化工等行业节能降耗，加强对氨盛化工废水深度治理设施和红火水泥脱硝设施等减排企业的运行监管。争取单位GDP能耗、资源产出率、万元工业增加值用水量、主要污染物减排等系数达到全市前列水平，全面完成年度节能减排目标。

4.抓好水土流失治理。全力抓好国家重点项目南岐溪、拔里溪小流域水土流失综合治理扫尾工程建设，加快嵩溪北坑、里田深渡两条小流域水土流失综合治理项目建设，完成水土流失治理面积0.23万公顷。继续实施改燃禁柴补助，落实2.39万公顷水土流失区封禁措施治理。

（七）统筹发展民生事业

1.办好惠民实事。在落实好省、市为民办实事项目的基础上，办好10件惠民实事：⑴全面完成县一中整体搬迁新建工程。⑵建设县文化体育中心一期（体育馆）工程。⑶完成县妇幼保健院综合楼和疾控卫生监督综合楼建设。⑷建成县革命烈士纪念园。⑸重建县光荣福利院。⑹省道307线沙芜洞口至永安界公路建成通车，完成“镇镇通干线”及县道建设34公里，实现乡镇三级公路全覆盖。⑺建设保障性住房258套。⑻俞坊水库、岭官水库建成投入使用。⑼实施城区应急水源自来水管网建设。⑽实施“造福工程”危房改造600户2500人、地灾搬迁100户。

2.加大扶贫攻坚。用好省扶贫开发重点县的帮扶政策，加强与省市扶贫挂钩帮扶单位的沟通对接，争取补助资金1.3亿元以上。完善精准扶贫工作机制，对全县8539个贫困人口，实行“一村一策、一户一法”，从产业培育、危房改造、整村帮扶、科技培训等方面进行帮扶，增强自我发展能力，确保年内完成750户、2500人以上的脱贫目标。

3.优先发展教育。全力推进新一中项目建设，确保秋季开学投入使用，同时做好城关小学整体搬迁和城关幼儿园建设工作。实施总投资3200万元的温郊、赖坊中心小学扩建改造和里田、邓家幼儿园建设，继续实施校安工程，努力改善办学条件。加快发展学前教育，义务教育发展基本均衡县通过国家评估认定，做好清流一中省一级达标校申报评估工作。

4.统筹各项事业。强化卫生服务，实施赖坊卫生院整体搬迁、温郊卫生院综合楼和基层卫生院卫技人员周转房建设，深化公立医院改革，抓好县级医院医疗服务能力建设。坚持计划生育基本国策，实施“生育文明・幸福家庭”促进计划，促进人口长期均衡发展。确保国家公共文化服务体系示范区创建工作通过文化部考评验收，编制“赖坊古民居省保单位集中成片”整体保护规划，做好赖坊古民居、余朋东坑古文化名村、李家“五经魁”、长校“十番锣鼓”等文化遗产与非物质文化遗产保护与申报。重视科技人才队伍建设，建立科技创新驱动激励机制。广泛开展群众性精神文明创建活动，提高全民文明素质。支持老干部、工会、共青团、妇联、科协工作，继续加强统计、物价、人防、人事、档案、地方志、红十字会、民族宗教等工作，推动各项社会事业协调发展。

5.强化社会保障。落实积极的再就业政策，新增城镇就业1900人，农村劳动力转移就业3200人；落实工资保证金制度，预防群体性劳资纠纷案件。继续扩大各类社会保险覆盖面，实现城乡居民基本养老保险、基本医疗保险全覆盖。建立最低生活保障标准和资金投入增长机制，认真抓好城乡低保、农村“五保”供养、优抚、助残、城乡特困户生活与医疗救助等工作。健全农村留守儿童、留守老年人关爱服务体系。加强法律援助、司法救助，完善社会救助，支持发展公益慈善事业。

6.维护安定稳定。深化“平安清流”建设，严厉打击违法犯罪活动。继续开展综治“三率”大提升入户挂包活动，确保综治“三率”保持在省市前列。推行“五心工作法”和“五轮齐动”工作模式，落实领导干部下访、走访、接访制度，依法处理信访事项，有效化解社会矛盾。严格落实安全生产“党政同责、一岗双责”工作机制，积极开展“六打六治”打非治违专项行动，严防重特大事故发生。加强食品药品监管，健全应急管理体系。做好民兵预备役、国防动员、优抚安置、双拥共建工作。抓好普法教育，加强社区建设，做好村委会换届选举工作。

三、切实加强政府自身建设

结合贯彻落实党的十八届四中全会提出的全面推进依法治国方略，把握新一轮政府机构改革的契机，突出为人民服务、对人民负责、让人民满意的宗旨，把政府自身建设的着力点放在建设职能科学、权责法定、执法严明、公开公正、廉洁高效、守法诚信的法治政府上，放在求真务实、狠抓落实上。

（一）依法决策。完善决策程序，防止越权、违法决策，防止决策失误造成重大损失或引发社会矛盾。严格落实重大项目、重大规划、重大决策公众参与、专家论证、风险评估、合法性审查、集体讨论决定等制度，规范重大决策程序。主动听取人大代表、政协委员、老干部和社会各界人士的意见建议，完善政府法律顾问制度，提高政府决策的科学化、民主化水平。科学编制“十三五”发展规划及其它各专项规划，提高规划的前瞻性和可行性。

（二）依法治理。深化行政执法体制改革，积极推进综合执法，加大饮食用药安全、生态环境保护、市场经营秩序等关系群众切身利益的重点领域执法力度，做到严格、规范、公正、文明执法。深入推进政务公开、政府信息公开，进一步规范行政自由裁量权，促进政府工作公开透明。全面落实党风廉政建设责任制，强化经济责任审计和重点项目审计，加强对重点领域、重点对象和关键环节的监督和制约，创建廉洁公务运行体系，防止贪污贿赂、腐化堕落等违法违纪现象发生。

（三）依法履职。自觉接受人大及其常委会的法律监督和工作监督，主动接受政协的民主监督，认真办好人大代表议案建议和政协委员提案。坚持法定职责必须为，做到勇于负责、敢于担当，坚决克服懒政、怠政；坚持法无授权不可为，坚决纠正胡作为、乱作为，坚决惩处失职、渎职。积极推行权力清单、责任清单、负面清单制度，使公职人员清楚地知道该做什么、能做什么、不能做什么。

（四）重在落实。巩固和拓展教育实践活动成果，打好作风建设攻坚战、持久战，不让“四风”问题反弹回潮。提高政府执行力，深入推进“四下基层”，践行“一线工作法”，深入企业、深入项目，采取现场办公、一事一议的办法，协调解决发展中的难题。全力推动行政提速提效，狠抓效能督查，坚决纠正工作中中梗阻、打折扣、搞变通的问题，确保各项工作有效落实。

各位代表！事业凝聚人心，实干赢得未来。让我们更加紧密地团结在以习近平同志为总书记的党中央周围，在县委的坚强领导下，求真务实，锐意进取，为推进清流科学发展跨越发展，全面建设幸福清流而努力奋斗！

专 文

“花都”卖的不光是花

赵 鹏

2014年8月，福建省正式宣布对全省34个县取消GDP考核，转而分别实行农业优先和生态保护优先的新型绩效考评。其中闽中三明市所属的县（市、区）数量最多，农业优先的6个，生态保护优先的2个。清流县便是农业优先的6个之一。

取消单纯的GDP考核、生态保护优先，这当然都是好事。可问题是，作为先天“弱质”的农业，组织化程度不高，小生产与大市场的矛盾依然突出……如何在现今形式下，以一己之力支撑起一个区域的发展呢？

“没错。这正是传统农业的弊端。”县委书记梁奕章说，“但你设想一下，假如让第一产业的农业与第三产业的电商产业直接嫁接，那又会如何呢？”

于是“花都”清流，便有了“由一进三”“接二连三”的故事……

良好的自然环境，勤劳肯学的花农，让山城小县“开”出好花

算起来，清流的花卉产业起步于2003年。

清流，这个名字，很多人并不知晓。这里人少、山高、没啥像样的企业。就一样最好，森林多。80%以上的森林覆盖率，闽江上游穿城而过，穷是穷点，但生态好得不得了。也正是因为这种小气候，清流选来选去，选取了发展花卉苗木产业的路子。

郑开红便是当年由杀猪屠户转而栽种花卉的典型代表。“一种下去就开始赚钱，直到去年以前，基本就没亏过。”老郑人朴实、话也直。“主要是这里的自然环境太好了。”

老郑主要种非洲菊，一开始是10亩，经过省农林大学的专家培训和自己学习，他现在不仅可以种出18个品种，而且还能“让什么时候开就什么时候开、让长出什么颜色就长出什么颜色”。品质好、新鲜度高，一上市就供不应求。前几年有个给他供应花肥的客商，帮他联系到了武汉的花卉市场，结果他的非洲菊一进去，没出一个月，市场几乎全被他占领了。

有了这样的示范，老郑家所在嵩溪镇青山村以及周边乡镇的群众，全都学着种非洲菊了，2010年他们组建起全县最大的“景红民间花卉合作社”，成员有160多人，总种植面积发展到1000多亩。按行话，每20枝为一扎，150—180扎为一件，“景红”全年平均每天卖出20件；市场上一般的零售价是一元一枝，老郑他们批发价最高时达1.8元一枝。

创业经营了10年，虽然“福建省花木之乡”“中国绿化苗木之乡”等牌子名号，拿到手软，可最后真正让整个中国鲜花市场开始认知清流这个品牌，让全国各地鲜花产业从业者真正认可清流是新“花都”，让清流县真正决心把鲜花当作当地重要产业的原因，还真没那么简单。

相对成熟的产业链条，适当的扶持政策，扶起花卉产业领军“龙头”。

一切的改变，源于两年前从云南引进的一家名叫“春舞枝”的企业。

春舞枝是干什么的？种花吗？也种，他们自己在清流有3000亩基地；卖花吗？也卖，原本就是家卖花出身的企业。可比前两者更重要的，他们探索的是鲜花交易的电子商务，为此他们把总部也搬到了清流。

清流的春舞枝总部从到这里投资一开始，便同步建起了花卉电子交易中心，除自己的“532314鲜花电子商务平台”和“全球鲜花速递中心”外，还连带着11家专业电商企业，一并落户山城。

"独具优势的自然条件就不说了，对于我们来说，看重的是这里早已成熟的48家专业花卉企业和民间合作社，2.3万多户涉及种植、管理、营销各环节的专业花农、苗农'大军'，以及全省最大的1万多亩鲜切花基地和近5万亩的苗木基地。这些已经不用我们再培育了。"春舞枝集团老板肖裕长说，"当然更看重当地给予我们谋求转型电商花卉产业的政策扶持。"

去年，福建春舞枝建成的第二年，其花卉电子交易平台交易量就实现86万单，营业额超过2亿元。由于电商总部的成立，春舞枝摸索出了一套"花卉苗木种植+电子商务+实体花店"的经营模式，即在全国2800个县级以上城市，加盟吸纳8000多个实体店，通过总部电商后台的运营，实现了全国鲜花2—3小时内无缝配送。

回头看，春舞枝其实是利用了清流这一小小的"支点"，撬动了自身从传统产业类型向信息时代企业飞速转型。转型对任何一个企业，犹如一场脱胎换骨，脱下"旧骨旧肉"的成本且不说，单是同时还要迅速辅以外部各种成熟条件的支持，便是不易。

清流的出现，恰恰解决了春舞枝所需要的几乎一切。可是，春舞枝这样一艘巨型"航母"进来，又会不会冲垮了当地像景红这样的"小船"呢？

"由一进三""接二连三"，电商平台不仅带火了花卉产业，也拉动了一批特色农业产业

"账不能这么算。"郑开红告诉我们，他能够成功进军武汉市场恰恰就是缘于春舞枝。

作为传统小花农的景红，不具备像春舞枝那样在网络平台市场广告宣传、文化包装、市场营销的能力。"现在卖产品，其实就是卖品牌、卖创意、卖文化、卖名气。他们这方面比我们强多了。"

去年夏天，郑开红在广东市场实实在在领略了一次"名气效应"。此前，广东一直也是老郑他们的主要市场，但竞争相当残酷。可这一次去，只要一亮出"清流鲜花"的名号，对方就问："那不就是春舞枝总部所在地？没问题，全要了。"而且单价硬是比其他地方的高出三成。"清流鲜花、中国新花都、花卉电商基地"的概念，就这样被市场组合到了一起。

今年春节期间，又是凭着这个名号，老郑打进了浙江温州市场，清流非洲菊再次"横扫"所有对手，最高一天景红批发出67件！2013年，清流花农人均年收入达到2万元，高于全省农民平均水平，要知道这里可一直是个贫困县。

郑开红有笔自己的账，梁奕章也有笔自己的账。要说之前，清流花卉产业虽然名气大，但对政府来说实惠还真不大。为啥？没税呀。可现在不一样了，春舞枝作为电商企业，去年销售额达2亿元，上缴当地财政税就达1600多万元！"这还只算了一头，由它拉动的物流业还有一大块，而且现在它不光是卖花，还同时用电商平台拉动了我们当地豆腐皮、油茶、淡水鱼等一批传统特色农业产业。"老梁彻底露出了他的"底牌"，这就是他构思中的"将第一产业变成第三产业、以电商为纽带直接连结起第二、第三产业"的设计。

日前，当记者再到清流时，春舞枝集团计划建设的第一家玫瑰花精油厂，已经找好了地址。"这将是福建省内的第一家精油企业。"

还有一笔账是记者查到的：春舞枝来此前后，清流的GDP从50多亿元增长至68亿元，地方财政由1亿多元增长至3亿多元。

都说农业是"弱质"产业，没错，如果用传统办法、传统观念、传统手段，恐怕它会一直"弱势"下去；但如果积极地转变观念，把它"嫁接"到新时代下的信息快车之上，效果真的有可能大不一样。

摘自2014年11月23日《人民日报》农业版

县情总貌

自然环境

【地理位置】 清流县位于三明市城区西部，地处北纬25° 46′ —26° 22′,东经116° 38′ —117° 10′。全境东西宽53.8公里，南北长65.2公里。东接永安市、明溪县，西连宁化县东部，南与连城、长汀县接壤，北与宁化县南部、明溪县相邻。总面积1825.17平方公里。

【地质地貌】 清流县境地层发育齐全，从元古代至第四纪均有其代表。出露面积1163.8平方公里，占全县总面积五分之三强。地层展布基本上受北东向构造线控制，东南部沙芜塘—李家一线主要出炉晚古生代沉积地层；西北部与宁化县交界处主要出露震旦纪—寒武纪变质岩地层；县境东北与中部主要分布侵入岩及零星出露的沉积岩；沿明溪—清流一线则集中分布中生代红层盆土。最老的地层为震旦系，自震旦纪至奥陶纪，县境一直处在地槽发育阶段，志留纪末期受加里东造山运动影响，结束了本区的地槽历史。在地质发育的各个时期伴随着不同强度的构造变动，如断裂、褶皱、火山运动、岩浆侵入、变质作用等构成县境复杂的地质历史。

地势自东、南、北三面向中部和西部倾斜,地形起伏，峰峦叠嶂。由于新构造运动的抬升和溪水强烈侵蚀切割，形成境内低山丘陵广布、盆地零星并以低山为主的丘陵山地地貌。同时，县境内地形的横向变化具有明显的分带性，北部城关—林畲一带，以低山丘陵为主，地势自西向东呈阶梯状抬高；南部里田—沙芜一带，多分布中山和低山、丘陵和盆地，呈相同排列。

【水利资源】 清流县境内河流密布，河流水系由四面向中部地带汇聚，水力资源丰富。以九龙溪为干流，流域面积100平方公里以上的河流有嵩溪溪、罗口溪、罗峰溪、长潭河、文昌溪等五大支流，均属九龙溪水系。全县理论水电蕴藏量7.7万千瓦，可开发的水利资源38处（指100千瓦以上水电站）。装机容量可达5.5万千瓦，年发电能力24806万度，占理论蕴藏量71.4%。

全县年平均流量17.42亿方，境内地下水天然径流量1825万吨/平方公里，年径流量34.6亿吨。嵩口镇、余朋乡和龙津镇暖水村等共有温泉7处，日总流量1万吨以上。李家乡、嵩口镇共有冷泉8处，总出水量1411.2吨/小时，日出水量3.39万吨。

【植物资源】 清流县林地面积14.35万公顷，森林覆盖率79.4%，森林蓄积量1214万立方米。属亚热带常绿阔叶林带，南岭东部山地常绿槠类照叶林区，闽西博平岭山地常绿槠栲类照叶林小洲。根据国家林业局1998—2001年全国陆生野生动物和珍稀濒危植物调查及全国第二次湿地资源调查清流调查（2010年4月至次年11月）资料显示，全县有维管束植物176科562属1383种，其中蕨类植物31科56属124种，裸子植物8科9属40种，被子植物137科497属1219种。属国家Ⅰ级保护植物2种。银杏，分布在林畲乡岭干村,有3株。南方红豆杉群落，分布在温郊乡温家山544公顷山地中；国家Ⅱ级保护植物8种；省重点保护植物14种。

植被典型建群种以壳斗科米槠、苦槠、丝栗栲、闽粤栲、钩粟、甜槠、青岗栎占优势，少部分为楠、樟、木荷等，伴生的落叶树种有安息香科的拟赤杨、金缕梅科枫香，林下木有香槟杜鹃、石斑木、黄瑞木、连木、毛冬青、乌药、福建山樱、百两金、朱砂根、绒楠、让木，在郁闭的常绿阔叶林下草木较少，常见有金狗喜、观音座莲等蕨类植物。层间植物有昆明鸡血藤、木通、紫藤、三叶木通等。20世纪70年代后，大力种植杉木、马尾松，拓展为清流县优势树种，杉、马树种蓄积量占全县立木蓄积量79.4%。以壳斗科为主的常绿阔叶树林由于长期开发，已不再是清流县主要植被群，为杉、松为主的常绿针叶林群落所取代。

清流县林副产品主要有油茶籽、油桐、松脂、山苍籽、笋干、乌柏、棕片、板栗、红菇、香菇、黑木耳等。

【动物资源】 据全国第二次湿地资源调查数据显示，清流县有野生动物30目79科343种。其中云豹、豹、黑鹿、蟒蛇属国家一级保护野生动物；猕猴、穿山甲、豺、黑熊、大灵猫、小灵猫、金猫、河麂、水鹿、红角隼、白鹇、褐翅鸭鹃等34种为国家二级保护野生动物；豹猫、眼镜王蛇、眼镜蛇、白额山鹧鸪等20种为省重点保护野生动物。

【矿藏资源】 清流县矿藏资源丰富，有煤、铁、锰、钨、稀土、石灰石、萤石等矿藏30余种，矿藏地108处，尤以钨、锰、煤、铅、锌、石英石、滑石、辉绿岩、石灰石为主，其中水泥灰岩储量达2亿吨以上，煤储量为3000万吨以上，铅、锌金属10万吨以上，滑石粘土30万吨以上，石英石1000万吨以上，辉绿岩2万立方米以上。县境矿藏主要蕴藏于西北部的城关—嵩溪—林畲北东向条带上，以及东南部的灵地—沙芫—余朋一带。

【旅游资源】 清流旅游资源丰富，全县拥有天然景区19处，尤其是“一湖一洞”（省级风景名胜区沙芜九龙湖、九龙洞）、“二泉”（省级温泉地质公园，李家万亩生态冷泉避暑休闲度假区，已成功入选“海西最具潜力十大乡村休闲游”，并列入省“十一五”旅游产业十大重点建设项目）、“三山”（大丰山省级森林公园、灵台山、北斗山）、四景（林畲毛泽东旧居、嵩溪玄武岩、赖坊古民居、李家景秀园林）造就生态旅游胜景。其中大丰山省级森林公园，峰、崖、洞、石形态迥异，泉、潭、溪、洞各具特色，是融原始生态，客家道教文化为一体的山岳型生态旅游区；北斗山是省内丹霞地貌与原始森林完美组合的峰丛型生态型旅游景区；灵台山，一山藏四寺，山、湖、溪、泉、寺相映成趣，是闽西北最大的寺庙群和佛教旅游胜地。首期投资1．6亿元的灵台山中华客家祖山文化园建设已初具规模，2012年成功举办有海内外客家乡亲6000人参加的第25届世界客属恳亲大会“灵台朝觐”活动。九龙洞为福建省最早古人类遗迹化石发掘地，为湖滨溶洞群，洞长3000米，洞内钟乳千姿百态、璀璨神奇。全县温泉出露点10处，地处山谷清幽静谧。位于嵩口镇高赖村富有东南亚风情的清流生态温泉度假区—天芳悦潭通过国家AAAA级旅游景区初评。清流省级温泉地质公园升格为国家级温泉地质公园。赖坊现存明清时期完好古建筑50处，被称为闽西客家建筑的“活化石”，是国家级历史文化名镇（乡）。林畲海峡两岸中华桂花文化园景区于2014年国庆期间对外试营业。

【气候概况】 2014年，清流县气候属较差年景。平均气温偏高、降水正常、日照时数偏多。局部地区灾情较重。冬季温度降水正常日照多，春季温度降水和日照均正常，夏季温高降水日照正常，秋季温高雨少日照多。春季雨量最多，占全年的45%，夏季次之，秋季为最少，（详见图1）

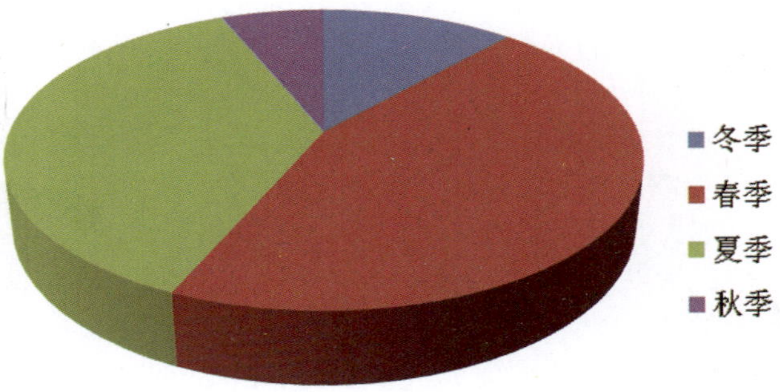

图1　2014年全县各季节雨量分布

注：冬季（2013年12月～2014年2月）、春季（2014年3～5月）、夏季（2014年6～8月）、秋季（2014年9～11月），年度（2014年1～12月）。

【气候特征】

气温　2014年清流县平均气温18．7℃，较常年偏高0．6℃。年极端最低气温为-5．1℃，出现在1月23日；年极端最高气温为36．4℃，出现在7月6日。（详见附表1）

平均气温

表1　单位：℃

季节/站名	冬季（12～2月）			春季（3～5月）			夏季（6～8月）			秋季（9～11月）			2014年全年		
	平均气温	异常度	评价	平均气温	异常度	评价	平均气温	异常度	评价	平均气温	异常度	评价	平均气温	异常度	评价
清流	8．1	-0．7	正常	18．7	1．0	正常	26．9	1．3	偏高	20．7	2．4	异常偏高	18．7	1．7	显著偏高

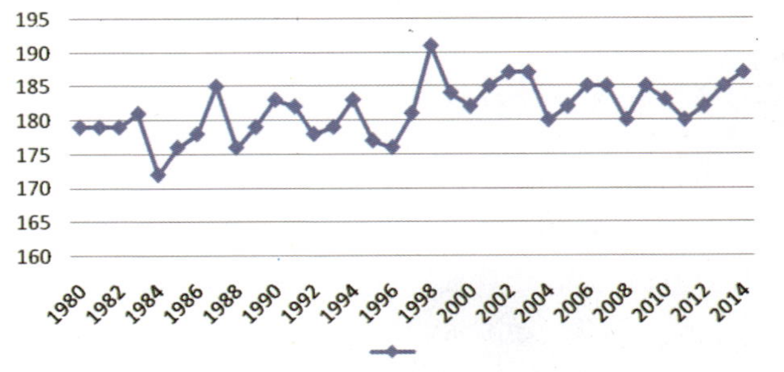

图2　清流县年平均气温年际变化（单位：℃）

冬季：清流县平均气温8．1℃。与常年同期相比，属正常。平均气温按月际分布为：12月偏低，1月和2

月正常。

春季：清流县平均气温18.7℃。与常年同期相比，属正常。平均气温按月际分布为：3月和5月正常，4月偏高。无“倒春寒”天气、亦无“五月寒”天气。

夏季：清流县平均气温26.9℃。与常年同期相比，属偏高，平均气温按月际分布为：6月显著偏高，7月和8月正常。

秋季：清流县平均气温20.7℃。与常年同期相比，异常偏高，平均气温按月际分布为：9月显著偏高，10月正常，11月偏高。

降水　2014年降水量1759.1毫米，接近常年，但时空分布不均，北多南少，秋季偏少，冬、春、夏季正常。(详见表2)

降水量

表2　单位：毫米

季节 站名	冬季（12～2月）			春季（3～5月）			夏季（6～8月）			秋季（9～11月）			2014年全年		
	降水量	距平百分率%	评价	降水量	距平百分率%	评价	降水量	距平百分率%	评价	降水量	距平百分率%	评价	降水量	距平百分率%	评价
清流	214.8	-14	正常	823.8	-11	正常	682.6	-11	正常	113.8	-47	偏少	1740.6	-4	正常

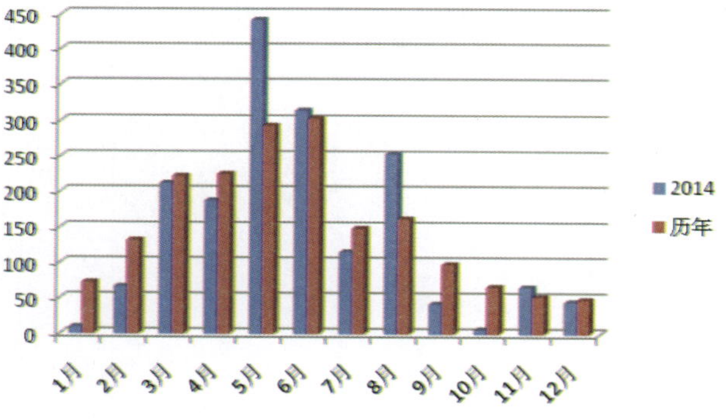

图3　2014年各月降水量与历年同期降水量比较（单位：毫米）

冬季：清流县降水量214.8毫米，降水量分布为北部略多，南部略少；与常年同期相比，属正常。降水量月际分布为：12月异常偏多，1月异常偏少，2月显著偏少。

春季：清流县降水量在823.8毫米，降水量分布为北部较多，南部略少；与常年同期相比，属正常。降水量月际分布为：3月和4月正常，5月显著偏多。

夏季：清流县降水量682.6毫米，降水量分布不均；与常年同期相比，属正常。降水量月际分布为：6月和7月正常，8月显著偏多。

秋季：清流县降水量113.8毫米，降水量分布不均，总体来说，南多北少；与常年同期相比，属偏少。降水量月际分布为：9月显著偏少，10月异常偏少，11月偏多。

日照　2014年清流县日照1789.4小时，与常年相比，显著偏多（详见附录一附表3）。图4为2014年日照时数与历年同期比较。

日照时数

表3　单位：小时

季节 站名	冬季（12～2月）			春季（3～5月）			夏季（6～8月）			秋季（9～11月）			2014年全年		
	日照时数	异常度	评价	日照时数	异常度	评价	日照时数	异常度	评价	日照时数	异常度	评价	日照时数	异常度	评价
清流	423.0	1.6	显著偏多	236.6	-1.0	正常	612.9	0.8	正常	538.1	1.5	显著偏多	1789.4	1.5	显著偏多

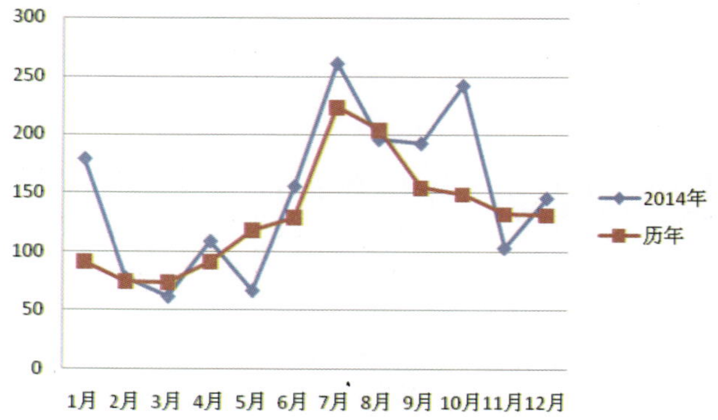

图4　2014年日照时数与历年同期比较(单位：小时)

冬季：清流县日照时数423.0小时，显著偏多。日照时数按月际分布为：12月和2月正常，1月异常偏多。

春季：清流县日照时数236.6小时，与常年同期相比，属正常。日照时数按月际分布为：3月和4月正常，5月显著偏少。

夏季：清流县日照时数612.9小时，与常年同期相比，属正常。日照时数按月际分布为：6月、7月和8月均正常。

秋季：清流县日照时数538.1小时，与常年同期相比，显著偏多。日照时数按月际分布为：9月和11月正常，10月异常偏多。

【气象灾害】　2014年，主要灾害性天气是：冬季低温雨雪冰冻、春季强对流、雨季暴雨洪涝、夏季台风和暴雨，以及秋冬连旱等，以暴雨洪涝和雷雨大风造成的为主。

低温雨雪　年内，清流县共受九次强冷空气过程影响，其中3次为寒潮天气过程，分别为：2月7～10日出现寒潮，2月10～11日、13日、19日出现小雪或雨夹雪天气，3月19～22 日出现寒潮、11月29日～12月2日出现寒潮。其中，2月7～10日的寒潮过程对清流县影响较大。

强对流天气 3月29日，受西南急流和南支槽东移的共同影响，清流县龙津镇、嵩溪镇、林畲乡、李家乡等乡镇出现强雷电、龙卷风及短时强降水天气，城关最大风速达18.1米/秒，林畲乡1小时最大降水量达27.3毫米。5月30日、7月18日出现雷雨大风等强对流天气。

暴雨 年内，清流县观测站共出现7场暴雨，分别出现在4月23日、5月19日和22日、6月6日、18日和24日、8月20日，其中6月18日出现大暴雨。

4月23日，受高空槽东移和低层切变摆动的影响，出现暴雨，雨量为97.9毫米，突破有记录以来4月份日最大降水量极值。

5月15日，受南支槽东移和低层切变南压影响，嵩溪镇出现暴雨，其中青山村金星组受灾最严重，受灾21户，95人。房屋受水淹泡15户，淹泡损失达四万余元，房屋、楼梯倒塌2座，损失达二万六千余元，总计约六万六千余元。

5月22日，受低层低涡东移，西南急流和东南急流影响，出现暴雨。据县民政局统计：受灾人口5120人，受灾户1678户，转移安置人口26人。烟叶被淹5693.1亩，烤房受损1座，瓦房受损34间，倒塌3间；道路塌方32处，桥梁受损11座，山体滑坡27处，河堤受损3411米，渠道损毁65处，渔业受损9.5亩，蔬菜受损536亩，秧田被淹205亩，直接经济损失2421.5万元。

5月26日，受高空槽东移，低层切变南压影响，出现大到暴雨。据县民政局统计：全县受灾人口56人，受灾户数14户，转移安置人口15人，烟叶被淹352.5亩，道路塌方3处，河堤受损703米，渠道被毁12处，蔬菜受损20亩，秧田被淹20亩，直接经济损失195.1万元。

台风 7月23—25日，清流县受第10号台风“麦德姆”影响，24日出现大到暴雨。

干旱 年内清流县出现2段气象旱情。9月23日至11月1日出现秋冬气象大旱；12月5—31日出现秋冬气象旱兆。

高温 在春暖花开的4月，清流县出现超过日最高≥30℃的较高温度（4月10～12日、18～19日）。受副热带高压控制，6～8月出现多次高温天气过程，7月下旬后期～8月中旬前期，出现了最高≥35℃的持续高温天气，7月6日出现了36.4℃高温，为入夏以来最为炎热的一天。秋季气温偏高，9月进入晴热干燥的秋季，8日高温≥35℃。

秋寒 9月受北方强冷空气影响，20日出现“23型”秋寒过程，10月7日出现“20型”秋寒。

【气候影响评价】 气候与农业 气候与粮食：春播期间温度低，不利于春播。6～9月，光照充足，降雨量不足。9月份以后气候比较好，全年水稻病虫中等偏重发生，发生情况与去年相似。总体上全年气候对粮食作物影响属“偏好”年份。

气候与果树：气候对果树的影响有利有弊，早春2月份的低温冻害，造成果树物候期推迟，上半年雨水对桃、李柰、梨等果树形成一定的影响。9月份以后的干旱天气，有利于柑桔类果品品质提升，但果实偏小。总体而言，全年气候属正常年份。

气候与蔬菜：2月中旬的低温冻害及5、6、8月份的暴雨天气等影响，部分露地蔬菜生产受影响；但全年气候整体上还是有利于蔬菜生产，蔬菜生产总体平稳。

气候与林业：全年气温较适宜林业生产，春季雨水充足，苗木易于成活，有利于营林、造林。春节前后及秋冬季节由于降雨较少、较为干燥，出现高等级森林火险时段。冬季气温偏低、春季雨水偏多，不利食叶害虫越冬；夏秋季台风影响小，树木长势好，抗逆性强，林业有害生物发生与危害程度下降。

气候与水利：2014年共遭受7次暴雨过程和1个台风影响，对水电发电有利，但部分堤防受损。

气候与渔业：2014年渔业生产总体状况较好，气候对渔业影响较轻，属偏好年景。

气候与烤烟生产：2014年气候对烤烟生产总体表现为不利。烤烟生产期平均气温波动较大，烟叶育苗期气温较低，而大田生长期气温比常年较高，对烤烟生长不利；烤烟生产期总降雨量与常年同期基本持平，但降雨量相对集中，对烟叶生产特别是病虫害的发生带来较大的影响。

【建置沿革】 清流，古称黄连。在《禹贡》为扬州之域，在《周职方》为七闽之地，春秋末为闽越地，秦属闽中郡，汉属会稽郡，三国吴永安三年（260年）属建安郡绥安县，晋属将乐县，隋开皇年间（581-600年）并入绍武县。唐贞观三年（629年）黄连改为镇。嗣圣三年（686年）又属建州。开元二十六年（738年）属汀州府龙岩县。天宝元年（742年）改黄连为宁化县府驻地，镇仍旧。后唐同光二年（924年）王元又将县府迁至宁化县府今址。后晋（936-947年）时黄连归属宁化麻仓里，设清流驿。北宋元符元年（1098年），提刑王祖道认为宁化地界广远，难于管理，遂划宁化六个团里、长汀三个团里置清流县。南宋绍定元年（1228年）撤销县制。元朝至元八年（1271年），又恢复清流县建制，属汀州路。明洪武元年（1368年）属汀州府。清代仍属汀州府。1912年，实行省、道、县三级地方政制，属福建省西路道。1914年，属汀漳道。1932年，清流县苏维埃政府成立，清流属中央苏区。1933年11月至1934年2月，属龙漳省。1934年3月，属第八行政督察专员公署。1935年10月，属第七行政督察区。1946年，属第九行政督察区。1947年7月，属第六行政督察区。1950年2月22日，清流和平解放，成立清流县，属福建省人民政府永安专员公署管辖。以区辖乡，全县设3区，辖42个乡镇，各区设区公所。嵩溪区驻地在嵩溪村，辖1镇12乡；沙芜区驻地在沙芜塘，辖12乡；灵地区驻地在灵地村，辖17乡。1951年1月，调整为5区81乡（含1个镇）。1956年4月，撤销第5区，调整为4区43乡镇。1956年5月，并入龙岩专员公署。1958年5月，撤区并乡，全县并为1镇15乡。同年10月，实行公社化，各乡镇改称人民公社。1959年2月，清流县与宁化县合并，称清宁县，原清流县辖区设6个公社、8个管理区。1961年6月，又分清流、宁化两县，恢复清流县建制，设14个公社、106个大队，属龙岩专员公署管辖。1963年5月，属三明专员公署管辖。1968年11月，成立清流县革命委员会，属三明地区革命委员会。全县设14个公社革命委员会、111个大队。1980年4月，全县设14个公社管理委员会、108个大队。同年10月，清流县革命委员会改称清流县人民政府。1982年3月，全县设1个镇和14个公社管理委员会、108个大队和5个居委会。1983年4月，三明地区实行"市带县"的领导体制，清流县属三明市管辖。1984年9月，行政区划恢复乡镇建制，设15个乡镇人民政府、112个村和5个居委会。1990年，全县设3镇12乡和111村、4个居委会。1992年10～12月，灵地乡、长校乡撤乡建镇，全县设5镇10乡，111个村和4个居委会。2003年5月，居委会整合改称社区居民委员会。2006年9月，龙津镇和东华乡合并为龙津镇，全县设5镇9乡，111个村和7个社区居民委员会。2007年12月，邓家乡并入灵地镇，全县设5镇8乡，111个村和7个社区居民委员会。2008年8月，灵地镇设立瑞云社区居民委员会。

【行政区划】 2014年，全县为5镇8乡111个村民委员会和8个社区居民委员会。下设49个居民小组、893个村民小组。

国民经济和社会发展

【概况】 2014年，全县实现地区生产总值75.86亿元，增长10.4%，增幅居全市第五位，高于全市平均增幅0.8个百分点。第一、二、三产业增加值分别为15.25亿元、37.40亿元和23.20亿元，分别增长5.5%、10.90%和12.50%。农林牧渔业总产值24.34亿元，增长5.60%，增幅居全市第一位。规模以上工业总产值96.54亿元，同比增长15.3%，增幅居全市第一。全县实现社会消费品零售总额18.57亿元，增长20.2%，增幅居全市第一位。全县居民消费价格指数（CPI）同比上涨1.5%，其中食品价格上涨4.5%。公共财政总收入5.11亿元，比增3.1%。其中，地方级一般预算收入3.34亿元，比增8.70%，增幅居全市第三。

【人口、人民生活】 年末，全县人口总户数42084户，总人口15.59万人。年内，全县出生2489人（计生数据），出生率9.31‰（计生数据）；死亡人口578人，死亡率3.71‰，自然增长率12.26‰。总人口中，以汉族为主，占98%以上，少数民族有畲族、土家族、苗族、回族、哈萨克族、壮族、彝族、高山族等24个，约占1.82%。全年城镇居民人均可支配收入22177元，比2013年增长9.8%。农村居民人均可支配收入11404元，比增10.2%。

【特色农业】 全县粮食播种面积1.73万公顷，总产9.08万吨，与2013年基本持平。制订《清流县2014年粮食产能区增产模式攻关与推广项目实施方案》，建设水稻工厂化机插秧示范点2个，通过市级验收。建设水稻"五新"推广示范片12片。引进水稻、大豆、蔬菜农作物新品种47个，航天蔬菜品种5个试种成功。新增省级名牌农产品2个，被省商务厅授予"福建老字号"豆腐皮厂1家。获无公害农产品企业（农民专业合作社）16家。清流被评定为全省茶产业示范县。新增投产茶叶精加工生产线1条。烤烟种植面积2926.66公顷，实现烟叶销售收入1.6亿元，税收3513万元。完成造林绿化面积2086.66公顷。新增花卉66.66公顷，苗木420公顷，销售收入8.4亿元，"清流鲜切花"获国家地理标志保护产品称号。清流春舞枝公司在德国证交所成功上市，为中国首家花卉上市公司。该公司销售收入超3亿元，上缴税收突破2000万元。清流县与省农科院建立协作关系，设立"肉羊健康养殖联合技术创新中心"，获无公害产地认定和无公害产品认证各11个，被农业部授予"水产健康养殖示范场"称号4家，被评为"全国水产技术推广示范站"1家。全省第二个光伏农业项目获省发改委批准立项。投入2.3亿元实施农业综合开发、土地整理农业基础设施建设。分别投资375万，完成省级重点乡镇李家乡、灵地镇水土流失综合治理林草与工程措施。

【工业经济】 全年新增规模以上工业企业16家，总数88家，实现总产值96.45亿元，同比增长15.3%，增幅居全市第二位。吉阳太阳能电池芯片一期10条生产线建成投产2条，进行设备安装调试8条。并与孟加拉国签订首批3亿美元光伏电动车、家用电动发电机应用产品订单。制订《清流县人民政府关于2014年鼓励工业企业增产增效奖励办法的通知》。实施技改企业20家，投入技改资金8.8亿元。列入省"百项千亿"重点技改项目4个。为伊科电子、气枪厂等20家企业争取节能改造、企业创新补助资金103万元。设立专项应急转贷资金8040万元，帮扶闽山化工、宏志矿业等小微企业11家。投入1.1亿元，完成城南工业区土地平整和2.18公里园区主干道及雨污管网铺设，完成金星工业园亮化工程。总投资5亿元的清流钨矿废弃石循环利用重选项

2014年清流县行政区划

表4　　单位：个

区域名称	所辖村(居)委会数	村（居）委会名称
龙津镇	18	城东、城南、蔬菜、渔沧社区居委会、长兴社区居委会、凤翔社区居委会、翠园社区居委会、大路口、南岐、严坊、横溪、桥下、供坊、俞坊、下戈、拔里、基头、暖水
嵩口镇	13	嵩口、马排、围埔、范元、沧龙、梓材、大元、和元、邱寨、高赖、高坑、立新、九龙居委会
嵩溪镇	13	嵩溪、农科、黄沙口、罗陂岗、伍家坊、青山、塘背、元山、青溪、阳坊、余坊、时州、新街居委会
长校镇	11	校溪社区居委会、长校、江坊、留坑、茜坑、下谢、沙坪、黄坑、河排、荷坑、黄石坑
灵地镇	15	灵地、灵和、青甲、步云、姚坊、杨源、大坪、邓家、田中、马寨、尤坊甲、吉龙、坑甲、古洋、瑞云社区居民委员会
田源乡	4	田源、田口、廖武、新村
赖坊乡	8	赖安、赖武、寨下、姚家、官坊、陈家、东山、南山
沙芜乡	5	白塔，上坪，铁石，新矶，洞口
余朋乡	5	余朋、蛟坑、东坑、芹溪、太山
温郊乡	4	桐坑、温家山、小池、梧地
林畲乡	8	林畲、舒曹、曾坊、石下、石忠、岭官、向阳、孙坊
里田乡	7	里田、田坪、卢水、深渡、洋庄、李坊、廖坊
李家乡	8	古坑、罗坑、吴家、早禾排、长灌、李村、鲜水、河背
合　计	119	

目开工建设。

【第三产业】 清流县被列入全省第一批电子商务示范县，春舞枝公司被评为全省电子商务示范企业。建立海西电子商务青年创业基地，发展电子商务法人企业16家，注册资本1.32亿元。出台《关于扶持商贸企业发展的若干意见》，全年新增限上商贸企业5家。佳云物流公司开通清流至泉州货运专线，拥有各类大型运输车辆93辆，吨位2600吨；久鸿化工运输公司投入营运，实现清流危化产品运输企业零的突破。

清流温泉地质公园获批升格为国家地质公园，天芳悦潭生态旅游区被评为国家AAAA级旅游景区。山城山庄被评为四星级乡村旅游接待示范单位。全年共接待游客9.8万人次，实现旅游综合收入2000余万元。林畲毛泽东旧居广场、毛泽东铜像、牌楼、绿化广场完工。海峡两岸中华桂花文化园对外营业，中华客家祖山文化园博物馆装修进入扫尾。在全省率先出台《关于促进房地产市场持续健康发展的若干措施》。全年完成房地产投资5.5亿元，商品房销售12.68万平方米，增幅居全市第四位。完成资质建筑企业二级升一级2家，资质建筑企业总数7家，实现建筑业产值24.5亿元，增幅居全市第一位。

【城乡建设】 完成县绿道网、消防、城防水工程专项规划及县已出让地块控制性详细规划，完成乡镇总体规划9个。投入8500万元建设城区管网、道路等基础设施，实施迎宾路拓宽改造工程。投入4500万元完成河滨路立面改造二期，碧林公园、古树公园等景观提升项目建设，新增城市绿化面积7万平方米。城市管理加强，12万平方米二级环卫路段纳入统一保洁，基本完成农贸市场“一线天”商户搬迁及周边环境整治，完成凤翔山公园、九龙公园、世纪公园改造修缮。总投资9.22亿元的“五镇二乡”和美丽乡村建设项目有序推进，打造出长校河排、沙芜铁石、田源福源、赖坊赖武、李家鲜水、嵩溪元山等一批示范村。新建成赖坊赖安、嵩口清泉2个省级造福工程百户示范点，嵩口大轿垅自然村完成整村搬迁。开展“两违”综合治理和公路沿线环境综合整治“百日会战”，累计拆除违法违规建筑23.58万平方米。生态建设成效明显，获得省级生态县命名，国家级生态县创建工作通过省级预验收。投入3675万元，完成开发性水土流失重点治理32平方公里，落实封禁治理面积2.4万公顷。完成造林绿化2086.67公顷、“四绿工程”189.87公顷。严格实行“河长”责任制，加大节能减排工作力度，全面完成环保目标任务。

【对台交流合作】 全年接待台湾同胞66批次，877人。其中，中华道教两岸文化交流参访团40名妈祖信奉者与清流县嵩溪镇龙山妈祖宫当地信众进行文化交流，台湾南投县水里乡民代表会主席一行到清流考察交流。两岸媒体闽台生态林区行联合采访活动团一行赴清流考察。组织清流妈祖文化交流团、巫氏宗亲交流团共16人赴台参加活动。利用清流台商人脉资源，实施“以台引台，以商招商”，落实对台招商引资项目6个，总投资3748万元。引进台湾农业新品种18个。

【项目建设】 全年实施“五大战役”项目131个，完成投资63.6亿元，开工建设项目118个，开工率90%；项目建成投产或部分投产41个。制订“四百”重点项目工程建设五年计划，实施重点项目200个，完成投资56.5亿元。完善“1+1”招商机制，组团参加“6•18”“9•8”等重大招商活动，共引进项目67个。全年争取交通、水利、农业、教育、卫生等项目资金4.9亿元，获批各类建设用地75.4公顷。投入1.63亿元，基本建成温郊至塘凤、余朋至横七线（杨梅后）、赖坊至横七线（一期）3条公路，完成嵩马大桥、罗陂岗桥等5座危桥改造。省道307线沙芫洞口至永安界公路加快建设。35千伏“林畲变”土建基础完成，进入电气安装调试；110千伏“五里变”动工建设。

【民生保障】 全县新增城镇就业1920人，农村劳动力转移就业3200人。新建保障性住房103套。在原发放90周岁以上高龄补贴的基础上新增80—90周岁高龄补贴，低保年标准提高200元，农村集中供养和分散供养年标准分别提高588元、456元，年满60周岁被征地农民养老保障金月标准提高40元。城乡居民养老保险参保率83%、基本医疗保险参保率99.9%。落实专项扶贫资金3066万元，完成造福工程危房改造950户、4381人。成立扶贫小额信贷促进会，全县实现脱贫656户、2155人。

【社会事业】 坚持教育优先，投入教育事业资金2.1亿元，义务教育发展均衡县通过省级验收，高考上线考生数量和质量稳步提升，总投资1.5亿元的新一中项目基本完成主体工程。投入3280万元实施县乡医疗机构改造提升，县医院感染科病房建成投入使用，妇幼保健院综合楼、疾控卫生监督综合楼完成主体封顶，进入内部装修。“单独两孩”政策稳妥实施。县文化馆、图书馆建成投入使用，国家公共文化服务体系示范区创建工作代表三明市通过国家文化部中期督查。在第十五届省运会上，清流选手获得4金2银1铜。设立“清流县人民政府文艺奖”“清流县优秀文艺创作百花奖”，首届入选一、二、三等奖的书法、摄影、刻字、文学等作品共19件。科技创新活力增强，全县专利申请166件、专利授权71件，鸿翔农庄被认定为国家高新企业和省级鲜切花卉育种栽培企业工程技术研究中心，鑫磁线圈被授予福建省创新型企业。开展综治“三率”大提升入户挂包活动，上半年全省综治“三率”测评中，清流县群众安全感、执法满意度、平安建设知晓率分别居全市第一名、第二名、第三名，全省第三名、第七名、第十一名。全县矛盾纠纷调处成功率99%，信访积案化解率100%。实现全年无重特大安全事故。

【民生价格】 发挥县级价格调节基金作用，市场物价保持平稳运行。1—12月，居民消费价格指数同比涨幅为1.5%。

2014年度清流县五类21种重要商品和服务价格汇总表

表5

品　种	规　格	计价单位	1月	2月	3月	4月	5月	6月	7月	8月	9月	10月	11月	12月
一、建材														
线材	普通6.5	元/吨	3800	3600	3600	3600	3200	3000	3100	3200	3300	3200	3200	2800
水泥	42.5强度袋装	元/吨	450	430	420	400	390	370	370	370	370	380	380	370
机制砖	普通	元/块	0.34	0.33	0.32	0.31	0.3	0.3	0.27	0.27	0.27	0.3	0.3	0.29
二、化肥农药														
尿素	含氮46%国产	元/吨	2200	2100	2100	2100	2100	1900	1900	2000	2000	2000	2000	2000
碳铵	含氮17%	元/吨	840	840	840	840	840	840	840	840	840	840	840	840
三、重要能源														
汽油	97号无铅	元/升	8.1	7.99	8.16	8.05	8.18	8.34	8.13	7.97	7.88	7.67	7.05	6.9
柴油	0号	元/升	7.2	7.09	7.26	7.15	7.27	7.43	7.23	7.07	6.98	6.79	6.5	6.16
电力	普通工业1～10千伏	元/千瓦时	0.7392	0.7392	0.7392	0.7392	0.7392	0.7392	0.7752	0.7752	0.7752	0.7752	0.7752	0.7752
四、居民食品														
大米	标一晚米	元/500克	2.3	2.14	2.12	2.12	2.38	2.3	2.3	2.3	2.3	2.3	2.4	2.4
植物油	金龙鱼桶装	元/5升	65.9	65.9	65.9	65.9	65.9	65.9	59.8	59.8	59.8	58.5	58.5	58.5
猪肉	排骨	元/500克	18	18	18	16	16	16	14	15	15	15	15	15
牛肉	新鲜去骨	元/500克	41	45	45	45	41	41	41	41	41	41	41	41
鸭蛋	新鲜完整	元/500克	8	8	7	7	7	6.5	6.5	7	7	7.5	7.6	7.5
鸡蛋	新鲜完整	元/500克	5	4.7	4.8	4.8	5.5	5.5	5.5	6	6.5	6.5	6.8	6
小白菜	新鲜一等	元/500克	1.5	1.3	2.8	2.3	3.3	3.5	3.6	3	3	2	2.3	1.5
生猪	一级	元/500克	7.2	5.8	5.2	5.1	5	6.3	5	7.8	7.2	7.7	7.2	6.1
草鱼	新鲜	元/500克	7	7.6	7	7	7.6	7.5	7.5	7.5	7.5	7.5	7.5	7.5
五、居民服务														
自来水	不含污水处理费	元/吨	1.4	1.4	1.4	1.4	1.4	1.4	1.4	1.4	1.4	1.4	1.4	1.4
民用电	220伏	元/千瓦时	0.49	0.49	0.49	0.49	0.49	0.49	0.4983	0.4983	0.4983	0.4983	0.4983	0.4983
液化气	瓶（含送气费）	元/14.5千克	148	148	148	148	148	148	148	148	148	148	143	143
有线电视	收视费	元/月	18	18	18	18	18	18	18	18	18	18	18	18

大事记

1月

2日　福建省农业厅办公室发布全省首批农民合作社规范社名录公示名单。清流县嵩溪爱珍豆腐皮农民专业合作社、红日农产品农民专业合作社、金沙特种养殖农民专业合作社等17家农民专业合作社榜上有名。

8日　福建乐福科技生物发展有限公司(地址清流)被中国中药协会中药材种植养殖专业委员会评为“地道优质药材(葛根)种植基地”。

17日　福建中医药研究院与该公司签订“道地优质药材葛根”系列健康食品研发合作、技术服务合同。

9日　省科学技术厅授予清流县鸿翔农庄农业发展有限公司“福建省鲜切花卉育种栽培企业工程技术研究中心”称号。

14日　副市长张丽娟带领市委检查组到清流县检查推进惩防体系建设和落实党风廉政建设责任制工作，同时调研县文化、教育、卫生项目建设情况。

16日　国土资源部公布第七批国家地质公园资格名单，清流温泉地质公园榜上有名。该公园面积约220平方公里，有高、中、低3种温泉，天然地热出露点10余处，水温最高93℃，日出水量1200吨以上。

17日　市政协主席程立双到清流林畲乡孙坊村、嵩溪镇青山村看望慰问低保户、困难党员、计生困难户、五老人员、优抚对象等。

同日　省委组织部副部长杨国豪到清流县走访、慰问困难党员。

19日　在第29届青少年科技创新大赛上,清流县选送学生分别获一等奖3人、二等奖2人、三等奖3人。

21日　由县委宣传部、县文联举办的县首届“美丽乡村　幸福清流”农民对联书法赛结果揭晓。此次农民对联书法比赛共收到作品58件，评出一等奖3名，二等奖5名，三等奖9名，鼓励奖26名。

22日　省挂包清流扶贫开发与水土保持工作的省委常委、政法委书记、省人大常委会副主任苏增添率省卫生厅、省台办、省农行、华闽集团等省直对口帮扶部门领导，到清流灵地镇大坪村等地走访慰问困难群众。

同日　市委检查组到清流客运汽车站、清流气枪厂有限公司、烟花爆竹配送中心等地，开展春节期间维稳安保工作检查。

24日　县政府与江苏中盟集团签订光伏生态农业科技园项目框架协议，由江苏中盟集团投资6亿元，分二期在清流建设光伏生态农业科技园。

同日　市政府副市长纪熙全带领市移民局工作人员到清流县看望慰问困难移民。

2014年1月21日，由县委宣传部、县文联举办的县首届“美丽乡村 幸福清流”农民对联书法赛结果揭晓

同日　福建东南卫视东南新闻眼以《福建：推进‘人’的城镇化—清流：农民不离乡就近城镇化》为

专题，报道清流县新型城镇化工作进程。

2月

13日　省卫生计生委主任朱淑芳带领调研组到清流县调研公立医院改革工作进展情况。

13—16日　上海大湾文化传媒有限公司总经理、导演吴光荣到清流县考察影视文化产业园项目。吴光荣先后到嵩溪05兵工厂、天芳悦潭温泉度假区、沙芜九龙湖风景区、赖坊古民居以及灵台山客家祖山文化园等实地考察。

16—17日　中国世界民间文化促进会会长马小枚到清流县灵台山客家祖山文化园、李家冷泉、滕头园林、赖坊古民居和天芳悦潭温泉度假区实地考察旅游文化产业。

18日　县委、县政府给予县质监局、福建春舞花枝花卉有限公司、福建永福化工有限公司、清流县锦兴木业有限公司等14家单位创建品牌工作奖励共计104万元。

同日　三明市人大常委会副主任张知通到清流县调研重点水利工程建设工作。清流县列入市重点水利项目的工程有俞坊水库、岭官水库、流水水库、清流县流域综合治理工程和闽江防洪工程等项目，投资总额 9545万元。

19日　副省长郑晓松率省台办、财政厅、商务厅、省政府办公厅侨务处等部门领导，到清流县调研国家级台湾农民创业园产业发展情况。

20日　省食品药品监督管理局局长贾科一行，到清流县调研基层食品药品监管体制改革进展情况，座谈听取关于体制改革的意见建议。

25日　农业部优质农产品服务中心颁布2013年度暨全国首批名特优新农产品目录。清流县“赖坊红衣花生”榜上有名。

3月

1日　来自厦门、永安的20多名京剧票友齐聚清流，与县京剧戏曲联谊会京剧爱好者共同演出，切磋技艺。

3日　县工商局向清流县明泉农机贸易有限公司法定代表人核发首张注册资本实缴制改认缴制营业执照。根据国家工商总局文件规定，清流工商局从3月1日起实施注册资本认缴登记制，取消过去对注册资本最低额度、实际到位、缴纳期限限制，由企业根据实际情况认缴出资额，省去验资环节，企业办照省时省力。

5日　2014年度人大议案、建议和政协提案交办会召开。

5—7日　市挂县领导、市政协主席程立双到清流长校、里田、林畲、嵩溪等乡镇开展党的群众路线教育实践和“四下基层”、“马上就办”活动。

6日　县妇联举办“幸福清流 魅力女性大讲堂”活动，邀请省妇幼保健院儿童保健科主任医师葛品进行“育儿那些事”专题讲座，厦门航空公司福州分公司空中乘务部队长林晶晶、示范班乘务员吕美霖传授“美在举手投足之间”礼仪知识。各乡镇妇联主席、爱心女企业家、城区各妇委会、联谊会班子成员及全县副科级以上女领导干部近200人听讲。

7日　清流县水产技术推广站被农业部全国水产技术推广总站和福建省水产技术推广总站分别授予“全国水产技术推广示范站”和“省级水产技术推广示范站”称号。

11日　清流县开展“创建森林城市，打造美丽清流”为主题的全民义务植树活动，36个部门单位，近300多人在“中华客家祖山文化园”—灵台山万人广场义务植树280株。

同日　县妇联在龙津广场举行“家庭建设年”启动仪式。全县13个单位妇联代表参加启动仪式。

同日　全省首家县级银行业协会——清流县银行业协会成立。协会主要履行自律、维权、协调、服务职能，维护银行业合法权益、市场秩序，提高银行业从业人员素质。

13日　清流县召开党的群众路线教育实践活动动员大会。同时，组织民主评议县级领导班子和党员领导干部作风方面情况，并就做好教育实践活动征求意见建议。

204年3月11日，清流县开展“创建森林城市，打造美丽清流”为主题的全民义务植树活动

同日　县实验中学和三明列东中学联合开展“手拉手”帮教活动。

16日　清流观赏石协会成立，会员118人。近百名石头爱好者出席揭牌仪式。

同日　工商、农业、质监等10余家部门联合开展“3·15”维权宣传活动。

17日　三明中院党组书记、院长陈明率市中院副处级以上干部28人，到清流县李家乡鲜水村开展党的群众路线教育实践活动。

18日　义务教育发展均衡县评估验收动员会召开。

同日　团县委组织青年文明号单位开展诚信宣传活动。接受群众咨询50多人次，展出展板30多块，分发宣传单页1000余份。

20日　清流县教师在三明市第三届中小学教师教学技能大赛中分别获二等奖4名、三等奖12名、优秀奖17名。

21日　市委书记邓本元、市长杜源生等市委学习中心组成员和市直有关部门负责人，在清流县李家乡鲜水村开展主题为“弘扬李彬精神、践行群众路线”现场教学活动，省委督导组第一组长袁锦贵、组长罗健到场指导，县委书记梁奕章，县委副书记、县长冯明生等县处级领导干部参加活动。

24日　根据《国务院关于地方改革完善食品药品监督管理体制的指导意见》《福建省人民政府关于改革完善市县食品药品监督管理体制的实施意见》，原清流县食品药品监督管理局由省级以下垂直管理改为由县政府管理。

25日　清流县召开“两违”（违法用地和违法建设）综合治理专项行动动员大会，传达省、市领导有关指示和全省“两违”综合治理莆田现场会精神，安排部署县“两违”综合治理工作。

同日　省关工委副主任陈祖辉带领省财政厅工作人员，到清流县调研省委办、省政府办《关于进一步加强基层关心下一代工作的意见》即闽委办〔2011〕50号、闽财行〔2013〕32号文件贯彻落实情况。

25日　位于龙津镇供坊寨子坑的天沅（福建）农业技术有限公司的智慧化植物工厂生技研发种植基地举行开工仪式。该公司由台湾客商与大陆合资创办，项目总投资1.2亿，占地14.67公顷。

28日　清流县扶贫开发协会成立。首期筹募基金善款277万元。

同日　清流县诚信促进会成立大会暨第一届会员大会召开。

同日　三明市春耕生产现场会在清流县举行。

同日　晚，龙津、嵩溪、林畲、嵩口等乡镇出现短时强雷电、龙卷风和强降水天气，最大风速18.1米/秒，部分民房、花卉大棚、农作物及厂房受损。其中清龙生态兰花有限公司兰花基地80%花卉大棚被风吹垮。全县受灾838人，直接经济损失3470余万元。

29日　晋江留学人员暨归国创业人员联谊会会长林尚鹏带领70多名联谊会成员到清流县考察。

30日　清流县举行首届少年儿童体育锦标赛暨中小学生联赛，全县100多名中小学生选手参加比赛。此次比赛分小学男子组、女子组，初中男子组、女子组，高中男子组、女子组，共有200米、1500米、标枪和铅球4个比赛项目。

31日　鸿翔农庄农业发展有限公司通过国家级高新技术企业认定。

同日　县委召开学习中心组学习（扩大）会议，邀请市委讲师团团长吴健宏副教授作《坚持群众路线，密切联系群众》专题辅导报告。

2014年3月28日，清流县扶贫开发协会成立

4月

2日　县委在林畲开展“发扬革命传统、弘扬苏区精神，践行群众路线，建设幸福清流”现场教学活动。市委第五督导组成员，县委书记梁奕章、县长冯明生等县处级领导干部参加现场教学活动。

同日　市委常委、纪委书记冯新婷到清流县三明怡达农业有限公司和清流苏福茶业有限公司等地实地考察、调研现代农业发展情况。

4日　县委书记梁奕章、县长冯明生率县农办、水利局、林业局等部门领导，赴省政法委向挂钩帮扶清流扶贫开发和水土治理的省委常委、政法委书记苏增添，省政协副主席陈绍军汇报水土保持和扶贫开发工作。

7日　海西电子商务青年创业基地开业，16家电商入驻，注册资本1.32亿元。

8日　县委书记梁奕章、县长

2014年4月20日，观看影片

冯明生等县四套班子领导到凤翔山公园，开展植树造林绿化活动。

10日　清流七星岩食品有限公司与澳大利亚和发贸易发展有限公司澳洲区总代理签约，清流豆腐皮首次出口澳洲，标志着县豆腐皮产业开始规模化出口，创收外汇。

14—15日　省老体协主席王美香带领调研组，到清流县调研农村基层老体协工作。

15日　清流县举行第四批保障房分配选房活动，138户中低收入、低收入家庭和机关、事业单位新就业大中专毕业生，通过公开抽签方式得到住房。

16日　省纪委效能监察室主任谌庆福到清流县调研行政服务中心标准化建设和“马上就办”示范点建设情况。

同日　省预防道路交通安全事故领导小组办公室到清流县检查指导道路交通安全整治工作。

22-23日　国家林业局森防总站纪委书记李永成，到清流县调研林业有害生物防控与监测预警工作。

25日　市委副书记余红胜率市委农办、市住建局、农业局、林业局等部门负责人领导到清流县开展小城镇建设、农业产业化、扶贫开发工作实地调研。

25日　市督察组到清流县督察义务教育发展基本均衡县创建工作。

27日　市政协副主席许清华带领由市政协医药卫生界委员专家和科普工作人员组成的服务队，到清流县长校镇开展送文化、送科技、送卫生“三下乡”活动。

27日　由全国幸福工程组委会和光明网记者组成的采访团，到清流县嵩溪镇专题采访幸福工程受助母亲、嵩溪爱珍豆腐皮农民专业合作社理事长兰爱珍。

29日　县总工会组织全县20多名历届省、市劳模，实地参观县重点项目建设。

是月　经过福建华姿园艺有限公司多年研发及品种改良培育，牡丹在清流县试种成功。

5月

1—3日　清流县首次实施节日武装巡逻。刑侦、交警、治安大队和派出所等警种警力近50多人携带单警装备按照预定巡逻路线在城区主要街道、繁华路段、公交枢纽、校园周边等人员密集场所进行不间断巡逻。

6日　国家质检总局发布2014年第55号公告，批准“清流鲜切花”为地理标志保护产品，产地范围为清流县所辖行政区域。这是清流县继清流豆腐皮、清流溪鱼、清流黄羊之后，获得的第四个地理标志产品。

8日　市人大副主任廖小华到清流县调研历史文化名村和传统村落保护工作。

同日　由省妇联和省文明办主办的第九届福建省五好文明家庭标兵户评选结果揭晓。县医院医师杨根福、刘才妹夫妇作为三明市唯一参评家庭，当选第九届福建省五好文明家庭标兵户。

11日　清流佳云物流有限公司

2014年5月18日，清流县举办王连三大提琴艺术团习奏会

2014年5月29日，清流林畲毛泽东旧居前广场毛泽东铜像揭幕

举行新车交接暨三明至泉州货运专线开通启动仪式。

11—12日　县总工会、县卫生局联合组织开展庆“5·12”护士节技能竞赛。

15日起　县政府组织水利、监察、公安、交通、国土等有关部门，在全县范围内开展为期3个月的打击河道非法采砂专项整治行动。

16日始　县公安局与县银行业协会联合开展打击防范侵财犯罪“猎狐捕鼠”专项行动。

18日　清流县举办王连三大提琴艺术团习奏会。会后，表彰优秀学员15名、优秀辅导老师9名。

20日　清流县医院感染科新病房楼投入使用。该项目总投资1200万元，2012年7月动工，占地面积800平方米，建筑面积4500平方米，有病房23间，设床位50张。

同日　县委中心组召开学习（扩大）会议，学习习近平总书记重要批示精神、指导兰考县委常委班子专题民主生活会重要讲话精神和中央关于教育实践活动有关会议精神。

21日　三明清流锦冠商贸发展有限公司向县实验中学、城关中学和特校20名贫困学生发放助学金6万元。

22日　清流县统一组织各乡镇书记、乡镇长，县直各部委办局副科级以上领导干部，省市属单位主要负责同志观看影片《焦裕禄》。

23日　省政协原副主席、省扶贫“两会”会长陈增光率省扶贫基金会、省扶贫开发协会调研组，到清流县调研扶贫开发工作。

26日　清流县省道公路307线高坑路段（K395+550左侧），发生高边坡塌方，碎石、土方达1500多方，造成公路交通中断。经县公路分局人员2个多小时抢修，恢复通行。

27日　市人大常委会副主任陈有极带领调研组到清流县开展财政专项补助资金和财政转移支付资金落实情况调研。

28日　省移民局局长蔡伟到清流县调研库区移民村环境综合整治项目工作。

29日　清流苏区人民广场毛泽东和朱德铜像揭幕。清流毛泽东旧居前如梦令广场竣工并举行毛泽东铜像揭幕仪式。

同日　清流天芳悦潭生态旅游区被全国旅游景区质量等级评定委员会评定为国家4A级旅游景区。

6月

1日　新建成的县图书馆正式开馆。该图书馆位于北大路文体综合楼三、四层，馆舍总面积2268平方米，设有外借室、书刊阅览室、电子阅览室、少儿阅览室、亲子阅览室和视障阅览室。拥有文学、教育、工具书、旅游和地方文献等书籍约8万册，订阅报刊100多种。图书馆除周二闭馆外，其余时间免费对外开放。

5—6日　省卫计委副巡视员陈文加带领调研组到清流县调研卫生项目建设情况。

6日　三明学院党委书记曾祥辉、副院长陈晓明一行到清流县探讨校县合作项目事宜。

同日　县委、县政府设立“清流县人民政府文艺奖”（简称文艺奖）和“清流县优秀文艺创作百花奖”（简称百花奖）。“文艺奖”和“百花奖”评选活动每三年一届。文艺奖设一、二、三等奖；优秀文艺创作“百花奖”设特别荣誉奖和一、二、三等奖。

8日　全省首个标准化智能花卉馆由清流春舞枝公司投资1000多万元建成。

同日　厦门南普陀寺慈善基金会向嵩溪、嵩口卫生院捐赠迈瑞彩超、迈瑞全自动生化仪，价值约50万元。

10日　中央电视台科教频道《地理中国》栏目摄制组到清流李家鲜水冷泉、沙芜九龙湖、嵩口温泉、北斗山等地，进行为期半个月的专辑节目《太极清流》拍摄采访。

10—13日　省人民政府教育督导评估组到清流县进行义务教育发展基本均衡情况综合评估，初步认定达到基本均衡标准。

14日　县文化馆非遗展厅免费对外开放。

16—17日　副市长、市公安局局长潘东升到清流县气枪厂、城关派出所、巡特警大队和看守所等部门实地调研指导公安工作。

17—18日　县委书记梁奕章、县委常委、常务副县长邓炳辉、副县长谢锦山率清流代表团参加第十二届中国•海峡项目成果交易会，落实对接项目56项，总投资17.86亿元，其中合同项目50项、投资16.05亿元；协议项目6项、投资1.81亿元。上台签约项目2个，总投资7.3亿元。

18日　县委书记梁奕章会见参加“6·18”项目成果交易会的客商安徽省华力控股集团董事长、2013—2014年度全国优秀企业家常前仓，双方就进一步深化合作进行沟通与交流。

20日　县委学习中心组召开学习（扩大）会会议，邀请著名经济学家、中国人民大学教授、博士生

2014年6月10日，航天种子在清流种植成功并结果

导师邓荣霖作《当前经济形势与企业发展》专题讲座。21日，邓荣霖教授应邀到清流一中作题为“人生体验与治学格言”报告会。

20日　中铁二院交规院李云所长等6位专家到清流现场踏勘吉永泉铁路线路。

同日　罗炳辉将军之子罗新安教授到清流县考察，寻访父亲当年战斗生活足迹。

26日　省委副书记于伟国率省直有关部门负责人，到清流县调研农业工作。于伟国实地参观福建春舞枝公司智能花卉大棚、海西花卉电子交易平台。

同日　县法院、县检察院、县公安局联合开展主题为“远离毒品，构建和谐家园”的禁毒宣传活动。

27日　县委书记梁奕章、县长冯明生、县人大常委会主任许天赠等县几套班子领导集体到市廉政教育基地参观学习，接受教育。

同日　农业部办公厅副主任肖放到清流县调研闽台农业交流合作和台湾农民创业园建设工作。肖放先后到福建春舞枝花卉有限公司、森源兰蕙生物科技有限公司以及嵩溪鲜切花种植基地实地调研。

2014年6月20日，县委学习中心组邀请中国人民大学教授邓荣霖做《当前经济形势与企业发展》专题讲座

同日　省移民局副局长雷雄一行到清流县调研移民避险解困试点工作。

同日　市政协副主席李茂胜到清流县开展“畲族文化传承与发展”专题调研活动。

是月　位于龙津镇供坊村的清流县航天蔬菜示范基地种植的15个航天蔬菜品种全部进入盛果期，标志着航天蔬菜在清流县种植成功。该基地规划总面积100公顷，已示范种植面积2.33公顷。

7月

1日　清流县召开庆祝中国共产党成立93周年表彰大会。

同日　重新整合的县食品药品监督管理局完成与县工商局食品安全监管职能移交工作。

同日　清流县建立80—89周岁高龄老年人生活补贴制度，为2409名80—89周岁高龄社会老人每人每月发放补贴30元。

4—6日　春舞枝花卉有限公司应邀参加2014澳门国际品牌连锁加盟展。

5—7日　清流县嵩溪爱珍豆腐皮合作社产品被省经贸厅选中，作为福建省名优特商品之一参展2014第五届中国（北京）国际食品饮料博览会。

8—9日　在三明市第四届残疾人运动会上，清流县代表队获10金、9银、2铜及团体总分第一名。

8—9日　省、市政协“传统村落保护和发展情况”调研组到清流县调研。

9日　市委常委、组织部部长刘远到清流县督促指导党的群众路线教育实践活动开展和基层软弱涣散党组织整顿工作。

10日　县委书记梁奕章会见到清流洽谈光伏产品合作事宜的孟加拉国光伏和可再生能源协会副会长穆斯塔法·穆罕默德。

2014年7月9日，市委常委、组织部部长刘远(右二）到清流县督促指导党的群众路线教育实践活动开展和基层软弱涣散党组织整顿工作

11日　清流籍选手葛曼琪以11秒84获2014年全国田径冠军赛暨大奖总决赛女子100米比赛铜牌。

12日　清流县单车骑行联盟举行成立2周年庆祝活动，来自三明、沙县、永安、连城、长汀等地的骑友，齐聚清流，切磋技艺、交流感情。该单车骑行联盟有队员70多人。

15日　清流县6家农业企业被福建省农业厅授予“福建省无公害农产品生产基地”，有效期3年。它们分别是：清流县仁智种粮农民专业合作社、清流永信达生态农业开发有限公司、清流华溪薯类种业农民专业合作社、清流县秋实中草药种植专业合作社、福建省清流闽新畜牧场、福建省宏硕生态农业发展有限公司。

同日　清流苏福茶业有限公司生产的“梦园”牌红茶、福建省宏硕生态农业发展有限公司生产的“宏态”牌白鸯鸭获获福建省农业厅颁发的2013年《福建省名牌农产品》牌匾及证书。其有效期至2016年11月。

15－16日　民盟福建省委组织专家组到清流台湾农民创业园开展“加强闽台农业科技合作平台建设，提升福建农业现代化水平”重点课题调研。

16日　省委教育实践活动办联络一组组长罗志坚、综合组副组长王少壮、市活动办综合组组长黄斌江等一行6人到清流县开展党的群众路线教育实践活动调研。

同日　市人大常委会副主任王庆到清流县调研城区第二水源项目建设情况。

同日　市安监局纪检组长武民建带领督查组到清流县开展道路客运、危化品运输及公路隧道安全专项督查。

17日　省人大常委会委员、法制委主任委员郁成带领调研组到清流县开展《促进茶产业发展条例》立法后评估调研活动。调研组实地参观苏福茶业的茶叶种植基地和公司新引进的全省最大、最先进的红绿茶兼用清洁茶叶生产线。

同日　省邮政艺术团演出小分队到清流县慰问基层一线邮政职工。

18日　市委书记邓本元、市长杜源生率市委、市政府工作检查组到清流县检查指导工作，了解重点项目建设、经济社会发展情况。县委书记梁奕章、县长冯明生以检查组成员身份参加工作检查。

19—20日　福建医科大学附属协和医院爱心医疗服务团20人到清流县开展义诊、送药、讲学活动。此次活动为团县委与福建医科大学团委校地对接项目之一。活动期间义诊患者200余人次，接受群众咨询300多人次，发放药品价值3000元。

同日　清流县选手应宏波在“龙佳杯”2014年福建省青少年中国象棋锦标赛上获男子少年甲组冠军。

21日　县公安局开展“猎狐捕鼠”和“剑盾”专项行动集中返赃活动，返还15名受害人现金5.26万元，摩托车12辆，手机9部，金项链2条及其他物品，总价值26万余元。

25日　省安监局监管一处调研员郭榕庆为组长的省级文明县城考评组一行12人，到清流县考评验收创建省级文明县城工作。

26日　清流县书画院成立。院内收藏中国书协、省书协及中国美协等43位名家书画作品102幅。

30日　省委防范办主任杨丽卿到清流县检查指导反邪教工作。

是月　在上半年全省综治“三率”测评中，清流群众安全感、执法满意度、平安建设知晓率分别居全市第1名、第2名、第2名，全省第3名、第7名、第11名。

8月

1日　温郊乡桐坑村首个墟场开张，结束温郊乡无墟日历史。当日有100个摊位、2000多人进行农副产品交易，产品交易额20多万元。

8日　清流县举行“全民健身日”文体展示暨全民健身运动会启动仪式。现场表演展示舞蹈《茶香中国》、太极拳、木兰彩蝶双扇、健康操等。此次全民健身运动会设定比赛项目15个，采取分项分期方式进行比赛。

10日　成都花木交易所在清流设立成都（清流）花木交易所。

同日　省“百人计划”特聘专家、新西兰皇家科学院首席科学家高益槐教授，到清流县考察调研花卉和生物医药产业。

11日　福建省委人才工作领导小组办公室公示第一批六类省特支人才建议人选和四类省优秀人才人

2014年8月13日，省委第五督导组组长袁锦贵（右二）一行到清流春舞枝公司花卉智能大棚调研

选，清流县嵩溪镇罗陂岗村兰爱珍入选省优秀农村实用人才。

13日　孟加拉国ATN公司马富兹博士到清流吉阳新能源公司考察。14日，孟家拉国ATN公司与清流吉阳新能源公司举行太阳能发电机、太阳能摩托、太阳能水泵等7个应用产品采购签约仪式，订单总金额3亿美元。

20日　县总工会召开“金秋助学”座谈会，县委常委、组织部长、县总工会主席王争为2014年困难职工、单亲困难女职工家庭考上大学子女代表分发助学金，每人2000元、3000元、5000元不等。全县61名困难职工大学生获金秋助学金15.6万元。

21日　县妇联和县农业局共同举办“省专家快车农村行”走进赖坊乡活动，为该乡90多名妇女进行花生生产技术培训。

22—23日　清流县举办乒乓球俱乐部邀请赛，此次邀请赛共有25个单位、130余人参加。经过2天角逐，县法院获冠军、老体协获亚军。

23—24日　省科技厅副厅长张天明到清流县调研科技创新工作。张天明先后到嵩溪花卉基地、森源兰蕙生物科技有限公司、吉阳光伏太阳能有限公司、春舞枝花卉有限公司实地调研。

25日　德国时间上午9时10分，福建春舞枝公司在德国证券交易所挂牌上市，成为中国首家花卉上市企业。每股发行价9.03欧元，市盈率23倍，市值16亿元人民币。

同日　在福建省第七届残疾人运动会上，清流运动员获4银5铜，并有2项田径比赛成绩打破省残运会记录。

26日　在县慈善总会举行的捐助仪式上，30名即将踏入大学校门的贫困学生获助学金共计12.8万元。

28日　三明市政协主席程立双到联系点清流长校河排村，全程参加并指导该村党支部专题组织生活会。

同日　省客家研究联谊会执行会长刘有长到清流县调研客家文化生态旅游发展情况。

28—29日　清流县交警大队、市高速公路交警支队五大队、县安监局、县交通局等单位组成联合检查组，开展“打四非、查四违”（“打四非”，即：打击非法改装、伪装危化品运输车的行为，打击危化品生产、销售企业为不具备运输许可的车辆非法灌装危化品的行为，打击不具备运输许可的车辆非法运输危化品的行为，打击不具备资格的人员非法驾驶、押运危化品运输车辆的行为。“查四违”，即：查处客运车辆违反夜间停运规定、违反接驳运输规定、严重交通违法、违反动态监控制度的行为）集中行动，重点对县危化品运输企业和客运企业是否存在“四非四违”行为进行排查。

31日　厦门市香草协会、市政园林局和林业局组团到清流县森源兰蕙生物科技有限公司、福建春舞枝花卉有限公司等地考察现代农业发展情况。

2014年8月26日，清流县慈善总会举行助学金发放仪式

9月

1日　由省农科院作物栽培研究所与清流县华溪薯类种业有限公司开展"院企"合作，建立的全省首个以福薯24号和305号为代表的8个新品种甘薯试种示范点，福薯24号亩产近4000公斤。

2日　福建卫视新闻《东南新闻眼》栏目播出新闻《电商改变清流农业》，专题报道清流县利用电子商务发展现代特色农业产业情况。

3日　市政协副主席林传衍带领调研组到清流县调研工业经济发展情况。林传衍先来到红火水泥有限公司、东莹化工有限公司、吉阳新能源有限公司等地实地调研。

4日　宏畅（福建）农牧科技有限公司从上海首批引进636多只湖羊原种进入羊场，标志着清流县首家湖羊原种场正式运营。

5日　据福建省商务厅公示，清流县入围全省首批电子商务示范县，福建春舞枝花卉有限公司跻身"2014—2015年度福建省电子商务示范企业"行列。

6—8日　清流组团参加在厦门举行的第十八届"9·8"中国国际投资贸易洽谈会。

9日　经省政府批准，清流县被列入福建省第三轮（2014—2016年）现代农业（茶业）生产发展资金项目县，项目实施期3年，每年补助资金500万元。

11日　省卫生和计划生育委员会联合香港嘉里集团郭氏基金会在清流县举办"儿童先天性心脏病筛查培训观摩会"，全省各设区市卫生局相关科室负责人及所属县（市、区）卫生局分管领导、全县各乡镇分管领导、中小学校长、各医院医生120人参加培训，并进入县实验小学进行现场筛选和观摩。

12日　团县委、县教育局、明日之星教育基金会在县城关中学联合举行爱心捐赠发放仪式，向全县20所中小学捐赠学习机60台和眼部按摩仪400部，总价值15万元。

17—18日　《清流县志（1991-2005）》志稿三级评审会召开，省方志委副巡视员林浩、市方志委主任黄荣发、副县长周美华等出席评审会。三明各县（市、区）方志委、办领导、专家，县直有关部门领导50余人参会。

17日　省挂包清流扶贫开发与水土保持工作的省委常委、政法委书记苏增添率省卫生与计生委、省台办、省农行、华闽集团等省直对口帮扶部门领导到清流县调研水土流失治理和扶贫挂钩工作，并进村入户走访信访户。

18日　三明市突发重大动物疫情应急演练在清流县举行，市动物疫病预防控制中心和县畜牧兽医全体干部职工参加此次演练，三明市各县（市、区）动物疫病预防控制中心负责人应邀观摩演练。

同日　省文联副主席罗训涌到清流县开展省现代刻字特色文艺示范基地申报工作情况调研。

同日　县城关老人协会为逢60、70、80、90岁和百岁以上的560名寿星集体庆寿。

18—19日　市人大常委会副主任陈有极到清流县调研电子商务等新兴业态发展情况。

19日　大型科普活动日启动仪式在街心公园举行。林业、农业、科技、环保、食品监督、卫生等10多个部门科普志愿者，通过发放宣传材料等形式普及科技知识，提供咨询服务1000多人次。

20日　食品药品安全宣传月活动启动仪式在龙津广场举行。县食品药品监督局、县卫生监督所工作人员和志愿者向过往群众发放食品药品安全宣传资料3000多份，宣传购物袋200个，接受群众咨询100人次。

23日　浙江鹰鹏集团总裁办总经理刘一德到清流县考察氟化工产业。

同日　农业部青年干部到清流县春舞枝花卉有限公司、嵩溪森源兰蕙兰花基地和七星岩食品有限公司、苏福茶业有限公司等地开展"接地气　察民情"实践锻炼调研活动。

25日　县法院首次在龙津广场前LED屏滚动播放第一批50名"失信被执行人"名单，曝光对象主要为金融借贷欠款当事人。作为一种信用惩戒手段，"晒老赖"主要目的是督促被执行人尽快履行还款义务。

26日　县金土地花生专业合作社、景红花卉专业合作社入选省农业厅、财政厅联合发布的2014年省级农民合作社示范社公示名单。

同日　清流县获省级生态县命名，并通过国家级生态县创建工作

2014年9月30日，中国首个烈士纪念日，清流县在城关凤翔山革命烈士纪念碑前举行公祭活动

省级预验收。

同日　台湾国立宜兰大学赵涵捷校长一行到清流就农业领域及生物科技方面合作进行实地调研考察。

30日　中国首个烈士纪念日，清流县在城关凤翔山革命烈士纪念碑举行公祭活动。县四套班子领导出席活动，并向革命烈士纪念碑敬献花篮。县委书记梁奕章宣读祭文。

是月　清流县建成福建省最大非洲菊组培中心。

10月

8日　灵地、余朋、赖坊、田源、长校、李家、里田7个乡镇被国家环保部命名为"国家级生态乡镇"。

9日　三明市茶叶机械化生产现场会在清流县苏福茶业有限公司召开。

10日　市挂县领导、市政协主席程立双到我县调研，督查省委九届十一次全会和市委八届八次全会精神贯彻落实情况，特别是市委八届八次全会提出加快推进三明科学发展跨越发展计划具体措施和阶段性目标落实情况，以及"10+5"重点跟踪项目推进情况。

同日　清流一中学生谢欣雨、罗男参加三明市学生规范汉字书写大赛获中学组（硬笔）一等奖。

14日　省政府发展研究中心林永健研究员率省环保厅、林业厅等部门组成的省级生态市考评小组，到清流县检查指导生态建设工作。

15日　省公安厅巡视员施志强到清流县督导"剑盾"4号专项行动。

同日　由福建省农科院和县农业局联办的"清流甘薯种苗产业化联合技术创新中心"授牌签约仪式在清流华溪薯类种业有限公司举行。

16日　市人大环城委率领"中华环保世纪行"采访团到清流县，就饮用水水源保护工作进行集中采访。

同日　清流县苏福茶业有限公司被列为农林大学"茶叶加工与机械科研基地"和"国家茶叶产业技术体系福建茶叶加工示范区"。

同日　清流县首个水稻工厂化育秧中心在里田乡洋庄村建成。该中心用地面积0.33公顷，全程采用自动化控制。

17日　文化部公共文化司副司长陈向红、国家公共文化服务体系建设专家委员会委员、山东省文化厅原厅长亢清泉率文化部中期督查组一行，到清流县督查创建国家公共文化服务体系示范区工作。

同日　福建省"三个网络课堂（名师课堂、名校课堂、专递课堂）"建设工作会议在清流县召开，来自全省九个设区市"三个网络课堂"建设工作负责人、县城区学校分管领导及信息中心负责人60多人参会。

同日　县城关老人协会举行庆祝协会成立25周年纪念大会、文艺演出和踩街宣传活动。

同日　县城关老人协会自1989年9月1日成立，会员由成立时的75人发展到5800多人。

22日　清流县沙芜乡发现清道光十二年（1828年）整治航运"奉宪"碑刻。碑高1.73米，宽0.83米，碑首半圆形，浮雕双凤衔篆体"奉宪"2字。正文为楷体阴文，竖排，共27列，1300余字。

23日　福建省加强老干部活动中心建设现场推进会在清流县召开。省委老干部局副局长谢宜萍，县委常委、组织部长王争出席会议。全市各县(市、区)老干部局局长、活动中心主任参加会议。

同日　清流县首家民营企业人民武装部——清流春舞枝公司人民武装部挂牌成立。

同日　县委学习中心组举行学习（扩大）会议，邀请中国驻肯尼亚原特命全权大使、外交学院原党委书记、副院长安永玉到会授课。

29日　三明市县（市、区）政协主席第28次工作座谈会在清流县召开。

同日　由中共福建省委外宣办、海峡出版发行集团主办，福建省水利厅、新华社特稿社《穿越中国》网站协办，福建画报社有限责任公司承办的《《闽江—发现迷人山水，留住美丽乡愁》采访团20余名国内外摄影家到清流进行为期3天采风活动。

30日　三明市委书记邓本元到林畲乡中央红军村石下村、嵩口镇革命老区村沧龙村，看望慰问困难党员和低保困难户，开展加快苏区老区发展专题调研。

30日　曾经于1969年在赖坊乡插队的30余名泉州知青，重返赖坊"省亲"，参观考察该乡经济社会事业发展情况，与乡亲叙旧话新。

2014年10月15日，福建省农科院余文权副院长参加授牌仪式

31日　福建中医药大学党委常委、纪委书记叶虹到清流县福建乐福生物科技发展有限公司种植基地等地调研生物医药产业发展情况。

11 月

2日　在漳州举行的福建省第15届运动会上，清流县运动员钟超获激流回旋皮划艇金牌；葛曼琪获100米、200米、400米3枚金牌和4×100米、4×400米2枚银牌；余洪垚获射击项目移动靶铜牌。

4日　清流县首家企业集团—春舞枝花卉集团成立，这也是三明市第五家无行政区划企业集团。该集团以春舞枝花卉有限公司为母公司，包括5家全资（或控股）子公司共同组建企业法人联合体，注册资本金总额2.4亿元。

6日　第十届海峡两岸林业博览会暨投资贸易洽谈会在三明会展中心开幕。县委书记梁奕章，县长冯明生，县委常委、纪委书记郑龙华，县委常委、组织部长王争参加展会。清流县签约项目8项，项目总投资11.4亿元。现场成交额84.8万元，订货交易额1.30亿元。德盛生物的生物农药、森源兰蕙的兰花及飞翔农业的金银花获本届林博会金奖。

7日　福建省“央行支付系统宣传”活动在清流县启动。人民银行福建中心支行副行长杨长岩，清流县政府县长冯明生，县委常委黄华弟为启动仪式揭幕。

10日　清流县举行公用经费在线监管平台建设试点启动仪式。此次公用经费在线监管平台选取林业局、水利局、教育局等试点单位10个，试点时间为11月至2015年2月。

11日　新华社、中新社、中央人民广播电台、海峡之声广播电台、福建日报、海峡都市报、省广电集团新闻中心、东南电视台和台湾导报等两岸媒体记者到清流县参观采访。

同日　福建省安监局主办的三明市5县（市、区）金属非金属矿山矿长谈心对话活动在清流县举行。

13日　福建省扶贫“两会”（省扶贫基金会、省扶贫开发协会）产业示范培训班——豆腐皮生产专题培训在清流县嵩溪镇举办。

19日　省人大常委会党组书记、副主任徐谦到清流县调研产业发展和民生工程建设情况。

同日　三明市委副书记余红胜到清流调研美丽乡村建设情况。

20日　大田县政协考察团到清流县考察文化、经济、社会事业发展情况。

2014年11月7日，福建省人行副行长杨长岩到清流开展“央行支付、服务老区”宣传活动

同日　县道安办组织县安监、交通、公路、农机、公安交管等部门在大路口路段开展交通安全联合执法统一行动。全县出动警力62人次，警车15辆次，查处各类交通违法行为63起。

同日　县体育舞蹈协会成立，会员56人。

20—21日　福建省村级文化协管员三明片区培训班在清流县举办，农村文化协管员130人参加。

23日　《人民日报》农业版以《‘花都’卖的不光是花》为题，专题报道清流县借助现代电商模式，发展壮大花卉产业，支撑区域发展方面所进行的积极探索。

26日　清流县福建省宏硕生态农业发展有限公司畜禽养殖场被省农业厅评为2014年省级畜禽标准化示范创建场。

27日　县委学习中心组举行专题学习会。市委宣讲团成员、市委讲师团团长吴健宏副教授应邀到会作《党的十八届四中全会关于全面推进依法治国若干重大问题决定的解读》专题报告。县委书记梁奕章、县长冯明生等县四套班子领导参加学习。

28日　清流县召开扶贫小额信贷促进会成立暨第一次会员代表会议。全县金融部门、县直有关单位、各乡（镇）分管农业领导和会员代表40多人参会。会议通过《清流县扶贫小额信贷促进会章程》，选举产生扶贫小额信贷促进会第一届理事会。第一期担保基金筹措500万元，可担保贷款2500万元以上。

12 月

1日　《清流县“救急难”工作实施办法（试行）》开始实施。“救急难”工作主要是指对突遇不测、因病因灾陷入生存困难的居民（含非户籍常住人口）由政府给予非定

2014年12月15日，省信访局局长林凤祥（右三）到清流督导检查信访工作

期、非定量的救助。

2日　三明市委常委、组织部长陈炎标一行到清流看望参加厅级离退休干部读书班老领导。

同日　在第六届福建省学生规范汉字书写大赛中，城关中学学生骆礼楷、赖晖获特等奖，高雯娜获一等奖，杨博雅获二等奖，施雨卿获三等奖。

2日　县公安局交管大队、高速交警、县交通、公路局、安监等部门联合开展主题为“抵制七类违法安全文明出行”（七类违法行为：超速、超载、酒驾、毒驾、闯红灯、占用应急车道、不礼让斑马线）“全国交通安全日”宣传活动。

3日　宁化县组织乡镇宣传委员和文化站站长一行40多人，到清流县实地考察、参观、交流公共文化服务体系示范区创建工作。

3—4日　厦门市政协副主席欧阳建带领调研组到清流县调研电子商务发展和生态文明建设情况。

4日　由县依法治县办牵头，公安、法院、检察院、司法、税务、工商、卫生监督、计生、统计、农业、住建、民政等部门在龙津广场，联合开展主题为“弘扬宪法精神，建设法治中国”的“国家宪法日”暨全国法制宣传日活动，发放宣传资料5000余份、宣传物品60余件，解答法律咨询100多人次。

5日　田源乡通过省农村宣传思想文化示范乡镇考评组创建工作考评验收。

9日　县基督教“两会”第七届信徒代表大会召开，会议选举产生两会新一届委员会委员及领导班子。县基督教始于清光绪末年，2014年有基督教信徒约2000名，堂点7个。

15日　省信访局局长林凤祥到清流县督导检查信访工作。

同日　团县委在县实验小学举行“许清水青少年医疗救助基金”发放仪式，向该校2名患重病同学每人发放救助金1万元。“许清水青少年医疗救助基金”由省青少年发展基金会和许清水先生联合设立，旨在为福建省遭受意外伤害、急需和正在治疗的家庭困难大中小学生筹措手术费用。

16日　清流县国、地税联合举办2012—2013年度纳税信用等级A级企业授牌暨“纳税人学校”揭牌活动，此为清流县首次对26家纳税信用A级企业进行表彰并授牌。

17日　由县诚信促进会主办，清流书画院承办的“诚信社会、幸福清流”书画展在龙津广场开展。此次书画展为期4天，展出作品63幅。

19日　在三明市“第二十一次见义勇为模范表彰大会”上，清流县赖健、邹土松被授予2014年度“三明市见义勇为模范”称号。赖健同时被授予“三明市五四青年奖章”。

20日　福建省自驾游工作座谈会在清流县召开。会议授予清流天芳悦潭旅游区福建自驾游旅游基地称号。

25日　省台办副主任、省台联党组书记蔡尔申带领调研组到挂钩扶贫点林畲乡石下村调研。

26—29日　政协第九届清流县委员会第四次会议召开。应到会政协委员152人，实际到会140人。县四套班子领导和省、市、县有关部门负责人列席大会。会议听取并审议雷根旺副主席所作的常委会工作

2014年12月29日，新当选的政协主席邓炳辉（左一）向县长冯明生（右一）交办提案

报告及李志明副主席所作提案工作报告，列席县十六届人大四次会议第一次大会，听取县政协九届四次会议提案初审情况报告。会议选举产生政协主席邓炳辉、副主席马卫强，审议通过会议决议。会议表彰为建设“幸福清流”献计策先进单位和先进个人。会议期间收到提案61件。

27—30日　县十六届人民代表大会第四次会议召开。应到会代表153名，出席大会149名。会议听取并审议县长冯明生所作的县人民政府工作报告，县人大常委会副主任邱文宁所作的县人大常委会工作报告，县人民法院院长王文光所作的县人民法院工作报告，县人民检察院代理检察长董新所作的县人民检察院工作报告；书面审查《2014年国民经济和社会发展计划执行情况及2015年国民经济和社会发展计划草案的报告》和《2014年预算执行情况及2015年预算草案的报告》，会议作出决议批准以上报告。会议选举李增祥为县第十六届人民代表大会常务委员会主任，选举董新为县人民检察院检察长。大会主席团通过代表议案1件、转为代表意见建议办理65件。

29日　清流县灵台山现代刻字基地被评为福建省第四批特色文艺示范基地。省财政拨付30万元建设启动资金。

31日　三明市副市长潘东升一行到清流县，就《市政府工作报告》向清流县的市人大代表和市政协委员集中征求意见和建议。

是月　清流县实现一乡（镇）一敬老院全覆盖。全县13个乡（镇）11所敬老院（嵩溪镇、林畲乡、温郊乡合建嵩溪中心敬老院）总建筑面积9200平方米，床位480个，总投资1330万元。

责任编辑：唐功轩

清流县旅游局

清流县旅游局成立于1998年6月，2002年2月升格为正科级单位，内设办公室、行业管理股、市场开发股等职能股室。

近年来，清流县旅游局按照县委、县政府的工作部署和要求，围绕建设“太极之城、大美清流”的发展目标，加快品牌创建步伐，努力推进项目建设，旅游经济、旅游工作取得新的进展，获得国家级品牌2个、省级品牌1个。2014年1月，清流温泉成功申报国家级温泉地质公园。4月，天芳悦潭温泉度假村旅游景区被国家旅游景区质量等级评定委员会评定为国家4A级景区。山城山庄于2014年1月被评为四星级乡村旅游接待示范单位。随着温泉生态休闲度假区、中华客家祖山文化园、林畲毛泽东旧居、海峡两岸中华桂花文化园等旅游项目的相继投入使用，清流旅游知名度和美誉度得到进一步提升。

国家地质公园

国家4A级风景名胜区--天芳悦潭旅游区

中华客家祖山文化园

政党 政权

中共清流县委

综 述

2014年，县委坚持以邓小平理论、“三个代表”重要思想、科学发展观为指导，深入贯彻落实习近平总书记系列重要讲话及党的十八大和十八届三中、四中全会精神，围绕省委九届十一次、十二次全会和市委八届八次、九次全会部署要求，深入开展党的群众路线教育实践活动，融入开放三明、幸福三明建设，把握“稳中求进、好中求快”工作总基调，按照县第十二次党代会确定的奋斗目标和各项部署，团结带领全县广大干部群众，坚持埋头苦干、夯实基础，做大总量、做优质量，争先进位、跨越赶超，加快经济社会发展，保障和改善民生，提高党的建设科学化水平，推动科学发展跨越发展，各项工作取得新进展、新成效，向“幸福清流”目标迈出坚实步伐。

【经济平稳增长】 年内全县经济社会发展保持良好态势，13项主要经济指标有6项增幅位居全市前三位。其中地区生产总值完成75.86亿元、增长10.4%，增幅居全市第五位；农林牧渔业总产值24.34亿元、增长5.60%，增幅居全市第一位；规模以上工业总产值96.54亿元、增长15.3%，增幅居全市第一位；全社会固定资产投资76.54亿元、增长18.8%，增幅居全市第一位；县级公共财政收入3.34亿元、增长8.7%，增幅居全市第三位；社会消费品零售总额18.57亿元、增长20.2%；外贸出口8091万美元、增长26.4%；验资口径实际利用外资905万美元、增长12.6%；农民人均收入11404元、增长10.2%；城镇居民人均可支配收入22177元、增长9.8%。

【现代农业加快发展】 花卉苗木、淡水鱼、肉羊“三大基地”规模拓展、品种优化，千亩樱花基地、宏畅闽台生态羊业等产业亮点初显，中盟光伏农业发电项目获省发改委批准立项，清流被评定为全省第三轮26个茶产业示范县之一，“清流鲜切花”获国家地理标志保护产品称号；农村经营组织发展壮大，全年新增农民专业合作社37家，家庭农场46户，各类专业大户205户。

【工业主导逐步壮大】 坚持一手抓存量提升，一手抓增量培育，氟材料、建材、煤炭、林产、轻纺等主导产业完成产值75.1亿元，占规模工业总产值78.2%；全县新增鑫磁线圈、捷鸿家俱、远大经纬、金山萤石矿、明胜萤石矿等5家亿元以上工业企业，总数20家；全年新增规模以上工业企业16家，总数88家；投入8.8亿元实施气枪厂、源益木业、苏福茶叶等20家企业技改，其中列入省“百项千亿”重点技改项目4个；总投资4亿元的钨矿废弃石循环利用重选项目开工；清流经济开发区承载能力不断提升，思恩电器、伊科电子、克莱德电磁阀、华晟无纺布等一批项目基本建成。

【三产活力不断增强】 年内，清流县被列入全省第一批、全市唯一电子商务示范县；春舞枝公司8月25日在德国证券交易所成功挂牌上市，成为全国首家花卉上市企业，全年销售收入超3亿元，税收2020万元，同时被评为全省电子商务示范企业；入驻海西电子商务青年创业基地的企业已达16家，注册资本1.32亿元；全年新增限上商贸企业5家，新成立物流公司2家、新增货运车辆109辆，实现税收1011万元；旅游景点加快建设，清流毛泽东旧居基本建成、客家博物馆已在装修，海峡两岸中华桂花文化园对外营业；花海温泉养生苑、朱德旧居及锅蒙山战斗遗址纪念馆等景区建设加快推进。清流温泉被国土资源部评为“中国国家地质公园”，天芳悦潭生态旅游区被评为国家AAAA级旅游景区。

【持续扩大投资】 年内，全县131个“五大战役”重点项目，有123个开工建设，其中72个项目建成投产或部分建成投产，累计完成投资50.9亿元。“1+1”招商扎实推进，全年共落实招商项目116个、总投资97.5亿元，其中引进并落地注册项目67个，实际到资3.6亿元，经济发展后续动能增强。依托国家级清流台湾农民创业园平台，做好“以台引台”，全年新引进台资企业6家，总数65家，引进新产品、新技术18个（项）。此外，各乡镇、各部门全年向上争取项目资金4.9亿元，获批各类建设用地面积75.4公顷，保障项目建设用地需要。

【坚持利民惠民】 投入3.4亿元，实施一批为民办实事项目，其中总投资1.5亿元的新一中整体搬迁新建项目主体工程基本完成，义务教育发展均衡县通过省级验收；投入3280万元，实施县乡医疗机构改造提升，县医院感染科病房建成投入使用；县数字影院、文化馆、图书馆竣工，国家公共文化服务体系示范区创建工作代表三明市通过国家文化部中期督查。城乡环境优化美化，河滨路新客家风格立面改造全面完成，凤翔山公园改造、古树公园建成，城市配套更加完善；“五镇二乡”和美丽乡村建设有序推进，一批示范村初具形象。生态建设成效明显，获得省级生态县命名，国家级生态县创建工作通过省级预验收。投入5805万元完成水土流失重点治理面积6686.67公顷，超过市下达任务面积813.33公顷。“916”精准扶贫机制全面实施，全年实现脱贫656户、2155人。“平安清流”“法治清流”建设成效明显，社会安定稳定。

【推进民主政治建设】 发挥党委总揽全局、协调各方作用，推动清流科学发展、跨越发展。支持和保证人民政协依照章程独立负责、协调一致地开展工作，增强民主监督和参政议政实效。巩固和壮大最广泛爱国统一战线，做好民族、宗教、侨务、对台工作，加强与港澳台侨各界人士及海内外清流乡贤交流交往，凝聚各方力量共促发展。加强对工会、共青团、妇联等群团组织的领导，指导团县委做好换届工作，发挥各群团组织推动发展、服务群众、凝聚合力、促进和谐的重要作用，组织和引导广大干部职工、青年团员、妇女和老干部积极投身推进清流科学发展跨越发展的实践中。重视从政治上、生活上关心老干部，发挥老干部在参与支持和推动经济建设中重要作用。注重激发各经济主体创业活力，调动各方参与发展、支持发展、服务发展积极性和主动性，形成同心同德干事创业浓厚氛围。

【加强和改进党建工作】 全年围绕习近平总书记系列重要讲话精神和上级重大决策部署，以及全县经济社会发展中的重大问题，采取集中学习、个人自学、开设理论学习专栏、邀请专家教授授课、组建县委宣讲团等多种形式组织学习，提高各级领导干部理论指导实践的能力和水平。深入开展党的群众路线教育实践活动，创新开展“百名领导结千家、千名干部联万户”为民主题实践活动，全县1628名干部走访农户、企业31149户，结对帮扶农户、企业1688户，直接联系群众11760户，落实帮扶资金1851万元，帮扶项目361个，办实事1773件，进一步密切党群干群关系。注重强化“四风”（形式主义、官僚主义、享乐主义和奢靡之风）问题整改，专题听取整改落实情况汇报，督促承诺兑现，各项整改工作稳步推进。加强领导班子和干部队伍建设。以“优化班子运行”为切入点，践行“五好”（信念坚定、为民服务、勤政务实、敢于担当、清正廉洁）干部标准，落实民主推荐、民主评议、民意测验、考察预告、任职试用期、县委常委会票决、任前公示等制度。全年共调整干部3批12人次，其中：调整交流8人、免职2人。继续推行干部任职试用期制度，对 2名委任制干部实行试用期，对30名试用期满干部进行考核。实施年轻干部“墩苗”工程，选派25名年轻干部到对口帮扶单位、基层一线、重点项目及急难险重岗位挂职锻炼。深化干部日常监督管理，加大干部“走读”督查力度，严格乡（镇）干部值班、考勤及外出报备制度，完善基层干部年度考核办法。推进基层组织建设，完成11个后进村整顿转化任务；推行“三个三”党建模式，紧扣“富民强村”工作主线，通过建立“三加”联动体系，完善“三向”培养机制，深化“三带”帮扶活动，构建以党支部为核心、以专业合作组织或协会为纽带、以基地为示范、以党员能人为骨干的组织带动服务体系。推行“四强四破”工作法，推进非公企业党组织全覆盖。推进农民合作社党组织组建，新组建成立农民专业合作社党组织10家，覆盖合作社109家，实现党组织覆盖率45%。严格落实党风廉政建设责任制，将党风廉政建设情况纳入各级领导班子、领导干部目标管理，与经济工作同部署、同落实、同考核。严格落实中央八项规定，以县委、县政府或“两办”名义下发文件同比减少10%；全县“三公”经费支出比2013年减少248万元，节约13.04%。全年查处违反八项规定问题29起，涉及党员干部36人（其中科级14人），给予纪律处分10人、效能告诫13人、诫勉谈话6人，先后2次对违反八项规定典型问题予以“点名道姓”公开通报。

重要会议

【全县经济工作会议】 2月9日召开，会议贯彻落实党的十八届三中全会、中央和省市经济工作、城镇化工作、农村工作会议精神，回顾总结2013年经济工作，部署2014年工作。县长冯明生主持会议、县委书记梁奕章出席会议并讲话。副书记聂金辉代表县委、县政府宣读2013年度表彰决定。

【政法综治工作会议】 2月9日召开，学习贯彻中央和省委、市委政法工作会议精神，部署全县政法工作。会议由县长冯明生主持，县委书记梁奕章出席会议并讲话。会议要求各乡镇各部门加强和改进政法综治工作，确保社会和谐稳定；突出工作重点，抓好各项工作落实，确保综治“三率”继续保持全省、全市前列；明确责任，确保政法综治各项措施落到实处。会上，梁奕章、冯明生向各乡镇和县直部门颁发2014年党政主要领导综治责任书。

【全县人口和计划生育工作会议】 2月9日召开，会议总结回顾2013年全县人口计生工作，安排部署2014年人口计生工作。县委常委、宣传部长、县人口计生领导小组常务副组长刘剑英主持会议。县委书记梁奕章、县长冯明生出席会议并向县直部门颁发2014—2015年人口和计划生育工作目标管理责任书。

【“五大战役”工作汇报会】 2月20日、24日，县委分别召开工业发展和招商引资战役、社会事业和民生战役、旅游和商贸服务业战役、城市建设和城镇化战役、现代农业和生态县建设战役汇报会，分析解决各战役工作存在困难和问题，部署2014年工作。

2月20日，县委书记梁奕章、县长冯明生率县工业发展和招商引资战役指挥部一行，深入城南工业园区调研工业重点项目建设，听取吉阳太阳能、客莱德机电、伊科电子、思恩（福建）电气、华晟无纺布科技等项目进展情况汇报。梁奕章要求，各项目要抓紧时间施工，抢工期、抢进度，确保按时间节点竣工并投入生产。在随后的工业发展和招商引资工作汇报会上，梁奕章对工业发展和招商引资工作提出牢记责任、分解任务、突出重点、强化要素保障、抓好招商引资工作等五点要求。

同日，县委召开社会事业和民生工作专题会议。会议要求把握好就业与社会保障、教育文化、卫生计生、基础设施、保障性安居工程、强农惠农、和谐平安7个方面工作。抓好年度总投资3.38亿元的22个重点项目建设，尤其是续建与新建的20个项目。会议要求抓好中华客家祖山文化园、赖坊古民居、南山马氏宗祠、九龙湖、“清流人”古人类遗址等文化产业建设；抓好百人大提琴队伍建设和申报“中国大提琴之乡”工作；确保影剧院早日投入使用；同意在屏山路古树公园对面划拨面积6.7—8.0公顷土地用于体育中心建设；尽快完成清流一中和城关小学、城关幼儿园搬迁工作。

2014年2月20日，县委召开社会事业和民生战役工作汇报会

同日，县委召开旅游和商贸服务业工作专题会议。会议要求抓好天芳悦潭温泉度假区、中华客家祖山文化园、林畲毛泽东旧居及海西电子商务青年创业基地等项目建设。要做足两岸“同根同祖同源”文章，做好九龙湖招商引资工作；要挖掘国家历史文化名村赖坊古民居及南山马氏祖籍地潜力，打造两岸文化交流平台；与春舞枝公司对接，包装嵩口马排“花海温泉乡村游”项目；与上海大湾文化传媒有限公司对接，促成北斗山影视基地项目落地。会议决定将公路港年度投资任务纳入县旅游和商贸服务业战役重点项目。

2月24日，县委召开城市建设和城镇化工作专题会议。县委书记梁奕章、县长冯明生和县城市建设和城镇化战役指挥部人员出席会议。会议要求各乡镇各有关部门按照县第十二次党代会上提出的“做美城区”，打造“小县大城关”要求，重点抓好年度计划投资14.63亿元的33个城建战役重点项目和6个前期项目；抓好年度计划投资5.23亿元的134个宜居环境建设项目；抓好“五镇二乡”中心集镇和“美丽乡村”、城区6个“重中之重”项目建设。会议要求出台科学有效的政策措施，促进房地产市场健康发展；同时加大对房地产市场的监管，加强行业自律，打击和披露非法销售行为。要开展好省政府部署的打击“两违”综合治理专项行动，重点打击违建、乱建，整治违章搭盖现象。要提升管理机制和水平，确保城区主干道、社区、小巷等卫生整洁。

同日，县委召开现代农业和生态县建设工作专题会议。县委书记梁奕章、县长冯明生和县现代农业和生态县建设战役指挥部人员出席会议。会议要求从宏观角度研究清流现代农业的发展方向，研究传统农业向现代农业转变的体制机制。会议要求将总投资63.56亿元、年度投资15.37亿元的38个重点项目，按照形象进度的时间节点进行安排；要围绕将清流打造成“中国花都”的目标，制订可行性报告和措施办法；要做好中国航天育种（清流）示范基地与中盟光伏生态农业科技园项目的衔接工作；要认真制订对台招商方案，丰富国家级清流台湾农民创业园内涵；要做好国家级生态县创建工作，确保国家级生态县验收成功；要培育产业、扶持龙头，推进省级农民创业园发展。7月14日，再次召开现代农业和生态县建设工作专题会议，要求将培育“一村一品”、“一村多品”作为农业工作的重点，在提高农民收入上狠下功夫。要注重多引进像春舞枝花卉、金线莲种植加工、台湾智慧化植物工厂等龙头企业。在培育龙头企业的同时，重视新型农民专业合作社的培育发展。会议要求做好农业项目的实施、农业产业链的培育、“中国花都”建设方案的实施、精准扶贫和新农村建设、国家级台湾农民创业园建设以及农业招商引资工作。

【城市建设和城镇化战役工作动员会议】 3月3日召开。会议贯彻落实中央、省、市城镇化工作会议及县委经济工作会议精神，安排部署2014年城市建设和城镇化战役工作。会议指出，全年以打造“太极之城、大美清流”为工作目标，以“做美城区”为工作重点，坚持“小县大城关”、“中心集镇”和“美丽乡村”三位一体，分层推进，创新举措，解决好“人进城、建好城、管好城”问题。会上，县委副书记聂金辉为小城镇试点镇、20个“美丽乡村”示范村和各乡镇2014年国土资源工作颁发目标责任书。

【党的群众路线教育实践活动动员大会】 3月13日召开，会议专题部署党的群众路线教育实践活动。同时，组织对县级领导班子和党员领导干部作风方面情况进行民主评议，并就做好教育实践活动征求意见建议。

【社会治理创新和综治维稳专题工作会议】 3月19日，县委召开社会治理创新和综治维稳专题工作会议。县委书记梁奕章、县长冯明生和县社会治理创新和综治维稳战役指挥部人员出席会议。会议指出，要按照中央和省委、市委政法工作会议的部署要求，落实市委市政府下达的综治责任书，完成各项指标任务。严格依法办案，确保依法独立公正行使执法权、审判权、检察权，继续保持各项工作指标稳居全省全市前列，为建设“幸福清流”提供政法保障。会议强调，年内要抓好重大决策社会稳定风险评估机制项目；开展好大走访大宣传提升综治“三率”活动；抓好创建“四宜四无”和谐发展示范村；实施“五心”工作法，化解信访维稳突出问题；抓好“平安清流”乡镇间视频防控圈建设项目；抓好司法执法品牌创建工作。

【党的群众路线教育实践活动征求意见座谈会】 3月28日，县委分别召开处级老同志座谈会，部分省市党代会代表、人大代表、政协委员座谈会，党外人士代表、群团组织和工商联负责人、部分县直单位、企业负责人座谈会，听取对全县党员干部特别是县处级领导班子和党员领导干部作风建设，以及开展好教育实践活动等方面的意见建议。

【基层武装部规范化建设观摩现场会】 4月23日，清流基层武装部规范化建设观摩现场会暨民兵集结点验在龙津镇举行。县委常委、人武部政委朱兴亨，副县长陈世卿、县人武部部长陈锦忠出席会议。50多名基层人武专干参观龙津镇民兵基础设施建设及基层武装工作“软件”建设成果等。会议要求各乡镇要按照整组工作要求，参照龙津镇标准，抓好整组等武装工作落实，确保基干民兵队伍成为一支召之即来、来之能战、战之必胜的重要武装力量，成为维护和谐稳定的突击队。

【加快科学发展跨越发展动员会】 4月25日召开，会议贯彻落实习近平总书记对福建工作重要指示和省委常委（扩大）会议、市委常委（扩大）会议精神，动员全县人民统一思想、统一行动，进一步加快清流科学发展跨越发展。

【打击非法盗采稀土矿产资源专题会议】 5月12日召开。会议指出，受经济利益驱使，部分乡镇非法盗采稀土矿产现象有死灰复燃迹象。会议要求各有关部门根据自身职责，通力配合、齐抓共管。确定从5月13—16日，由县国土局、政法委分别牵头，组织公安、林业、森林公安等部门及有关乡镇，全面排查辖区内所有稀土矿区、采矿点，登记造册，坚决打击非法盗采行为。

【“五大战役”“1+1”招商引资项目工作汇报会】 6月12日召开，会议研究部署经济和项目工作，动员全县上下进一步坚定信心，奋力攻坚，进一步加大“五大战役”重点项目和“1+1”招商引资工作力度，确保实现“双过半”目标任务。9月26日，县委召开“1+1”招商引资工作汇报会。会议要求各责任领导和相关部门要围绕全年目标任务，对“1+1”招商引资完成情况进行“回头看”，突出重点，抓好对接；要发挥中央苏区县、国家级台湾农民创业园等优势，开展小分队招商，抓好“以商招商”，争取引进更多大项目、好项目；要继续实行“保姆式”“一条龙”服务，服务客商，落实各项优惠政策。

【上半年工业经济运行及重点项目进展情况汇报会】 7月11日召开。会议听取上半年工业经济运行及重点项目进展工作情况汇报，分析当前问题，研究部署下阶段工作，确保完成全年工业各项任务目标。县委书记梁奕章、县长冯明生出席会议并讲话；李增祥、廖祥初、黄华弟、欧阳圣雄、薛锦山、彭平刚等县工业和招商引资战役指挥部领导和相关成员单位领导参加会议。会议对工业和招商引资工作提出五个“重视”要求：要重视指标完成，重视产业的培育，重视项目建设，重视招商引资，重视解决问题。要求县工业和招商引资战役指挥要从资金、市场等方面做好调研，加强服务，帮助企业度过难关，进一步抓好项目建设，确保完成全年工业经济各项指标任务。

【现代农业和创建生态县战役工作汇报会】 7月14日召开，会议听取现代农业和创建生态县工作情况汇报，分析存在问题，部署下半年工作。县委书记梁奕章、县长冯明生出席会议并讲话。王争、邱文宁、伍伟、彭平刚、黄光成等县现代农业和创建生态县战役指挥部领导和相关成员单位领导参加会议。梁奕章强调“重视提高农民收入稳定性、重视农业项目实施、重视引进龙头企业、重视发展农业产业链、重视中国花都总体规划实施、重视精准扶贫工作、重视台湾农民创业园品牌建设和重视农业招商引资工作”等8个重视工作要求。冯明生对下半年工作作具体安排部署。

【旅游和商贸服务业战役工作汇报会】 7月14日，县委召开旅游和商贸服务业工作专题会议。县委书记梁奕章、县长冯明生和县旅游和商贸服务业战役指挥部人员出席会议。会议指出，受各种因素的影响，旅游和商贸服务业仍是清流经济社会发展的“短板”。会议要求推进林畲毛泽东旧居、花海温泉养生苑、中华客家祖山文化园、温泉生态休闲度假区、海峡两岸中华桂花文化园、海西电子商务青年创业基地等重点旅游项目建设。会议指出要加大招商引资力度，全力推进商贸服务业发展，重视旅游宣传推介。

【公路沿线环境整治“百日会战”工作动员会】 7月30日召开，会议研究部署公路沿线环境综合整治工作。县委书记梁奕章、县长冯明生等县几套班子领导出席会议。县委常委、常务副县长邓炳辉具体部署全县公路沿线环境综合整治“百日会战”工作。

【计划生育依法行政暨创建幸福家庭工作会议】 9月4日召开。会议传达全市计划生育依法行政暨创建幸福家庭活动现场会精神，通报年内人口计生工作进展情况。县委常委、宣传部长刘剑英，副县长周美华参加会议。

【宜居环境和美丽乡村建设工作观摩推进会】 9月11日，县委召开宜居环境和美丽乡村建设工作观摩推进会。会议听取各乡镇就抓好宜居环境和美丽乡村建设工作表态发言。县委书记梁奕章强调，全县各乡镇、各部门要学习借鉴其它县市区经验做法，优化建设方案和措施，持续抓好百日会战和“两违”整治工作，抓好嵩溪元山、灵地大坪、长校河排等3个省级美丽乡村示范村和整治村，龙津大路口等3个市级美丽乡村示范村以及20个县美丽乡村示范村建设任务。各部门各单位要按照“计划对接、规划衔接、项目配套”要求，加强协作。冯明生从营造氛围、突出工作重点、科学规划、投入保障以及责任落实等方面对各乡镇各部门抓好宜居环境和美丽乡村建设工作提出明确要求。林峥声对2014年县宜居环境和美丽乡村建设工作作具体安排部署。

【县委十二届八次全会】 10月11日召开。会议贯彻习近平总书记系列重要讲话和对福建工作的重要指示精神，以及中央支持福建进一步加快经济社会发展的重大战略部署，落实省委九届十一次全会、市委八届八次全会各项部署要求，动员全县各级党组织和广大党员干部进一步统一思想、坚定信心、凝心聚力、攻坚克难，加快清流科学发展、跨越发展，努力实现“幸福清流”奋斗目标。会议讨论《关于进一步加快推进清流科学发展跨越发展的实施意见》《关于实施生态县战略加快生态文明示范区建设的实施意见》，审议通过《中国共产党清流县第十二届委员会第八次全体会议决议》。县委书记梁奕章主持会议并作报告，县长冯明生就两份《实施意见》作说明，并对做好当前工作提出要求。

【全县党的群众路线教育实践活动总结大会】 10月18日召开，会议传达贯彻习近平总书记在中央党的群众路线教育实践活动总结大会上讲话精神和省委、市委教育实践活动总结会议精神，总结县教育实践活动，部署巩固拓展教育实践活动成果，进一步加强党的作风建设、从严管党、治党工作。会议由县委副书记聂金辉主持。省委第五督导组杨学谈、黄庆生，市委活动办陈磊到会指导；县委书记梁奕章、市委第五督导组组长陈良椿在会上讲话。

【2015年全县工作务虚会】 12月11日召开。会议贯彻落实习近平总书记来闽考察重要讲话精神和省委、市委工作务虚会精神，分析研判当前形势，谋划2015年工作。县委书记梁奕章主持会议并讲话，县长冯明生、县人大常委会主任许天赠、县政协主席李增祥等县四套班子领导及各乡镇党委书记、县直有关部门负责人出席会议。与会人员结合实际，探讨加快发展的思路和措施，并就2015年发展提出务虚性的意见、建议。梁奕章要求，2015年全县要围绕促进三次产业协调发展、加强投资、消费、出口拉动、加大招商引资力度、推进新型城镇化建设、坚持民生优先、夯实党建责任、加强领导干部读书学习等问题，强化措施、狠抓落实，实现重大项目建设、招商引资、美丽乡村建设以及民生工程、精准扶贫等工作新突破，推动县域经济社会又好又快发展。冯明生就做好2015年工作谋划、政策对接、项目建设、招商引资、困难企业帮扶、美丽乡村建设、金融风险防控、社会安定稳定等工作提出要求。

县委常委会

【传达贯彻全国"两会"和市委常委（扩大）会议精神】 3月19日，县委召开常委（扩大）会议，传达学习全国"两会"和市委常委（扩大）会议精神。县委书记梁奕章主持会议并讲话。县四套班子领导参加会议。梁奕章指出，全县各级各部门要深刻领会"两会"和市委常委（扩大）会议精神，准确把握工作导向、调控导向、目标导向和作风导向，把全国"两会"提出的新要求，落实到打好"五大战役"中，落实到推进当前各项工作中。会议还就做大经济总量、加强经济运行调度、推进重点项目建设及做好当前各项工作作出部署。4月17日，县委召开常委（扩大）会议，学习传达4月16日市委常委（扩大）会议精神。会议指出，要以高度的政治责任感完成市委、市政府下达的政治任务，确保清流今后5年（2014—2018年）地区生产总值保持年均增长13%，地方公共财政收入保持年均增长18%，规模以上工业增加值保持年均增长21.5%，城镇居民人均可支配收入和农民人均纯收入保持年均增长11.5%，力争其他各项指标均高于全市平均水平。会议要求全县各级各部门要坚持项目带动战略，实施好总投资589.2亿元，114个跨越发展重点项目。

【学习传达省、市宣传部长、统战部长、组织部长会议精神】 4月8日，县委书记梁奕章主持召开县委常委会议，学习传达省市宣传部长、统战部长、组织部长会议和《党政领导干部选拔任用条例》培训班会议精神。会议原则同意县2014年宣传、统战、组织工作要点。要求宣传部门突出抓好理论武装、正确导向、文明创建、文化惠民和队伍建设；统战工作突出非公经济、对台工作、少数民族村等清流特色，制定具体落实措施，确保各项工作落实到位；县委组织部坚持"党要管党，从严治党"原则，管好干部，从严治吏。

【传达学习中央和省委领导关于党的群众路线教育实践活动重要讲话精神】 4月22日，县委书记梁奕章主持召开县委常委（扩大）会议，传达学习习近平总书记在兰考、张德江委员长在上杭调研重要讲话精神和省委尤权书记在省委常委（扩大）会议上讲话精神。会议强调，要把认真学习习近平总书记、张德江委员长重要讲话精神，作为搞好党的群众路线教育实践活动的思想基础；要把"四风"问题找准找充分，使党员干部作风有较大转变；要加强对党的群众路线教育实践活动的指导督导，把握好活动方向；要把开展党的群众路线教育实践活动与加快清流科学发展跨越发展相结合，做到活动与发展两手抓、两不误、两促进。

【部署迎接省、市工作检查】 5月8日和5月26日，县委书记梁奕章主持召开县委常委（扩大）会议，讨论迎接2014年市委、市政府工作检查项目准备情况，部署迎检工作。会议强调，各责任领导、责任部门、项目业主要把做好迎检工作作为重中之重，做好各项准备工作。会议要求，对重点项目，如吉阳新一代高效晶硅太阳能电池项目、清流一中整体搬迁新建项目、春舞枝总部大楼暨海西电子商务平台项目、文化两馆一院暨王连三大提琴艺术团项目和森源兰蕙项目等，县级责任领导、责任部门要加大协调力度，解决影响推进的困难和问题，要按照"能快就快，能抢则抢"要求，加快工程进度。7月28日，县委书记梁奕章主持召开县委常委（扩大）会议，会议指出，清流县4个受检项目总体效果良好，得到市委领导和兄弟县（市、区）充分肯定。会议要求各乡镇各部门紧盯全年目标，增强科学发展的紧迫感，加大项目推进力度，确保经济平稳增长。会议强调要为明年的省、市工作检查作好项目准备工作。9月18日，县委书记梁奕章主持召开县委常委（扩大）会议，确定2015年省、市拉练检查备选项目9个：闽台千亩花卉产业基地项目、台湾牛樟芝生物科技制药项目、成都（福建）花木交易所及鲜花电子交易中心项目、清流花海温泉养生旅游项目、福建双德钨矿废弃石重选项目、吉阳太阳能应用产品产业园项目、清流灵台山中华客家祖山文化园暨客家文化博物馆项目、清流毛泽东旧居、朱德旧居等红色之旅项目及展化过硫酸盐生产项目。

【县委常委班子专题民主生活会】 7月22日召开。市政协主席程立双，省委第五督导组副组长陈世奎，市委第五督导组组长陈良椿及督导组全体成员，市纪委信访室主任周高锦，市委组织部部务会成员、副处级组织员黄斌江，市委活动办副主任张仕权参加会议。县委书记梁奕章代表县委常委班子作对照检查，班子成员分别作个人对照检查，并相互提出批评意见。程立双对清流教育实践活动和县委常委班子专题民主生活会给予肯定。

【传达贯彻全市上半年经济形势分析暨工作检查总结会精神】 7月28日，县委召开常委（扩大）会，传达贯彻市委市政府上半年经济形势分析会、工作检查总结会和重点跟踪项目点评会精神。县委书记梁奕章、县长冯明生等县四套班子领导出席会议。梁奕章强调：要把贯彻落实市委市政府会议精神体现在行动上，体现在完成全年工作目标上。加大项目推进力度，继续落实"1+1"招商引资工作，确保经济平稳增长，努力实现加快发展目标。要重中之重抓龙头。围绕龙头兴产业，努力做到"引进一个项目、带动一个产业"、"培育一家企业、带动一个产业"。要切实做好民生。深入开展“下基层、解民忧、办实事、促发展”活动和“百名领导结千家，千名干部连万户”（“百千万”）为民主题实践活动；抓紧推进县委、县政府确定的10个为民办实事项目；保质保量完成今年水利等农业基础设施项目、精准扶贫、水土保持和生态县建设工作。在开展党的群众路线教育实践活动的同时，抓好防台防汛以及信访维稳和安全生产工作，确保综治“三率”持续提升。

【县委常委议军会议】 7月31日，县委书记梁奕章主持召开县委常委议军会议，县委书记梁奕章、县长冯明生等县四套班子领导出席会议。会议听取县人武部、驻清消防武警大队、内卫武警大队相关负责人工作情况汇报，研究相关工作，并就具体问题作出决定。会后，与会人员一起参加“军事日”活动，观看驻清官兵军事演练。

【传达学习市委市政府重大项目招商和技改工作会议精神】 8月13日，县委书记梁奕章主持召开县委常委（扩大）会议，传达学习市委市政府重大项目招商和技改工作会议精神。会议要求，各乡镇各部门要加强招商工作，推动项目签约落地、投产达产；在技改工作上，要突出企业主体，引导企业改进技术、改造工艺、改善装备；要落实技改政策，培育先进典型，提升产业发展水平。

【传达学习省委九届十一次全会精神】 9月18日，县委书记梁奕章主持召开县委常委（扩大）会议，传达学习省委九届十一次全会精神。会议强调，中央高度重视和支持福建进一步加快经济社会发展，给福建发展带来重大历史机遇，也给清流发展带来千载难逢的历史机遇。会议要求，各乡镇各部门要从全局和战略的高度，把思想和行动统一到中央重大战略部署上来，统一到省委九届十一次全会上来，把推进和落实清流科学发展跨越发展的目标任务作为当前和今后一个时期的中心工作，做到件件工作有部署，项项任务有落实。

【传达学习市委八届八次全会精神】

10月8日，县委书记梁奕章主持召开县委常委（扩大）会议，传达学习市委八届八次全会精神。会议认为，市委八届八次全会对在新的起点上加快推进三明科学发展跨越发展作出全面部署，明确发展目标和工作任务。会议要求，各乡镇各部门和广大党员干部要深化认识，增强责任感和紧迫感，把思想和行动统一到中央精神和省委市委的决策部署上来，埋头苦干、扎实工作，把加快科学发展、跨越发展作为当前及今后几年全县中心工作加以推进。

【学习贯彻习总书记在中央党的群众路线教育实践活动总结大会上的重要讲话精神】 10月9日，县委书记梁奕章主持召开县委常委会议，学习贯彻习总书记在中央党的群众路线教育实践活动总结大会上的重要讲话精神，并向市委第五督导组汇报县教育实践活动整改落实、专项整治和制度建设工作情况。市委第五督导组组长陈良椿、副组长张友生到会指导并讲话。冯明生、许天赠、李增祥等县四套班子领导出席会议。

【传达学习市委市政府金融工作座谈会精神】 10月21日，县委书记梁奕章主持召开县委常委（扩大）会议，传达学习市委市政府金融工作座谈会精神。会议认为，当前经济运行面临的突出问题，是部分企业生产经营出现困难，面临融资难、融资贵问题。各乡镇、各部门、各金融机构要增强沟通协作，创新服务方式，防范金融风险，打好攻坚战，努力实现“一增二控三防”（增贷款、控风险、防不良）的目标，帮助企业渡过难关，确保全面或超额完成年度各项目标任务。

【传达学习党的十八届四中全会和省委、市委常委（扩大）会议精神】

10月29日，县委书记梁奕章主持召开县委常委（扩大）会议，传达学习中共十八届四中全会和省委、市委常委（扩大）会议精神。会议认为，中共十八届四中全会专题研究全面推进依法治国问题并作出《决定》，这是我们党的历史上的第一次，具有重大而深远的意义。会议要求，县四套班子领导、各乡镇、各部门要把学习贯彻中共十八届四中全会精神作为当前的一项重大政治任务，认真学习《中共第十八届中央委员会第四次全会公报》《中共中央关于全面推进依法治国若干重大问题的决定》《关于〈中共中央关于全面推进依法治国若干重大问题的决定〉的说明》等文件。组织开展全县性法制宣传和普法活动，并抓好党的群众路线教育实践活动整改方案的落实。

【学习传达习近平总书记来闽考察重要讲话】 11月4日，县委书记梁奕章主持召开县委常委（扩大）会议，学习传达习近平总书记来闽考察重要讲话和11月3日省委、市委常委（扩大）会议精神。会议要求全县各乡镇、各部门按照省委、市委部署，深入学习习总书记重要讲话精神，用习总书记重要讲话精神统一思想、指导实践，并要结合实际，抓好工作落实。

【研究部署浦建龙梅铁路清流火车站建设】 11月19日，县委书记梁奕章主持召开县委常委（扩大）会议，研究浦建龙梅铁路清流火车站建设涉及村庄南岐主村整体搬迁和安置方案。浦建龙梅铁路已列入2015年国家开工建设项目，且在清流县设站。会议同意县铁办提出关于清流火车站建设涉及的南岐主村整体搬迁方案。会议要求县政府发布通告，在九龙桥通往南岐沿河两岸300米范围设立建设严控区。

【学习贯彻《福建省安全生产“党

政同责、一岗双责”规定》】 11月19日，县委书记梁奕章主持召开县委常委（扩大）会议，学习贯彻《福建省安全生产“党政同责、一岗双责”规定》。会议确定：县委常委会每年至少2次听取安全生产工作汇报，分析安全生产形势，贯彻落实上级党委关于安全生产工作的指示和部署，研究解决安全生产体制机制、班子队伍建设等重大问题。

【传达市委常委（扩大）会议精神】 11月24日，县委书记梁奕章主持召开县委常委（扩大）会议，学习传达11月21日市委常委（扩大）会议精神。会议要求，在经济下行的严峻形势下，各位县领导、各乡镇各部门领导，要不折不扣完成全年目标任务，化解金融和债务风险，谋划好年底和2015年各项工作，同时要考虑土地改革、金融改革、林权改革以及县委十二届八次全会通过的各项改革任务。12月1日，县委书记梁奕章主持召开县委常委（扩大）会议，传达学习11月28日市委常委（扩大）会议精神。会议要求，全县上下要按照省委省政府和市委市政府的部署要求，科学研判形势，用足用好中央支持福建发展的一系列政策措施，谋划好2015年工作。要抓住机遇，好中求快，把握一个舒适的发展速度；要争创特色农业、现代农业新优势；要突出工业支撑作用；三产要突破；要尽早谋划招商引资新体制机制，创新招商引资方式方法，吸引更多项目资金落地清流。

【研究迁建革命烈士纪念碑工作】 12月3日，县委书记梁奕章主持召开县委常委（扩大）会议，专题研究迁建清流县凤翔山革命烈士纪念碑工作。经全体与会人员无记名投票，会议确定把龙津路裴家山前铁炉坑作为清流县标志性建筑—县革命烈士纪念碑迁建新址。要求县革命烈士纪念碑在2015年9月20日前竣工。并确定成立革命烈士纪念碑迁建领导小组。

重要活动

【关注民生】 1月23日,县委书记梁奕章、县长冯明生率经贸、畜牧水产、工商、卫生、安监、药监、质监、城管、物价、消防等部门领导，到农贸市场、永辉超市、汽车站、供电公司进行节前市场供应、食品安全、交通安全、电力供应等情况检查。

【旅游项目建设调研】 2月26日，县委书记梁奕章率县旅游和商贸服务业战役指挥部成员，到嵩口马排花海温泉、林畲桂花文化园、林畲毛泽东旧居调研旅游项目建设。县人大常委会主任许天赠，县委常委、武装部政委朱兴亨，副县长周美华等参加。11月26日，县委书记梁奕章、县长冯明生率领旅游和商贸服务业战役指挥部领导及相关部门负责人到诚晔南超现代物流、海西电子商务青年创业基地、公路港和温泉国家地质公园等旅游和商贸服务业重点项目建设现场办公。

【农业项目调研】 2月28日，县委书记梁奕章等领导及县有关部门领导，到龙津、林畲等乡镇农业重点项目现场调研，就加快推进猕猴桃种植加工、清流承远台湾现代农业示范园、林畲蝴蝶兰精品示范园、苏福茶叶清洁自动化生产线建设现场办公。6月11日，县委书记梁奕章到牛樟芝生物科技制药项目、航天育种基地现场，了解项目建设进展情况，现场办公解决项目建设中存在的困难和问题。11月4日，县委书记梁奕章、县长冯明生率现代农业和创建生态县战役指挥部相关单位负责人一行，到俞坊水库、乐福生物名贵药材种植项目基地、清流九龙湖豆腐皮深加工项目建设现场、嵩口镇新型农民社区、清流花海温泉玫瑰基地及精油深加工项目建设基地现场办公。县委常委、组织部长王争，县人大常委会副主任邱文宁，县政协副主席黄光成等参加。12月5日，县委书记梁奕章率县人大常委会副主任邱文宁以及水利、林业、农业、农办、国土等单位和部门负责人一行，到嵩溪山茶花观赏园、林畲岭官水库建设工地、苏福茶业、桂花文化园等项目一线和企业现场办公。12月24日，县委书记梁奕章先后到里田红色旅游客服中心、大垅里观赏鱼养殖项目、洋庄水稻工厂化育秧大棚及标准化烟田农田、锅蒙山战斗纪念馆、长校河排“美丽乡村”建设现场，灵台山客家博物馆、长校镇集镇节点、福美多贸易中心等项目点实地调研。

【社会事业和民生工程项目督查调研】 1月15日，县委常委、常务副县长邓炳辉、县人武部部长曹军平到省道307线洞口三期永安界至木兰溪段工程建设工地调研，了解工程进展情况。3月4日，县委书记梁奕章、县长冯明生率县委办、政府办、住建局、国土局、城管局、城投公司、收储中心、龙津镇等部门和单位领导，先后到城区主要节点古树种植现场、新建一中项目工地、迎宾路拓改、移动综合大楼、体育中心选址及屏山路项目布局、古树公园、春舞枝总部大楼等城建重点建设项目督查调研，了解项目建设进展情况。县领导聂金辉、王争、林峥声、雷根旺参加。4月3日，县委书记梁奕章率住建、城管、林业等部门领导，到凤翔公园现场办公，实地解决公园整改修建和规范管理等问题。11月18日，县委书记梁奕章、县长冯明生率城市建设和城镇化战役指挥部指挥长、副指挥长一行，到城区建设项目春舞枝总部大楼暨电子交易中心、龙津镇安置点、迎宾路拓宽及景观建设、桥下人工湖二期景观工程、怡景书院公租房建设、城南路及花丘路建设、西门桥及街心公园景观改造等项目建设现场办公。县委副书记聂金辉、副县长林峥声、县政协副主席雷根旺参加。11月28日，县委书记梁奕章、县长冯明生到县妇幼保健综合楼、疾控卫生监督综合楼、嵩溪、嵩口与城区同城化环城路规划现场、国省干线改善及绿色通道项目现场、省道307线洞口至永安界项目现场等社会事业和民生工程项目现场办公。县委常委、常务副县长邓炳辉，宣传部部长刘剑英等参加。

【开展“百名领导结千家，千名干部联万户”主题实践活动】 4月15日，县委书记梁奕章、县长冯明生、县委副书记聂金辉、纪委书记郑龙华等县领导分头到龙津、里田、嵩溪、嵩口、沙芜等乡镇，进村入户，走访种养大户、慰问帮扶对象，倾听群众意见、共商脱贫致富之计，践行党的群众路线。

【到省、市拉练检查项目现场办公】 4月18日，县委书记梁奕章、县长冯明生到省拉练检查项目福建春舞枝总部及海西花卉交易中心现场办公，了解项目进展情况，现场解决存在问题，督促项目加快建设步伐，确保按时完成任务。县领导聂金辉、郑龙华、林峥声、伍伟、黄光成参加。5月27日，县委书记梁奕章、县长冯明生到吉阳超薄太阳能、新一中、春舞枝总部大楼、文化两馆一院等市拉练检查项目现场办公。县领导聂金辉、范成田，公安局长邹金春参加调研。7月14日，县委书记梁奕章、县长冯明生率相关部门负责人到清流光伏电池芯片生产线及应用产品展示、清流一中整体搬迁新建项目、清流春舞枝智能化花卉体验馆与O2O网上销售模式及产品展示、文化两馆一院暨王连三大提琴艺术团项目现场，督查指导市委、市政府工作检查项目。

【指导抗灾救灾】 5月22日，县委书记梁奕章、县长冯明生分头赶赴嵩溪、温郊等受灾乡镇，指导抗灾救灾工作。梁奕章先后到嵩溪台湾农民创业园花卉基地、嵩溪镇罗陂岗村和林畲乡石下村，察看灾情，看望慰问受灾群众，现场指导抗灾救灾工作。县长冯明生、县委常委、统战部长廖祥初，副县长周美华到温郊乡巡查洪水及地质灾害工作。冯明生一行冒雨到黄坑源水库，了解水库的排洪能力、汛限水位，已采取的防汛措施，并动员温家山山边独户人家转移。冯明生强调，各乡镇要下大力气抓防灾意识的宣传普及，仔细巡查各村，并标明危险、警戒、安全区域及转移路线地点等，防止出现人员伤亡。

【督查省级文明县城创建工作】 5月23日，县委副书记聂金辉，县委常委、宣传部长刘剑英带领创城工作督查组到城区各文明城市创建点督查。7月23日，县委书记梁奕章、县长冯明生带队到城区农贸市场、翠园社区、汽车站、青少年校外体育活动中心、龙郡首府、科技馆及青少年校外活动中心等创建省级文明县城受检点，现场督查省级文明县城创建工作落实情况。县领导聂金辉、朱兴亨、刘剑英、李兴荣、林峥声、周美华、李志明、王文光、程凤娟等陪同督查。

【工业项目建设调研】 5月30日，县委书记梁奕章、县长冯明生到清流吉阳太阳能公司，调研督促高效太阳能晶片投产准备工作及太阳能6大应用产品生产工作。县政协主席李增祥，县委常委、统战部长廖祥初参加。6月11日，县委书记梁奕章到北坑钨矿废弃石重选及循环利用项目现场办公。县政协主席李增祥、副县长谢锦山参加。10月31日，县委书记梁奕章、县长冯明生率县工业发展和招商引资战役指挥部相关部门人员一行，到磐铖机电、汽枪厂、伊科电子、思恩电器、华晟无纺布、博鑫光电、信合光伏、展化化工、红火水泥等企业项目现场办公。县政协主席李增祥、县委常委黄华弟、县人大常委会副主任阳圣雄参加。

【督查公路沿线环境整治工作】 8月5日，县委常委、常务副县长邓炳辉带领县委办、政府办、交通、公路、公安、城建等部门领导，沿着省道、县道到龙津、嵩溪等乡镇，现场部署公路沿线环境整治工作。8月19日、9月18日、10月27—29日，县委常委、常务副县长邓炳辉先后带领督查组分别到龙津、长校、里田等乡镇及相关部门督促检查公路沿线环境综合整治“百日会战”工作情况。

【赴四川参观考察】 8月7—8日，县委书记梁奕章率团到四川、重庆参观考察，学习借鉴其城市规划建设、城乡一体化建设、花卉苗木产业发展等方面好做法好经验。县领导聂金辉、王争、林峥声、伍伟和相关单位领导以及福建春舞枝公司董事长肖裕长参加考察参观活动。

【外出学习考察“美丽乡村”建设】 9月10日，县委副书记聂金辉、副县长林峥声带领由各乡镇书记、乡镇长以及住建局相关负责人组成的参观学习团，到永安小陶镇五一村、沙县夏茂镇俞邦村、梅列区列西街道小蕉村等学习考察“美丽乡村”建设情况。

【看望慰问活动】 1月20—22日，春节前夕，县委书记梁奕章、县长冯明生、县人大常委会主任许天赠、县政协主席李增祥等县四套班子领导分头走访慰问城区离退休老干部、挂钩乡镇困难群众、老党员、现役军人家属、重点优抚对象及计生二女户、福利院老人。以及自来水厂、环卫站、120指挥中心等单位春节期间坚守岗位人员，人武部、武警、消防官兵和公安干警。5月30日，县委书记梁奕章、县长冯明生到清流一中、清流实验中学、实验小学、城关中学、里田学校，看望慰问少年儿童和教职员工。县委常委、宣传部长刘剑英，副县长周美华参加慰问活动。9月30日，重阳节（即老年节）前夕，县委书记梁奕章，县长冯明生，副县长伍伟、周美华到部分烈属代表家庭、县光荣福利院慰问，并带领有关部门负责人分赴长校、龙津等乡镇看望慰问老人。10月26日，是全国环卫工人节，县委副书记聂金辉、副县长林峥声分别走访慰问困难环卫工人。

【走访信访群众】 11月26日，县委书记梁奕章到龙津镇严坊村、横溪村走访上访户，了解他们反映的问题，帮助解决实际困难，调处化解矛盾纠纷。县委常委、政法委书记范成田、副县长林峥声、县法院院长王文光参加下访活动。

【停产半停产企业现场办公】 11月25日，县委书记梁奕章一行到闽山化工有限公司、三明清流兴业服饰有限公司、清流县贝兰服饰有限公司等停产半停产企业现场办公。梁奕章提出，各级各部门在企业融资、生产经营等方面要主动协调指导，帮助企业树立信心，渡过难关。与此同时，各企业负责人要提高管理水平，努力寻找新的效益增长点，特别要注意避免决策失误，减少无效投资，尽快走出困境。

【开展党的群众路线教育实践活动】 清流县党的群众路线教育实践活动于2月初始，10月底基本结束。全县86个机关企事业单位，13个乡镇，111个行政村，8个社区，27个非公企业，共349个基层党组织、7057名党员参加党的群众路线教育实践活动。

3月3日，成立以县委书记为组长的工作领导小组，县委常委、组织部长兼任领导小组办公室主任，办公室下设综合组、材料组、宣传组、联络组和督导组。县委抽调39名党员干部，组成督导组13个。省委下派第五督导组及市委挂县领导、市政协主席程立双指导清流县开展活动。县委教育实践活动领导小组制订《清流县深入开展党的群众路线教育实践活动的实施方案》《全县党的群众路线教育督导组安排建议》《清流县“百名领导结千家，千名干部联万户”（“百千万”）为主题实践活动实施方案》和《县委常委会深入开展党的群众路线教育实践活动工作方案》。活动分学习教育、听取意见，查摆问题、开展批评，整改落实、建章立制三个环节。县委中心组通过县委党校集中学习、组织赴李家乡鲜水村李彬教育实践基地、林畲毛泽东旧居现场教学、参观市廉政教育基地、观看《焦裕禄》和《上杭、长汀专题民主生活会实录》等方式，先后集中7天时间组织学习研讨，强化中央规定的必读书目学习，组织研读《论群众路线—重要论述摘编》《党的群众路线教育实践活动学习文件选编》《厉行节约、反对浪费—重要论述摘编》等教育读本。学习贯彻中央和省委第二批党的群众路线教育实践活动部署会议精神、习近平总书记在兰考、张德江委员长在上杭调研指导时的重要讲话精神，以及省委尤权书记在省委常委（扩大）会议上的讲话精神；学习习近平总书记重要批示精神、指导兰考县委常委班子专题民主生活会重要讲话精神、在党的群众路线教育实践活动总结会上的重要讲话精神和中央关于教育实践活动有关会议精神，深化思想认识。县四套班子及各有关部门到李家乡鲜水村和林畲乡毛泽东旧居开展“弘扬李彬精神，践行群众路线—努力实现百姓富生态美”现场教学活动和“发扬革命传统，弘扬苏区精神，践行群众路线”专题研讨活动。全县共组织党员干部76批1万余人次到教育基地参观学习、集中观看《焦裕禄》《党的生命线》《李彬精神在清流》等影片（电教片），联合职能单位开展“践行群众路线 情暖计生家庭”、“送戏下乡村”系列文艺演出活动16场次、党的群众路线教育实践活动知识竞赛（测试）98场次。活动期间，全县共组织集中学习1014天；组织交流讨论609场次；领导带头上党课360场。召开不同层级、不同层面座谈会927场，收集意见建议10177条，梳理后5140条（其中县四套班子490条）；听取全县上下退休干部职工、企业家等服务对象和乡村基层干部的意见建议，发放各类调查（函）表13167份，梳理意见建议1677条。

活动中，每位领导干部针对个人作风等方面存在的突出问题，以及干部群众对开展教育实践活动的意见建议，开展思想斗争，开好专题民主生活会。县活动办组成7个小组对各活动单位领导班子及班子成员对照检查材料及班子成员在民主生活会上提出的批评意见进行再审核；省市督导组严把对照检查材料审核关。7月22—24日，县委常

2014年5月9日，5月19日梁书记到群众路线联系点嵩口沧龙村走访调研

委、县人大常委会党组、县政府党组、县政协党组分别召开班子专题民主生活会；7月29日至8月2日完成县直单位的专题民主生活会。

通过梳理细化，县委从整治文山会海，整治门难进、脸难看、事难办和办事效率低下等16个方面开展专项整治：针对形式主义方面存在的问题，进一步精简考核表彰检查办法，推进依法行政和政务公开活动；针对官僚主义方面存在的问题，创新开展“百名领导结千家，千名干部联万户”活动，机关党员领导干部深入基层，服务群众，到联系点开展帮扶共建活动；针对享乐主义方面存在的问题，加强全县效能建设和服务型党组织建设，深化干部服务群众意识；就奢靡之风方面存在的问题，制定加强车辆管理、经费财务预算管理、公务接待管理，加强系统基建、办公用房装饰等方面的制度。县委专门召开会议研究解决群众意见建议，对能解决的立马解决，不能马上解决的提出措施。在全县梳理出的6817条意见建议中，已解决问题5175条（其中“四风”问题3129条，群众切身利益问题1070条，服务群众“最后一公里”问题574条，其它问题402条，已在解决的问题1357条，一时无法解决的问题285条。全县243项行政审批事项的承诺时限缩短至法定时限的54%以内，当场办结率超过60%。县效能投诉中心和“12345”政务服务平台受理效能投诉148件，全部办结，群众满意率91.2%。通过县电视台开设民生热线栏目，乡（镇）村设立“民情驿站”、发放“党群连心卡”和结合“百名领导结千家，千名干部联万户”主题实践活动，县乡1628名干部进村入户走访111个行政村31149户群众，听取社会保障、交通安全、城市管理、消费者维权、搬迁改造、环保问题等方面的意见建议。对征求的意见建议和存在问题，能解决的立马解决，不能马上解决的，县里建立“一对一”台帐，明确责任人、责任单位、整改期限等，确保跟踪落实到位。全县解决关系群众切身利益问题1070个，解决联系服务群众“最后一公里”问题574个，为民办实事2148件，落实帮扶资金及项目帮扶共计6505.7万元。督导组监督实施方案重新修改单位7个；严肃查处公款娱乐、公款旅游等违反八项规定问题24起，涉及党员干部31人（其中科级13人），给予纪律处分8人、效能告诫13人、诫勉谈话4人，先后2次对违反八项规定典型问题予以“点名道姓”公开通报；全县纳入公务用车信息库管理480辆，设立定点停放点80处，突击检查用车情况760余辆次，查处公车私用问题1起；全县公务接待同比下降43.19%，公车运行同比下降24.84%；公款出国（境）实现零支出；县委（办）、政府（办）下发文件同比减少10%；纪检组织项目廉洁谈话126人次，签订廉洁承诺书51份，责令补充公告6个、补充答疑8个，取消投标资格9家，节约资金2763万元。县各级领导班子将整改落实、建章立制工作落到实处。县委专门召开教育实践活动整改落实建章立制工作集体约谈会。县“四套班子”、86个机关企事业单位、13个乡镇共修订完善制度189个，新建立制度208个，废止制度1个。其中，县级四套班子新建制度10个、完善修订制度13个。已修订完善的有机关工作人员出差请销假管理、乡（镇）基层干部考核办法、会议管理、政务督办、公文处理等多项管理制度。县委制订出台《加强村级组织服务群众的意见》《清流县领导干部联系和服务群众工作制度》《清流县规范乡镇干部管理办法》《清流县改进工作作风密切联系群众实施办法》《清流县公务接待制度》以及科级以上党员干部婚丧喜庆向县纪委备案等文件。同时，将中央八项规定实施以来，中央、省、市、县出台的一系列规章制度汇编成《落实八项规定、坚决反对“四风”资料文件汇编》，发放至各乡镇、县直部门及省、市属单位。对那些不适用的制度和特定时期、特定情况下产生、已经没有实际意义的制度予以废止。

【群众路线教育实践活动调研】2月27日，县委书记梁奕章带领县委办、组织部、城建局、农办等单位负责同志，到县群众路线教育联系点李家乡鲜水村，开展党的群众路线教育实践活动调研。县领导聂金辉、王争参加。3月20日，县委书记梁奕章到嵩口沧龙村、田源新村、田口村开展党的群众路线教育实践活动和“四下基层”活动，倾听群众心声，了解农村经济发展状况。4月11日，县委书记梁奕章到清流气枪厂、展化化工有限公司、东莹化工有限公司、博鑫光电有限公司等企业，实地调研企业生产经营情况，了解企业发展遇到的困难和问题，征求企业家对开展教育实践活动的意见和建议。4月28日，县委书记梁奕章、县长冯明生先后到翠园社区、凤翔社区、长兴社区、渔沧社区开展党的群众路线教育实践活动调研，并召开座谈会，听取社区居民对县委、县政府的意见和建议，实地解决社区工作存在困难和问题。县委常委、组织部长王争参加。5月19日，县委书记梁奕章到教育实践活动联系点—嵩口镇沧龙村，走访种养大户，慰问困难群众，征求基层干部群众意见建议以及需要解决的问题。6月5日，县委书记梁奕章先后到余朋乡纳米碳酸钙项目现场、梦溪移民新村项目现场，温郊乡永福化工发泡剂项目现场调研，实地了解项目进展情况，并听取2个乡镇经济社会发展情况汇报，检查指导党的群众路线教育实践活动。副县长谢锦山参加。7月2日，县委书记梁奕章到灵地镇、赖坊乡调研，了解经济社会发展情况，检查指导党的群众路线教育实践活动。

重大决策

【出台2014年深化重点领域改革方案】 1月20日,县委、县政府下发《关于印发2014年全县深化重点领域改革方案的通知》。通知就2014年度深化经济、政治、文化、社会、生态重点领域改革，提出要加快生态文明体制机制改革，完善促进产业发展的体制机制，优化城乡一体化发展的体制机制，加快推进行政体制改革，深化社会事业领域改革，创新开放开发的体制机制，加强和创新社会治理。

【设立“清流县人民政府文艺奖”和“清流县优秀文艺创作百花奖”】 6月6日，县委、县政府下发《关于设立“清流县人民政府文艺奖”和“清流县优秀文艺创作百花奖”的通知》。“文艺奖”和“百花奖”，每三年一届（第一届：2011年10月1日至2014年9月30日）。“文艺奖”和“百花奖”设作品奖一、二、三等奖，分别奖励3000元、2000元、1000元。“百花奖”设特别荣誉奖，“文艺奖”必要时加设特别奖。“文艺奖”和“百花奖”每届评奖经费从财政列支。

【制订《关于完善集体林权制度改革构建新型林业经营体系的实施意见》】 8月18日，县委、县政府出台《关于完善集体林权制度改革构建新型林业经营体系的实施意见》。《意见》提出要积极构建多种方式创新发展的林业经营新体系，改造提升林业传统产业，发展新兴产业和现代服务业，推进林业产业转型升级，到2016年，全县新型林业经营组织覆盖面占集体商品林地面积50%以上，农民涉林收入占总收入25%以上，建立起集体林区良性发展机制。

【出台《清流县“四百”重点项目工程建设五年计划实施方案》】 8月18日，县委、县政府制订下发《关于印发<清流县“四百”重点项目工程建设五年计划实施方案>的通知》。通知确定目标任务是2014年至2018年实施清流县“四百”重点项目工程建设五年计划（简称“四百”计划，即从2014年起，全县重点项目每年竣工100个以上、开工100个以上、储备100个以上，从2015年起，全县固定资产投资每年达100亿元以上)，首批“四百”计划重点项目安排402个，总投资503.06亿元。同时成立县“四百”重点项目工程建设五年计划推进工作领导小组，由县长任组长，领导小组办公室设在县重点办。

【制订《中共清流县委关于进一步改进工作作风、密切联系群众的实施意见》】 10月30日，下发《中共清流县委关于进一步改进工作作风、密切联系群众的实施意见》。实施意见要求从7个方面入手，即加强调查研究、规范会议活动、精简文件简报、厉行勤俭节约、简化考核评比、完善机制、坚持以身作则，以转变作风的实际行动取信于民，以优良的党风凝聚党心民心、带动政风民风，促进社会风气根本好转。

【制订《关于深化实施生态县战略加快生态文明先行示范区建设的实施意见》】 11月17日，中共清流县委、清流县人民政府制订《关于深化实施生态县战略 加快生态文明先行示范区建设的实施意见》。《意见》要求实施生态县战略，加快生态文明先行示范区建设，将生态文明建设融入经济建设、政治建设、文化建设、社会建设各方面和全过程。主要目标：到2020年，空间开发格局更加优化，城乡人居环境显著改善，生态环境实现良性发展，生态文明制度体系完善。同时，成立清流县深化实施生态县战略，加快生态文明先行示范区建设工作领导小组，建立生态文明先行示范区建设工作联席会议制度。

【制订《清流县安全生产“党政同责、一岗双责”规定》】 12月1日，县委、县政府下发《关于印发<清流县安全生产“党政同责、一岗双责”规定>的通知》。《通知》规定地方各级党委对本行政区域安全生产工作负总责，地方各级政府对安全生产工作全面负责，党委、政府班子成员对业务范围内的安全生产工作负直接领导责任；确定各级党委、人民政府和有关部门安全生产工作职责及工作机制、 考核奖惩办法等。

【制订《关于落实党风廉政建设党委主体责任的实施意见》】 12月9日，制订下发《关于落实党风廉政建设党委主体责任的实施意见》。《意见》指出，党委主体责任重点内容是选好、用好干部，纠正损害群众利益的行为，加强源头防腐，领导和支持执纪执法机关查处违纪违法问题和当好廉洁从政表率，并要求不断健全完善党风廉政建设系列制度规定，包括报告制度、述责述廉制度、谈话提醒制、诫勉谈话和函询制度、检查考核制度及责任追究制度，推动主体责任规范有效落实。

县委办工作

【文稿起草】 完成县委十二届七次、八次全会和“五大战役”汇报会、传达贯彻十八届三中、四中全会精神、习近平总书记来闽考察时的重要指示精神等全县性重要会议领导讲话稿及全市拉练工作检查等省市重要调研考察和参加省、市重要会议汇报材料等各类文稿起草80篇、76万字。

【信息工作】 围绕县委工作重点，编辑紧急信息、亮点信息、特色信息等，印发《清流快讯》正刊45期、增刊12期、呈阅件62期、外地经济信息24期，向省、市信息系统报送信息1200多条。

【督查落实】 围绕上级党委和县委中心工作，重点突出“五大战役”项目督查，对县委重要会议，重要纪要，县委、县政府主要领导现场办公。省市县主题调研活动，县委民主生活会提出意见建议落实情况及群众关心的热点、难点问题，协同县政府督查室、效能办深入现场，开展实地督查。全年共向上报送专报4篇，撰写督查调研2篇；收到上级督办事项13件，上报专项督查反馈18期；下发《县委重要事项督办通知单》22件，编发《落实与反馈（通报）》38期，对群众关心的热点、难点问题开展督查落实7次，全部办结。

【调查研究】 围绕持续“做美城区、做强产业、做优环境、做好民生”工作重点，向各乡镇、重点部门下发2014年调研课题，组织开展壮大实体工业，加快发展现代农业，突破第三产业，推动一、二、三次产业融合发展，做美城区，推动社会事业发展，培育文化产业，建设平安清流等专题调研，形成调研报告12篇。同时，配合省、市有关部门做好相关课题调研，并形成调研成果，向上级有关部门报送调研文稿5篇。

【机要保密】 在全县开展“两识”（保密意识、保密常识）教育，加强对互联网门户网站、政务微博、微信等信息公开保密审查，完善涉密人员资格审查、上岗、在岗、离岗等制度。开展“三大管理”(定密管理、网络保密管理和涉密人员管理）及涉密中央文件保密管理、非涉密网络保密管理和档案安全保密专项检查。全年未出现失、泄密事件。

【会务后勤】 配合省市完成调研活动20余次；完成全县性大型会务工作30余次，开展各类慰问活动40余次；接待各级领导、外商及来访客人800余人次。审核处理各类来文560余件，同时完成《中办通讯》《秘书工作》等党报党刊征订工作。

撰　稿：赵桂花
责任编辑：唐功轩

县人大常委会

【概述】 2014年，县人大常委会坚持以邓小平理论、“三个代表”重要思想、科学发展观为指导，认真学习贯彻党的十八大和十八届三中、四中全会精神及习近平总书记系列重要讲话精神，深入开展党的群众路线教育实践活动，按照中共清流县委十二届七次、八次全会和十六届人大三次会议的总体部署，围绕中心、突出重点、依法履职，为促进全县经济社会发展发挥积极作用。全年共召开常委会会议9次，作出决议决定5项，听取和审议“一府两院”专项工作报告12项，开展执法检查2项，开展调研、视察、督查18次，任免地方国家机关工作人员31人次。年内被省依法治省领导小组评为依法治省先进单位。

【代表工作】 完善和落实常委会组成人员联系县人大代表制度，走访联系代表，征求代表意见建议，并将所提意见建议归类整理，转交县政府和相关部门办理落实。组织代表参与常委会开展的执法检查、视察调研；邀请代表列席常委会会议，听取和审议“一府两院”专项工作报告，参加工作测评和专题询问；组织代表开展异地视察，学习交流工作经验；召集代表参加上级和县委县政府组织召开的各类征求意见会议，建言献策。10月30日，县人大常委会组织代表开展革命烈士纪念碑暨纪念馆的选址调研，提出选址意见建议，供县委决策参考。

【信访工作】 全年共受理群众来信来访77件（批），办结72件（批），办结率93.5%。

【议案建议督办】 7－8月，县人大常委会组织4个督查组，对县十六届人大三次会议提出的议案1件和建议69件办理情况开展督办。9月，县十六届人大常委会第28次会议对10件重点督办议案建议进行专题询问和工作满意度测评，推进代表议案建议办理工作。县政府4位分管副县长和主办单位负责人回答询问，并作出承诺。

【加强宣传交流】 参与省市人大

2014年10月16日，全市人大新闻宣传、刊物工作及“人大监督工作的实践和创新”专题研讨会

开展的“人大监督工作的实践和创新”课题调研，发表调研论文6篇。建立清流人大网站，搭建交流平台。做好在清流召开的全市人大新闻宣传和理论研究专题研讨会服务保障工作。县人大常委会组织召开乡镇人大工作会议，推进乡镇人大工作创新发展。

【纪念全国人民代表大会成立60周年及地方人大设立常委会35周年活动】

9月25日，县委召开全县纪念大会和乡镇人大工作专题会议。县人大常委会组织学习习总书记在全国纪念大会上的重要讲话，举办书画展，制作宣传人民代表大会制度优越性宣传片，在县电视台播放15天。

【十六届人大四次会议召开】 县十六届人民代表大会第四次会议于12月27-30日在城区召开，会期3天半。本次会议实有代表153名，出席大会代表149名。会议听取并审议县长冯明生所作的县人民政府工作报告，县人大常委会副主任邱文宁所作的县人大常委会工作报告，县人民法院院长王文光所作的县人民法院工作报告，县人民检察院代理检察长董新所作的县人民检察院工作报告；书面审查《2014年国民经济和社会发展计划执行情况及2015年国民经济和社会发展计划草案的报告》和《2014年预算执行情况及2015年预算草案的报告》，会议做出决议批准以上报告。会议选举李增祥为县第十六届人民代表大会常务委员会主任，选举董新为县人民检察院检察长。本次大会主席团通过代表议案1件、转为代表意见建议办理65件。

【县十六届人大常委会23－31次会议】

第23次会议：2月21日召开。会议审议通过县人大常委会2014年工作要点和监督工作计划，确定县人大常委会2014年重点督办的代表建议分别为关于新建南面乡镇集中供水工程的建议、关于加快农村环境综合整治的建议、关于要求加强乡镇规划和闲置土地收储的建议、关于加强视频监控建设，提升治安防控能力的建议等10项。

第24次会议：3月10日召开。会议审议关于许可对县十六届人大代表汤瑞华采取强制措施并暂时停止其代表职务的决定。

第25次会议：3月27日召开。会议听取和审议县政府副县长林峥声、县财政局局长兰根旺分别作的《清流县人民政府关于提请审议2014年政府性债务收支计划的议案》和《关于清流县2014年政府性债务收支计划情况的报告》，决定批准县人民政府提出的2014年政府性债务收支计划；审议县检察院检察长程凤娟所作的《关于提请许可对清流县第十六届人大代表邓桂生采取强制措施的报告》，作出关于许可对县十六届人大代表邓桂生采取强制措施并暂时停止其代表职务的决定；听取和审议县教育局副局长杨克华受县人民政府委托所作的《关于全县幼儿教育情况专项工作报告》和县住建局副局长吴宁受县人民政府委托所作的《关于促进房地产健康发展及保障性住房建设情况专项工作报告》。

第26次会议：5月22日召开。会议听取和审议县人民银行行长赵道升所作的《关于加强金融服务、促进工业企业发展情况专项工作报告》和县公安局局长邹金春所作的《关于打击“两抢一盗”刑事犯罪强化社会治安专项工作报告》。会议对县公安局开展打击“两抢一盗”刑事犯罪，强化社会治安专项工作进行满意度测评。测评结果是：收回40张测评表，其中满意14张，基本满意24张，不满意2张。审议通过人事任免事项。

第27次会议：7月28日召开。会议听取和审议县财政局局长兰根旺受县政府委托所作的关于清流县2013年财政决算报告、2014年上半年财政预算执行情况报告及2014年省级地方政府债券转贷资金安排预算调整报告；县审计局局长黄中创受县政府委托所作的关于清流县2013年度县财政预算执行和其他财政收支审计情况报告；县发改局副局长李钦火受县政府委托所作的关于清流县2014年上半年国民经济和社会发展计划执行情况报告。作出关于批准清流县2013年县财政决算的决议和关于批准清流县2014年省级地方政府债券转贷资金安排预算调整的决议。听取和审议县人大常委会执法检查组关于《中华人民共和国环境保护法》执法检查报告、县环保局局长陈健受县政府委托所作的关于贯彻实施《环境保护法》的情况报告。审议通过人事任命事项。

第28次会议：9月28日召开。会议听取和审议县政府常务副县长邓炳辉所作县十六届人大三次会议议案和重点建议办理情况报告。各位委员、领衔代表就《关于尽快启动清流城区第二水源建设工程的议案》《关于新建南面乡镇集中供水工程的建议》《关于加快农村环境综合整治的建议》等10项议案建议办理情况进行专题询问，相关部门负责人回答询问。与会人员对议案和重点建议办理工作进行满意度测评。会议听取和审议县法院院长王文光所作的关于人民陪审员专项工作情况报告和县检察院检察长程凤娟所作的关于反贪污贿赂专项工作情况报告。审议通过人事任免事项，作出关于接受陈世卿辞去县人民政府副县长职务的决定和关于杨青任县人民政府科技副县长的决定。

第29次会议：11月27日召开。会议听取和审议县政府副县长伍伟所作的关于“发展特色农业，增加农民收入”专项工作报告，并进行工作满意度测评；听取和审议县人大常委会执法检查组关于《中华人民共和国农民专业合作社法》执法检查报告、县农业局局长张增旺受县政府委托所作的关于《农民专业合作社法》贯彻实施情况报告；审查2014年度县财政预算调整的报告，作出关于批准2014年财政收支预算调整的决议。审议通过人事任命事项。

第30次会议：12月16日召开。

会议审议通过关于县十六届人大四次会议有关文件及事项；讨论县人大常委会、县政府、县法院、县检察院、计划、财政等工作报告。审议人事任免事项，作出关于董新等职务任免的决定和关于接受程凤娟辞去县人民检察院检察长、检察委员会委员、检察员职务的决定。

第31次会议：12月26日召开。会议审议关于县十六届人大四次会议文件材料；审议人事任免事项，作出关于接受邓炳辉、伍伟辞去县人民政府副县长职务的决定、关于接受许天赠辞去县十六届人大常委会主任职务的决定和关于江勇任职的决定。

重大事项议决

【关于批准清流县2013年财政决算的决议】 7月28日，县第十六届人民代表大会常务委员会第27次会议听取和审查县政府副县长彭平刚提请的《清流县人民政府关于2013年财政决算草案的报告》、县财政局局长兰根旺受县人民政府委托所作的《关于2013年清流县财政决算情况的报告》、县审计局局长黄中创受县人民政府委托所作的《关于清流县2013年财政预算执行和其他财政收支情况的审计工作报告》，决定批准清流县2013年财政决算。

【关于批准清流县2014年省级地方政府债券转贷资金安排预算调整的决议】 7月28日，县第十六届人民代表大会常务委员会第27次会议听取和审查县财政局局长兰根旺受县人民政府委托所作的《关于清流县2014年省级地方政府债券转贷资金安排预算调整草案的报告》。鉴于省财政2014年安排清流县地方政府债券转贷资金比年初预算增加，相应增加地方政府债务收支。会议同意县政府提出的省级地方政府债券转贷资金使用安排，决定批准清流县2014年省级地方政府债券转贷资金安排预算调整报告。

【关于批准2014年财政收支预算调整的决议】 11月27日，县第十六届人民代表大会常务委员会第29次会议听取和审议县政府副县长伍伟提请的《清流县人民政府关于调整2014年财政收支预算的议案》和县财政局局长兰根旺受县人民政府委托所作的《关于清流县2014年财政收支预算调整情况的报告》。会议审议通过清流县2014年财政预算调整议案。

【关于批准2014年政府性债务收支计划的决议】 3月27日，县第十六届人大常委会第25次会议听取和审议县政府副县长林峥声、县财政局局长兰根旺分别作的《清流县人民政府关于提请审议2014年政府性债务收支计划的议案》和《关于清流县2014年政府性债务收支计划情况的报告》，决定批准县人民政府提出的2014年政府性债务收支计划，同意2014年县政府计划举借（或形成）政府性债务26436万元。会议要求，县财政、审计部门要加强对政府性债务资金举借、使用、偿还的管理与监督，有效防范债务风险。债务主体应根据政府性债务年度收支计划，合理筹措和安排使用政府性债务资金，提高资金使用效益，努力降低政府性债务成本。

【召开清流县第十六届人民代表大会第四次会议的决定】 12月16日，县十六届人大常委会第30次会议决定，县第十六届人民代表大会第四次会议于12月27—30日在城区召开，会期三天半。

监督工作

【经济工作监督】 3月11—13日，县人大常委会组织开展促进房地产健康发展调研。要求县政府和相关部门加强宏观调控，做到均衡有序供地，抓好配套设施建设，出台优惠政策，加强工程质量监管，保护购房者合法权益，促进房地产业稳定健康发展。4月22—24日，县人大常委会组织开展加强金融服务促进工业企业发展专项工作调研。针对全县受宏观调控影响，贷款难、担保难等突出问题，提出要加强政银企合作交流，用好用足金融服务政策，建立金融支持经济发展激励机制，提升金融服务水平，不断增强企业自身融资能力等意见建议。县政府和金融部门研究对策措施，推动金融更好地服务企业发展。11月27日，县十六届人大常委会第29次会议就发展特色农业增加农民收入专项工作，提出促进现代农业发展和农民增收等审议意见。

【计划预算审查监督】 3月27日，县十六届人大常委会第25次会议作出政府性债务收支计划和省级地方政府债券转贷资金安排预算调整的决议。7月28日，县十六届人大常委会第27次会议提出计划执行要全力推进经济工作、项目建设，加大企业帮扶力度，促进企业正常生产，要抓好民生改善，促进社会和谐稳定；预算执行要努力开源节流，防范政府债务风险，加强财政专项资金使用监管；审计部门要对审计中发现的问题，抓好整改落实。11月27日，县十六届人大常委会第29次会议依据政策调整和经济社会发展的需要，批准2014年财政预算调整的决议。

【民生工作监督】 3月5-6日，县人大常委会对全县幼儿教育工作情况开展调研。提出要统筹规划幼儿园布局，加快公办幼儿园建设，加强师资力量培育，强化安全监管责任，同时加大无证办园清理整顿力度等审议意见。县政府高度重视，研究制订具体措施，增加2个乡镇公办幼儿园。3月27日，县十六届人大常委会第25次会议就促进房地产健康发展及保障性住房建设情况，提出要确保工程质量，缩短配租审核时间，完善退出审核机制等意见建议。6月26日，县人大常委会主任许天赠带领部份县人大常委会委员、人大代表对城区第二水源建设情况进行调研。常务副县长邓炳辉，县人大常委会副主任欧阳圣雄，副县长伍伟参加调研。调研组实地察看南极山水库水源地、俞坊水库、城区第二水源点建设情况，了解该流域该水源水流量、水质状况、污染源分布和日常监管等情况，并就城区饮用水源保护及第二水源建设存在的困难和问题提出建议，要求县政府和相关部门采取措施，保障城区群众饮用水安全。

【依法行政监督】 7月上旬，县人大常委会组织开展《中华人民共和国环境保护法》执法检查。要求县政府及有关部门落实“一岗双责”制度，齐抓共管，严格执法，加大环境综合整治力度。县政府召开专题会议，推进九龙溪流域环境专项整治和保护管理工作。10月21—22日，县人大常委会对《中华人民共和国农民专业合作社法》贯彻实施情况开展执法检查。要求县农业部门加强法律法规宣传培训，提高合作社规范运行能力和水平，推进农民专业合作社健康发展。5月22日，县十六届人大常委会第26次会议就县公安局开展打击和预防“两抢一盗”刑事犯罪、强化社会治安工作情况，提出县公安部门要强化从严治警、从优待警，加强队伍建设，提升办案能力，维护社会安定稳定，提高群众对社会治安的满意度等审议意见。

【公正司法监督】 9月28日，县十六届人大常委会第28次会议听取和审议县人民法院关于人民陪审员工作情况报告，要求县法院广泛宣传陪审员制度，依法保障人民陪审员履行职务，发挥人民陪审员的职能作用；听取和审议县人民检察院关于反贪污贿赂工作情况报告，要求县检察院拓宽案件来源渠道，加大重点领域犯罪的查办力度，提升办案效果，加强和改进预防职务犯罪工作，推动反腐倡廉工作深入开展。

撰　稿：　肖秋华
责任编辑：唐功轩

县人民政府

综　述

2014年，县政府围绕建设幸福清流目标，突出“做美城区、做强产业、做优环境、做好民生”4个工作重点，依靠全县上下共同努力，较好地完成县十六届人大第三次会议确定各项目标任务。全年实现地区生产总值75.86亿元，增长10.4%；农林牧渔总产值24.34亿元，增长5.6%；规模以上工业总产值96.54亿元，增长15.3%；县级公共财政收入3.34亿元，增长8.7%。主要经济指标中有9项增幅位居全市前列，其中农林牧渔业总产值、规模以上工业总产值、社会消费品零售总额增幅居全市第一。

【加快发展特色农业】 全年全县种植烤烟面积2927.67公顷，烟叶销售收入1.6亿元、税收3513万元。新增花卉种植面积67公顷、苗木面积140公顷、花卉标准钢架大棚30公顷。新增现代渔业标准化养殖面积67公顷，新增肉羊养殖5000只。航天蔬菜品种试种成功15个，全省第二个光伏农业项目获得省发改委批准立项。“清流鲜切花”获国家地理标志保护产品称号。全县新增农业“三品一标”企业4家。发展市级以上农业龙头企业28家，其中省级3家。春舞枝公司在德国证券交易所成功挂牌上市，成为全国首家花卉上市公司，全年销售收入超3亿元，并建成全省首个标准化智能花卉馆。新增农民专业合作社41家、家庭农场45户、各类专业大户205户。投入2.3亿元实施农业综合开发、土地整理等农业基础设施建设，其中水利项目投资1.21亿元、南面乡镇集中供水工程6700万元。

【增强工业后劲】 年内吉阳太阳能电池芯片一期10条生产线有2条建成试产，另外8条进入设备安装调试，并与孟加拉国签订首批3亿美元光伏应用产品订单。总投资4亿元的钨矿废弃石循环利用重选项目已在建设。思恩电器、伊科电子已建成投产，展化化工二期厂房全面完工。落实省、市扶持工业企业发展政策，出台鼓励工业企业增产增效奖励办法，为伊科电子、气枪厂等20家企业争取技改、节能改造、企业创新等补助资金2103万元。为闽山化工、宏志矿业等11家小微企业提供应急转贷资金12笔8040万元。投入8.8亿元实施气枪厂等20家企业技改，列入省“百项千亿”重点技改项目4个。新增规模以上工业企业16家，总数90家。投入1.1亿元，完成城南工业园土地平整和2.18公里园区主干道及雨污管网铺设，完成金星工业园亮化工程，动工建设福宝工业园污水处理厂。

【发展第三产业】 清流县被列入全省第一批电子商务示范县。春舞枝公司被评为全省电子商务示范企业。建立海西电子商务青年创业基地，发展电子商务法人企业16家，注册资本1.32亿元。清流温泉地质公园获批升格为国家地质公园。天芳悦潭生态旅游区被评为国家4A级旅游景区。全县全年接待游客9.8万人次，实现旅游综合收入2000多万元。林畲毛泽东旧居项目基本建成，海峡两岸中华桂花文化园对外营业，中华客家祖山文化园博物馆装修进入扫尾阶段，花海温泉养生苑、朱德旧居、锅蒙山战斗遗址纪念馆等景区建设加快推进。出台《关于扶持商贸企业发展的若干意见》。全年新增限上商贸企业5家。佳云物流公司开通清流至泉州货运专线，拥有各类大型运输车辆93辆，吨位2600吨；久鸿化工运输公司投入营运，实现县危化产品运输企业零的突破。房地产业保持稳定。全年完成房地产投资5.34亿元，商品房销售14.31万平方米，增幅位居全市第三位。完成资质建筑企业二级升一级2家，资质建筑企业总数6家，实现建筑业产值27.08亿元。

【加快城乡建设步伐】 全年投入8500万元建设城区管网、道路等基础设施。迎宾路拓宽改造竣工。投入4500万元完成河滨路立面改造二期、碧林公园、古树公园等景观提升项目建设。新增城市绿化面积7万平方米。城区12万平方米二级环卫路段纳入统一保洁。完成农贸市场"一线天"商户搬迁及周边环境整治。完成凤翔山公园、九龙公园、世纪公园改造修缮。总投资9.22亿元的"五镇二乡"和美丽乡村建设项目有序推进，打造长校河排、沙芜铁石、田源福源、赖坊赖武、李家鲜水、嵩溪元山等一批示范村。建成赖坊赖安、嵩口清泉2个省级造福工程百户示范点。嵩口大轿垅自然村完成整村搬迁。开展"两违"综合治理和公路沿线环境综合整治"百日会战"。拆除违法违规建筑23.58万平方米。获省级生态县命名。国家级生态县创建工作通过省级预验收。投入3675万元完成开发性水土流失重点治理32平方公里，落实封禁治理面积2.4万公顷。完成造林绿化2087公顷、"四绿工程"190公顷。实行"河长"责任制，加大节能减排工作力度，全面完成环保目标任务。

【推进重点项目建设】 全年实施"五大战役"项目131个，完成投资63.6亿元。118个项目开工建设，开工率90%，41个项目建成投产或部分投产。制订"四百"重点项目工程建设五年计划，实施重点项目200个，完成投资56.5亿元。完善"1+1"招商机制，组团参加"6•18""9•8"等重大招商活动，共引进项目67个。全年争取交通、水利、农业、教育、卫生等项目资金4.9亿元，获批各类建设用地75.4公顷。投入1.63亿元，建成温郊至塘凤、余朋至杨梅后、赖坊至横七公路3条；完成嵩马大桥、罗陂岗桥等危桥改造5座；省道307线沙芜洞口至永安界公路加快建设。35千伏"林畲变"12月投入运营，110千伏"五里变"动工建设。

【协调发展社会事业】 全年投入教育事业资金2.1亿元。义务教育发展均衡县通过省级验收。高考上线考生数量和质量稳步提升。总投资1.5亿元的新一中项目完成主体工程。投入3280万元实施县乡医疗机构改造提升。县医院感染科病房建成投入使用，妇幼保健院综合楼、疾控卫生监督综合楼完成主体封顶进入内部装修。完成人口计生工作年度目标，"单独两孩"政策稳妥实施。县文化馆、图书馆建成投入使用。国家公共文化服务体系示范区创建工作代表三明市通过文化部中期督查。在第十五届省运会上，清流选送的运动员获4金2银1铜。全县专利申请166件、专利授权71件。鸿翔农庄被认定为国家高新企业和省级鲜切花卉育种栽培企业工程技术研究中心。清流鑫磁线圈制品有限公司被授予福建省创新型企业称号。新增城镇就业1920人，农村劳动力转移就业3200人。新建保障性住房103套。深入开展综治"三率"大提升入户挂包活动。上半年全省综治"三率"测评中，群众安全感居全市第一名、全省第三名。落实县乡领导接访制度，全县矛盾纠纷调处成功率99%，信访积案化解率100%。落实安全生产责任制，实现全年无重特大安全事故。

【改善人民生活】 年内全县农村居民人均可支配收入11404元，增长10.2%；城镇居民人均可支配收入22177元、增长9.8%。在原发放90周岁以上高龄补贴基础上，新增80—90周岁高龄补贴；低保年补助标准提高200元；农村集中供养和分散供养年补助标准分别提高588元、456元；年满60周岁被征地农民养老保障金月补助标准提高40元。城乡居民养老保险参保率83%，基本医疗保险参保率99.9%。落实专项扶贫资金3066万元，完成造福工程危房改造950户、4381人。成立扶贫小额信贷促进会，全县实现脱贫656户、2155人。

【加强自身建设】 深入开展党的群众路线教育实践活动，突出解决"四风"问题。修订完善制度117项，新建立制度164项。推进依法行政，自觉接受县人大、政协和社会各界的监督。全年共办理人大议案、建议70件，政协提案61件。全年公开信息1136条，网上发布857条。落实"八项规定"，建立"三公"经费监管平台。全年"三公"经费减少235万元。完成政府采购和工程招投标295期，节约资金4500多万元。落实党风廉政建设责任制，廉政建设和反腐败工作进一步加强。

重要会议

【县政府第一至十六次常务会议】

第一次会议：1月16日召开，县长冯明生主持，研究关于城南工业园主干道工程建设、嵩口镇高赖桥建设、城区部分二级环卫路段纳入市场化运作、污水处理厂提请解决的问题、县政府与兴业证券股份有限公司战略合作框架协议书（草案）、推进企业到场外资本市场挂牌融资、海西电子商务青年创业基地发展专项扶持政策、县政府重大行政决策程序实施办法等问题。

第二次会议：2月27日召开，县长冯明生主持，研究关于福建三明红火矿业有限公司嵩溪水泥用泥岩矿采矿权延续登记、摩托车道路交通事故伤亡救济救助实施办法、政府性债务管理实施办法及2014年政府性债务收支计划等问题。

第三次会议：3月28日召开，县长冯明生主持，研究关于迎接省级扶贫开发重点县政策和资金落实审计，加强股权转让税收征管实施办法，减免征收价格调节基金，上报政府融资平台及政府性债务计划调整，上海美缘食品有限公司磁环电感生产项目投资合同，调整征地补偿标准，嵩溪、长校、李家客运站项目用地，县妇幼保健院综合楼、县疾控卫生监督业务用房工程建设项目用地，龙津镇城南村松子潭商服地块国有建设用地使用权挂牌出让方案，关于县一中整体搬迁项目装修资金问题，划拨余朋乡东坑村、芹溪村粮站地块，城区主干道LED路灯节能改造，公安业务用房楼建设资金，公共领域视频监控及治安卡口系统项目建设，烤烟生产工作考核办法和烟叶种植保险等问题。

第四次会议：4月24日召开，县长冯明生县长主持，研究促进全县房地产市场持续健康发展的措施、创建国家公共文化服务体系示范区建设资金、食品药品监管体制改革、城关中学学生宿舍楼建设项目选址变更、劳动争议仲裁机构人员办案补贴、企事业单位离休干部、“5.12”退休干部和建国前参加革命工作的退休工人死亡一次性抚恤金发放、原县第一招待所退休职工待遇、广电网络资产、债权债务移交、成立县稀土开发有限公司、原五金厂车间资产处置、返还三合实业项目前期费用及补偿、嵩口镇马排商服（一期、二期）及马排商住（一期、二期）地块出让方案、专利奖励标准调整、水罐消防车购置、依法行政工作要点、社区网格化服务管理经费、县法院新审判法庭功能性用房建设资金等问题。

第五次会议：5月23日召开，冯明生县长主持，研究关于配备乡镇派出所专职交通协管员和村级兼职安全员、公路港扶持政策、省道204线至林畲乡红色标语遗址公路项目建设、县防洪公司贷款、增加社区居委会经费、公务员处分等问题。

第六次会议：5月28日召开，县长冯明生主持，研究回购DAC中国特别机遇（巴巴多斯）有限公司债权问题。

第七次会议：6月24日召开，县长冯明生主持，研究关于清流县2014年度政府性逾期债务化解方案和2014年地方政府债券转贷资金分配方案、清流一中整体迁建工程项目贷款本息纳入财政预算、实验中学2014年秋季扩容资金补助、送评教师职称、实行80—89周岁高龄老年人生活补助制度和提高临时救助基金、完善被征地农民社会保障政策、支持三明学院建设发展专项资金等问题。

第八次会议：8月1日召开，县长冯明生主持，研究关于义务教育发展基本均衡县省级督导检查整改问题、增配中小学校幼儿园保安人员及城关幼儿园建设规划选址、返还县供销社地方政策性亏损挂账资金、福宝化工业园污水处理厂建设、H发泡剂项目建设、县域产业发展专项省直部门“切块”资金安排方案、县工业园区项目简化开工建设手续、鸭系列产品开发项目合同、气枪生产项目投资合同、看守所在押人员伙食费调高标准、监所改造升级建设资金、物流供应链金融项目等问题。

第九次会议：8月27日召开，县长冯明生主持，专题研究关于龙郡首府（一期）、磐安国际城1—3期、迎屏佳苑、玫瑰佳苑等项目土地出让问题。

第十次会议：9月5日召开，县长冯明生主持，研究关于无纺布项目调整增加费用补助、春舞枝第六代鲜花大棚及鲜花广场建设补助、当前安全生产工作、县文化体育中心规划设计方案、县慈善总会基金资本运作等问题。

第十一次会议：9月10日召开，县长冯明生主持，研究深化基层医疗卫生机构第二轮改革方案、竹子戈地块用地性质调整、清流县光荣院重建、城区第二水源、黄家排中心水文站用地选址、见义勇为表彰、扶持商贸企业发展等问题。

第十二次会议：10月10日召开，县长冯明生主持，研究《清流县人民政府职能转变和机构改革方案》。

第十三次会议：10月30日召开，县长冯明生主持，研究关于县信用联社改制土地使用权处理，县城关中学和里田、城关幼儿园建设用地，边远山区工作教师增加专项津贴，社会保障卡推广应用试点工作方案，清流县2015年国有资本经营预算和社会保险基金预算编制，乡镇财政所标准化建设经费纳入预算，县直机关差旅费、会议费、培训费管理办法，成立县政府与社会资本合作（PPP模式）工作领导小组，党政领导干部在企业兼职（任职）清理方案，县检察院技侦用房及县反腐倡廉警示教育基地项目建设资金，南岐主村整体搬迁安置方案，福建太极房地产有限公司马排商服一、二期地块出让金收益测算，嵩口镇马排商服（三期）地块国有建设用地使用权挂牌出让方案，高赖温泉矿权，叶某、方某骗取雁塔回迁安置房处理，县政府和县法院建立依法行政与行政审判良性互动机制，县政府领导分工等问题。

第十四次会议：11月25日召开，县长冯明生主持，研究《解除新一中BT项目合同协议书》和《关于终止清流一中工程BT模式建设协议书工作方案》、义务教育发展基本均衡县专项资金、金星工业园污水集中处理、里田警务室办公用房、地方志相关工作、王连三音乐厅（影剧院）承租、安全生产“党政同责、一岗双责”、新增500吨县级储备粮、2014年度财政收支预算调整、省级扶贫开发重点县专项扶持资金安排等问题。

第十五次会议：12月5日召开，冯明生县长主持，研究清流县2014年财政预算执行情况和2015年财政预算草案等问题。

第十六次会议：12月24日召开，县长冯明生主持，研究增加入驻行政服务中心单位和项目，全县机关、参公和事业单位参加生育保险，教育系统项目建设缺口资金安排，解除《清流一中工程BT模式建设协议书》有关问题，马排花海温泉第三期地块挂牌部分指标调整，延长促进全县房地产市场持续健康发展相关政策，县道X793线清流楼下至下井段公路改建工程代建，清流县农村公路网规划（2012—2030年），增投出租车，李家乡珠山路公共基础设施建设补助，出资组建市国有融资担保公司，垫付供电公司电费，公务员处分等事项。

【创建国家公共文化服务体系示范区动员大会】 2月25日召开。会议安排部署县创建第二批国家公共文化服务体系示范区工作，并向有关单位颁发目标责任书。国家公共文化服务体系示范区创建工作为期2年。清流县将按东部地区标准进行创建。创建标准涵盖公共文化设施网络建设、公共文化服务供给、公共文化服务组织支撑、资金人才和技术保障措施落实、公共文化服务评估等6个方面33个项目。

【2014年度人大议案、建议和政协提案交办会】 3月5日召开。县十六届人大三次会议和政协九届三次会议共收到人大议案1件、建议69件，政协提案61件。县长冯明生要求，各承办单位要认真对待办理工作，要建立“一把手审阅”和负总责制度，对照各自任务，在6月30日前必须全部办复。县政府办督查室、效能办要加大督办力度，对反映人民群众关心的热点难点问题，如饮用水工程、交通工程、文化教育等重点建议、提案，要完善机制，重点跟踪落实。

【“义务教育发展均衡县”评估验收动员会】 3月18日召开，部署迎接“义务教育发展均衡县”市检查、省验收工作。县长冯明生要求，各乡镇、各部门及学校要密切配合、相互协作，制订教育工作具体措施，并抓落实，进一步完善教育工作激励机制，调动教师工作积极性和创造性，全面提升县教育教学质量，确保迎检工作万无一失。

【全县安全生产工作会议】 分别于4月9日、5月6日、8月27日和12月9日召开全县安全生产暨季度防范重特大生产安全事故及安委会全体成员（扩大）会议。县直有关单位负责人，各乡（镇）政府主要领导，煤矿、非煤矿山、危化企业负责人及城区地产开发商、项目经理参加会议。县政府领导出席会议。会议传达贯彻习近平总书记、李克强总理关于安全生产工作的一系列重要指示精神，以及全国“两会”和全国、全省、全市安全生产工作电视电话会议精神，学习新《中华人民共和国安全生产法》，部署每个季度任务。会议要求，建立完善责任体系和保障机制，开展重点领域的安全生产专项整治及隐患排查治理工作；要加大投入，做好人防、物防、技防工作；严格落实“党政同责、一岗双责、齐抓共管”要求，强化安全生产考核和安全生产督查督办，严格责任追究和问责。

【“义务教育发展均衡县”省级督导评估汇报会】 6月13日召开。副县长周美华汇报县推进义务教育均衡发展工作。省督导评估组从落实经费保障、促进教师队伍建设、保障教育公平、全面提升管理水平等方面，肯定清流县在推进义务教育均衡发展所取得的成绩，同时对进一步完善创建工作提出整改建议。县长冯明生在会上作表态性发言。

【全县征兵工作会议】 7月10日召开。县长、县征兵工作领导小组组长冯明生，县委常委、人武部政委朱兴亨，副县长伍伟，县人武部部长陈锦忠出席会议。朱兴亨主持会议。会议要求各级各部门加强宣传和政策解读答疑，密切配合，严把推荐、体检、政治考核、定兵“四环节”。会议表彰2013年度全县征兵工作先进单位和先进个人，并向各乡镇颁发征兵目标管理责任书。

【县政府党组专题民主生活会】 7月24日召开。县政府党组书记、县长冯明生主持会议。市委第五督导组组长陈良椿到会指导。县政府党组副书记、常务副县长邓炳辉等县政府党组成员出席会议。非中共党员的县政府副县长列席会议。县长冯明生代表县政府党组进行对照检查，并作个人对照检查，党组成员逐一作对照检查。陈良椿要求县政府党组在下一阶段工作中，要保证整改措施落实到位；保证高标准推进整个教育实践活动；保证活动成果促发展。冯明生作总结讲话。

重要活动

【防汛检查】 3月20日，副县长伍伟带领防汛指挥部成员单位人员到嵩口电站、关公凹水电站、琴源水库进行实地检查，察看各水库防汛物资储备情况。并观看嵩口电站防汛实战演练。

【农业项目建设调研】 4月28日，县长冯明生深入灵地镇善能生态农业科技有限公司、宏畅（福建）农牧科技有限公司、晟源(福建)水产开发有限公司调研，实地察看灵地镇产业结构调整项目进度。县委常委、组织部长王争陪同调研。

【巡查洪水及地质灾害工作】 5月22日，县长冯明生到温郊乡巡查洪水及地质灾害工作。县委常委、统战部长廖祥初，副县长周美华参加巡查。

【高考考点周边环境检查】 5月30日，副县长周美华带领县教育局以及文广、卫生、行政执法、城管等部门相关人员，先后深入清流一中食堂、学校周边的小吃店、摊点和县人武部建筑工地等地进行集中检查。周美华就现场检查存在问题，要求交警、城管、药品监督及卫生等部门要加大高考期间考点外交通

2014年5月22日，县长冯明生（中）到温郊乡巡查洪水及地质灾害工作

秩序、夜间噪音监管力度，保证学校食堂及校园周边餐馆食品卫生安全，确保学生平安高考。

【参加群众路线教育实践活动联系点活动】 7月底，县委副书记、县长冯明生参加县财政局领导班子专题民主生活会，指导开展教育实践活动。9月24日，县长冯明生参加县财政局教育实践活动整改工作汇报会，指导、推动县财政局继续深入做好教育实践活动整改落实、建章立制工作。

【到赖坊乡现场办公】 9月12日，县长冯明生率发改、住建、农业、林业、卫生、教育等部门领导前往赖坊乡现场办公，研究小学扩建、卫生院搬迁、小城镇建设等问题并提出实施办法。

【食品安全检查】 9月29日，副县长周美华带领县食品药品监管、农业、工商、畜牧水产、经贸等部门组成的专项检查组，分别到龙津农贸市场、龙燕大酒店、永辉超市等地，重点检查猪肉、熟食、冷冻产品等节日热销食品以及餐饮消费环节食品安全情况。

【“六打六治”打非治违专项行动督查】 10月28日，副县长杨青带领县安监、国土等有关部门人员，深入乡镇及县国土资源局、嵩溪红火水泥有限公司、捷鸿木业公司、捷鸿家俬等部门和企业，开展“六打六治”（一、打击矿山企业无证开采、超越批准的矿区范围采矿行为，整治图纸造假、图实不符问题；二、打击破坏损害油气管道行为，整治管道周边乱建乱挖乱钻问题；三、打击危化品非法运输行为，整治无证经营、充装、运输，非法改装、认证，违法挂靠、外包，违规装载等问题；四、打击无资质施工行为，整治层层转包、违法分包问题；五、打击客车客船非法营运行为，整治无证经营、超范围经营、挂靠经营及超速、超员、疲劳驾驶和长途客车夜间违规行驶等问题；六、打击“三合一”、“多合一”场所违法生产经营行为，整治违规住人、消防设施缺失损坏、安全出口疏散通道堵塞封闭等问题。）打非治违专项行动督查。

【安全生产检查】 11月3—4日，副县长杨青带领县安监、公安、交通、城管、建设等相关部门领导深入龙昌液化石油气有限责任公司、久鸿化工、展化化工、中国石化加油站、闽通公共交通公司、光明房地产、卫生服务中心建筑工地、移动通信综合楼工程建筑工地等，实地督查危化品运输及建筑施工安全工作。11月5日，副县长杨青带领县安监局、煤行办相关人员到罗口、上坪煤矿实地检查煤矿企业安全生产工作。

重要文件

【出台《关于县食品药品监督管理体制改革的实施方案》】 3月24日颁布。《方案》涉及构建行政管理、监管执法、技术支撑、基层监管的“四位一体”的工作格局和运行体制。原县食品药品监督管理局由省级以下垂直管理改为由县政府管理，为县政府工作部门。《方案》要求与食品安全工作有关部门各司其职，各负其责，做好相关工作，形成监管部门之间的密切协作联动机制。

【出台《关于建立清流县中小学校舍安全保障长效机制的实施意见》】 8月7日颁布。全县校舍经鉴定B级校舍7669平方米、C级危房9284平方米。《意见》要求各级政府建立校舍安全年检制度，完善校舍安全预警机制，健全校舍安全责任追究制度；县教育部门建立校舍安全信息通报公告制度，完善校舍安全隐患排除机制；各学校要严格校舍安全项目管理制度。教育、发展改革委、公安、监察、财政、安全监管、地震、气象、消防等部门要发挥职能部门作用，强化统筹协调，提升长效机制管理合力。

【出台《清流县人民政府关于扶持商贸企业发展的若干意见》】 9月22日颁布实施，有效期3年。《意见》决定对已列入统计名录库的限额以上商贸企业，年销售额（营业额）比上一年增长30%以上的，给予奖励；新增的限上商贸企业，当年新增税收地方财政实得部分100%奖励给该企业；新成立的大型批发公司，年度实现批发营业额超亿元，由县财政给予一次性奖励。同时建立商贸企业统计信息员联系制度，鼓励乡镇扶持商贸企业发展。

【颁布《清流县宜居环境建设行动计划》】 4月8日出台。县成立宜居环境建设指挥部，县长任总指挥，指挥部下设办公室，挂靠住建局，各牵头单位分管领导任办公室副主任。《计划》实施时间2014—2018年。主要目标：计划投资7亿元，打造城市完整社区1个；树立美丽乡村示范村20个；重点整治省级农村社区1个；启动改造棚户区1个；打造城市中心节点、市民活动节点、交通枢纽节点4个；整治山体周边、水系周边、主要干道沿线周边项目4个；打造一批特色景观带，提升改造绿道9公里；实施市政提升，新建改造城区雨污排水管网17公里以上、供水管网5公里以上、城市道路6公里以上；实施小流域治理项目1个。

【出台《清流县全面改善义务教育薄弱学校基本办学条件的实施方案》】 12月25日颁布。《方案》要求到2018年末，全面完成“改薄”任务。总体目标：小学控制无学生辍学，中学控制在1%以下；小学班生额不超过45人、初中班生额不超过50人；教师交流比例小学12%、中学13%；农村教师职称比例小学1∶5.5∶3.5，初中2∶4∶4。校舍条件、教室和实验室达标。图书室、运动场比例、学生宿舍满足需求。按省定标准配齐图书、教学实验仪器设备、音体美卫器材和班班通多媒体教学设备；建设标准化的教师宿舍、学生宿舍、餐厅、厕所及生活附属设施，达到标准就餐条件和住宿条件。

【出台《清流县“救急难”工作实施办法》】 11月19日颁布实施。“救急难”救助对象为本县户籍或持有居住证满三年，突遇不测、因病因灾陷入生存困难的居民，由政府实施分类分级救助，给予非定期、非定量救助。救助标准在300元至5000元。

【出台《关于进一步推进企业到场外资本市场挂牌融资工作的若干意见》】 1月25日颁布。《意见》指出，为抢抓场外资本市场发展新机遇，做大做强优势企业，要强化培育，储备挂牌企业资源，要对挂牌后备企业实施财政资金奖励、股改规费优惠、纳税贡献补助，对挂牌及后备企业实施信贷倾斜支持和项目落地支持，同时建立“一企一议”制度、行政服务工作机制和中介服务备案制度。

【颁布《关于深化基层医疗卫生机构第二轮改革的实施方案》】 9月30日颁布实施。《实施议案》指出，基层医疗卫生机构第二轮改革参照县公立医院改革做法，实行定岗定编不定人的财政补助机制和人员工资总额控制、人事自主、分配自主、管理自主的改革原则，建立经费保障机制，规范基层卫生人事管理，改革内部分配制度。

政府办工作

【公文起草及处理】 全年完成县委全委会、季度经济形势分析会、政府工作报告会议材料及领导讲话、工作汇报、典型发言等综合材料120多篇；以县政府办公室名义下发公文232件，同比减少51份；接受处理上级来文1100多件。对规范性文件发布先由法制办进行合法性审查；对涉及面较广、影响较大公文，广泛征求社会各界及相关单位意见后再发文。

【调研工作】 立足县情，围绕县委、县政府中心工作，开展完善产业体系推动县域经济发展、做美城区做旺人气的对策、原中央苏区振兴发展思考、“促一进三”创新现代农业发展新模式等调研，撰写调研文章14篇。

【督查督办】 围绕《政府工作报告》、政府会议纪要、为民办实事等及省市拉练检查备选项目、公路沿线环境综合整治“百日会战”、居民社会养老保险、品牌创建工作等督查重点，采取责任到人、定时督查、及时通报、全程跟踪方式狠抓落实。印发督查文件35份、《督查与反馈》16期；现场督办326人次、电话督办198次。按期办结市政府交办事项28件、县政府领导批示和交办事项253件，办理人大代表议案1件、建议69件，政协委员提案61件。

【信息工作】 全年刊发《清流政务》27期。向市政府报送政务类信息400余条，省、市共采用50余条，综合排名从2013年全市第12名上升至第6名。

【电子政务】 年内政务网OA系统实现机关事业单位全覆盖。将门户网站内容保障纳入县绩效考评，安排技术人员参加上级组织的相关培训和会议，并召开门户网站保障工作培训会。全年发布在线访谈12期、各类信息1481条；上报市级门户网站信息307条，采用205条，位列全市第7名。

【会务后勤】 完善会议审批、统筹制度，做到会前充分准备、会中积极服务、会后及时落实。全年承办各类会议300余场次。

【应急处突工作】 完善应急快速反应机制，维护全县安定稳定。全年共接报各类突发公共事件和前兆信息70余条，其中向市政府上报较大突发事件信息4条。

撰　稿：陈清华
责任编辑：唐功轩

政协清流县委员会

【概述】 2014年，政协清流县委

员会深入贯彻落实中共十八大和十八届三中、四中全会精神，突出团结民主两大主题，围绕县委“做美城区、做强产业、做优环境、做好民生”的总体部署，认真履行政治协商、民主监督、参政议政三大职能，持续推进“活力、有为、和谐”政协建设，完成县政协九届三次会议确定各项任务，为建设“幸福清流”作出积极贡献。

【政协第九届清流县委员会第四次会议召开】 12月26—29日在清流宾馆召开。出席大会的有政协第九届清流县委员会委员、特邀委员152人。县四套班子领导和省、市、县有关部门负责人列席大会。会议听取并审议雷根旺副主席所作的常委会工作报告及李志明副主席所作提案工作报告，列席县十六届人大四次会议第一次大会，听取县政协九届四次会议提案初审情况报告。会议选举产生政协主席邓炳辉、副主席马卫强，审议通过会议决议。会议表彰为建设“幸福清流”献计策先进单位和先进个人。新当选主席邓炳辉在闭幕会上对政协工作提出要求。县委书记梁奕章在会上作重要讲话。会议期间共收到提案61件。

【县政协九届常委会议】 第十次会议 3月28日召开。李增祥主席主持会议。会议议题为学习习近平总书记在省部级干部研讨班开班式上重要讲话和全国政协十二届二次会议精神；协商加强医疗卫生队伍建设，提高医疗服务水平；县政协党组向常委征求党的群众路线教育实践活动意见和建议。

第十一次会议 6月20日召开。李增祥主席主持会议。会议听取县政府上半年全县经济社会发展情况通报；协商培育龙头企业，推进电商发展调研课题；听取县政协机关一室四委上半年工作情况汇报。

第十二次会议 9月25日召开。会议议题为学习习近平总书记在庆祝中国人民政治协商会议成立65周年大会上讲话；协商创新管理机制，提高农业项目资金使用效益课题。

第十三次会议 分12月18日和12月26日2次召开。李增祥主席主持会议。12月18日，会议听取和讨论《县政府工作报告》和《县法院工作报告》《检察院工作报告》；听取县政府关于县政协九届三次会议以来提案办理情况通报；讨论通过县政协《常委会工作报告》和《提案工作报告》；审议通过关于九届四次会议相关文件；学习党的十八届四中全会精神。12月26日继续召开。会上县委书记梁奕章宣布市委、县委决定：邓炳辉任县政协党组书记、主席候选人，马卫强任县政协副主席候选人。会议增补并通过邓炳辉、马卫强为政协委员。

【参与“五大战役”】 县政协班子成员分别担任县“五大战役”指挥长或副指挥长。重点推进展化化工过硫酸盐扩建项目、气枪厂二期项目、华晟无纺布、伊科电子、思恩电器以及钨矿废弃石循环利用重选等重点项目建设，促成县委、政府出台用电补助奖励。参与中华客家祖山文化园和九龙湖景区项目二次规划招商；推进新一中建设项目、沿河单面街立面改造和屏山公园建设实施；参加清流革命烈士纪念碑规划选址工作；参与现代农业建设，推进花海温泉、俞坊水库和南面集中供水工程项目建设，完成猕猴桃种植加工酿酒等项目建设。

【政治协商】 开展“加强卫生人才队伍建设，努力提高医疗服务水平”调研课题，提出创新人才招聘方式、改善人才使用环境、强化留才激励政策等建议13条；开展推进县电子商务发展课题调研，就电商平台建设、网店营销、物流配送、企业发展等问题提出建设性意见；开展提高涉农项目资金使用效益专题调研，就向上争取农业项目资金、突出产业扶持重点、完善项目资金管理、建立激励引导机制等方面建言献策。县委书记、县长分别对专题调研报告作重要批示，县有关部门专题研究采纳建议。开展“为建设幸福清流发展献计策”活动，收到意见建议40多篇，汇编成册分送县委、县政府及各部门。

【提案督办】 通过提案跟踪督办、集中分类督办和提案办理“回头看”等措施，提高九届三次会议以来委员提案办理质量。所有提案均办复，委员满意和基本满意率91.8%。

【民主监督】 推荐30余名政协委员担任有关单位特约监督员，选派20名政协委员应邀进入县信访事项

2014年3月11日，县政协主席李增祥率政协机关干部参加灵台山万人广场植树节活动

公开听证评议工作评议员库。组织委员旁听三明市中院审判监督庭公开开庭审理的职务犯罪、金融犯罪减刑假释案件16件，并对县法院审判执行工作情况开展视察。参与县直有关部门开展检查、评议、座谈等活动20多场次。开展“四下基层”和“百千万”主题实践活动。开展新一中建设项目视察，围绕项目建设存在困难和问题，提出意见建议。协调指导乡镇委员联络组开展履职活动，收集社情民意。

【文史宣传工作】 编辑出版《清流客家墨韵》《清流客家摄影》《清流客家古建筑》《清流客家民乐》等客家文化系列丛书。承办三明市县（市、区）政协主席第28次工作座谈会，会上交流清流县文史工作经验和做法。改进清流政协门户网站，宣传委员履职活动。选送12幅书画作品参加省、市政协“庆祝人民政协成立65周年国庆书画展”。委员摄影作品《闹元宵》获省政协系统美丽乡村摄影赛佳作奖。选送论文《践行党的群众路线，推进基层协商民主》获三明市第七届政协论坛三等奖。向《人民政协报》、省、市政协刊物报送信息80多篇。

【联谊交流】 召开“迎中秋”台商座谈会，协调解决台商提出的困难和问题。开展民族宗教界联谊活动，引导爱国爱教人士为社会和谐发展多作贡献。支持县客联会开展工作，组织参加河南开封第27届世界客属恳亲大会和赴台湾对接第七届海峡两岸客家高峰论坛筹办工作。配合省、市政协在清流开展“传统村落保护和发展”“保护与扶持地方戏曲”“大力发展混合所有制经济”“非物质文化遗产保护和传承”等课题调研。接待厦门、泉州、龙岩、大田、沙县、宁化等地政协来县考察交流。

撰　稿：古冬梅

责任编辑：唐功轩

组 织

【概述】 2014年，县组织工作以邓小平理论、“三个代表”重要思想、科学发展观为指导，贯彻党的十八大、十八届三中、四中全会和省、市、县委重要会议精神，按照全国、全省、全市组织工作的总体部署要求，紧扣“做美城区、做强产业、做优环境、做好民生”工作重点，开展党的群众路线教育实践活动，加强领导班子和干部队伍建设，夯实基层组织基础，实施人才发展战略，强化组织部门自身建设，为加快建设“幸福清流”提供组织保障和人才支撑。年内获2013年度全市党建工作重点创新项目竞赛活动三等奖。

【加强思想作风建设】 组织党员领导干部深入学习党的十八大，十八届三中、四中全会，习近平总书记系列重要讲话和省市县委全会精神。与纪委等部门联合开展明察暗访，纠正乡镇干部“走读”问题，落实乡镇干部值班、外出报告和请销假制度。

【学习新《干部任用条例》】 将中共中央新颁布实施的《党政领导干部选拔任用工作条例》(以下简称《干部任用条例》)纳入各级党委中心组学习和党校培训常规教材。以《干部任用条例》为指导，加强干部职数、职位、职级管理，修订完善干部管理有关制度、干部选拔任用工作流程，规范干部选任标准、程序方法、纪律要求。

【调整充实各级领导班子】 对各单位编制职数使用情况进行调查摸底，制订整改计划，建立整改台账。全年调整干部3批12人次，其中提拔1人、转任领导职务1人、调整交流8人、免职2人。对 2名委任制干部实行试用期，对30名试用期满干部进行考核。

【实施年轻干部“墩苗”工程】 实施年轻干部“墩苗”工程，落实县与省直、市直机关年轻干部双向挂职工作，接收省级选派挂职干部2名；选派7名年轻干部到省直单位、经济发达地区挂职锻炼。选派8名乡镇年轻干部到县信访局跟班学习，选派10余名年轻干部驻村任职。

【加强干部教育培训】 围绕产业调整升级、创新社会管理、推进城镇化、生态文明建设等重大发展问题，分专题、分层次统筹抓好各类干部教育培训。全年举办学习贯彻

2014年11月11日，举办发展党员细则培训班

习总书记系列讲话暨党的十八届三中全会精神研讨班2期、科级干部进修班2期、中青年干部培训班1期。组织党校主体班次学员前往江阴党校开展异地办学。

【加强干部宏观管理】 整合科级干部信息库、县管后备干部信息库和公务员信息库，搭建数据共享平台，发挥信息库在干部选拔任用工作中的作用。规范和加强股级干部管理和新录用公务员试用期满转正定级工作。年内面向乡镇事业单位工作人员定向招考公务员1人，从优秀村（社区）、非公企业党组织书记和村（居）委会主任中公开招聘事业单位工作人员3人。

【强化干部日常管理监督】 做好干部选拔任用“一报告两评议”测评工作。加强与执纪执法部门沟通，落实函询、告诫提醒、批评教育、诫勉谈话等监督措施。年内清理在企业兼职（任职）的干部18名，对不符合规定兼任17个社团职务的14名离退休干部办理辞职离任手续。做好科级以上领导干部出国（境）登记备案和审核报批工作。每季度调阅部分单位的《干部日常表现记实手册》，并对存在问题进行反馈。完善领导干部经济责任审计，先后委托县审计局对2名领导干部开展任期经济责任审计、3名领导干部开展任中经济责任审计。

【实施人才计划】 继续实施《清流县中长期人才发展规划纲要（2010—2020年）》，贯彻执行“‘海纳百川’高端人才聚集计划”。组织申报苗木花卉产业人才聚集基地和鸿翔农庄农业发展有限公司申报企业人才高地。做好福建省第四批引进高层次创业创新人才（简称省“百人计划”）申报工作。引进6名科技服务团专家挂科技副职，引进1名清华大学博士生到温郊乡挂职乡长助理。组织做好机关事业单位人才招考聘用工作，全年共招考录用各类人才196名。加大与省农科院、福州大学等院校合作力度，推进产学研合作。邀请台湾专家就农业领域及生物科技方面进行实地调研考察，举办台湾现代农业产业技术培训班，深化清台人才交流合作。加强农村实用人才培养，兰爱珍入选全省第一批优秀人才“百人计划”。

【推进党的群众路线教育实践活动】 建立李彬先进事迹展览室，作为全市党的群众路线教育实践活动基地。开展以“百名领导结千家，千名干部联万户”为主题实践活动，结对帮扶农户企业1688户，直接联系群众1.18万户，落实帮扶资金1851万元，帮扶项目361个，办实事1773件。发放“党群连心卡”6000多张，梳理出意见建议6817条，解决5175条，已在解决1357条。整改落实中“一企一策”贴心服务企业做法，先后在《福建日报》、东南卫视新闻频道报道。开展县乡干部走村入户活动，全县参与走村入户干部1628人，走访农户企业3.11万户。

【实施“党建富民强村”工程】 在巩固提升第一批34个“党建富民强村”重点村（社区）的基础上，年内确定58个一般村（社区）作为第二批重点村（社区）。安排51个单位与重点村结对帮扶，培育“双带”（即带头致富、带动其他人共同致富）能人302人，帮助对接项目112个，帮扶资金4081.90万元。同时下派第4批驻村党组织第一书记和年轻干部下基层锻炼。

【推行“三带帮扶”工作机制】 总结提升“大户带小户、党员帮带困难户、示范村带动周边村”“三带帮扶”做法，制订出台《关于在全县农村基层党组织中推行“三带帮扶”工作机制的实施意见》。全县组织发动536户党员创业示范户和产业大户、2800名农村党员、36个示范村分别与1608户种植户、3000户困难农户、75个周边村“结亲”，帮助发展致富项目，推动特色农业产业发展。

【抓好新经济组织党建】 年内新组建非公企业党组织1个。按照“地域相邻、产业相近”的原则，采取单独建、联合建、行业统建、派驻党建指导员挂靠建等方式，新成立农民专业合作社党组织10家，覆盖合作社109家，实现党组织覆盖率45%。

【推进后进支部整顿转化】 对全县11个村（社区）和4个其他领域软弱涣散党组织，推行“四结帮扶”工作法（即领导结对、部门结亲、干部结交、村村结伴），实施党员“四诺争星”工作法（即对标定诺、设岗承诺、服务践诺、民主评诺，争五星级党员）。调整村党支部书记3个，向8个村下派第一书记。同时投入帮扶资金965万元，落实生产发展项目13个，组织实施基础设施项目建设42个。全县软弱涣散党组织全部完成整顿转化工作。

【加强党员队伍服务管理】 拓展党员“星级目标管理”，完善《党员目标量化考核评分细则》。评选农村“信誉党员”357人。组织3000多名机关在职党员到社区报到，为群众服务。开展全县基层党组织书记群众路线教育实践活动专题轮训和发展党员等业务培训。组织10名村（社区）党组织书记参加异地挂职锻炼。实施党员素质提升工程，全年共举办各类专题培训班42期，培训农村党员7000人次，新建培训示范点3个，新建和扩建产业示范基地8个。同时，结合教育实践活动开展民主评议工作，对评议为“差”的71名党员，落实支委、优秀党员“一对一”结对帮扶，促其整改转化。全面推行乡镇党代会年会制。

【发展党员工作】 严把党员发展质量关，全年新发展党员84人，培养入党积极分子386人。

【强化村级组织保障】 年内制订出台《关于进一步保障村级组织运转的若干意见》《关于加强村级组织服务群众的意见》,对符合享受离任村主干补助标准的190人发放生活补贴。健全完善基层组织工作保障机制，新建村级组织活动场所1个、改造修缮10个，投入补助经费35万元。加大对村级组织运转经费的保障力度，平均每个村提高办公经费补助2万元，并将社区工作补助经费纳入财政预算，提高社区干部报酬待遇。加强村级组织管理，在全县推行村干部轮流坐班值班制度。

撰　稿：　蔡东海

责任编辑：唐功轩

统 战

【概述】 2014年，县委统战部贯彻落实省、市统战工作会议精神，开展党的群众路线教育实践活动，发挥优势，巩固统一战线共同思想政治基础，服务发展大局，强化统战部门建设，维护稳定，促进社会和谐，为清流又好又快发展作出积极贡献。

【与党外代表人士联系交友】 4月，县委下发《关于实行县委常委、党员副县长与党外科级干部联系交友的通知》。建立双向约谈、征求意见、反馈落实制度。年内，15位县委常委、县政府党员副县长与50名党外科级干部联系交友，定期走访联系对象，及时了解意见、建议，帮助解决困难。

【建言献策】 围绕县委“做美城区、做强产业、做优环境、做好民生”的总体部署，组织统战成员就现代农业发展、新型工业化、搞活第三产业、保护生态环境等建言献策21件。

【拓展统一战线人才培训工作】 与县委组织部、党校联合举办学习培训班，培训党外后备干部18名；选送党外干部18名、非公经济人士5名、宗教人士3名、侨台人士2名参加上级有关培训；选送春舞枝公司等优秀民营企业管理人员4名到市社会主义学院学习培训。

【加强党外代表人士后备干部队伍建设】 举荐政治素质好、文化程度高、热爱统战工作的优秀年轻干部进入基层统战组织。年内，县、乡新增年轻统战干部6名。适时将表现突出、工作有实绩的67名优秀党外干部纳入组织培养对象，有5名党外后备干部提拔到领导岗位。

【加强经济领域统战工作】 依托县总商会、行业协会、专业合作社等组织，加强经济领域人士政策宣传、思想教育和政治引导，鼓励他们进行企业文化建设，投身“光彩事业”“海西春雨行动”等社会公益事业。经济领域非公人士捐款资助灾区、贫困学生等公益事业36万余元。

【统战信息、调研工作】 制订下发《关于2014年全县统一战线调研课题计划实施方案》,建立健全信息工作网络，修订统战宣传信息考评办法，组织力量开展调研。全年被省、市采用信息39条（篇）;组织完成调研文章6篇，其中《培育龙头企业，推进电子商务发展》获市统一战线服务改革发展论坛二等奖。

【服务非公经济发展】 年内先后深入福建红火水泥有限公司、闽山化工等工业企业和善能生态农业科技有限公司、晟源（福建）水产开发有限公司等农业企业，帮助企业解决困难和问题。参与县政府召开的金融风险防控工作分析会，提出化解金融风险的建议意见。参与协调津诚化工等企业债务处置工作，提出建议意见，供领导决策参考。年内县规模企业（非公企业）完成工业增加值29.2亿元、比增21.8%。

【发挥商会平台作用】 借助上海清流商会、厦门清流商会、莆田清流商会等异地商会，宣传、推介清流。实施“回归工程”,引导清流在外有实力、有发展潜力、有意回报清流、回报家乡的成功企业家回乡投资兴业，在土地、税费等方面予以优惠扶持。全年接待温州三明商会、石家庄三明商会企业家2批19人，达成回乡投资意向项目2个。泉州经济开发区商会企业家七匹狼体育用品有限公司、特步（中国）有限公司董事长等30多人到清流考察。

【扩大对台交流合作】 3月及6月下旬，到嵩溪等乡镇看望慰问遭受

2014年10月25日，组织县统战对象到春舞枝公司调研

降水、大风、冰雹等自然灾害损失的台资企业。为5位台胞落实高龄和困难台胞补助款6000元。举办台湾现代农业产业技术培训班。邀请台湾休闲农业专家、台湾神农科技发展协会理事长廖树宏作“台湾精致农业的发展现状和今后发展方向”专题讲座，在清台资农业企业及在清省市重点农业龙头企业58人参加培训。

【做好侨务工作】 建立清流籍在海外的社团、华人华侨、新移民、出国和回国留学人员资料库，完善联系网络。策划“海丝情，桑梓梦”—参与美丽福建文化交流系列活动。做好美国西雅图湖畔学校“全球化服务性教育”暑期在清流县活动各项工作。推动企业“走出去”，扩大APEC商务旅行卡工作宣传，推进申办服务工作，全年向上申报新办商务旅行卡3人次，更换商务旅行卡3人次。走访慰问散居社会贫困归侨、重点侨属20户。全年接访归侨侨眷8次，并妥善解决所反映问题。

【推进民族工作】 确定民族村帮扶工作重点，做好少数民族村帮扶项目申报和管理工作，指导少数民族群众创办专业合作社。开展民族宣传月活动，组织编写《清流县少数民族宣传提纲》。推进少数民族村发展特色经济，培育嵩溪村豆腐皮和花卉、青溪村绿化苗木、基头村养殖，太山村苗木和中药材。畲族群众创办爱珍豆腐皮专业合作社，在产品外包装中融入畲族文化。举办少数民族村主干和少数民族、高山族群众实用技术培训班，聘请专家授课。为23名少数民族学生办理中考加分手续，为3名少数民族群众办理身份手续。在“东华书院”内设置民族文化教育内容，保护和传承少数民族优秀传统文化。

【加强宗教事务管理】 组织全县各宗教团体、各活动场所200余人参加“发挥正能量，共筑中国梦”为主题的宗教政策法规学习月活动。建立和完善宗教活动场所内部管理规章制度，规范场所财务、安全管理。引导鼓励宗教界开展慈善活动，打击和取缔非法宗教活动场所和行为。开展基督教主要教职人员备案登记工作，上报备案登记牧师1人。开展全县宗教活动场所财务信息登记，依法登记寺、观、教堂49个，其中佛教35个、道教5个、基督教9个。年内县道教协会在凤翔山公园内正式对外挂牌，佛教协会在北大街购置办公场所。开立单位银行结算账户宗教场所11个，其中佛教6个、道教3个、基督教2个，宗教场所财务人员持证2人。指导基督教“两会”做好换届选举筹备工作。协调解决县佛教界捐资助建的河排村养老院（尊耆都）用地拆迁、资金补助等问题。批准成立“清流大丰山顺真道院管理委员会”，抓紧大丰山顺真道院扩建项目报批工作，并配合有关部门完成道路规划设计、用地测绘等工作。策划编印《清流寺观》画册，组织撰写“清流大丰山”系列文章在《海峡道教》刊发。

撰　稿：廖河程

责任编辑：唐功轩

关心下一代工作

【概述】 2014年，关心下一代工作认真学习贯彻习近平总书记系列讲话精神，创新方法，打造品牌，在广大青少年中开展德育教育、社会主义核心价值观教育、法治教育、科技服务、捐资助学等活动，为促进清流社会发展作出贡献。

【开展青少年主题教育】 3月上旬，县关工委报告团在实验小学、城关小学、城关中学等5所中小学举行“学雷锋、心向党、讲品德、见行动”宣讲报告会，5600多名学生参加。同时，在城区街心公园开辟“学雷锋”固定宣传栏，张贴学雷锋心得体会85篇。清明节期间，开展“弘扬苏区精神，缅怀革命先烈”主题教育活动，配合城区6所中小学，组织5300多名少先队、共青团员到凤翔山烈士陵园祭奠革命英烈，县关工委报告团向学生讲述清流苏区光辉历史。同时，各校关工委组织学生开展网上祭奠英烈活动。开展“社会主义核心价值观”主题教育活动。

6－9月，县关工委、县教育局、团县委联合开展“中华魂”(放飞梦想）启动仪式，开展评选“读书之星”活动，将市关工委捐赠的4千余册读本分发给全县26所中小学和机关团委。各校关工委播放《我的中国梦》课件180多场次，8900多名学生观看。在全市“中华魂”(放飞梦想）主题教育“读书之星”演讲比赛中，清流县代表队取得初中组二等奖、青年组三等奖、小学组优秀奖。

【关爱帮教青少年】 全县有关爱帮教小组175个，参加关爱工作老同志475人，帮扶“五失”(即失足、失管、失学、失业、失亲）青少年292名。各级关工委资助“五失”青少年助学金3万元。与县中华职教社联合举办失业青年创业培训班1期，参训86人。帮教失足青少年118名，转化113名。对1320名留守儿童，进行走访慰问、心理疏导。全年参与网吧监督35人次，检查网吧12家，查处黑网吧1处，没收电脑6台，劝阻未成年人入网吧136名。与教育局、妇联、团县委等部门联合启动第二届“关爱明天，普法先行”和创未成年人“零犯罪学校、村（社区)”活动。全年，举办各种普法宣传活动45场次，8600人接受教育。关爱监狱服刑人员，与75名清流籍服刑人员进行面对面谈心，赠送《中华魂（放飞梦想)》书籍和保暖内衣等生活用品。

【参与社会管理创新工作】 与县法院少年庭建立关爱帮教联动机

2014年4月3日，清明节前夕，县关工委老同志组织青少年开展祭扫烈士陵园活动

制，开展《清流县未成年人犯罪记录封存实施办法》执行情况调研，对历年34起结案和封存案件，进行回访和跟踪帮教。各基层关工委配合有关部门加强对未成年矫正人员教育监管。举办城区“边缘青少年”法制学习班，通过学法、谈心、写保证书、签订帮教协议等方式，促进后进青少年思想转化。

【加强基层关工委管理】 对全县13个乡镇，119个行政村（社区居委会）关工委负责日常工作老同志实行“四统一”管理机制，即实行统一登记、统一培训指导、统一跟踪考核、统一评比表彰。同时加强基层“五老”队伍建设。

【服务农村青年致富】 全年县、乡、村三级关工委配合有关部门举办鲜切花、兰花、苗木、渔业、养羊等农村实用技术培训班35期，培训农村青年3600人次。县关工委农业科技服务团开展科技赶墟、科技赶庙会和举办科普讲座、科普展览等活动，编印《肉牛养殖技术手册》《茶叶栽培技术》等科技宣传材料、书籍共1000多册分发给养殖专业户，接受咨询3600多人次。与县台联、台湾农民创业园等部门合作，加强两岸农村青年致富合作和交流，引进台湾果蔬、兰花、东方美人茶、樱花等新品种和技术。

【为青少年办实事好事】 年内为全县20所中、小学100名家庭贫困、品学兼优学生发放助学金3万元。

撰　稿：黄少嵩
责任编辑：唐功轩

纪检与监察

【概述】 2014年，县纪检监察机关落实“三转”（转职能、转方式、转作风）要求，突出主业、准确履职，持续加大监督执纪问责力度，推进“两个责任”（落实党风廉政建设责任制，党委负主体责任，纪委负监督责任）落实，促进党风政风好转，为建设“幸福清流”、加快清流发展提供有力保障。

【召开县纪委十二届四次全会】 2月9日召开。县委常委、县纪委书记郑龙华主持会议，并代表县纪委常委会作工作报告，部署2014年党风廉政建设和反腐败工作。县委书记梁奕章在会上讲话。会议要求全县按照中央和省、市纪委全会部署要求，锐意改革，开拓创新，扎实工作，确保党风廉政建设和反腐败工作取得新成效。县四套班子领导成员、法院院长、检察院检察长，县纪委委员，各乡（镇）党委书记、乡（镇）长、纪委书记、监察室主任，县直各部、委、办、局任实职的副职以上领导以及执纪执法部门重要股室负责人420余人参加会议。

【强化职能】 围绕“减负、聚力、尽责”要求，县纪委监察局机关参与的议事协调机构从188个精简至14个。整合党风室、纠风室为党风政风监督室，增设纪检监察室。一线执纪人员占比68%。6月始，县乡两级纪委书记（纪检组长）不再分管纪检监察以外工作。

【落实党风廉政建设责任制】 出台《关于落实党风廉政建设党委主体责任的实施意见》《关于落实党风廉政建设纪委监督责任的实施意见》，将全年主要任务分别落实到9个牵头单位、44个参与单位。县委书记带头履行第一责任人职责，先后召开县委常委会专题研究部署党风廉政建设工作5次，召集处级领导和部门主要负责人专题学习典型案例通报8次，对反腐倡廉问题作出批示29次。同时，完善“双报告”（即各地党委、纪委，向县委、县纪委报告履行党风廉政建设主体责任和监督责任情况）、述责评议、检查考核、约谈提醒、一案双查等配套制度，对主体责任不落实的12种情况和监督责任不落实的11种情况，及时启动问责程序。全年否决20个单位、53名干部的评先评优资格，对26名单位“一把手”和4名基层纪委干部进行问责，给予党纪处分3人、诫勉谈话26人、立案调查1人。

【纠治“四风”】 依托公安视频监控、税务开票系统等平台，建立定时、定点、定岗的“三定”监督模式。组织“三定”监督活动27次，发送廉政短信3400多条，调取视频监控36次，现场发现并制止苗头性

2014年10月23日，清流县2014年度纪检监察基本业务知识测试闭卷考场

问题18个。全年查处公款娱乐、公款旅游等违反“八项规定”问题29起，涉及党员干部36人（其中科级14人），给予党政纪处分10人。公开通报典型问题2起。

【效能监督】 紧贴县委、县政府中心工作，加强对主抓主责单位的监督检查，发现并纠正违规问题191个，督促建章立制21项，发出《监察建议书》6份，责令整改行政执法力度不大、程序不规范等问题12个，对履职不力的2名科级领导进行诫勉谈话。同时，集中整治“庸懒散慢”和“走读”问题。选取20家重点企业作为效能监测点，每月分析评估机关效能。全年受理效能投诉253件，全部办结；组织效能督查24次，对出现迟到早退现象的11个单位进行全县通报，对上班期间溜岗买菜、网络购物、炒股、QQ聊天的40名干部进行效能问责，给予效能告诫15人、诫勉教育7人、通报批评18人。

【项目审批环节监督】 出台《清流县对项目审批环节实施监督的规定》，采取1项审批业务对应1份《监督卡》方式，对33个职能部门126项审批（许可）事项实施同步监督。立案查处在项目审批环节搞暗箱操作、权力寻租的科级干部2名。全县243项行政审批事项承诺时限2047天，缩短至法定时限54%以内；审批环节精简到5个以内；窗口按时办结率100%，服务效率提升60%。

【承建工程项目企业缴税监督】 规范境内承建工程的外地企业纳税行为，入库建设工程企业所得税3024万元，比增691万元。

【惠企政策落实情况专项督查】 督促减免52家企业各项税费403万元。

【开展多占办公用房和“会所中的歪风”专项整治】 清理超标办公用房166间1241平方米。638名领导干部书面承诺不出入会所、不接受和持有会员卡。

【开展公职人员逾期贷款清理】 严格落实公职人员参与金融活动“六个不准”，集中开展公职人员逾期贷款清理工作，分类约谈公职人员59人，发放催收通知书68份，督促制订还款计划26份，清收不良贷款45.76万元。

【单位财务支出专项检查】 会同财政、审计、税务等部门，对乡镇、部门入帐票据进行专项检查6次，发现并纠正违规问题96个，涉及票据124张、金额105万元。对存在问题的23个单位负责人进行廉政提醒谈话，督促整改。

【创建公务用车信息库】 规定公务车辆一律定点停放，公车使用一律填写派车单，节假日期间除特殊工作需要外一律定点封存。对违反规定的，除追究单位主要领导及责任人的责任外，列入公务用车信息库“黑名单”，设为重点监控对象。全县公务用车纳入信息库管理480辆，设立定点停放点80处。全年查处公车管理使用问题7起，给予党纪处分1人、诫勉谈话6人，责令退缴燃油费、交通违章罚款0.71万元。

【公用经费在线监管】 创建“公用经费在线监督系统”“行政事业单位财务数据汇总系统”，实现票据抓拍上传、远程在线查询、自动分析比对、实时监督预警等功能，并采取“一月一报送、一季一核查、半年一通报”等办法，控制支出、及时排查隐患。全县全年“三公”经费节约1210.04万元，比2013年减少32.01%。其中公务接待减少35%、公务用车减少25.83%、公款出国（境）减少63.52%。此做法得到省、市纪委肯定，新华网、福建电视台、《福建日报》《三明日报》等媒体相继报道。

【查处违纪违法案件】 从严从快查办县教育局局长邓某受贿103万元，县公安局嵩口派出所原所长江某等干警受贿30多万元、充当赌博活动“保护伞”，龙津镇城南村书记曹某等4人私分征地补偿款9.2万元，县住建局规划站副站长黄某玩忽职守造成经济损失57万元等案件。全年共受理信访举报148件次，比增108.5%；实际查办案件54件，其中贪污贿赂案14件、经济大案17件、要案15件、科级“一把手”案件8件。移送司法机关10件。直接追缴违纪款161.3万元。

【推行下访预告制】 县纪委常委定期带队下访，提前3天在下访地点张贴《清流县纪检监察机关下访预告》，就地就近受理群众诉求。全年下访接待群众61人，受理信访问题29件，提供线索25条。

【创建违纪违法对象信息库】 与公安、计生、税务等30多个行政执法机关实现信息互通，每季度集中进行排查评估，全年收集信息2414条、摸排问题线索76条。

【建立反腐舆情收集平台】 选聘社情民意观察员111名，及时反馈反腐舆情动态。改版升级“清流清风网”，增设网络举报窗口，配备网络舆情收集员3名，24小时在线受理投诉举报。全年通过该平台受理信访举报20件，占初信初访举报总数29%，比增150%。

【保持办案优质率】 全程监督办案行为，制作使用《办案流程管理卡》《办案人员自律卡》《谈话告知卡》《回访监督卡》《移送司法跟踪卡》，实现文明办案零投诉、安全办案零事故。运用分片协审、专业助审、多方会审模式，推行案审、案后“两互动”，连续22年保持办案优质率90%以上。9月1日《中国纪检监察报》对此作专题报道。

【源头预防腐败】 坚持廉政教育抓早靠前，将面临敏感情形或位居风险岗位的干部列为重点对象。全年分类实施廉政谈话114人次，分批对580名科级领导进行廉政培训，分期安排3400多名干部参观廉政教育基地，集中组织210名乡镇和部门主要领导聆听服刑人员现身说法。同时，制作播放《曹某犯罪警示录》。

【完善项目廉洁运行机制】 全年督促103个项目进行廉洁承诺、提醒谈话和签订廉政合同，开展回访275次，发出风险预警27次；参与百万元以上重大工程招投标监督36个，责令补充公告8个、补充答疑11个，取消投标资格16家、中标资格1家，节约资金5025.7万元。

【创新纠风民评工作载体】 在全市率先开通“清流民评网”，创办《行风效能视线》电视节目，采取“电话+电视+网络+现场”四维评议模式，征集意见建议252条，重点解决教育、医药、保障性住房等热点问题。查纠违规征订教育读本3.35万册，清退不符合条件廉租房6户，督促落实药品零差率让利群众268.88万元，跟踪兑现22个村、5448户改燃禁柴补贴款126.86万元。

【信息工作】 全年报送信息、新闻稿件和调研论文170多篇（条），被中央、省、市纪委刊物采用90多篇（条）。信息工作位列全市第一名、全省第18名。县纪委、监察局办公室被省纪委办公厅评为2013年度全省纪检监察信息工作成绩突出单位。

撰　稿：陈炳兴
责任编辑：唐功轩

宣 传

【概述】 2014年，全县宣传思想工作深入学习贯彻党的十八大和十八届三中、四中全会及习近平总书记系列讲话精神，围绕“做美城区、做强产业、做优环境、做好民生”4个工作重点，唱响主旋律。营造好氛围，为建设“幸福清流”提供理论支撑、精神动力、舆论氛围和文化条件。年内获三明市2014年度基层思想政治工作优秀论文评选活动优秀组织奖。

【加强理论武装】 制订下发《关于加强党委（党组）中心组学习情况通报工作的通知》，规范各级党委（组）中心组学习。做好县委中心组学习服务工作，制订县委中心组学习计划，全年集中学习13次，专题学习《习近平总书记系列重要讲话读本》《摆脱贫困》和《之江新语》等。邀请著名经济学家邓荣霖作《当前经济形势与企业发展》专题讲座，中国外交学院原党委书记、副院长安永玉作国际问题专题讲座。为中心组成员征订理论刊（读）物。办好网上“半月堂”栏目，每半月推出党课1堂，同时转载中央、省市决策部署和各种理论学习内容。各乡镇党委、县直各级党组织结合党的群众路线教育实践活动，组织开展学习活动。组建宣讲团，深入各乡镇开展十八届三中、四中全会精神宣讲活动。利用开辟专栏、“三下乡”、社科下基层等形式做好理论宣传普及。开展以“弘扬宪法精神，建设法治中国”为主题的首个“国家宪法日”暨全国法制宣传日宣传活动。开展理论研究，申报理论成果在三明市2014年度基层思想政治工作优秀论文评选活动中获二等奖1篇、三等奖2篇、优秀奖1篇。

【中心工作宣传】 围绕“做美城区、做强产业、做优环境、做好民生”四个工作重点和“五大战役”、群众路线教育实践活动、招商引资等县委、县政府工作中心，在各主流媒体重要时段和重要版面，播发重要新闻。在省级以上和市级报刊媒体分别刊发新闻62条、316条；在省级以上和市电视媒体分别播出新闻58条、152条。其中，《清流：“花都”卖的不光是花》在《人民日报》新农村版头题刊发；《清流春舞枝集团在德国证券交易所挂牌上市》等稿件在《福建日报》刊发；《太极之城展新姿》《电商引擎让清流“一花独秀”》等在《三明日报》一版刊发；《千名干部联万户》《“连心卡”连民心》等反映清流开展群众路线教育实践活动经验成效的稿件在上级媒体刊播。人民网、新华网等几十家网站对清流县特色亮点新闻进行转载报道。清流新闻网发布信息6000条，刊登图片稿件300条，上传视频150条，网站点击率日均2000人次。组织开展“幸福清流我来拍”“幸福清流我来写”等系列活动，收到作品1000多件，并

2014年6月6日，宣传部长刘剑英陪同省卫生和计划生育委员会巡视员陈文加到清流妇幼保健所调研

在清流新闻网和清流电视台开辟展播专栏。

【对外宣传】 邀请和配合央视、新华社等主流媒体记者30多批次，人数近百人次，到清流采访。央视《地理中国》栏目走进清流，摄制《闽域奇观 太极清流》3集，在CCTV-10频道播出。邀请大型影像文化创作工程《闽江》到清流采风拍摄，反映清流县赖坊传统文化的《狮舞》和反映林畲红色文化的《毛泽东铜像》2幅作品入选《2015年闽江》台历。在清流新闻网创新推出"一句话新闻"和"图说新闻"栏目，鼓励网民将新闻配上照片，以较少字句表达新闻事实。申请"清流新闻网"微信公众号和官方微博，建立QQ群和微信群，及时发布清流经济社会发展的工作亮点。余朋乡村民罗家宁创办"清流人"订阅号，经常发布清流地方特产、民俗风情等信息，吸引网友关注。

【推进精神文明建设】 以"争做文明清流人，共建美丽清流城"为主题，开展社会主义核心价值观宣传教育活动。依托清流新闻网、县广播电视台刊播公益广告，在各乡镇及社区、学校和其他人流量集中的地方，张贴"图说我们的价值观"宣传招贴画，为培育和践行社会主义核心价值观营造良好氛围。在未成年人中持续开展"我们的节日"主题文化活动，弘扬中华传统文化，强化爱国主义精神教育。开展以"好人在行动、好事在身边、满意在清流"为主要内容的"好人建设"系列活动。12月"中国好人榜"名单中，嵩溪镇阳坊村教师阳寿生入选"诚实守信好人"。开展"善行义举"立榜活动，在乡镇、社区设立善行义举榜。全县共推出"仁、义、诚、敬、孝"5类榜样人物60多人，并在清流新闻网、县广播电视台、宣传栏等平台宣传上榜人物事迹。在县电视台播出《争做文明清流人，共建美丽清流城》专题片，营造争创省级文明县城浓厚氛围。组织文明社区、文明行业、文明村镇、文明单位创建评选工作，把好资格初审、现场审核、民意测评、定期整改等"关口"，推荐上报69家单位参加省、市文明创建复核。动员公务员、专业技术人员、教师、青少年学生等加入志愿服务队伍，开展社会救助、助残、老年服务和精神文明建设活动。检察院、法院等单位设立"学雷锋志愿服务岗"16处。开展"邻里守望，情暖清流"主题活动，推进面向孤寡老人、留守儿童、残疾人、农民工等群体的志愿服务。以社区为依托，采取"一对一"或"多对一"方式为空巢（孤寡）老人以及有困难的老人提供服务。

【提升公共文化服务能力】 清流县国家公共文化服务体系示范区创建工作代表三明市通过国家文化部中期督查，灵台山现代刻字基地被授予第四批福建省"一县一品"特色文艺示范基地，田源乡通过全省农村宣传思想文化工作示范乡镇考评。组织开展"贯彻三中全会，服务基层群众"为主题的"三下乡"活动，免费为村民送春联、送书籍和提供卫生服务。举办清流县首届"美丽乡村、幸福清流"农民对联书法大赛及书法对联展。培养大提琴艺术人才，办好兴趣班，举办王连三大提琴习奏会，对王连三大提琴艺术团优秀学员和优秀辅导老师进行表彰奖励。鼓励支持民间传统文艺团体发展，恢复龙津暖水湘剧团和基头越剧团，灵地镇创建清流北里好声音爱乐乐团。开展"送戏下乡"活动，组织三角戏到乡镇、村居巡回演出。开展百姓健康舞和广场舞活动，城区8个文艺团体在九龙广场开展活动。

【支持文艺创作】 组织评选首届"清流县人民政府文艺奖"和"清流县优秀文艺创作百花奖"，共收到作品48人70件，评选出"文艺奖"三等奖2名，"百花奖"一等奖1名、二等奖6名、三等奖10名。清流县一批文艺作品在国家级和省市级赛事中夺得奖项。其中，林旭煌的摄影作品《和谐》获得IPA国际摄影赛铜奖，并在平遥国际摄影节展出；作品《民居走古事》获文化部主办的春节文化摄影优秀作品评选优秀奖，并在中国国家博物馆展出。清流县编排选送的少儿舞蹈参加福建省排舞大赛，获幼儿串烧组曲目一等奖和最佳表演奖。黄义平的摄影作品《黄羊宝贝》和董美娟的散文作品《家酿米酒》分别获三明市第四届百花文艺奖二等奖和三等奖。

【推进文化产业发展】 制订《关于积极推进文化产业繁荣发展的研究调研方案》，成立推进文化产业发展调研领导小组，立足县内客家文化、红色文化和生态文化等资源优势，开展课题调研，参观考察周边县文化产业，形成《推动文化与产业融合发展 创建海西最美旅游度假生态县》调研报告和《关于清流县扶持文化产业发展的暂行办法》，提交县委、县政府研究。加强基础设施建设，毛泽东旧居、古玩城等省市重点文化产业项目和市重点跟踪项目建设序时推进。调查摸底现有涉及文化产业的工业、农业、第三产业企业，并引导业主注册文化产业企业。年内全县文化产业法人单位新增14家，文化产业个体新增82户。

【开展“墟天宣传服务日”活动】 采取4个“1+1”方式（一墟一主题、一事一处理、一月一通报、一季一培训），以田源乡为示范，引导开展“墟天宣传服务日”活动，开展政策、科技、法律、接访等宣传服务活动。

【加强舆情信息工作】 采取“走出去”培养模式，选派6名宣传系统干部参加县委党校学习。选派1名记者和2名网络阅评员参加省市跟班学习或培训。从各乡镇和县直有关部门挑选干部组建网络阅评员队伍，负责网络舆情的收集、编辑和报送工作。年内共上报网络舆情3100多条，其中市级采用480条，省级采用20多条。

撰　稿：伍平位
责任编辑：唐功轩

党校教育

【概述】 2014年，县委党校坚持以邓小平理论、“三个代表”重要思想和科学发展观为指导，贯彻落实党的十八大、十八届三中、四中全会精神以及习近平总书记系列重要讲话精神，以开展党的群众路线教育实践活动为统领，服务县委、县政府工作大局，推行教学方式方法改革创新，狠抓教学科研，确保干部培训质量和实效，较好地完成各项工作任务。

【完成培训任务】 全年共举办各类培训班7期，其中中青年干部培训班1期、科级干部进修班2期、深入开展学习贯彻习近平总书记系列讲话暨党的十八届三中全会精神专题研讨班2期、党的群众路线教育学习辅导班1期、村（社区）主干考录机关事业单位工作人员考前辅导班1期，培训学员696人；到县直各部门、乡镇宣讲十八大精神、十八届三中、四中全会精神和习近平总书记系列重要讲话精神、党的群众路线教育等52场次，受众3600多人。

【创新教学模式】 全年结合清流经济社会发展实际，开发苏区文化、生态文化、特色文化等具有本地特色课程，课程更新率占30%以上。实施送课上门教学形式，将培训调研需求函印发到各乡镇（街道）和有关单位，授课教师、授课内容等实行双向选择。实行开放式教学，中青班、科干班到江阴市委党校进行异地现场教学，通过专题讲座、现场教学、对口交流等多种形式，学习借鉴江阴先进经验和发展理念，增强党员加快发展的责任感和紧迫感。

【加强教学管理】 年内修改完善《专职教师公开课听课评课制度》《清流县委党校一课一评制度》《主体班次实行学分制考核管理的规定》《清流县委党校关于进一步加强学员管理制度》等，加强管理、改进干部教育培训学风。

【开展学术研讨】 专业技术人员围绕清流县经济社会发展情况开展调研。撰写论文16篇，其中在国家级期刊发表2篇、省级期刊发表1篇；入选市委党校教育教学研究会3篇（其中优秀1篇）；获县直机关党建重点课题调研一等奖1篇；单位获县直机关党建重点课题调研工作优秀组织奖。申报省委党校校级课题1项、市委党校校级课题2项。

【加强师资库建设】 采取专兼职教师结合方式加强师资库建设。年内党校兼职教师师资库人数40多人。全年聘请省级专家1人次、三明市委党校教师7人次、县部门领导专家25人次（其中县领导7人

2014年3月15日，省委党校常务副校长陈雄（右二）在三明市委党校常务副校长汪震国（右三）等人陪同下到清流县委党校调研，并为学校乔迁题字祝贺

次）到校授课。

【信息工作】 全年在中国社科网刊发工作信息13条，省直机关党建网、省委党校网刊发71条，市直机关党建网刊发3条，清流新闻网、清流快讯、清流平安网等刊发9条，在全省县级党校信息统计排名中位列第一。办《清流党校通讯》3期。

撰 稿： 郭丽红
责任编辑：唐功轩

2014年8月25日，由省国家保密局、省档案局组成的联合检查组到清流县公安局等单位检查、指导档案保密工作

保 密

【概述】 2014年，县国家保密局深入学习贯彻党的十八大、十八届三中、四中全会和习近平总书记系列重要讲话精神，扎实开展党的群众路线教育实践活动，围绕县委、县政府“做美城区、做强产业、做优环境、做好民生”工作重点，推动保密工作上新台阶。年内被国家保密局金城出版社评为“通联工作先进单位”，1人被省国家保密局评为“全省宣传教育工作先进个人”。

【抓好“三大管理”】 重点抓“三大管理”（定密管理、网络保密管理和涉密人员管理）。定密管理做好规范县直党政机关定密责任人的确定、管理工作和定密授权工作，解决定密、解密、审核不规范问题；网络保密管理做好“三员”（系统管理员、安全保密员、安全审计员）管理，加强互联网门户网站、政务微博、微信等信息公开保密审查；涉密人员管理完善涉密人员资格审查、上岗、在岗、离岗等制度。

【涉密中央文件保密管理专项检查】 3月31日至4月10日，在全县开展涉密中央文件保密管理专项检查。相关部门从文件印发发布、阅读传达、签收保管、清退销毁几个环节开展自查自纠。期间，配合市保密检查组到县委组织部、县政府办公室等单位进行检查。经检查，全县涉密中央文件保密管理各个环节均符合规定。自查中发现的问题，如部分保密要害单位会议室尚未安装防止声、光、电磁信息泄漏设备，办公室未设立专用档案室、专用保密柜等问题，均落实整改措施。

【非涉密网络保密管理专项检查】 9月16－22日，在全县开展非涉密网络保密管理专项检查。涉及的机关、单位66个，均按照检查目录内容开展自查自纠。同时抽查县委组织部、统战部及公安局、法院等8个单位，并配合市保密局到县委政法委检查保密工作。根据自查和抽查结果，大部分单位均已制订计算机及网络管理制度，对处理信息类别进行明确规定，并定期检查非涉密网络；未发现与涉密网络连接现象。存在的问题有个别单位存在移动存储介质在内网与互联网混用及故障设备报修不规范现象等，均已落实整改措施。

【档案安全保密专项检查】 8月25日，配合省档案局、省国家保密局组成的档案安全保密专项督查小组到县公安局、档案局进行检查。重点检查档案安全保密制度建设、信息安全、重点部位防护等方面工作。省督查组对清流档案安全保密工作给予肯定。

【做好县委十二届八次全会保密工作】 在县委十二届八次全会召开期间，要求与会人员不携带手机和具有录音、录象、拍照功能电子数码设备进入会场，严格按照规定办理涉密文件的管理、清退，确保会议顺利进行。

【加强高考保密工作】 5月26日，会同公安、教育部门对高考统一试卷保密室进行检查。经检查，确认高考保密室设备均按标准配备，质量合格，保密制度健全，防范措施到位，符合国家教育招生考试试卷保密规定。

【保密“两识”教育】 年内，开展“两识”（保密意识、保密常识）教育，与加强党的纪律教育、法律法规教育相结合，与理论中心组学习、涉密人员业务培训相结合。机关、单位均把“两识”教育纳入日常教育培训内容。加强保密要害部门涉密人员、党政机关专兼职保密干部和国家公务员及计算机信息系统管理人员的保密教育和培训。5月19日，在县委四楼举办《保密法》学习培训班，30余人参训。

【信息工作】 全年向省市报送信

息16条，全部被采用。

撰　稿：王　燕
责任编辑：唐功轩

对台事务

【概述】 2014年，全县对台工作按照中央、省、市和县委、县政府决策部署，围绕巩固深化两岸关系和平发展这一主要任务，坚持“服务台胞、服务台企”方针，发挥国家级台湾农民创业园品牌优势，履行对台工作职责，奋力拼搏，整体工作上新台阶。

【推动清台文化交流合作】 开展定光文化、赖坊南山涉台文物及马氏姓氏源流、族谱研究，并取得成果。推动两岸文化交流合作。年内，组织清流妈祖文化交流团、清流巫氏宗亲交流团共16人赴台参加活动。全年清流共接待台湾同胞66批次，877人。其中，中华道教两岸文化交流参访团40名妈祖信奉者与清流县嵩溪镇龙山妈祖宫当地信众进行文化交流；台湾南投县水里乡民代表会主席一行到清流考察交流；两岸媒体闽台生态林区行联合采访活动团一行赴清流考察。

【开展对台招商】 利用在清流台商人脉资源，实施“以台引台，以商招商”，年内落实对台招商引资项目6个，总投资3748万元；引进台湾农业新品种18个。

【服务台胞台企】 开展深化闽台人才交流合作问卷调查工作，发出调查问卷30份，了解闽台人才交流合作现状。组织10多名台商参加台湾驾驶证换证理论考试。组织符合条件台商申报福建省第4批引进高层次创业创新人才。帮助台农企业加入“福建省台农创业科技信息服务系统”，建立各自创业科技网。

撰　稿：薛静娴
责任编辑：唐功轩

老干部工作

【概述】 2014年，老干部工作按照省、市委老干部工作会议精神，围绕县委、县政府中心工作，深入开展党的群众路线教育实践活动，创新工作方法，完善工作机制，老干部工作走上管理规范化、服务个性化轨道，老干部队伍和谐稳定，精神文化生活不断丰富，作用得到充分发挥。

【组织老干部活动】 向全县离退休党员发放理论必读书目，邀请老党员参加集中学习和讨论活动，对不能参加集中学习的，及时送学上门。各级各部门举办老干部座谈会、茶话会、游园活动等，并开展老年健康讲座，为老干部开展免费体检。1月21日，县委、县政府召开老干部通报会，通报全县经济、社会事业发展情况。9月，分别举办“建国65周年暨离退休干部文化艺术节”文艺汇演和“老体协成立30周年暨庆国庆、迎重阳”文艺晚会。县老年大学与连城县老年大学茶花队学员开展“苏区两地心连心、弘扬传统添能量”文艺联欢活动。老年大学艺术团成员30余人，深入田源乡开展“优生优育•幸福家园”为主题的计生专题文艺演出。

【实行老干部网格化服务】 将城区、乡镇和异地居住的80多位离休干部及副处级以上退休干部，按照居住区域，划分为6组，实行网格化负责制，为老干部提供人文关怀和个性化服务。网格化负责制规定：局领导、活动中心工作人员，在每年3、6、9、12月的18日，到城区老干部家中走访慰问；每年对居住三明市的老干部走访慰问2次；每年对居住外市、外省的老干部慰问1次。在中华人民共和国成立65周年之际，走访慰问老干部、老党员67人，每人发放慰问金300元；看望生病住院的老干部7人，购买牛奶7件560元，共计20660元。

【创建省级“四就近”示范社区】 将城区所有离休干部、“5•12”干部、副处以上退休干部按照居住地，分别归纳到4个社区，依托社区就近参加学习、就近得到关心照顾、就近开展活动、就近发挥作用（简称“四就近”）。并将“四就近”服务工作纳入和谐社区建设整体规划，健全完善“单位一家庭一社区”三位一体的老干部服务网络，争创省级“四就近”示范社区。

【老干部活动中心建设】 投入6万

2014年7月14日，台湾苗栗市农会一行赴清流考察座谈会

2014年9月16日，凤翔社区开展健康科普讲座

余元，改造活动中心旧楼基础设施，添置新的桌椅；加强“老干部合唱团”、“夕阳红艺术团”等社团建设和发展，在重大节日期间开展适合老年人特点文体活动。

【办好老年大学】 县老年大学年内开设专业18个、教学班级22个，聘请教师18人，在校学员456人。其中清流独有的大提琴学习班招收新学员21名。

【全省加强老干部活动中心建设现场推进会在清流召开】 10月23日，全省加强老干部活动中心建设现场推进会在清流县召开。省委老干部局副局长谢宜萍、三明市委老干局局长伍武林及各市、县（区）老干部局局长、活动中心主任共50多人出席会议。会议期间，与会人员到县老干部活动中心参观考察。

撰　稿：罗剑鸣

责任编辑：唐功轩

机关党的工作

【概述】 2014年，县直机关党的工作紧紧围绕“服务中心，建设队伍”两大核心任务，突出“党的群众路线教育实践活动、基层组织建设、党组织团队学习机制建设和“党员之家”建设四项重点工作，落实“1263”工作机制，持续推进机关“学习型、服务型、创新型”党组织建设。年内被三明市委市直机关工作委员会评为2013年度县（市区）党工委年度工作一等奖。

【加强政治理论学习】 全年以学习贯彻党的十八大、十八届四中全会、习近平总书记系列讲话和县委全会精神为重点，通过集中宣讲、专题辅导、交流研讨等多种形式，加强宣传阐释，用科学理论武装县直机关党员头脑。

【健全“五型对子联合党课”团队学习机制】 要求县直机关各级党组织年初制订学习型党组织建设专项计划，每个季度开展“五型对子联合党课”活动，年终进行专项工作总结，并纳入机关党建考核重点内容。县直机关全年共举办“五型对子联合党课”200多堂次，为党的群众路线实践活动学习阶段的集体学习、重要专题辅导学习和日常党课教育提供集体学习平台。

【加强机关党建政治研究】 组织开展机关党建重点课题调研，适时评选表彰优秀党建调研报告工作先进个人和集体。其中纪贤国撰写的《弘扬李彬精神，践行群众路线—努力实现清流“百姓富　生态美”》获三明市党的群众路线征文三等奖；王镖兴撰写的《实现基层领导干部与群众有效沟通的路径》获三明市机关党建重点课题优秀奖；县直机关工委选送的《清流送教下乡情暖百姓　文化惠民共促和谐》专题片于6月23日在省电视台公共频道播出。

【推进服务型党组织建设】 结合群众路线教育实践活动，在机关各级组织开展“服务群众零距离，党员干部率先行”活动，并把活动纳入县直单位党建年度目标任务考核和年度绩效考评内容。树立供电公司党委、药监局支部、人

2014年7月4日，表彰先进机关基层党组织

社局支部和行政服务中心支部等“零距离”服务标杆。县直机关各级党组织组建“电力服务队”“春耕服务队”“畜禽技术服务队”等便民服务队80多支，面对面、零距离服务群众。全年共组织1306名干部，其中科级以上领导干部455名，结对帮扶农户1688户，直接联系群众1.18万户、企业661家、基地（场、社）113个；落实帮扶资金1851万元，帮扶项目361个，提供技术指导2851人次，办实事1773件。成立工委直属老体协，适时开展老年人文体活动，得到机关退休干部欢迎。

【加强窗口单位党建标准化建设】 以地税局、药监局、人社局和行政服务中心为示范点，落实“八项规定”、“四下基层”和“马上就办”要求，加强窗口单位党建工作标准化建设，实现办事窗口党员先锋岗全覆盖。同时开展机关党员进社区活动，健全完善机关与农村、企业、社区等基层挂钩联系制度；加强效能建设和机关作风督查，解决机关“庸懒散奢”问题。

【推进创新型党组织建设】 抓好县委确定的11个县级机关党建示范点建设。年初调研形成《关于机关党组织设置调整的方案》(讨论稿)，为县委机构改革及基层党组织科学设置决策提供参考。抓好支部单位“分类定级，末位约谈”和党员“星级目标“双重管理制度。选配优秀年轻干部从事党务工作，推动党务干部与业务干部双向交流。强化党员管理工作，及时处置不合格党员。强化机关党建责任制，召开县直机关基层党组织书记履行党建工作责任述职评议会议，表彰先进基层党组织、优秀共产党员、优秀党务工作者。

【加强反腐倡廉教育】 贯彻落实中央“八项规定”精神和清流县相关规定，倡导简化办事流程，改进作风，提高办事效率。适时开展党员干部反腐倡廉警示教育，以组织参观市廉政教育基地、举办专题廉政文化书画作品展等形式警示党员干部。

【“党员之家”建设】 以党员文体活动基地为着力点，建设“党员之家”。借助“五一”“七一”纪念活动平台，举办气排球、登山、飞镖、跳绳、牌类等机关文体活动，并组织开展以“增党性、树形象、比奉献，建设幸福清流”为主题的纪念建党93周年系列文体与服务活动。

撰　稿：董美英
责任编辑：唐功轩

信　访

【概述】 2014年，信访工作以法治为引领，以“把群众来信当家书、把来访群众当家人、把群众诉求当家事”主题实践活动为载体，规范信访工作行为，推行领导接访、阳光信访、公开听证等信访工作方法，依法解决信访问题，维护群众合法权益，畅通群众信访渠道，把矛盾化解在基层，化解在萌芽状态，为全县科学发展、跨越发展营造和谐稳定社会环境。

全年各级信访部门共受理群众信访件763件次（其中县信访局受理177件)，比上年减少242件次；接待来访330批503人次，较上年同期减少28批248人次。

【领导干部接访下访】 年内县、乡两级领导干部参加接访354人次，接待群众来访203批351人次，受理信访事项203件，当场解决信访事项98件，落实责任单位105件，落实领导包案105件。其中：县级领导干部接待群众来访85批147人次，受理信访事项85件，当场解决信访事项19件，落实责任单位66件，落实领导包案66件；乡镇领导干部接待群众来访118批204人次，受理信访事项118件，当场解决信访事项79件，落实责任单位39件，落实领导包案39件。

【推行网上阳光信访】 建立健全网下办理、网上流转的群众信访事项办理程序，办理过程和结果可查询、可跟踪、可督办、可评价。全年“12345”政务服务平台受理群众信访事项247件，省长信箱受理清流群众信访事项33件，清流县委书记留言板受理网民各类留言7件。各类网上信访事项全部按期办理并回复。

【推行初信初访首办责任制】 根据“属地管理、分级负责，谁主管、谁负责，依法、及时、就地解

2014年6月15日，县长冯明生接待上访群众

决问题与疏导教育相结合”原则，全县实行初信、初访事项首办责任制。各地各部门“一把手”对初信初访问题能够解决的合理诉求，依法按政策在首办环节解决，尤其是涉及征地拆迁、欠款讨薪、安全事故、医患纠纷和交通事故等信访难题，把问题在当地解决。

【排查信访突出问题】 县联席会议坚持每半月排查一次全县信访突出问题，乡镇和部门每周排查一次本乡镇、本部门信访突出问题。1-12月，县联席会议将排查出的信访突出问题74件进行通报，在第一时间、第一现场化解矛盾纠纷。

【推行“五轮齐动”工作模式】 推行“五轮（即信访、调解、仲裁、行政复议、诉讼）齐动”工作模式，化解信访问题。成立开展“五轮齐动”化解信访问题工作领导小组，制订工作方案。各乡镇、职能部门组成“1+N”联动中心将群众来访、来信来电等渠道收集信访件转交、引导到“五轮”相应程序解决，引导群众依法逐级走访，化解不稳定因素。

【开展信访事项专案评审和公开听证评议】 9月11日，县信访联席会议办公室组织召集县信访局、人大内司委、林业局、人力资源和社会保障局、律师事务所等单位组成专案评审组，对余朋乡1件信访事项进行专案评审，该信访事项信访人已息诉息访。10月24日和11月20日，分别对里田乡、灵地镇2件信访事项举行公开听证评议。公开听证评议员由县党代表、人大代表、政协委员、仲裁员等人员组成，与会人员了解、参与、评判信访工作，对信访事项依法依规提出意见、建议。

撰　稿：　刘华蓉

责任编辑：唐功轩

精神文明建设

【概述】 2014年，县文明办深入学习贯彻党的十八大和十八届三中、四中全会精神，扎实开展党的群众路线教育实践活动，围绕县委县政府“做美城区、做强产业、做优环境、做好民生”工作重点，以“争做文明清流人，共建美丽清流城”为主题，培育和践行社会主义核心价值观，做好省级文明县城创建工作，提高城市文明程度和市民文明素质，提升未成年人思想道德建设水平，深化志愿服务活动开展，为打造“幸福清流”提供思想保证、精神动力、舆论支持和文化条件。

【做好省级文明县城总评工作】 成立县创建省级文明县城指挥部，下设材料审核组、市容市貌和交通秩序整治组、迎检督查组等5个工作组。制订迎检方案，将创城各项工作任务分解落实到44个部门，完成内页材料审核48个、测评指标48个，实地测评指标212个，省级职能部门评价意见34个、指标34个。编制印发《致市民的一封信》1万份、《清流县文明市民行为举止规范》宣传单2万张。县有线电视台制作播出《争做文明清流人，共建美丽清流城》专题片。省、市级文明单位在主要街道、重点场所设立公益广告牌、横幅、条幅；城区各社区开展系列主题教育活动。加大市容整治力度，清理违章流动摊、乱堆放等332处（个），更新公示牌、道路标识线等81处（块），修整绿化花草，城区亮灯率98%以上。

【深化“讲文明，树新风”活动】 以“争做文明清流人，共建美丽清流城”为主题，开展形式多样的社会主义核心价值观宣传教育活动。如开展“优秀家风、家训故事征集”、“‘讲文明树新风’公益广告征集”等活动，共征集优秀家风、家训故事132篇、“讲文明树新风”公益广告8幅。

【开展“我们的节日”主题文化活动】 春节期间，县京剧戏曲联谊会联合举办戏曲联谊演唱晚会，凸显传统节日文化氛围；元宵期间，举办元宵花灯观赏，丰富群众业余文化生活；清明期间，组织广大干部群众开展祭扫烈士陵园、革命烈士纪念碑活动，组织未成年人开展网上祭英烈活动；端午节期间，各中小学校以主题班会、演讲、诗歌朗诵

2014年12月21日，慰问困难户

等形式，宣传中华民族优秀代表人物的事迹；中秋节期间，举办中秋赏诗会，感受传统文化魅力。

【开展“我推荐，我评议身边的好人”活动】 组织开展“我推荐，我评议身边的好人”活动。12月，嵩溪镇阳坊村教师阳寿生被中央文明办授予“中国好人榜一诚实守信好人”称号。

【推进文明单位创建】 全县112个文明单位与特困家庭开展结对济困活动，资助困难户237户。以“共创满意窗口，同享社会温馨”为主题，开展文明行业创建竞赛活动。对全县30个行业服务质量开展测评工作。发放调查问卷900份，收集意见建议12条。推广“庙会新风”“祠堂新貌”“喜事新办”“农谣新唱”做法和经验，推进创建星级文明户、文明村活动。清流县“祠堂新貌”创建经验做法获省委文明办肯定，作为福建省县域代表参加2014年全国农村精神文明建设工作会议经验交流。开展省、市级文明单位（村镇、学校）总评工作。年内全县推荐上报省级文明单位11个、省级文明乡镇2个、省级文明学校1所、市级文明单位41个、市级文明村镇5个、市级文明学校7所、市级文明社区2个。

【优化未成年人成长环境】 组织全县中小学生5000多名登录中国文明网“网上祭英烈”互动平台上发表祭奠感言，留言1500多条。组织开展“学习和争做美德少年”主题活动。以网上签名寄语活动为载体，引导未成年人向道德模范、美德少年、最美人物和身边好人学习。全县学生活动参与率100%。强化文化市场、网吧、电子游戏经营场所监管和整治，全县共出动执法检查人员58人次，检查场所132家次，收缴非法书报刊136本、非法音像制品89张。

【开展优秀童谣征集评选活动】 与宣传部、教育局、共青团、妇联等部门共同开展全县优秀童谣征集评选活动，征集童谣80余首，评出县级优秀童谣40首，向省、市推荐童谣15首。其中获市一等奖1首、市二等奖2首。

【构建志愿服务活动平台】 依托三明文明网“三明市志愿者招募注册信息化管理”平台，按照自愿申请原则，年内登记县志愿者5000多人，注册2000多人。全县组织志愿者培训活动3场，培训600多人次。16名志愿者骨干参加全市志愿服务礼仪、防灾救险知识技能培训。创城期间，组织4次、500多名志愿者，在城区10多个主要交通路口开展文明交通劝导，发放宣传材料3000余份。中秋节、重阳节期间，组织志愿者慰问帮扶留守儿童、空巢（孤寡）老人。检察院、法院等设立“学雷锋志愿服务岗”16处。全年征集“志愿服务理论”论文120多篇、“孝心传递、关爱空巢老人”平面公益广告30多幅。其中，清流县长校中小巫明慧和县烟草公司罗水金分获市公益广告征集二等奖、优秀奖。

撰　稿：李国辉
责任编辑：唐功轩

行政服务中心

【概述】 2014年，行政服务中心深化行政审批制度改革，创新管理方式，落实机关党建“1263”工作机制，完善服务机制，坚持“马上就办”，营造“勤政、廉洁、便民、高效”工作环境，提升服务质量，为清流经济社会发展发挥积极作用。

【规范审批管理】 对入驻单位和项目进行梳理，确定服务项目177项，其中入驻单位8个，服务项目51项；设综合窗口1个，服务项目126项。全年为群众和各类经济组织办理各类审批服务事项即办件7355件，办结7351件，按时办结率99.9%；联审联办项目18件（1000万元以上项目及县重点、重大项目11件，热点、难点问题7件），其中通过协调督办、特事特办、绿色通道办理9件。

【开展“五个无”优质服务】 开展“五个无”（即服务方式无距离，服务效率无积压，服务流程无障碍，服务质量无差错，服务对象无投诉）优质服务活动，公开工作人员姓名、职务、职责及业务流程办理时限、服务标准等，设置办事评价器，实行限时办结、首问负责、效能问责等多项措施，做到“符合条件立即办、材料不全帮着办、外来投资优先办、重大事项联合办、上报审批协助办、群众有难上门办、跟踪服务主动办”。

【落实“马上就办”服务举措】 服务中心工商窗口设置“马上就办”专员4人，做到“七个一”（电话咨询一口清楚、来人咨询一口说明、微笑服务一腔热情、名称查询一手操作、资料发放一次到位、材料审核一审准确、办理周期一周完成），实行当天核准、预约服务、限时办结制等便民便企措施，提供申请、受理、审批一站式服务。对申请注册无需前置许可的，采取一人办结制；对需要前置许可的，实行一审一核制；对县重点招商引资项目，主动介入，提供咨询服务。年内共服务企业1221户次，其中一人办结996户次，当场办结503户次。全县新增企业168户、个体工商户582户，与2013年分别比增17.9%、19.51%。

【实行网上审批】 与市审批系统联网实行网上审批，形成统一的网上执法平台，全年收件792件，办结738件，办结率93.2%。

【推进中心标准化建设】 从办公场所设置、管理制度改革、标准化

2014年4月16日，省纪委效能监察室主任谌庆福（前中）到行政服务中心调研

文本编印、压缩审批时限等方面，抓好县中心标准化建设。同时，全县13个乡镇均完成乡镇便民服务中心建设。全年受理低保发放、社保办理、生育证发放、矛盾纠纷调处、领取民政救助金等服务事项1.31万件，办结率99.9%。建成村民代办点111个，受理村民代办事项4178件，办结率97.8%。

【深化政务公开】 以县政府办公室名义下发《关于2014年度清流县政务公开工作要点的通知》，明确管理机构和各成员单位工作职责，将政务公开标准化建设工作列入年度绩效考核指标，由县效能办、县政务公开办督查政务公开标准化工作。全年在县集中公开栏公开县委、县政府重大决策部署和民生方面内容204期。在“清流政府信息公开网”制作获取政府信息2240条，其中主动公开信息1348条。

【加强公共资源交易管理】 全年行政服务中心完成政府采购、公共资源公开挂牌和工程招投标265期，对比节约资金4500多万元。其中，交易公共资源交易74期，工程预算金额3.54亿元，中标金额3.33亿元，节约0.21亿元，节约率5.9%；政府采购191期，预算采购金额5048.48万元，中标金额4340.22万元，节约708.26万元，节约率14%。

撰　稿：　张昱铭

责任编辑：唐功轩

机关事务管理

【概述】 2014年，县机关事务管理局坚持以邓小平理论和“三个代表”重要思想为指导，全面落实科学发展观，深入开展党的群众性路线教育活动，围绕县委、县政府的中心工作，与时俱进，开拓创新，较好完成各项工作。

【加强机关大院安保工作】 对机关大院重要部门、重点部位及人群密集场所，实行24小时实时监控和录像；规范完善夜间楼层巡查制度，年内巡查中发现机关大院办公区内灯未关70余起、门未锁210余起、钥匙未拔50多次，均及时处置。全年未发生偷盗、遗失和安全事故。

【做好机关后勤保障工作】 做好县领导周转房服务保障工作，完善周转房工作制度。学习借鉴周边县市经验，加强机关食堂管理，满足机关干部职工就餐合理膳食需求。抓好19个县直机关单位财务核算工作，完善预算管理机制，管好用好各项经费。全年完成各类会议服务100余次。

【加强宾馆管理】 抓好清流宾馆管理工作，拓展客源空间，提高酒店整体盈利能力。清流宾馆全年接待各类宾客557批次，接待大中型会议126个，营业收入857万元。

【维护县机关大院办公秩序】 摸清群众来访事由、单位、人数等基本信息，及时上报有关部门及相关领导。协调公安等部门对现场进行警戒，维持机关正常办公秩序。全年会同有关部门有效处置各类上访150余起，涉及1500多人次。

【物业管理】 全年及时处理服务对象报修电话270余个，巡楼自查处理问题100余次，服务对象基本满意。

撰　稿：　廖美桃

责任编辑：唐功轩

外事侨务

【概述】 2014年，县外事侨务工作贯彻落实中共十八大、十八届三中全会、习近平总书记系列重要讲话精神和第九次全国归侨侨眷代表大会、中共中央《关于加强和改进新形势下侨联工作的意见》精神，围绕县委、县政府工作大局，探索实践新侨工作和海外联谊两个拓展，加强交往联系，主动服务清流经济建设，取得较好成绩。

【开展非政府组织和活动情况调查】 5月30日，县政府抽调县直38个单位组成工作小组，开展全县境外非政府组织和活动情况调查摸底。在规定时间内完成任务。

【加强出境管理】 落实中央“八项规定”精神，抓好制止党政干部公款出国（境）旅游专项工作。压缩全县出访总量。凡未列入年内计划和以一般性考察名义出访以及不符合有关文件要求的，不予审核和报批；进行出访人员公示，并对因公出国（境）人员进行行前外事纪律教育；加强境外行程与报批行程检查，做好出访报告审阅及护照管理。全年全县共审批因公临时出国境团组1批1人次。

【对接“丝绸之路经济带”平台】 2月18—20日，参加省侨办举办的“三明市侨商项目对接洽谈会”活动。向大会推介项目5个，取得项目意向考察1个。2月19日，美国康州中华总商会主席、美国郑氏企业集团董事长郑勤连到清流考察“氟化工产品精深加工项目”。此外，清流推介的招商项目5个，全部列入省侨办海外项目汇编。

【参与美丽福建文化交流系列活动】 围绕“海丝情，桑梓梦”文化，为美国西雅图湖畔学校“全球化服务性教育”14名师生暑期在清流县活动提供入境通道。做好争取城关学校申报海外教育基地工作。

【参与“海外智库挖掘行动”】 配合省、市侨办，参与“海外智库挖掘行动”。7月，联系清流籍IMF研究部研究员、经济学博士童晖在回国期间开展学术活动，与市委统战部、市政府探讨经济形势发展等问题。

【做好APEC商务旅行卡申办工作】 全年向上申报新办APEC商务旅行卡3人次、更换商务旅行卡3人次，为民营企业“走出去”参与国际贸易合作提供便捷服务。

【开展“我为建设美丽中国美丽福建献一策”活动】 组织开展清流县对接“丝绸之路经济带”、21世纪“海上丝绸之路”课题调研，撰写《加大民间社团招商力度 推动三明经济建设发展》调研文章1篇，被省侨联收录。

【开展“关爱工程”——送温暖慰问活动】 元旦、春节与市外侨办联合慰问生活困难归侨侨眷、归侨侨眷空巢家庭老人、归侨侨眷代表人士20户；向归侨侨眷、侨资企业、海外华侨华人、港澳同胞、社团寄发清流风光贺年卡100份。与市侨联搭桥，争取市侨联副主席、匈牙利中国和平统一促进会副会长范高庭先生为清流县6位贫困生每人每月支助“关爱工程”慰问金600元。

【维护侨界群众权益】 配合县法律援助中心、县法院、县公安局等部门，为归侨侨眷提供法律援助。接待归侨侨眷来访8次。为5位归侨退（离）休职工落实增发生活补贴3200元；主动与归侨职工所在单位协调，为高龄归侨落实“提高归侨离退休职工生活补贴”政策；办理出具“三侨子女”身份证明1份。

【做好华侨到闽定居办理工作】 加强与公安部门沟通协调，全年受理海外出生子女到闽定居申请10件，全部办结。

撰　稿：童榕生
责任编辑：唐功轩

人民、社会团体

工 会

【概述】 2014年,县总工会贯彻中国工会十六大精神和省市总全委（扩大）会议精神，以打造“四个”(责任、活力、服务、创新）工会为目标，以市总提出的“五做”(做实基础、做优服务、做亮品牌、做大影响、做强队伍）为抓手，组织职工为推动清流科学发展、跨越发展建功立业。

【抓好建会工作】 重点抓好25人以上的非公企业组建工会工作。1-10月共组建工会63个，新增会员513人。签订集体合同和工资集体协商合同32家，新增和谐企业创建单位26个。

2018年8月5日，组织部部长、县总工会主席王争带队慰问在高温下作业的养路工人

【职工服务中心建设】 县职工服务中心优化服务项目，增加困难职工补助人数，扩大困难职工补助范围，提升服务水平。“3.28”龙卷风和“5.22”暴雨后，台创园职工服务中心的工作人员及时到受灾企业核实灾情，上报信息，指导生产自救。县总工会在第一时间到受灾企业慰问。

【开展“大走访”活动】 开展“大走访”活动，帮助企业、职工协调解决实际问题。走访企业56家，征求意见建议36条（梳理后），帮助企业协调解决实际问题16件，慰问困难职工65人。

【为企业职工办好事、办实事】 开展“四送”（春送岗位、夏送清凉、金秋助学、冬送温暖）活动,与人社局举办2014年企业用工现场招聘会，为企业解决用工265人，为不景气企业职工介绍流动就业123人。开展环卫工人“关爱行动”,“三八”期间，为环卫女工送保温饭盒。夏季高温时段慰问企业6家，职工300人。“金秋助学”活动资助困难职工子女上大学61人，发放助学金15.6万元。

【基层工会规范化建设】 指导规模以上非公企业工会按“六个有”（有办公设施，有规章制度，有工会经费，有职工活动场地，有正常和特色品牌工作，有职工信任度）标准进行规范化建设。5月，召开企业民主管理工作现场会，推广红火水泥、优恩公司民主管理工作经验。

【开展劳动竞赛和技术比武】 开展重点产业和重点项目技术比武8场，并为获第一名选手颁发“清流县‘五一’劳动标兵”证书。

【加强职工技能培训】 年内举办溪鱼养殖、兰花种植、鲜切花栽培、豆腐皮加工技能培训班6期，培训员工485人。与劳动部门联合举办轻纺车工、插花艺术技能培训班3期，培训员工369人。

【企业文化建设】 指导企业加强

职工之家建设，培育各具特色的企业文化。4月上旬，与县贸促会联合举办企业家培训班，邀请华侨大学教授作企业家的社会责任和企业文化讲座。

【弘扬劳模精神】 在县电视台开辟“劳模风采栏目”,宣传劳模事迹。“五一”期间,组织劳模参观考察县重点建设项目。开设陈志仁、兰爱珍、郑开红劳模工作室，拨出专项资金扶持，发挥劳模引领、示范、带动作用。

【开展职工文化活动】 筹建成立县总职工艺术团。成立清流县职工文体协会，由书法、摄影、诗词、球类等10个分会组成。“五一”期间,与县各企业开展各具特色的文体活动。1—10月开展文体活动10场。

撰　稿：胡　敏
责任编辑：余王灼

共青团清流县委

【概述】 2014年，团县委以党的十八大、十八届三中全会精神为指导，服务大局、服务青年、服务社会，团结带领全县广大团员青年在推动清流经济转型跨越发展、社会和谐稳定发展、生态绿色持续发展上贡献力量。

【服务“大美清流”】 围绕全县“做美城区、做强产业、做优环境、做好民生”工作重点，开展海西电子商务基地推介活动，入驻海西电子商务基地青年创业企业7家。6月中旬，组织志愿者20名，承接全市项目试点工作现场会志愿服务活动。7月上旬，发动40名志愿者到县残联举办的残联运动员选拔现场开展志愿服务活动。开展“一对一”结对帮扶，每名志愿者对接青年残疾人1名，通过爱心帮扶、支教助学、互动娱乐等方式，开展志愿服务活动。

【开展青少年生态文明教育】 利用召开主题班会、参加生态文明基地观摩等举措，培养青少年“植绿护绿”意识。植树节前后，组织各级基层团委、学校团队组织开展“美化家乡——植树造林”“身边增绿”、保护母亲河等行动，各级团组织参与春季植树4000株。9月，与龙津镇团委联合开展保护龙津河流域清淤行动。

【加强青少年思想教育】 组织各中小学校开展“我的中国梦”主题团队日活动。“五四”青年节，组织全县各界青年群众代表，围绕“践行社会主义核心价值观，扣好人生的第一粒扣子”主题，召开学习习近平总书记“五四”重要讲话精神座谈交流会，交流心得体会。“六一”国际儿童节前夕，组织各中小学校开展“习近平总书记六一重要讲话精神”,会同县教育局表彰优秀少先队员88名、优秀少先大队辅导员44名。推荐上报“道德好青年”1名，获“市级道德好青年”表彰。12月下旬，在县电视台开辟《优秀好青年》栏目，宣传“道德好青年赖健”事迹，引导全县团员青年向赖健学习，争当道德好青年。

【运用新媒体开展工作】 做好传统手段与新媒体相互融合的青少年思想引领工作。用好新媒体平台。开通微信公众账号1个（清流团县委),建立县级团委工作微信群1个，乡镇级微信群13个，微信关注人数200人；建立“圆梦大学生涯加油站”QQ群1个，容纳往年及2014年受团县委资助贫困大学生30多名，扩充与青少年接触面，掌握青少年思想动态，通过发布党政政策、就业创业、经验交流、励志故事等加强正面引导。

【开展社会主义核心价值观主题活动】 组织各级团组织和少先大队开展社会主义核心价值观主题活动。9月30日，城关小学、实验小学组织少先队员观看爱国影片、传唱红色歌曲、聆听革命故事。团县委组织学校学生走访、慰问烈士、军属。职高、特校等学校也开展形式多样的纪念烈士活动。联合县关工委，组织县实验小学青年教师包清平参加三明市举办的“中华魂—放飞梦想”主题教育“读书之星”演讲比赛，获市三等奖。弘扬优秀传统“家风家训”,10月，根据团市委要求，与县文化馆通力合作，编排诗话体裁的节目—《马氏家训广流传》,在市歌剧院成功参演。

2014年7月19日，清流团县委联合福建医科大学开展暑期“三下乡”爱心医疗服务活动

【实施青春建功新农村行动】 开展青年农民工“订单式”技能培训，依托各青年培训基地培训青年农民工500人。与金融机构合作，开辟农村青年创业贷款绿色通道，协调农村青年创业小额贷款256万元，惠及青年39人。整合社会资源，实现企业岗位与青年需求双向对接，全年新增青年就业创业见习基地2个，提供见习岗位50个，组织青年参加就业见习18人。推荐上报市级青年突击队10个，全部获批；推荐上报福建省农村青年致富带头人1名、国家级农产品加工创业项目1个。

【关爱弱势群体】 推进“关爱农民工子女”“爱心助学”行动，开展“七彩课堂”课堂14场次，帮扶结对农民工子女200多人。开展“明日之星一希望工程”捐助活动，在全县20所中小学发放学习机、护眼仪等学习用品，价值15万余元；开展“许清水青少年医疗救助”活动，第一批3名重病在校学生家庭获得许清水基金1万元的医疗救助，已在为第二批4名重病学生家庭申请救助基金；开展“国酒茅台一圆梦助学”活动，资助10名学生，每名学生5000元。“阳光助学”驾驶人爱心助学活动，资助因交通事故造成困难学生6名，每名学生1000元。协调县爱心企业家帮助贫困学子圆梦大学，筹措资金8000元，资助贫困学生10名。联合县总工会、县邮政局、县妇联、县教育局单位开展“百万善款关爱行动”——关爱身边的贫困留守儿童活动，筹措善款5万余元。

【开展阳光体育活动】 与县教育局联合下发《“阳光体育进校园”活动方案》，以“我阳光，我运动，我健康，我快乐”为主题，每周五下午由县舞蹈协会成员在各城区学校开展免费舞蹈教学1次。与中国银行清流支行联合举办清流县“中国银行杯”五四青年羽毛球赛。

【加强青少年法制教育】 协助县教育局、法院、公安局开展“预防校园犯罪工程”和“法制副校长进校园”活动，确定预防校园犯罪工程示范点2个，下发示范点建设实施方案和推进计划，督促示范点抓好落实。与县法院、县交警大队合作，在城关中学开展“法制、安全、温暖三进校园”活动。推行“模拟法庭”现场教育。

【团组织换届】 8月，启动县乡团委换届工作，13个乡（镇）全部换届完毕。

【开展“校地共建”活动】 5月，与福建医科大学开展团建交流活动。6月29日，福建医科大学护理学院领导到清流与团县委开展校地对接及交流。在县医院举行座谈会，双方就医院护理人才招聘和培养、护理人员继续教育以及科研问题进行交流，提出定向生培养和订单式在职人员培训构想，明确双方对接工作人员，建立沟通渠道。

【开展“青春同行 助孤行动”】 与县民政局联系，安排优秀基层团组织一对一结对帮扶社会散居孤儿10名，不定期慰问家访，解决孤儿日常生活中遇到的问题；开展青春同行进基层送温暖活动，为孤儿送去慰问金及粮油、服装等慰问品，组织青年志愿者为孤儿提供义务课业辅导。

撰　稿：张　微
责任编辑：余王灼

妇　联

【概述】 2014年，县妇联围绕县委、县政府中心工作，以加强妇联自身建设为保障，深化“妇女创业就业促进活动”“妇女儿童权益维护活动”“和谐家庭创建活动”，不断提高组织妇女、引导妇女、服务妇女和维护妇女儿童合法权益能力。做好2013年妇女儿童发展纲要各项指标监测及退休妇女干部统计工作。各项工作取得新成绩。

【深化“双学双比”活动】 以实施素质工程为重点，针对不同群体需求，有针对性开展重点培训和分类培训。5月9日，嵩口镇妇联与春舞枝公司联合举办花卉电子商务培训，40余名妇女参训。8月21日，省“专家快车农村行”——清流县花生标准化生产技术培训在赖坊乡开班，参训女种植户80多名。

【推动“巾帼建功”活动创新发展】 开展“巾帼文明岗”争创活动，推动“巾帼文明岗”进行业、进社区、进村镇、进非公有制企业。8月21日，组织15家省市巾帼文明岗单位负责人参加省妇联举办的“巾帼文明岗”创建工作视频培训。全县有4个单位申报省级巾帼文明岗，3个单位申报市级巾帼文明岗。县医院杨根福家庭被评为第九届福建省五好文明家庭标兵户，邹富娥、赖学波家庭被评为市“十佳最美家庭”、伍福金被授予市“十佳慈母”、金爱英被授予市“十佳孝女”。继续开展“岗村对结共建新农村”活动，搭建城乡互动、资源共享、共同发展平台，促进城乡妇女共赢互进。

【做好信访接待工作】 年内，共接待来信来访23件、41人次。主动介入妇女合法权益受到侵害的信访案件，加强与公安、司法、法院等部门联系，帮助妇女维权。

【加大法律宣传力度】 “三八”维权月期间，以“关爱妇女维权，促进家庭平安”为主题，开展大型法律咨询活动，为妇女儿童提供帮助和服务。组建妇女法律宣讲团，深入基层、农村，开展送法进社区、进家庭活动，举办男女平等基本国策、《妇女权益保障法》等涉及妇女权益保护法律法规专题讲座。

2014年1月1日，县妇联联合有关单位、企业开展"怡景杯"健身广场舞比赛

4月2日，利用乡村庙会，组织维权干部、律师、心理咨询师等志愿者深入龙津镇南岐村、长校镇荷坑村开展 "三八"维权月法律宣传咨询活动。发放妇女维权知识、平安家庭创建知识、特困妇女家庭基本情况摸底调查问卷、最美家庭宣传画等各类宣传材料1000余份，咨询人数150多人。

【开展"平安家庭"创建活动】帮扶未经验收的村（居）、平安家庭"户达到创评标准,并列入"平安乡镇"和"平安村居"考评验收指标,促进"平安清流"建设。9月3日，召开全县"平安家庭"创建工作推进会，要求各乡镇、各部门对"平安家庭"创建活动做出总体规划，以家庭和谐平安支持全县平安建设。

【关注弱势妇女儿童】 春节期间，到灵地、李家、赖坊等地看望慰问家庭经济相对困难的单亲、空巢家庭33户，送去慰问金、慰问品近1.5万元。实施春蕾计划，组织国税、计生等系统结对帮扶家境贫寒女中学生。组织女企业家、女能手、国税、地税等单位和个人在"春节""六一"期间回访看望所资助的"春蕾"女童，并为她们送去慰问金和学习用品。年内，社会各界热心人士支助女童15名、总额11500元。8月，考上福州大学和福建农林大学春蕾女童各1名，得到省妇联赞助资金各5000元。

【纪念"三八"妇女节】 在龙津广场举办"家庭建设年活动"启动仪式暨庆"三八"家庭趣味运动会。开展"母亲邮包 新年礼物"——女企业家（女能手）结对贫困母亲，发放母亲邮包10个。举办"幸福清流、魅力女性"大讲堂第二讲"美在举手投足之间"礼仪知识、"育儿那些事"专题讲座。各乡镇妇联主席、爱心女企业家、城区各妇委会、联谊会班子成员及全县副科级以上女领导近200人参加讲座。开展"庆三八作奉献 爱心敲敲门"巾帼志愿服务活动。开展农村妇女"面对面"性病、艾滋病防治宣传教育活动。

【开展"感恩母亲"系列活动】在"母亲节"前后，向全县公民发出《母爱无私、感恩无限》倡议，并在清流电视台滚动播放。5月16日上午，联合县总工会、县新华书店在城关龙津广场开展"书香清流、魅力女性"全民读书宣传活动。城区各妇委会，省、市巾帼文明岗负责人、女企业家等500多人参加宣传活动。向10家企业和城区各妇委会，省、市巾帼文明岗赠阅女性精选书籍500余册。

【关爱儿童】 "六一"期间，评选表彰"优秀少儿工作者""优秀家长"并召开座谈会。在全县中小学生中开展清明、端午"节日小报"优秀作品征集评选活动，征集作品30余幅，选送12幅参加市评比。

【留守流动儿童情况专题调研】5—6月，在全县开展"农村留守流动儿童问题调研"，在留守流动儿童比较集中的实验中学和城关小学发放问卷各50份，访谈留守流动儿童、家长、学校老师、留守儿童临时监护人，以及家庭教育工作者10名。

【完善妇女儿童活动中心硬件设施】 添置钢琴、古筝、健身器材、电脑、图书室等设施，并开设瑜伽班，每周一、二、四下午向妇女姐妹免费开放。

【强化组织建设】 创新组织设置形式，调整城区妇委会。年内，新增妇女组织5个，其中非公企业红火水泥妇女组织1个。在女职工比较集中的农民专业合作经济组织及妇女专业协会中，因地制宜设置妇女组织。"妇女之家"建设全面铺开，全县所有村、居完成挂牌和制度上墙，实现基层妇联组织有阵地做事、有钱办事、有人干事。3个基层妇女之家申报省级妇女之家。

【开展"母亲健康1+1"募捐活动】 动员全县女干部、女职工以及社会各界爱心人士每人每年捐款一元钱，为"两癌"(乳腺癌、宫颈癌）重症贫困母亲送上一份温暖，共收捐款15340元。

撰　稿：张　琳
责任编辑：余王灼

科　协

【概述】 2014年，县科协围绕县委、县政府工作重点，动员和组织科技工作者为清流经济社会科学发展、跨越发展献计献策；举办实用技术培训，开展技术需求对接；加强科普能力建设和开展科普宣传活动，为提高全民科学素质服务、为闽台科技交流合作服务。加强科协组织建设工作，为科技工作者服务构建温馨科技工作者之家，基层协（学）会组织建设得到进一步加强。

2014年9月28日，在农村墟日开展科普宣传活动

【开展农村实用技术培训】 发挥农函大作用，利用农闲时间深入农村开展培训，分别组织举办嵩溪苗木花卉、林畲水果种植、水产养殖等农村实用技术培训班，培训学员300多人次。

【开展企业技术需求对接活动】 利用省科协组织的院士专家八闽行、院士专家扶贫开发重点县科技帮扶等活动，深入部门、企业了解、征集技术需求，为企业与院士专家技术对接牵线搭桥，年内，申报技术需求对接项目2个。

【实施全民科学素质行动计划】 县人民政府与市科协签订《落实全民科学素质行动计划纲要共建协议》，明确双方职责，确保到2015年末清流县基本实现公民科学素质比例超过6%的目标。组织召开全民科学素质工作会议，协调组织成员单位和乡镇落实《纲要》职责，参与举办科普日、科技活动周等主题科普活动。

【培育基层科普先进典型】 充实基层科普行动计划项目库，组织推荐申报全国和福建省基层科普行动计划项目。年内推荐的“清流县林畲花卉蔬菜产销协会”和“清流县龙津镇凤翔社区”获省科协、省财政厅“基层科普行动计划”优秀项目表彰。

【开展科普宣传和科技活动】 8月，与县有线电视台合作开设《科普新说》栏目，每周三、六在《清流TV》黄金时段播放；科普日期间，利用城区电子大屏幕进行科普公益广告宣传；编印《保健知识》《居家分册》《常见慢性病防治》等系列科普丛书1万册，免费分发城乡居民；聘请农村邮递员为农村科普宣传栏管理员，及时更换科普挂图，完善全县科普宣传栏管理。在龙津广场举办以“科学生活　创新圆梦”和“创新创造　全民行动”为主题的科技活动周、科普日活动，县全民科学素质领导小组成员单位和100多名科普志愿者参与活动。组织科技、文化、卫生相关部门科技人员和科普志愿者100多人次，深入乡镇开展墟日“三下乡”活动；定期到城关老年科普学校和老年大学举办科普讲座；到农村、社区、党校举办科普讲座。

【加强青少年科技教育】 聘请科技辅导员利用“青少年校外科学工作室”举办科普夏令营，举办机器人、科技动手动脑兴趣班等。组织青少年参加省、市青少年科技创新大赛，5名学生在第29届省青少年科技创新大赛获奖，9名学生在第29届三明市青少年科技创新大赛获奖。

【关爱科技工作者】 倾听科技工作者诉求，及时向有关部门和领导反映、协调解决；走访慰问科技工作者。组织科技工作者开展学术研究，推荐论文参加省市学术年会交流。组织优秀青年科技工作者参加省市青年科技奖评选。

【信息宣传】 完善信息报送和奖励办法，鼓励科技工作者参与信息采编。罗炳文撰写的《用常态化科普助力“中国梦”》文章在国家级学术期刊《科协论坛》发表。

撰　稿：　杜国清
责任编辑：余王灼

工商联

【概述】 2014年，县工商联按照“党政所需、民企所盼、工商联所能”原则，融入中心工作，服务非公企业，发挥商会作用，促进全县非公有制经济发展，取得新成效。

【服务企业发展】 与县国税局、地税局、财政局、经贸局等部门共同参与福建红火水泥有限公司股权转让有关涉税问题协调工作，确保县财税不流失。5月，先后走访吉阳太阳能、展化、闽山化工等工业企业和善能生态农业科技有限公司、宏畅（福建）农牧科技有限公司等农业企业，了解生产经营情况，帮助企业解决遇到的困难和问题。深入苏福茶业、七星岩豆腐皮有限公司、森源兰蕙等会员企业座谈，征求意见建议，向有关部门反映企业诉求。

【参与金融风险防控工作】 参与县金融风险应急处置工作领导小组工作。了解企业不良贷款情况，提出化解金融风险建议意见，供领导决策参考。参与协调津诚化工等企业债务处置等工作。

【招商引资】 发挥上海清流商会、厦门清流商会、莆田清流商会3个异地商会桥梁纽带作用，宣传、推介清流投资环境及资源，服务清流经济发展。4月20日，七匹狼体育用品有限公司、特步（中国）有限公司董事长等30多位泉州经济开发区商会企业家到清流考察春舞枝花卉有限公司、金星工业园区、天芳悦潭温泉度假区等项目建设情况，了解县经济社会发展情况和投资环境。

【实施“回归工程”】 落实《关于推进明商回归工程的若干意见》，引导清流在外有实力、有发展潜力、有意回报清流、回报家乡的成功企业家回乡投资兴业。全年接待温州三明商会、石家庄三明商会企业家2批19人到清流考察，达成回乡投资意向项目2个。

【加强商会交流】 加强与各地异地商会交流联系，了解清流在外企业家生产经营情况，通报清流经济社会发展情况，为清流发展凝聚力量。

撰　稿：温春红

责任编辑：余王灼

残　联

【概述】 2014年，县残联围绕县委、县政府中心工作，为残疾人提供有效服务，促进残疾人事业持续稳定发展。

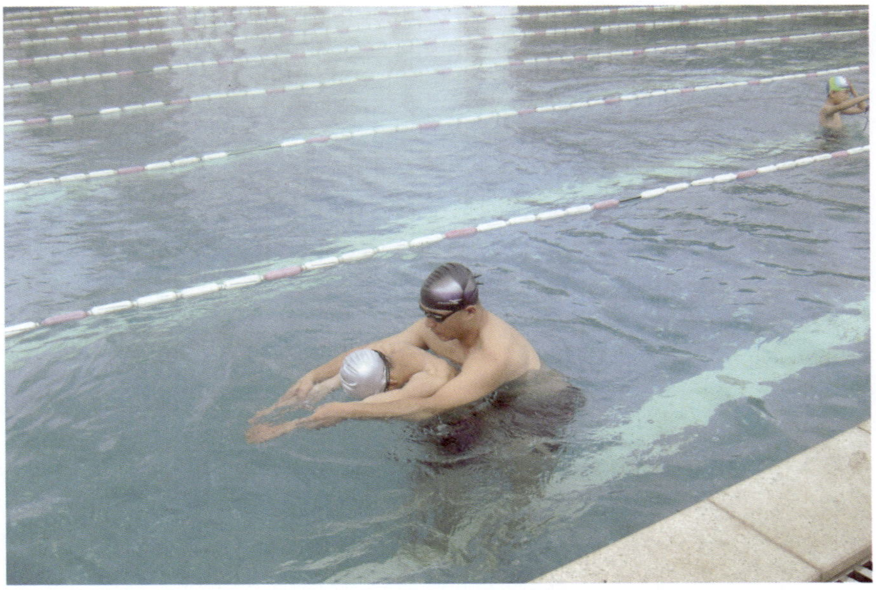

2014年6月16日，帮助残疾人运动员训练

【开展残疾人康复工作】 为残疾人免费提供轮椅、助听器、拐杖、坐便器等各类辅具280件。完成白内障手术65例。为全县25名贫困精神病患者提供服药补贴、8名精神病患者住院补助。为8名残疾儿童进行抢救性康复治疗。

【扶持贫困残疾人就业创业】 扶持49名贫困残疾人就业创业，每人补助5000元。新建省级福乐种养基地1家，给予第一年就业扶持款6.9万元。为17名有一定经营规模的残疾人发放创业康复扶贫贷款59万元；评选就业创业（种养殖）示范户6户，每户补助资金1万元。举办各类残疾人就业推荐和就业招聘会2场（次），参加招聘残疾人120人次。举办农村实用技术培训2期，参训170人次。

【开展爱心帮扶】 落实“爱心保险”，为70周岁以下并持有第二代残疾证的36名残疾人（精神残疾除外）提供疾病身故、意外身故、意外伤害医疗等三种形式保险。开展“爱心助学”，为当年考取大学的32名残疾学生和贫困残疾人子女提供学费资助；为在高中及大中专院校就读的残疾学生和贫困残疾人子女每人提供学费补助500—1000元。为45户残疾人家庭进行无障碍改造提供补助。

【征收残疾人就业保障金 3月始，对48家用人单位进行残保金年审。采集全县行政、事业和企业单位就业保障金征收情况信息。全年征收残疾人就业保障金165万元，安置残疾人就业60名。

【组织残疾人参加市级技能竞赛】 组织10名残疾人参加三明市第六届残疾人职业技能竞赛，获服装制作第一名、服装剪裁第三名、美容美发第三名。县残联获优秀组织奖。

【实施基层党组织助残扶贫项目】 开展调查摸底、结对帮扶，完成市残联下达的15户基层党组织助残扶贫工作任务。利用春节、“助残日”等节假日，走访、慰问全县贫困残疾人100余人次，为残疾人解决生产、生活实际困难。

【开展残疾人社会保障工作】 为120名就业年龄段的重度残疾人提供居家养护补助，每人2000元。为210名贫困残疾人发放机动轮椅车燃油补贴，每人260元。推进“安居工程”试点工作，为40户贫困残疾人新建或修缮住房给予补助（其中：13户列入农办造福工程）。为11名城镇残疾人个体工商户参加基本养老保险给予保险费30%补贴，发放补助资金10365元。给予25名途经清流、无路费回家的外地贫困残疾人临时救助；给予70岁以上和精神类残疾人死亡家属慰问金200元。制作、发放"清流县残疾人乘车卡"，方便残疾人免费乘坐城区公交车。

【维护残疾人权益】 年内，办理来信来访19件。做到件件有着落、事事有回音，未出现残疾人越级上访、集体上访事件。

【助残志愿活动】 诺苗教育咨询有限公司（前厦门CP小树苗）社会志愿者到里田、长校、嵩口、嵩溪等8个乡镇，看望0—15岁脑瘫儿童21名。了解患儿病史，与家长交流康复治疗办法，指导康复手法，并送上慰问品。

【开展助残日活动】 5月16日，与县特殊学校联合举办"为爱飞奔，圆你梦想——关注残疾儿童"文艺演出，表彰2013年全县涌现出的创业之星13名，以及特殊学校优秀学生。"国际盲人节"期间，举办残疾人心理辅导讲座，邀请市心理协会副秘书长、市心理咨询师专业委员会副主任陈子玲到会授课，县盲协、龙津镇、嵩溪镇部份盲人代表和残疾人工作者50余人听讲。

【组织残疾人参与体育竞赛】 选派10名运动员参加三明市第四届残疾人运动会羽毛球、乒乓球、游泳、田径、飞镖等项目竞赛，获10金、9银、2铜及团体总分第一名。选拔4名运动员参加福建省第七届残疾人运动会，获4银5铜。其中2项田径比赛成绩打破省残运会记录。

撰　稿：王顺才

责任编辑：余王灼

社科联

【概述】 2014年，清流县社科联履行桥梁纽带、组织协调、咨询服务、宣传普及工作职能，联合、组织、引导社科工作者开展社科研究、学术研讨和社科普及活动，在创新理论、服务决策、繁荣文化等方面取得成效。

【开展课题研究】 围绕创建国家公共文化服务体系示范区，开展清流县民办公助扶持民间文艺团体发展调研，撰写《清流县民办公助扶持民间文艺团体发展调研报告》。做好调研成果转换工作，下发《关于扶持民间文艺团体发展的实施意见》。做好2014年省、市社科规划课题申报工作，申报《扶持民间文艺团体　推动公共文化服务》《关于被征地农民社会保障工作的思考》课题2篇，其中《扶持民间文艺团体　推动公共文化服务》作为县级课题被三明市社科联立项。选送理论调研文章8篇，参加市委宣传部和市社科联组织的党的群众路线理论研讨征文活动，其中《弘扬李彬精神，践行群众路线——努力实现清流"百姓富　生态美"》获三等奖。联合新四军研究会开展纪念清流城保卫战80周年研讨活动，收到研讨论文2篇。

【组织社科普及宣传周活动】 10月18—24日，在龙津广场开展以"宣传贯彻社会科学普及条例·培育践行社会主义核心价值观"为主题的科普宣传周活动，发放宣传材料1000余份，接受咨询人数500多人次，义诊100多人次。邀请清流县老科协会长、县人大常委会原副主任包玉山讲授老年保健知识与中医养生。联合新华书店开展庆祝建国65周年优秀社科类图书展示并优惠销售。组织广大干部群众参与全省首届社会科学普及知识有奖知识竞赛，全县参赛人数1000多人次。

撰　稿：林　美

责任编辑：余王灼

文　联

【概述】 2014年，县文联在县委、县政府的领导及市文联和县委宣传部的指导下，坚持"两为"方向、"双百"方针和"三贴近"原则，履行联络、协调、服务职能，

2014年10月18日，开展社科普及宣传周活动

2014年9月24日，组织文化志愿者开展进乡村学校服务活动

以培养德艺双馨的文艺领军人物和创作群体为己任，开创文艺发展新局面。

【举办首届“美丽乡村、幸福清流”农民对联书法大赛】 春节期间举办。此次比赛共收到作品58件。经评定17件作品分别获一、二、三等奖，26件作品获鼓励奖。

【举办“山水天籁，文化古坊”摄影大赛】 与赖坊乡、县委宣传部、县广播电视台、清流摄影家协会联合举办“山水天籁 文化古坊”摄影大赛”，共收到摄影作品1133幅，全方位展示赖坊乡在推进小城镇和美丽乡村建设中取得成果及各项社会事业发展成就。

【开展送春联活动】 春节前夕，组织书法家到偏远乡镇余朋乡和田源乡开展送春联活动，组织书法家10人在城区九龙广场举办赠春联活动，共书写赠送春联1000多对。

【开展文化志愿者服务活动】 坚持长期组织文化志愿者到中、小学进行大提琴、书法、摄影、舞蹈等技能培训。9月24日，与县教育局联合组织书法和舞蹈艺术家到嵩溪中心小学开展舞蹈和书法技能培训，传授基础知识。

【文艺创作出精品】 坚持实施精品战略，扶持文艺创作，打造文艺活动品牌，一批文艺作品在国家级、省级赛事中夺得奖项。

林旭煌的摄影作品《锦溪入夜》参加第三届“锦溪杯”全国新人新作摄影大赛获最美锦溪类最美水乡作品，作品《老伴》入选。其作品《云蒸雾绕龙栖山》《梦幻安仁》、张启沧的摄影作品《九仙山日出美景》、李仁海的作品《祥云朵朵》入选“中国将乐全国摄影大赛”，被评为优秀作品。全县30余件摄影作品参加省、市级以上摄影大赛获奖或入选，300多件摄影作品参加“幸福清流我来拍”活动，并在清流电视台播放。

刘建煌等9位作者的作品参加三明市庆祝新中国65华诞暨人民政协成立65周年书画展，沈光义等6位作者的作品入选三明市“祖地情、中国梦”海峡两岸客家书画展，陈立忠的18件刻字作品参加第六届海峡两岸文化产业博览会展出。刘建煌的6件书法作品参加市级各类大赛入展。县青少年骆礼楷参加全省规范汉字书写比赛获特等奖，骆礼楷、骆欣迪、高航卿三人的作品参加三明市第十届“文艺出新人”大赛分别获二等奖和三等奖。县老年大学学员作品参加全国各类大赛获奖8人21件，全县各类书画展共展出书法、美术创作作品300件

清流县5首创作歌曲收录《三明市优秀歌曲集》。洪巧明编排的少儿舞蹈参加三明市“弘扬传统美德、传承家风家训”文艺晚会演出，获福建省排舞大赛幼儿串烧组曲目一等奖和最佳表演奖。

全年清流作者在省、市刊物上发表作品100多篇。其中，李升宝在省市级以上刊物发表16篇，董美娟发表散文和诗词8篇。上官新的《诗词楹联集》、董美娟的《竹园》（散文集）、李华雨的《沉鱼》（小说集）出版，画册《走进清流》、清流客家文化丛书:《清流客家古建筑》《清流客家摄影》《清流客家民乐》《清流客家墨韵》出版。

观赏石协会组织30余件作品参加第十届海峡两岸林业博览会，作品获铜奖2件。多件作品在《闽江奇石》和《赏石大观》刊登。

【文艺示范基地建设】 清流灵台山现代刻字基地成立于2005年，在刻字爱好者坚守下，已取得一定规模。2014年12月，该基地被授予第四批福建省特色文艺示范基地。

【打造“清流大提琴之乡”】 大提琴培训基地有教师5名、学员200名。并分别在城区实验中学和城关中学开设大提琴培训班。5月18日，举办纪念王连三大提琴习奏会，并表彰王连三大提琴艺术团优秀学员15名，优秀辅导老师9名。

【清流文学院成立】 2014年12月，清流文学院成立，有会员40人。

撰　稿：洪玉荣
责任编辑：余王灼

计生协会

【概述】 2014年，县计生协会加强组织建设，强化宣传倡导，拓展

服务计生载体，创新、丰富生育关怀内容，取得成效。中国人口基金会、光明网对嵩溪镇豆腐皮专业合作社兰爱珍帮扶乡亲发展致富的典型事迹作专题报道；兰爱珍在中国计生协“生育关怀携手行·福建三明苏区行”活动上作《放飞梦想恋计生》的典型发言；林畲乡计生协会会长在三明市计生协会培训班上作题为《“基地开花”硕果累累》的生育关怀帮扶示范基地建设经验介绍。

【开展“生育关怀乡乡行”活动】 倡导生育关怀一乡一品，一镇一特色。龙津镇开展“庙会新风活动”；温郊乡开展“孝敬公婆好媳妇”活动；长校镇开展“十佳好婆媳、十佳孝子”评选表彰活动；沙芜乡为二女户、独女户发放“服务跟踪卡”；林畲乡优先优惠政策向二女结扎户倾斜；嵩溪镇发挥花卉特色产业优势，助推计生户快速致富；嵩口镇开通“e信通”，向辖区内服务对象发送“单独两孩”等计生政策宣传短信；余朋乡为赋闲计生户寻出路、找项目；赖坊乡实施“爱心助教”、“爱心助学”、“爱心家长”等系列“爱心教育工程”。

【开展“春联大赠送”活动】 联合县文联、县退休协会，组织县书画院书法家计生志愿者，深入5个乡镇墟场免费为当地群众写春联3000副。

【举办“生育关怀·育龄妇女生殖健康知识讲座”】 4月2—4日邀请“全国三八健康使者万里行”关雪棉副主任医师到龙津、长校、赖坊、余朋、田源、温郊等乡（镇）举办“生育关怀•育龄妇女生殖健康知识”巡回讲座，400多名育龄妇女听讲。

【组织“5·29”暨母亲节系列宣传活动】 与嵩口镇幼儿园联合举办“践行群众路线、情暖计生家庭”文艺演出，并开展“支持幸福工程，救助贫困母亲”爱心募捐活动。与嵩口学校开展关爱留守儿童活动，为留守儿童送去帮扶资金2000元及学习用品；各乡镇计生协会也在“5·29”前后开展慰问、咨询、文艺演出等系列活动。

【创新小额贴息帮扶模式】 推出“能人牵头带动”、“基地辐射推动”、“行业合作联动”系列帮扶模式，集中利用计生贴息贷款资金进行投股经（联）营，帮扶计生户发展生产。全年发放计生小额贴息贷款399户、548万元。重点培植帮扶烟草、清流溪鱼、花卉、猕猴桃、仙草、养猪等种养项目。

【实施幸福工程】 将幸福工程资金和小额贴息贷款捆绑帮扶，增大帮扶资金总量，延长帮扶时间。计生户发展县重点培植产业，有一定规模的除可贴息贷款2—5万元，并可同时申请幸福工程救助款。推行“合作社+基地（能人）+计生贫困母亲”救助模式。全县幸福工程项目投入救助资金135万元，救助99户。福建电视台公共频道、三明市电视台均作报道。

2014年9月29日，龙津镇计生特殊家庭联谊会成立

【提供义诊咨询服务】 组织县计生协会志愿者，利用乡（镇）墟日深入每个乡（镇）开展计划生育政策法规宣传及技术咨询、义诊服务活动42场（次）、受益2737人次。

【提供法律援助】 县法律援助中心计生协会援助站与县法院携手开展“法制猜谜进台创园”“交通法制进乡村”“法制讲座进校园”等活动，共发放宣传资料300余份，为40多名群众解答法律咨询，办理法律援助案件12件次，挽回经济损失59万元。

【关爱帮扶计生户】 全县慰问各类计生户492户，发放慰问金21.34万元。与县人口计生局等相关部门采取五项措施开展“金秋助学”活动，为448名计生学子发放助学金46.95万元。

【落实“安居工程”】 确定田源乡田源村、嵩口镇各1户为省计生协会“计生贫困家庭安居工程”补助对象，落实配套补助资金4万元，该2户新建房主体已完工，进入装修阶段。

【实施“生育关怀——计划生育家庭意外伤害保险”】 与人保清流分公司联合开展“生育关怀—计生家庭意外伤害保险”工作。年内为5493户计生户投保，保费27.47万元。理赔50件、金额18.18万元。

【为不孕症育龄夫妇免费治疗】 通过县、乡、村调查摸底、筛查，报送5对不孕症育龄夫妇到市级医疗部门免费治疗，2013年报送的8对不孕症育龄夫妇中，长校镇一对夫妇经治疗已生下一子，沙芜乡一对夫妇，妻子已怀孕。

【成立首个计划生育特殊家庭联谊会】 9月21日，与龙津镇计生办联合成立首个计划生育特殊家庭联谊会。联谊会为计划生育特殊家庭发放一次性救助金3.9万元，上门看望、慰问14人次，发放慰问金1.1万元，指定帮扶联系人9人，上门服务30次，办理意外伤害险17户。

【关爱“留守儿童”】 联合各乡镇计生协会，组织大学生村官、团志愿者、年轻公务员等开展暑期关爱“留守儿童”活动，为孩子们辅导英语、美术、舞蹈、体育等课程。举办暑假辅导班23个（次），辅导“留守儿童”457人次。

【推进“四联创”活动】 经乡自查县验收，全县有先进乡级计生协会6个。一流村49个，占41.17%；合格村57个，占47.9%；计生协会小组593个，其中五好会员小组483个，占81.5%。拥有会员10335人，占总人口6.68%。119个村开展计划生育村民自治。

【深化“1234”活动】 即每个乡镇创建人口计生基层群众自治示范村（居）1个、计生帮扶项目示范基地2个、培育幸福家庭示范户3户、培育少生快富幸福母亲4名。全县共培育群众自治示范点13个，生育关怀帮扶示范基地30个，幸福家庭示范户39个，幸福母亲52人。

【组建特色计生协会小组】 先后成立嵩溪计生豆腐皮协会小组1个；嵩溪、林畲计生花卉协会小组各1个；嵩口、田源计生苗木小组协会各1个；里田洋庄计生观赏鱼小组协会1个，沙芜乡渔业协会小组3个。特色计生协会小组中涌现出豆腐皮生产销售能手兰爱珍、笑在花丛中的“花老板”郑开红、将仙草卖给“加多宝”的邓秀勤、苗木销售“娘子军”等行业能手。

【流动人口计生协会创建】 年内，成立龙津镇经济开发区流动人口计生协会，各企业设立计生协会小组。国庆前夕，县计生协会和龙津镇计生分管领导走访慰问气枪厂、鑫磁线圈等6家企业的流动人口计生困难家庭20户，发放慰问金6000元、流动人口计生便民维权联系卡200张。

撰　稿：曾福秀

责任编辑：余王灼

红十字会

【概述】 2014年，县红十字会坚持依法建会、依法治会和依法兴会，贯彻落实《中华人民共和国红十字会法》、《福建省红十字会条例》，弘扬红十字人道、博爱、奉献精神，开展救助、救灾、助学、宣传教育等序列服务，拓宽服务领域，发挥红十字会在政府人道救助工作中助手作用。

【人道救助】 春节前夕，争取“红十字博爱送万家”慰问物资55份发放到李家乡、余朋乡困难群众手中。2013年度接受城乡困难居民重特大疾病医疗救助咨询136人次，审核上报救助申请34份，共发放救助金276545元。其中，恶性肿瘤19例、尿毒症9例、先天性心脏病1例、急性白血病4例、血友病1例。平均每一救助对象补助8134元。2月，“小天使”基金资助1人2万元。3月，申请“小天使”基金1人。5月13日、16日，分别组织红十字志愿者到灵地镇邓家村开展红十字博爱帮扶活动，慰问困难户7户，结对帮扶低保户3户，发放帮扶资金1500元。回访红十字重特大疾病救助对象4户。组织红十字志愿者和爱心单位开展捐资助学活动，加强永辉超市及新东方手机城等红十字募捐箱管理。

【开展造血干细胞捐献工作】 6月23日，清流县首例登记捐献造血干细胞志愿者童树海完成高分辨血样采集。11月17日，童树海为香港非亲缘关系病人成功捐献造血干细胞。

【大病救助】 截至12月30日，接受2014年度城乡困难居民重特大疾病医疗救助咨询138人次，审核上报救助申请43份，共申请救助金42.45万元，平均每一例救助对象救助9872元。其中恶性肿瘤28例、尿毒症7例、急性白血病4例、先天性心脏病2例、血友病1例、地中海贫血1例。在43名受助者中，低保家庭对象28人，救助金额33.35万元。低收入家庭对象15人，救助金额9.1万元。已申报“小天使”基金2例并获批2万元。回访2013年度大病救助对象4人，核实2014年度低收入对象5人。

【红十字宣传】 5月8—16日，组织红十字志愿者开展“人道传播生命救护”主题系列宣传活动。传授红十字急救掌上学堂软件下载安装应用，发放宣传材料86份；开展“1069999359”手机短信捐赠平台推广活动，发放宣传材料127份；发放遗体器官捐献宣传材料35份、《急诊处理方法》宣传材料43份。结合红十字模范校德育教育，传播红十字知识和国际人道法。

【信息报道】 在县电视台字幕滚动播放无偿献血和大病救助宣传内容；在政务公开栏公开红十字重特大疾病救助对象和云南鲁甸地震捐款人员名单；编发《清流县红十字简报》信息11期，并通过政府门户网站发放各部门、乡镇。

【普及急救知识和技能】 8月18—24日，组织6名志愿者参加省红十字会在沙县举办的应急救护师资培训班，全部通过理论考试和技能考核，取得急救员证。9月，与县实践教育基地联合开展红十字应急救护进校园活动，每周组织现场应急救护初级技能专题讲座1次。12月16—19日，邀请省红十字会和省电

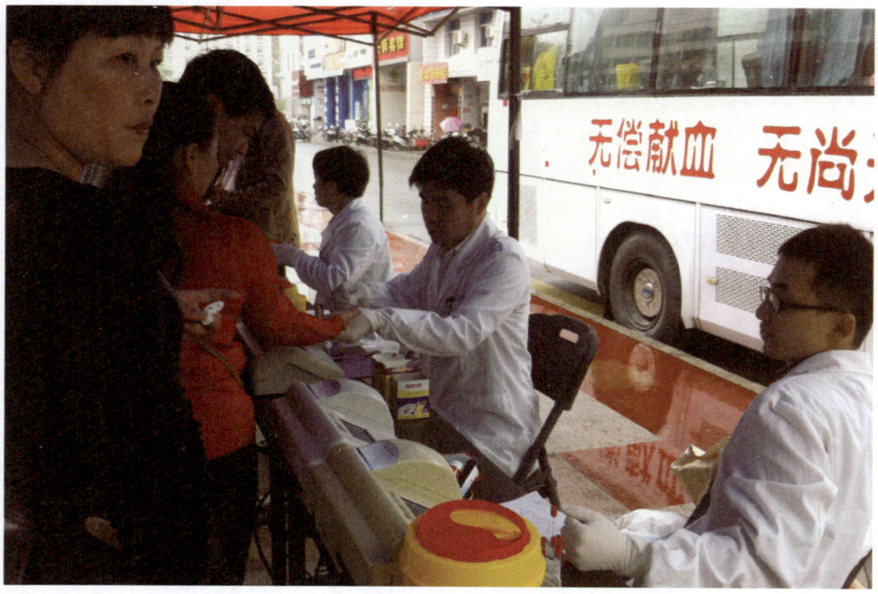

2014年4月25日，组织志愿者参与无偿献血

力公司人员到县供电公司开展应急救护培训，学习常见伤病紧急处置方法、"红十字急救掌上学堂"软件扫描下载应用，帮助使用者掌握急救知识。参加培训188人，并取得红十字应急救护证书。

【开展备灾救灾工作】 6月13日，向省红十字会争取救助物资65件，及时发放给灵地镇邓家村、李家乡鲜水村、温郊乡小池村、嵩溪镇塘背村困难群众2124人。租用备灾救灾仓库1间，增强备灾救灾响应能力。截至9月4日，县红十字会共收到云南鲁甸地震捐款30966元，全额汇缴中国红十字总会。

【推广体验式生命教育】 加强学校红十字会工作指导。2月，与县教育局联合转发省红十字会、省教育厅《关于印发红十字体验式生命教育"十个一基本动作"实施要点的通知》，确定县实践教育基地（清流三中）为示范校。9月，争取红十字应急救护培训人体模具4具，供基地培训和各学校使用，并发放生命安全手册、红十字体验式生命教育、现场救护书籍供各校学生学习。实践教育基地每星期开展学生应急自救互救培训1次，截至12月，培训学生14期、1500人。

【加强队伍建设】 发展红十字会团体会员单位3个，新增会员45人。发展红十字志愿者11名，组建红十字志愿服务队伍1支。

【无偿献血】 4月25—28日，市中心血站到清流县采血，红十字会组织志愿者参加无偿献血，同时开展造血干细胞宣传工作，全县共有452人参加献血，采集血量15.14万毫升。

【开展志愿服务活动】 5月8日，县医院红十字志愿服务队在龙津广场开展儿科、中医科、内科博爱义诊活动，提供医疗健康知识咨询及测血压服务，接待服务对象346人次。12月5日，组织开展志愿者日宣传及义诊活动。

撰　稿：彭华美
责任编辑：余王灼

客联会

【概述】 2014年，县客家联谊会常务理事会围绕全县中心工作，遵守办会宗旨，开展恳亲联谊、客家研究、学术交流，弘扬客家文化，光大客家精神，宣传推介清流，创建和谐清流，促进祖国和平统一等一系列活动，为构建海西中部"大美清流，幸福清流"作出贡献。

【为经济建设建言献策】 发挥县客联会理事分布全县各个领域全程参与经济建设的优势，围绕县委"做美城区、做强产业、做优环境、做好民生"工作重点，建言献策，其中《关于加快我县旅游业发展的建议》《关于尽快开发后龙山即南寨公园的建议》《做美城区，北山建设是关键》《清流城区建塔选址建议》和《关于为苏区烈士纪念园选址建议》等建议，得到县领导重视并批示，建议文章被收入清流县政协《2014年为建设"幸福清流"献计策汇编》。

【客家文化品牌建设】 做好客家博物馆装修完善及其布展工作，发挥清流客家文化资源优势，推动县域经济发展。组织专家深入龙津镇下窠村发掘欧阳真仙文化。参与长校镇河排村美丽乡村文化建设。

【弘扬客家文化】 探索、发掘客家资源，编辑出版《清流客家文化丛书》（第二部），包括《清流客家古建筑》《清流客家墨韵》《清流客家摄影》《清流客家民乐》4册，共21.6万字，图片432幅。

【开展客家文化研究】 年内，客家学者、作家累计在省市有关报刊发表《震撼心灵的客家史诗》《清流客家历史源流》《斑斓多彩的客家婚俗》《耄耋老人和他的客家蓝衫》等研究文章23篇。

【加强联谊交流】 接待省客联会客家文化"十个项目"督查组一行到清流检查、调研，推进县客家建设项目"清流中华客家文化博物馆"装修布展工作实施。接待第七届海峡两岸客家高峰论坛台湾客家乡亲，组织其参观考察县灵台山"清流中华客家文化博物馆"客家重点建设项目。接待永安、连城兄弟县客联会领导到访，与其共同研讨交流客家工作。赴台对接第七届海峡两岸客家高峰论坛筹办工作；参加第七届海峡两岸客家高峰论坛暨第二届石壁客家论坛及第二十届世界客属石壁祖地祭祖大典；参加河南开封第二十七届世界客属恳亲大会。

撰　稿：　叶国斌
责任编辑：余王灼

老区建设促进会

【概述】　2013年，县老促会在县委、县政府领导和省、市老促会指导下，围绕“做美城区、做强产业、做优环境、做好民生”总体部署，立足实际，主动谋划，积极运作，呼吁动员社会力量，为加快清流经济社会实现跨越发展作出应有贡献。连续6年受到中国老区建设促进会表彰，被授予《中国老区建设》宣传和中国老区宣传工作三等奖。

【加强老区宣传】　走遍机关、事业和老区乡镇，做好《中国老区建设》刊物发行工作，并将手续费全部用于订刊，赠送县乡党政主要领导和部分村主干。通过赠阅《福建省促进革命老区发展条例》、召开学习座谈会、组织文艺队伍上街下村宣传，营造学习贯彻《条例》氛围。组织老同志和通联组同志先后撰写《战旗高扬苏区红》《一盏红灯照忠魂》《清流重视保护红色遗址》《巾帼英烈——邹银荣》《苏区清流奏响“幸福清流”奋进曲》等二十余篇文章分别在《红土地》《中国老区建设》《福建党史月刊》《三明党史》《闽粤赣边纵通讯》及电视、报刊上发表，拓展清流苏区知名度。

【宣传贯彻党的十八届三中全会精神】　与龙津镇、城关老人协会组建业余文艺宣传队，自编快板《让改革的旗帜高高飘扬》《阳光路上》《祝福祖国》等十几个节目在龙津广场表演，并深入供坊、下戈、大横溪等地宣传演出。

【加强青少年爱国主义教育】　主动配合有关部门及学校，在清明节期间开展祭奠烈士活动，深入老区中小学校进行青少年爱国主义和革命传统教育。与新四军研究会、关工委在县政府门前广场共建爱国主义教育园地，编写《一盏红灯照忠魂》《福建省革命老区发展条例》《进一步加深对老区概念的理解》等文章，出刊4期。

【开展老区建设调研】　邀请老区办、农业局、移民局、水产局深入县建设局等部门，以及沙芜乡铁石村、上坪村调研“美丽乡村”建设情况，撰写“清流县美丽乡村进程调研工作汇报”呈送县委、县政府及有关部门，提出因地制宜、完善规划；整合资源、加大投入；建章立制、长效管理等4条建议。撰写“沙芜乡老区美丽乡村建设调查报告”，总结好做法及经验，并对存在的困难和问题提出建议和意见，得到有关部门重视。市老促会将全文转发给各县老促会及有关部门学习。年内，通过调研还形成《元山村多业发展稳增收》《梓材村的跨越发展》等报告，多数已在《红土地》杂志上发表。

【奖教掖学】　争取大丰基金会，厦门旅港同学会以及社会各界助学资金147.95万元。做好黄仲咸教育基金奖学金发放工作。2013年，县域学生受奖90名，100%为山区老区家庭贫困学子，每人奖金1000元。老促会资助考上厦门大学化学工程与工艺系的一中贫困学生1名、500元。截至2014年末，全县各类受助、受奖学生1446人，资金81.3万元。

【为老区办好事实事】　年内，各成员单位为老区挂点村完成办实事项目37个，投入资金1110.8万元。其中，县劳动局为林畲乡孙坊村花农铺设滴灌、修自来水、建农家书屋、改造危桥等，办实事6项，投入资金480万元，项目全部完成并交付使用。

【开展卫生下乡活动】　在县卫生部门支持下，组织内科、妇科、中医科以及部分离退休医务工作者，自带医疗设备，深入老区里田乡等地，开展义诊活动6次，诊治病人760人次，健康咨询1200人次，发放各类健康书籍资料2800份，赠药经费1.36万元。

【开展科普宣传】　老促会科技组会同县科协、老科协以及农业、畜牧水产等有关科技工作者10余人，先后深入老区里田等地利用墟日开展科普宣传和科技咨询活动，发放《油茶丰产林栽培实用技术》等各种技术书籍和资料1200多份。组织有关科技人员编写《成龄桃树夏季修剪技术》《空心菜白锈病防治技术》等技术资料二十余篇，无偿赠送群众，在《红土地》杂志发表《冬季菜园管理技术》《柑桔黑点病的发生及其防治技术》等文章7篇。

【举办实用技术培训】　会同有关部门技术人员在龙津镇、沙芜乡等地举办“养殖与捕捞”实用技术培训班4期，培训650余人次；同时在俞坊、供坊、蔬菜等地开展水稻高产活动和蔬菜栽培技术培训，培训人数60余人次。

撰　稿：　巫正根
责任编辑：余王灼

公务员管理 机构编制

公务员管理

【概述】 2014年，县人事人才工作在县委、县政府的领导和市局指导下，贯彻落实省、市人事工作会议精神，围绕服务发展这一主线，着力推进人才培养、引进和集聚，切实加强公务员队伍管理，持续深化人事制度改革，提升人事人才公共服务水平，各项工作取得较好成绩。

【完成年度考核工作】 全县政府系统机关事业单位参加年度考核人员3638人，其中行政机关400人（科办员329人〈优秀58人，称职271人〉；工勤16人〈优秀1人，称职15人〉；不定等次51人〈科员办事员11人，试用期40人〉；不参加考核4人）。参公单位153人（科办员108人〈优秀18人，称职90人〉；工勤28人〈优秀3人，称职25人〉；不定等次11人〈科员办事员5人，试用期6人〉；不参加考核6人）。事业单位专业技术人员2754人（优秀434人，合格2183人，基本合格1人，不合格2人，不定等次126人，不参加考核8人）；事业单位职员及其他人员331人（科级以下181人〈优秀28人，合格153人〉；工勤115人〈优秀8人，合格105人，不合格2人〉，不定等次27人〈科级以下11人，试用期16人〉；不参加考核8人）。公务员、参公人员、机关工勤人员年度考核优秀奖励80人。

【建立公务员信息系统数据库】 采集补充录入和完善人事信息系统，建立全国公务员信息系统数据库，及时上报相关数据，并按要求逐步接入组工网。

【事业单位岗位管理】 建立完善事业单位岗位设置管理数据库，实行岗位人员变动报备制度，建立岗位设置动态管理机制。

【继续教育培训和管理】 做好《继续教育证书》登记、验证管理工作，组织教育部门和卫生部门完成继续教育登记工作，完成全县2371名专业技术人员的继续教育登记工作。

【公开招录（聘）用机关事业单位人员】 年内，全县政府系统和参公单位补充录用公务员43人、参公人员12人；建立清流县人事考试网，事业单位招聘首次实行网上报名，聘用人员135人，其中县直35人，乡镇20人，卫生28人（紧缺7人），教育52人。

【专业技术人员职称评审】 评审预审专业技术职务114名。其中正高级5人、高级51人、中级52人、初级6人。公布正高级职务4人、高级职务27人、中级职务85人、初级职务47人。确认新参加工作的事业单位工作人员专业技术职务84名。

【调整公务员津补贴及事业单位绩效工资标准】 1月，市批准清流县执行省定第四档津贴补贴标准。截至2月末，共为全县4592名在职人员、1543名离退休人员办理津贴补贴标准调整手续。

【大中专毕业生报到登记】 截至12月25日，全县共报到大中专毕业生85人，就业人数80人，就业率94%。

【人事代理服务】 截至12月25日，办理毕业生人事代理手续61人。做好原有长期代理人员（共127人）考核、工资套改审批、正常晋升、委托职称评审、学历更改等工作，调整档案工资127人次，年度考核127人。协助申报代理人员办理退休6人。

【人才服务】 年内，人才中心向企业成功推荐大中专毕业生40余人。组织部分企业参加省市举办的招聘会。对未就业的毕业生，鼓励到基层企业单位就业，或进行小额担保贷款，自主创业。

【规范流动人员档案管理】 加强流动人员档案管理，做到归档材料真实、完整、齐全，对象明确，手续完备。新增流动人员档案251份，转出档案77份。

【“三支一扶”工作】 完成“三支一扶”毕业岗位征集，接收派遣

"三支一扶"毕业生11人。

【军转干部解困稳定工作】 落实省市增加企业退休军转干部生活补贴标准方案。为退休企业军转干部排忧解难。安置随军家属3人。

撰 稿：伍 婷

责任编辑：姚 全

机构编制

【概述】 2014年，县编办加强机构编制管理，推进县政府职能转变和机构改革、事业单位分类改革，深化食品药品监管体制改革和交通行政执法体制改革，完成机构编制实名制核查，各项工作取得成效。

【政府机构改革】 1月，县委、县政府下发《关于印发〈清流县人民政府职能转变和机构改革的实施意见〉的通知》，按照精简、统一、效能原则，推进大部门制改革，重点整合加强卫生和计划生育、市场监督管理、人力资源社会保障和公务员管理、工业和信息化、内贸和外贸、涉外管理和教育管理机构等，同时推进其他领域机构和职责的整合。

将县卫生局职责、县人口和计划生育局的计划生育管理和服务职责整合，组建县卫生和计划生育局，为县政府工作部门。将县卫生局承担的作业场所职业卫生监督检查、职业危害事故调查处理、职业卫生安全许可、职业病危害项目申报等职责划入县安全生产监督管理局。将县人口和计划生育局的研究拟订人口发展规划、人口政策方面的职责划入县发展和改革局。不再保留县卫生局、县人口和计划生育局。

工商、质监管理体制调整下放后，将县工商行政管理局、县质量技术监督局、县食品药品监督管理局等职责整合，组建县市场监督管理局，为县政府工作部门，统一承担市场监管相关职责。县市场监督管理局加挂县工商行政管理局、县质量技术监督局、县食品药品监督管理局、县食品安全委员会办公室牌子。将县经济贸易局的工业管理、经济运行、信息产业的行业管理等职责划入县经济和信息化局；将县城镇集体工业联合社有关工艺美术行业管理等职责划入县经济和信息化局；将经济贸易局有关内贸管理职责（不含典当、融资租赁行业、畜禽屠宰监管）划入县商务局；将县经济贸易局有关畜禽屠宰监管职责划入县农业局；将县经济贸易局（县食品安全工作办公室）承担的食品安全综合协调、组织查处重大事故、统一发布重大食品安全综合信息的职责，划入县市场监督管理局。将县科学技术局的职责划入县经济和信息化局，县经济和信息化局与县科学技术局实行一个机构、两块牌子。县经济和信息化局为县政府工作部门，加挂县国防动员委员会支前办公室牌子，不再挂县食品安全工作办公室牌子。县政府办公室不再挂县科学技术局牌子。不再保留县经济贸易局。将县经济贸易局有关内贸管理（不含典当、融资租赁行业、畜禽屠宰监管）的职责、县对外贸易经济合作局的职责整合，组建县商务局，为县政府工作部门。县政府办公室不再挂县对外贸易经济合作局牌子。

将县人力资源和社会保障局的职责、县公务员局的职责整合，重新组建县人力资源和社会保障局，为县政府工作部门，加挂县公务员局牌子。

将县委教育工作委员会的主要职责划入县教育局，不再保留县委教育工作委员会。

县农业局与县委农村工作领导小组办公室实行一个机构、两块牌子。

将县安全生产监督管理局由县政府管理机构调整为县政府工作部门，加挂县人民政府安全生产委员会办公室牌子。

将县民族与宗教事务局由与县委统一战线工作部合署办公，调整为在县委统一战线工作部加挂县民族与宗教事务局牌子。

县住房和城乡规划建设局与县人民防空办公室实行一个机构、两块牌子。

县教育局与县文体广电出版局实行一个机构、两块牌子。

将县发展和改革局行政审批制度改革牵头工作的职责划入县委机构编制委员会办公室。

统筹推进相关改革，注重与事业单位分类改革以及教科文卫等行业体制改革的协调衔接，将原由事业单位承担的行政管理职能[如广播电视、旅游、事业单位登记、文物、水文（水资源）、水土保持、植物检疫、渔业船舶检验、专利、纤维检验、核与辐射安全监督、地震等]划归相关行政部门承担；注重与完善政府功能相结合，理顺条块关系，做好工商、质监、食药监行政管理体制调整的承接工作，深化乡（镇）行政体制改革，为科学发展跨越发展提供体制机制保障。

改革后，县政府设置工作部门22个：

1. 县人民政府办公室（挂县人民政府法制办公室、县人民政府外事侨务办公室、县金融工作办公室、清流县机关效能建设领导小组办公室牌子）

2. 县发展和改革局（挂县物价局、县粮食局牌子）

3. 县教育局（与县文体广电出版局实行一个机构、两块牌子）

4. 县经济和信息化局（与县科学技术局一个机构、两块牌子，挂县国防动员委员会支前办公室牌子）

5、县公安局

县监察局（与县纪委机关合署办公，列入县人民政府工作部门序列，不计入县政府工作部门机构个数）

6. 县民政局（挂县革命老根据地建设办公室牌子）

7. 县司法局

8. 县财政局

9. 县人力资源和社会保障局（挂县公务员局牌子）

10. 县国土资源局

11. 县环境保护局

12. 县住房和城乡规划建设局

（与县人民防空办公室一个机构、两块牌子）

13.县交通运输局（挂县交通战备办公室牌子）

14.县农业局（与县委农村工作领导小组办公室一个机构、两块牌子）

15.县林业局

16.县水利局

17.县商务局

18.县卫生和计划生育局

19.县审计局

20.县安全生产监督管理局（挂县人民政府安全生产委员会办公室牌子）

21.县统计局

22.县市场监督管理局（挂县工商行政管理局、县质量技术监督局、县食品药品监督管理局、县食品安全委员会办公室牌子）

县委统一战线工作部加挂县民族与宗教事务局牌子。

【推进食品药品监管体制改革】 3月，原县食品药品监督管理局由省垂直管理改为县政府管理，整合工商、质量技术监督、卫生部门食品安全监督及药品管理职能重新组建清流县食品药品监督管理局。结合乡镇布局，按区域设立龙津、嵩溪、嵩口、灵地4个食品药品监督管理派出机构。

【深化交通行政执法体制改革】 12月，将三明市交通综合行政执法支队下设的清流县路政中队承担的市公路局管养公路的路政监督处罚职责划入清流县交通综合行政执法大队。原清流县路政中队3名事业编制连人带编划入清流县交通综合执法大队。

【机构编制管理】 优化机关内设机构设置。撤销县纪委、监察局内设机构党风廉政建设室、纠正行业不正之风工作室（县人民政府纠正行业不正之风办公室），设立党风政风监督室（挂县人民政府纠正行业不正之风办公室牌子），将原内设机构纪检监察室调整设立为纪检监察一室、二室；设立县公安局巡特警大队；为发挥检察职能作用，服务和保障县生态文明建设，将县检察院林业检察科更名为生态环境检察科；为实现法院系统业务部门统一规范、上下级业务对口，将法院少年审判庭更名为少年与家事审判庭、生态审判庭更名为生态环境审判庭。控制机构设置，在县城乡低保工作站加挂“县救助申请家庭经济状况核对中心”牌子；县光荣福利院加挂“县流浪未成年人救助保护中心”牌子；县投资审计中心加挂“县乡镇审计中心”牌子；在县第三中学加挂“县中小学生社会实践活动基地管理中心”牌子。同时，为规范管理，将嵩口卫生院更名为嵩口中心卫生院。撤并职能相近机构，撤销县毛泽东旧居管理所，将其职能和编制划入县客家文化博物馆，在县客家文化博物馆加挂“清流县毛泽东旧居纪念馆”牌子。

【完成机构编制核查】 6月，开展机构和人员编制核查，加强机构编制实名制管理。联合组织部、监察局、公务员局、财政局、人力与社会资源保障局、审计局等部门联合审查核查结果，并按实地核实的比例不低于核查单位总数40%要求，进行机构编制实地核查，公开核查结果。

【事业单位分类改革】 在各事业单位按分类标准填报意见，形成分类初步意见，其中承担行政职能的事业单位已上报备案。

【事业单位登记管理】 年内，事业单位新登记3家，注销1家，应年检256家，已年检250家，年检率98%。

【网上名称规范管理】 新增中文域名注册单位8家。2013年已注册域名单位166个中，进行网上名称规范管理139个，办挂网上标识单位128个。

撰　稿：温凤英

责任编辑：姚　全

法治 武装

政法 综治

【概述】 2014年，县政法、综治工作在县委正确领导及上级政法、综治部门具体指导下，深入推进法治清流、平安清流和过硬队伍建设，深化司法体制改革，为全县经济社会发展提供坚强法治保障。在2014年全省群众安全感调查测评中，县政法部门执法工作满意度94.09%，居全省第四名，全市第一名；群众安全感95.24%，居全省第16名，全市第六名；平安建设知晓率78.73%，居全省第十九名，全市第四名。

【服务和保障大局稳定】 全县政法机关以建设平安清流、法治清流、维护社会稳定、服务经济社会发展、保障民生为根本，履行职能，依法严厉打击各类违法犯罪活动。年内，公安机关立刑事案件648起，同比下降12.7%，破198起，同比下降45.9%，抓获各类犯罪嫌疑人219人；受理治安案件1039起，查处1034起，查处违法421人，其中治安拘留173人；受理经济案件30起，立案26起，破案21起，打击处理各类违法犯罪人员12人，挽回经济损失90余万元；立涉毒刑事案件10起，全部侦破，抓获毒品犯罪嫌疑人19人，缴获毒品冰毒4985.51克、麻古0.5克、麻黄碱318公斤、氯麻黄碱124.5公斤；查处毒品治安案件12起，查处吸毒人员39人。检察机关受理提请批准逮捕刑事案件47件65人，提起公诉139件213人；监督立案5件5人；监督撤案1件1人；改变案件定性14件16人。查办职务犯罪案件10件13人，涉案金额497万元。其中贪污贿赂犯罪7件10人，均为大案，涉及正科级干部1人，副科级干部2人；渎职侵权犯罪3件3人，涉及副科级干部1人。发出检察建议5份，编发《预防职务犯罪专刊》6期，组织16批次880人参观全县反腐倡廉教育警示基地。法院共受理各类案件2675件，审执结2378件，解决诉讼标的和执行标的总额1.87亿元。其中审结民商事案件1349件，解决诉讼标的1.68亿元；审结刑事143件，判处犯罪分子201人；执结各类诉讼案件499件，标的1389.85万元；建立失信被执行人名单，曝光失信被执行人1064人次。司法行政机关全年帮教刑释解教人员618人，落实帮教措施616人，帮教率99.8%，接收实施社区矫正543人，在册218人，解除矫正325人。受理、指派法律援助案件114件，其中刑事案件15件，民事案件99件，为当事人挽回经济损失283.5万元。森林公安分局查处各类案件304起，其中森林刑事案件立29起，破19起，捕获逃犯6人，查处林政案件273起，治安案件2起。处罚违法犯罪人员549人/次，其中移送起诉案件12起16人，收缴木材1310立方米，为国家挽回经济损失130余万元。

2014年7月30日，省防范办主任杨丽卿（中左）在城关基督教堂听取教会负责人介绍反邪教工作开展情况

【排查化解社会矛盾纠纷】 建立健全各级领导干部首接首办责任

制、干部下访机制和信访困难人员帮扶救助机制及非正常上访依法处置机制，严格维稳信访工作责任查究制度。完善领导干部挂牌包抓化解重点信访问题责任制，对中央、省、市交办信访案件及排查的重点矛盾纠纷和信访突出问题，逐件落实县级领导包案，明确责任单位、责任人和办结时限。加强人口聚集和矛盾多发的行业、部门和区域，特别是涉及农村土地征用、城镇房屋拆迁、项目建设、道路交通、安全生产、物业管理、欠资欠薪、涉军人员落实政策待遇、涉法涉诉信访等方面的矛盾纠纷和不稳定隐患问题重点走访排查，主动化解群众反映的热点、难点问题，掌握苗头性不稳定因素，研究解决方案，采取措施予以解决，减少不和谐因素。年内，排查各类矛盾纠纷425起，调处425起，调解成功率99%，做到“小事不出村、大事不出乡镇、矛盾不上交、纠纷不激化”。推进“五心”(对待群众热心、听诉情况细心、解释政策耐心、处理问题公心、信访人满意舒心）工作法，加强和改进信访工作，全年党政信访部门受理群众信访件763件次，同比减少242件次；信访局受理群众来信来访177件次，同比减少14件次。

【深化社会稳定风险评估机制】 完善项目建设风险评估机制，对重大项目建设可能引发不稳定因素的，提早分析研判，制订预案，及时发现、协调、化解矛盾纠纷，提前介入处置潜在隐患。年内，共评估项目52个，做到应评尽评，确保项目建设零风险上马。同时，在重大工程建设领域实行风险保证金管理制度，建立农民工工资支付保障联席会议制度，为及时有效处理工程欠薪、安全事故等不稳定问题奠定基础。

【完善应急处置措施】 加强道路交通、非煤矿山、危化物品、消防、建筑施工、供气等重点行业安全隐患排查整治，预防和减少各类事故发生，确保社会面持续安全稳定。印发《清流县预防处置个人极端暴力行为工作办法》，制订《清流县应急处突工作方案》和处理非法集资问题以及突发公共卫生事件、道路交通、安全生产重特大事故应急处置救援等预案，开展应急演练，健全应急处置指挥机构和队伍，防患于未然。年内，先后成功调处清流一中、秋口煤矿等工程施工单位拖欠农民工工资引发的集体上访问题，及时遏制事态扩大。

【平安清流建设】 完善县级领导挂包乡镇、部门领导挂包村居、乡镇干部挂包组（社区）、村组干部包户的“四级联包”责任制。与13个乡镇、114个单位签订综治责任书。采取集中宣讲、召开座谈会、入户走访、制作平安提示卡、散发宣传资料、发送平安短信等形式，利用县电视台、户外电子显示屏、出租车、客运车辆等宣传媒体，开辟平安宣传专栏，播放平安建设知识，多渠道开展平安宣传进乡镇、进村居、进农户、进单位、进社区、进企业、进学校、进病房、进工地等活动，动员各方力量，参与平安清流建设。

【维护社会治安秩序】 加强技防体系建设，投入218万元，新建双向两车道高清治安卡口1套；在农村乡镇间建设高清视频抓拍监控系统10套；在城区新建“宽视界”高清视频监控探头28路。356家单位、商铺、住宅安装了视频监控探头2356个；辖区居民防盗门安装率96.3%；全县96.7%固定电话用户加入联防网；全县26辆出租车辆安装GPS、LED装置。完善治安防控网络,在全县组建县乡村专兼职义务巡逻队42支、258人，实施常态化巡逻，开展互助防范救援，促进社会治安大局稳定。在53个重点保护单位及25所学校配备专职保安人员。加强出租屋、流动人口管理服务，突出抓好校园周边环境及网吧等专项治理，开展打假、缉枪治爆、危爆物品排查整治等专项行动，严厉打击黑恶势力犯罪、“两抢一盗”、黄赌毒、食品药品等影响人民群众生命财产安全的刑事犯罪活动，最大限度封堵违法犯罪空间。突出综治“黑点”排查整治，全县共确定1个市级、2个县级和11个乡镇级综治“黑点”整治点，各整治工作队通过整治，排查各类矛盾纠纷18起，调处18起，全部调解成功；查破整治点刑事案件3起，治安案件24起，涉案人数41人。

【维护国家安全】 抓国安办实体化建设，开展隐蔽战线斗争。搜集各类国保情报信息372条；收缴邪教宣传信件1封、涂写反动宣传内容人民币158张，查明“法轮功”邪教线索1条；摸排“全能神”邪教人员5人，举办教育转化班2期6人次；查禁取缔道堂3处，收缴“真空教”邪教活动资金1.28万元，经书31本、光盘8张，责令“真空教”邪教骨干严某某书写停止“真空教”邪教活动保证书1份；抓反邪教警示教育、家庭拒绝邪教承诺和基层反邪教阵地建设，开展“无邪教县”创建活动，抵御邪教组织反动宣传、敌对势力渗透和破坏活动，持续实现“三个零”目标。签订反恐怖工作责任书48份，检查反恐怖重点单位12家，发现安全隐患20处，发《反恐怖防范督导检查表》11份，《整改意见书》1份，确保全县社会和谐、政治安定。

【社会管理创新】 以“雷霆治爆”专项行动为重点，强化各项安全检查、监管和隐患排查、整改，查破涉及民爆物品刑事案件2起，涉及枪支弹药刑事案件18起，查处涉及烟花爆竹治安案件29起，治安处罚32人；捣毁非法销售窝点5个；收缴炸药99公斤、雷管112枚、烟花爆竹3875件、各类枪支44支、子弹1100余发；收缴管制刀具67把，仿真枪92支。开展农村地区道路交通违法集中整治、城区道路交通安全集中整治、涉酒驾驶、租赁汽车管理、电动三轮车集中整治、交通安全综合整治“百日会战”等专项行动，全年发生交通事故28起，死亡9人，受伤32人，直接经济损失31800元，同比下降9.68%、死亡人数下降10%、受伤人数上升6.67%、经济损失下降52.85%，未发生较大以上道路交通事故。查处各类严重交通违法行为4308起。推进“清剿火患”战役，开展“七个方面”突出问题、消防产品、在建工地、建筑外墙保温材料等专项整治行动，对检查发现的火灾隐患，依法督促整改。全县发生火灾10起，比增8起。

【创新推行政法干警“一线工作法”】 在政法系统推行干警“进百村入万户话平安”“一线工作法”，政法干警走出机关，深入基层，走进村组社区，进村入户，以“八个一”活动（举办一次政法开放日活动、送一本平安家庭宣传手册入户宣传、召开一场征求意见座谈会、开设一块媒体平台宣传、发送一条手机短信宣传、建立一批综治宣传阵地、建立一片治安防控区域、打造新一轮“四宜四无”和谐发展示范村）为抓手，了解“一线情况”、化解“一线矛盾”、解决“一线问题”。年内，全县政法干警走访群众46300多人次，走访企事业单位200个次，为群众解决实际问题600余件，发放各种宣传资料和征询意见表3万余份，为巩固提升综治“三率”水平奠定基础。

【强化执法监督】 强化重点案件研判，组织政法部门召开案件分析研判协调会3次，研判政法机关提交的疑难案件4件。深化办案风险评估工作，对受理的案件从成案率、法律效果、社会效果等多方面进行综合分析，评估办案综合效果，提高办案质量和水平，减少和降低办案风险。年内，共评估案件17件。

【做好涉法涉诉信访工作】 全面落实涉法涉诉信访制度改革要求，坚持主要领导带头接访，办案单位主动介入，依法做好思想疏导及法律解释工作，提升司法公信力，维护司法权威。年内，多元化解黄某、江某等一批信访案件，上报终结伍某、罗某信访积案2件。

【落实刑事被害人司法救助机制】 将特困执行救助资金、涉法涉诉信访救助资金列入县级财政预算，全力解决受害人实际困难。全年实施司法救助案3件、6.5万元。

【开展案件质量创佳评差活动】 抓涉法涉诉信访案件评查工作，落实案件纠错机制，加强执法监督，规范管理，提高执法司法公信力。年内，共完成涉法信访案件评查3件，未发现瑕疵或过错案件。

【推行阳光执法司法】 办案实行全程同步录音录像，从源头上杜绝政法干警违法违纪。年内，查办政法干警违法违纪案件1件2人。

撰　稿：王德宗

责任编辑：姚　全

公　安

【概述】 2014年，县公安局在县委、县政府和上级公安机关的领导下，贯彻落实中央、省市县委政法工作会议和全市公安局长会议精神，围绕维护社会大局稳定、促进社会公平正义、保障人民安居乐业总任务，推进平安建设、法治建设和过硬队伍建设，为全面深化改革、促进科学发展创造安全稳定的社会环境、公平正义的法治环境和优质高效的服务环境。

【打击刑事犯罪】 开展“猎狐捕鼠”、“剑盾”行动，严厉打击“两抢一盗”诈骗等多发性侵财犯罪。全年立刑事案件648起，比降12.7%；破年内案件198起，比降45.9%，破年前隐漏积案29起。其中，立八类犯罪案件24起，比增14.3%。立“两抢一盗”、诈骗等多发性侵财类案件488起，比降16.2%。抓获各类犯罪嫌疑人219人，抓获网上在逃人员50人，打击处理213人（其中逮捕68人，移送起诉145人）；开展集中返赃活动，返还“猎狐捕鼠”和“剑盾”专项行动追回的20名受害人现金5.26万元、摩托车（助力车）17辆、手机9台、金项链2条及其他金银首饰等物品，总价值30万余元。

【打击经济犯罪】 依托与税务、工商、烟草等部门联络工作制度，收集有效情报信息和有价值的集群战役线索，打击各类经济犯罪活动。年内受理经济案件30起，立案26起、破案21起，打击处理各类违法犯罪人员12人，其中刑拘6人，取保6人，逮捕6人，抓获上网逃犯5人，起诉9人，挽回经济损失90万余元。

【打击毒品违法犯罪】 年内，共立涉毒刑事案件10起，破10起（其中贩卖毒品案件4起，制毒案件4起，非法持有毒品案2起），共抓获毒品犯罪嫌疑人19人，其中刑事拘留16人、逮捕8人、取保候审1人、移送起诉7人。立毒品治安案件12起，治安拘留39人、决定社区戒毒2人、送三明强制戒毒1人。缴获毒品冰毒4985.51克、麻古0.5克、麻黄碱318公斤、氯麻黄碱（冰毒半成品）124.5公斤。12月22日晚，抽调刑侦、巡特、里田警务室警力在里田乡田坪村曹屋邱某福家中查获一制毒窝点，当场抓获长汀籍制毒犯罪嫌疑人5人，清流籍犯罪嫌疑人2人，并在邱某福家后院缴获氯麻黄碱124.5公斤、制毒设备及大量化工原料空桶。12月23日，在长汀县抓获长汀籍犯罪嫌疑人李某媛。

【健全防控体系】 全县受理治安

2014年12月22日，在里田乡破获省厅挂牌督办特大制毒案件1起

案件1039起，查处1034起，比增8.2%。查处违法人员421人，其中治安拘留173人，罚款244人。年内，投入218万元，新建双向两车道高清治安卡口1套；在农村乡镇建设高清视频抓拍监控系统10套；在城区新建“宽视界”高清视频监控探头28路。其中嵩口高速路口治安卡口和城区6路智能流媒体车牌识别系统已于10月20日建设完成并投入使用；乡镇间10路视频抓拍系统和城区28路高清视频监控系统已在施工。在全县企事业单位中推进单位内部治安防控网构建工作，完成52家县级治安保卫重点单位的核实、申报、审批工作。

【行业场所管理】 强化旅馆业管理，将已办证的42家旅馆逐一录入旅馆业信息系统并确认监管责任。年内，召开全县旅馆业主大会3场，乡镇旅馆业主会议7场，引导办证旅馆3家、取缔无证旅馆2家。查处违规旅馆40家次，责令停业整顿旅店3家；加强“网吧”实名登记工作，共查处网吧未落实实名登记4家，其中停业整顿3家、关停1家；全县共有寄递业8家，推行实名制管控。

【人口管理】 固化创新流动人口管理，全县流动人口6597人，出租房屋1292间；受理各类出国、出境申请2850人次，其中出国申请966人次、往港澳申请1597人次；受理往台湾申请280人次，办理台湾居民五年期台胞证换证申请7人次。

【民爆物品管理】 开展“雷霆治爆”专项行动，强化各项安全检查、监管和隐患排查、整改，未发生涉枪涉爆事故。全县共查破涉及民爆物品刑事案件2起，采取刑事强制措施4人；查破涉及枪支弹药刑事案件18起；查处涉及烟花爆竹治安案件29起，治安处罚32人；捣毁非法销售窝点5个；收缴炸药99公斤、雷管112枚、烟花爆竹3875件、各类枪支44支、子弹1100余发；收缴管制刀具67把，仿真枪92支。

【开展禁赌专项行动】 严厉打击游戏机赌博,野外山头、聚众赌博等突出赌博违法犯罪活动。年内，查处赌博案件117起，其中查处赌博治安案件107起，刑事案件10起。抓获赌博人员298人，其中刑事拘留18人，治安拘留89人，罚款191人。

【交通安全管理】 围绕春运交通安全管理，开展农村地区道路交通违法集中整治，推进微型面包车核载提示牌粘贴，开展城区道路交通安全集中整治，涉酒驾驶交通违法行为专项整治，加强租赁汽车管理，“剑盾”交通管理路面执法行动，打四非查四违，开展电动三轮车集中整治、交通安全综合整治“百日会战”等。年内全县发生一般以上交通事故28起，比2013年下降9.68%；死亡9人、比降10%；受伤32人，比增6.67%；直接经济损失31800元，比降52.85%。未发生较大以上道路交通事故。共查纠五项十类严重交通违法行为4308起，其中酒后驾驶269起、醉酒驾驶19起、营运车辆超员8起、其他车辆超员802起、摩托车超员173起、货车超载30%以上30起、现场超速50%以上29起、涉牌1184起、涉证1640起、未戴安全头盔154起。

【消防安全监管】 推进“清剿火患”战役，开展“七个方面”(人员密集场所，高层地下建筑、物流仓储、出租屋、消防控制室，消防产品，易燃易爆危险化学品生产、储存、销售、使用）突出问题专项整治、消防产品专项整治、在建工地专项整治、建筑外墙保温材料专项整治行动，对检查发现的火灾隐患，严格执行“七个一律”的要求，依法督促整改。年内全县共发生火灾10起，同比火灾起数多8起。

【推进执法规范】 县局法制部门考评案件1655起，组织开展评选最佳最差案件卷宗活动12次，共评选最佳案件卷宗14件、最差案件卷宗12件，评选季度“执法之星”4名。组织执法办案单位民警培训5期、242余人。经常性组织各办案单位法制员到法制大队跟班作业培训，提升法制员执法办案监督能力。严格各环节审查监督，建立法制员-所队领导-法制部门-分管局领导四级审核把关机制，开展疑难案件审核、研究案审会，研究解决疑难案件27起。强化质量考评，坚持“一案一评”制，组织开展季度执法质量考评和最佳最差案件卷宗评选工作。组织参加执法资格考试，全局19人参加中级、3人参加基本级执法资格考试。其中局党委班子全体成员参加中级执法资格考试。

【开展“为何从警、如何做警、为谁用警”大讨论】 全局民警结合自身岗位，联系实际，谈心得、讲体会，树立“立警为公、执法为民”理念。共收集心得、散文、演讲稿、调研等类型的大讨论征文30余篇。4月10日，组织开展“我为警营添风采”演讲比赛，通过初赛、决赛两个环节，评选出一等奖1名、二等奖4名、三等奖6名。

【暖警工程建设】 与政府等相关部门沟通，筹集资金20余万元，进行嵩口、灵地、长校、赖坊、嵩溪5个基层派出所队基建改造并添置生活必需设备。增设食堂6个，装修民警宿舍21间，添置电视机6台、空调13台、电脑18台、洗衣机9台、电风扇17台、热水器11台。5月，投入70万元修建县局内部食堂，建筑面积508平方米，可容纳90余人用餐。

【推行社区民警专职化】 争取县委、政府支持，于春季特招巡特新警2批19人，分配至基层所队，解决警力不足问题。推进社区网格管理，将全县划分为网格25个，配备专职社区民警30名（占派出所总警力53.57%），协警41名，并将18名流动人口协管员整合到警务室，由社区民警统一管理使用。其中城区4个社区居委会和14个行政村分成警务网格8个，每个网格配备社区民警1名、协勤人员2名。

【队伍训练】 抓好“三个必训”（民警首任和上岗必训、职务和警衔晋升必训、基层和一线民警每年的实战必训）基础训练，落实初任必训1期2人，晋升必训4期8人，开展依法使用武器警械专项训练2期77人；45周岁以下民警警务技能训练3期91人，每期15天。2月25日，县局全体副科级以上领导干部进行“正警容、立警姿”队列训练；6月4日起，组织40周岁以下民警76人分两批开展为期4天的武器警械专项训练培训；10月15日始，分三期组织45岁以下民警开展以基本知识、体能、信息化应用、警务技能、警务战术5个项目的训练、考核为主要内容的2014年警务技能实战训练。

【宣传信息工作】 年内，公安信息被市局主页采用162条，三明公安公众服务网采用288条，被福建长安网采用67篇，人民网采用2篇，《三明新周报》采用6篇，《三明日报》采用7篇，《法制今报》采用11篇；县局腾讯微博听众达258860人，新浪微博粉丝达18254人，通过“网上警局”发布警务相关信息1374次。

【争先创优】 做好每月一报每季度一评的“警务之星”和“民心警务典型事例”评选活动。年内评出各项专项行动之星12名。治安大队长阳发高被福建省总工会授予“福建省‘五一’劳动奖章”称号。

撰　稿：　陈年昌
责任编辑：姚　全

消　防

【概述】 2014年，县消防大队以打造消防铁军和“清剿火患”工作为重点，始终坚持抓班子、带队伍、打胜仗，确保部队内部和火灾形势“双稳定”。大队接警出动65次，扑救火灾13次，抢险救援21次，社会救助31次，出动消防车125辆次，出动消防官兵685人次，抢救被困人员9人，疏散人员42人，抢救财产价值67万元。大队被省公安厅表彰为“全省公安机关执法示范单位”，被公安部消防局评为“公安消防部队廉政勤政先进单位”。

【消防安全宣传培训】 4月15日，与教育局联合举办中小学校消防安全管理知识讲座和灭火演练。全县中小学分管领导、教师共计50余人参训。6月16日上午，与安监、质检、卫生、交警、工商等部门一同举办“安全生产月”宣传咨询活动，普及消防安全知识。

【消防实战演练】 9月18日，由县政府组织，县公安局、消防大队、县医院、供电公司等多家单位参与的清流县2014年多部门联合消防、防恐应急实战演练在清流县供电公司举行。11月18日，大队深入清流监狱，开展联合灭火救援实战演练。

【双拥共建】 与6个单位签定共建协议，开放消防站29次，为共建单位消防培训9次，协助社会单位消防培训17次，组织培训3000余人

2014年7月15日，一辆满载钢筋的小型货车在清流县范元村段一急转弯处发生侧翻，事故造成驾驶员被困车内，身上多处创伤，清流消防大队出动2辆消防车、9名消防官兵火速赶往现场救援

次。为社会单位开设消防专题讲堂8次，开展社会面宣传活动31次。参与地方单位组织的慰问福利院、植树造林、祭扫烈士墓、“学雷锋”、“5•4”宣传等义务活动，走访慰问和帮助福利院、敬老院、孤寡老人、老红军、老革命16次；在地方部门支持下，聘请队外“文艺辅导员”“二级心理咨询师”“体育教练”定时来队给官兵辅导“功课”。

【消防队伍建设】 实行消防安全网格化管理，建设多种形式消防队伍，推动赖坊乡等6个乡镇组建专职、志愿消防队。

【排查整治火灾隐患】 6月18日，联合县文广局、林畲乡政府对省级文物保护单位——毛泽东故居、红军医院等文物单位开展消防安全检查，消除火灾隐患。7月21日，应大队监督人员要求县电视台曝光龙津市场存在的重大火灾隐患。年内，大队共检查单位955家，发现火灾隐患1729处，督促整改火灾隐患1679处。临时查封7家，“三停”3家，罚款12.89万，拘留1人，警告4人；办理行政处罚35起，提请政府挂牌重大火灾隐患单位7家，销案3家。

【强化后勤保障工作】 购买8吨水罐消防车1辆，投入97万余元用于军人俱乐部、影视厅和营房维护修缮等项目。

撰　稿：叶盛斌
责任编辑：姚　全

森林公安

【概述】 2014年，县森林公安分局围绕省、市森林公安局的工作部署，树立“立警为公，执法为民”的思想，转变执法观念，开展林区治安综合治理，加大案件查处力度，打击各类破坏森林资源和野生动植物资源违法犯罪活动，为稳定林区秩序，加快清流经济社会科学发展、跨越发展，建设“幸福清流”创造良好林区治安环境。全年查处各类案件304起，其中森林刑事案件立29起，破19起，捕获逃犯6人；查处林政案件273起，治安案件2起。处罚违法犯罪人员549人次，其中林业行政处罚521人次，移送起诉案件12起16人，收缴木材1310立方米，为国家挽回经济损失130余万元。2014年，受省局表彰个人三等功1人、市局嘉奖3人。

【抓好“三基建设”】 “三基建设”即“抓基层、打基础、苦练基本功”。筹措资金，加强基层森林派出所基础设施建设。年内，芹口所业务用房竣工投入使用。推进“森林金盾工程”建设，推行网上办公、网上办案，实现资源共享，提高办公和执法效率。落实“三个必训”制度，开展大练兵和大轮训工作，立足岗位，注重实效。

【加大森林资源保护宣传】 组织宣传车，到各村巡回宣传有关保护森林资源的法律法规，提高林区群众守法意识。在各乡（镇）村醒目位置悬挂横幅和张贴宣传标语，结合“大走访”进村入户开展以案释法和“平安进家庭”教育活动。开展综治宣传月活动，将有关森林刑事案件的立案和处罚标准及有关典型案例翻印成宣传单发放给各类林业企业、矿山、工业开发区、县城农贸市场、乡镇集市等相关人员，共发放宣传材料800余份。邀请县广电局跟踪报道有关林业行政、森林刑事案件及保护野生动物的查处情况，扩大宣传效果。召开木材生产、加工行业及涉林矿山企业负责人座谈会，开展法律知识讲座，签订保护森林资源承诺书，敦促业主守法经营。

【打击破坏森林资源违法犯罪行为】 在林区治安突出的重点地段、重点部位加强布控巡逻检查。3—5月，查获田源、芹口、沙芜洞口村民盗伐林木案3起，计立木材积20.33立方米，查处长校与宁化、长汀县交界区域林区非法运输木材林政案件4起，没收原木15立方米。打击非法采挖野生植物和国家重点保护植物违法犯罪活动。1—6月，共查处非法采挖野生植物、非法运输国家重点保护植物案件6起，其中刑事案件3起。

2014年2月27日，收缴非法捕猎工具

【开展打击非法开采稀土矿“雷霆行动”】 根据县委、县政府统一部署，开展打击非法开采稀土矿“雷霆行动”，从严从重处罚非法开采稀土等违法占用林地案件。芦口所、嵩口所、长校所等配合当地政府多次深入盗采稀土点巡查，防止死灰复燃。

【打击破坏野生动物违法犯罪专项行动】 先后组织开展“春季一号”行动、“天网行动”、和“2014利剑行动”，各所与当地政府有关部门突击检查集贸市场、餐馆酒店，开展统一行动15次，收缴猎具162件，没收蛇类、蛙类、鸟类、野猪等动物105头（只）。

【打击防范森林火险】 加大森林火险期间宣传力度和巡查频率，在戒严期内，严防死守重点区域、重点部位，严惩野外违章用火行为。火灾发生地的森林派出所所长和刑侦案件承办人为第一责任人。将森林火灾案件侦破工作列入年终考评。选择典型案件，在当地电视台曝光，达到处理一个，警示一片，教育一方。全年查处森林火灾案件11起，追究刑事责任1人，林政处罚5人。

【开展破积案、追逃犯活动】 落实“清网行动”追逃工作责任制，落实宽严相济政策，运用政策、法律等手段做好犯罪嫌疑人家属的思想工作，敦促在逃人员投案自首，争取宽大处理。年内，破获积案4起，抓获批捕、负案在逃人员6人。

【强化执法监督】 规范执法行为，分局案件会审小组把好案件质量关。坚持重特大案件和疑难案件集体研究制度，聘请警风监督员加强执法监督检查。每月通报办案过程存在问题，限期整改。加强业务培训，规范法律文书制作，提高卷宗质量。开展执法检查“回头看”活动，检查案件161起，其中刑事案件39起、林业行政案件122起，查出在依法立案、调查取证、办案场所等方面存在问题15个，督促办案单位针对存在问题逐一整改。

【来信来访处理】 年内，受理群众来信和有关部门转办的查报件10件，已调查处理10件，结案率100%。

【信息工作】 2014年，上报市局各类信息205条，市局采用97条，省级采用12条。

撰　稿：叶大鹏
责任编辑：姚　全

高速公路交警

【概述】 2014年以来，五大队围绕“防事故、保平安、促和谐”主线，严管队伍，严控路面，履行高速交警职能，较好地完成各项工作任务。

【强化队伍教育】 开展春季队伍教育整训活动。学习“五条禁令”、“八项规定”、“九不准”、《公安机关人民警察纪律条令》、和“三项纪律”等党规警纪。开展民警体能训练及测试活动。开展民警持枪证培训及警务技能培训，开展反恐处突演练20余次，强化队伍应急处突能力。

【道路交通安全管控】 开展道路交通安全综合整治大会战“三年行动”、隧道专项整治、“打四非查四违”、八类严重违法专项整治、“剑盾行动”、环闽“安保圈”、客车违法、危化品运输、高速公路交通秩序等各类专项行动144次，出动警力1688人次，出动警车565辆次，查获各类交通违法行为86954起，查获涉嫌信用卡诈骗在逃人员1人，非法持有毒品3次，冰毒1000克、麻古200余粒、K粉毛重7.62克，查获收缴管制刀具5次共6把，查获盗抢车辆1辆，非法运输烟花爆竹4车2824件，非法运输文物1起，非法运输木材17车，非法运输国家珍贵保护野生动物2起，非法运输香烟2车共982条。在春运、“清明”、“五一”、“端午”、“中秋”、“ 国庆”等重要时间点，将警力充实到道路交通事故多发路段和重点时段，进行应急管理，确保能及时采取有效措施，防止二次事故发生和严重交通堵塞。

【强化应急处置能力】 制订并更新各类应急处置预案。协调江西高速交警八大队、高速公路业主、路政、养护、气象等各方力量，加强联勤协作，组织开展实战演练10余次，尽量减少封道次数和封道时间，确保辖区高速公路安全畅通。年内，台风期间，辖区未发生重特大事故和长时间交通拥堵。

【安全隐患排查】 定期联合路政、养护、监控等部门，排查辖区高速公路路面、桥梁、陡坡、涵洞、匝道、施工点段的警示标志标牌、沿线护栏、安全防护网等，共同整改。

【施工安全监管】 严格施工安全审批手续，不定期进行安全检查，重点检查落实交通安全管制设施规定落实情况，反光锥摆放、警示灯及提示标志设置等，发现问题严重的责令施工单位停工整顿。年内，受理来自10个施工单位的施工申请书23份，辖区未发生因施工而造成事故情况。

【强化车辆安全管理】 大队管理109部点对点车辆。其中，营运客车88辆、旅游客车4辆、危化品车辆17辆。均安装GPS系统，并指派专人每天抽查5部点对点车辆GPS系统使用情况。年内，抽查客车及危化品车辆1805辆次，查获客车超速违法2起。对在辖区超速未处理的点对点车辆以及凌晨2时至5时违禁行驶客车及时进行违法抄告，督促企业及驾驶员及时处理。全年累计

2014年10月7日，在永宁高速清流互通口查酒驾

抄送超速违法通知书20份及客车违反禁行抄告书32份。强化剧毒化学品运输管理，定期登陆六合一平台进行剧毒品运输信息签收工作，有针对性地管理。年内，共签收危化品车辆通行信息31次。定期组织民警深入宁化、清流客运站，进行客运车辆安全技术检验，从源头消除安全隐患。

【规范执法】 大队有固定测速设备3套，移动测速仪3套，高清卡口监控设备2套，酒精检验测试设备2台，对讲机15部，执法记录仪17部，警务通17部，以及人手配备执法八件套。运用科技设备，强化执法，及时固定证据，保障自身执法安全。加强民警日常执法规范的养成教育，提高民警证据意识。加大执法考评力度，发现执法问题当场予以纠正。定期开展民警安全防护培训。

【抓好宣传工作】 全年在省级媒体共上稿33篇。其中，大队在春运期间抗击冰雪以及在两会期间查获一起涉嫌贩毒的案件、剑盾行动中查获的冰毒案件均在福建新闻频道刊播。春运、清明、五一、中秋及国庆等节日前夕，定期组织民警深入客运站，开展面对面的交通安全宣传教育，及时向客运企业负责人通报近期重大事故案例和责任倒查情况，督促落实交通安全主体责任。通过短信及电话，及时提醒“点对点车辆”驾驶人不超速、不超员、不疲劳驾驶。

撰　稿：陈　文

责任编辑：余王灼

检　察

【概述】 2014年,县检察院有科室15个，分别为：反贪污贿赂局、反渎职侵权局、控告申诉检察科、公诉科、侦查监督科、生态环境检察科（原林业检察科）、民事行政检察科、监所检察科、办公室、司法警察大队、政治处、监察科、法律政策研究室、案件管理办公室、检察技术科。编制55人，其中政法专项编制50人，实际在编46人；工勤编制5人，实际在编5人，1人占编不入编。在县委和上级检察院领导及县人大及其常委会监督下，县检察院围绕清流经济社会发展大局，全面履行法律监督职责，各项工作取得新进步。

【打击严重刑事犯罪】 批准逮捕各类刑事案件47件65人，提起公诉139件213人，案件数与2013年持平。其中，起诉重特大刑事案件18件30人。全年批捕案件平均用时3.9天/件，起诉案件平均用时7.6天/件。坚持重大疑难案件提前介入制度，引导侦查取证9次。对侦查机关遗漏的犯罪嫌疑人追捕6人、追诉8人。加大庭审指控和质证力度，申请证人、鉴定人、侦查人员出庭8人次。

【强化人权司法保障】 按照修改后刑诉法在证据、辩护制度等方面新要求，健全落实每案必讯、非法证据排除等工作机制，防止错案发生。如，在办理陈某寻衅滋事案件中，发现陈某系无刑事责任能力精神病人，建议办案机关及时撤销案件。开展羁押必要性审查，对无继续羁押必要在押人员，建议办案机关改变强制措施5件5人。实行未成年人案件“捕、诉、监、防”一体化办案机制，落实亲情会见、分案起诉、合适成年人到场等举措。全年封存未成年人犯罪记录6件。

【化解社会矛盾】 将社会矛盾化解贯穿执法办案始终，坚持控申关口前移，开展下访、巡访12次，依法妥善处理群众来信来访45件次，其中群体上访1次。对构成犯罪但无逮捕必要依法不捕19人，对犯罪情节轻微依法不诉9人。注重刑事和解工作，引导6件轻微刑事案件当事人达成和解。

【查办和预防职务犯罪】 从群众关心、社会热议的“两违”治理、工程建设、征地拆迁、行政执法、涉农专项补贴等领域和关键环节入手，全年查办职务犯罪10件13人，涉案金额497万余元。其中，贪污贿赂犯罪7件10人，均为大案，涉及正科级干部1人、副科级干部2人；渎职侵权犯罪3件3人，涉及副科级干部1人。所立案件已侦结并移送审查起诉8件11人，其中已起诉6件9人，法院均作有罪判决。注重从源头上预防职务犯罪发生，创办全市检察机关首份预防双月刊，编发《预防职务犯罪专刊》6期共1800余份。举办预防职务犯罪专题讲座16次，提供法律咨询99人次，邀请参观警示教育基地900余人次。开展个案预防，围绕查办工作重点、社会关注热点开展行业系统调查5件，针对发现管理漏洞发出检察建议5份，得到有关领导批示并督促相关单位办理。

【注重提升侦查能力】 运用挖窝案查串案、滚动深挖方法，扩大办案成效。年内，所立案件中，窝串案件9件12人，比例高达90%。使用侦查信息化等手段，查办涉案金额10万元以上案件7件7人。全面掌握重大工程项目、重大投资项目以及惠民富民资金等信息情况，收集和排查涉嫌犯罪线索。同时，加强与行业主管监管部门、执纪执法机关协作配合，发动群众举报犯罪，形成反腐倡廉工作合力。

【服务全县中心工作】 落实《服务和保障重点项目建设六条措施》，突出对园区企业、县重点产业的保护与服务，依法打击破坏企业生产经营秩序刑事犯罪3件4人。查办破坏社会主义市场经济秩序犯罪，办理金融诈骗、非法经营等案件9件20人，维护县市场经济秩序。联合清流县政府法制办，与全县36个行政执法单位建立行政执法与刑事司法衔接信息共享平台，实现案件线索网上移送、网上受理、网上监督，形成对违法犯罪活动的打击合力。

【服务民生民利保障】 依法严肃查处发生在群众身边、损害群众利益职务犯罪4件7人。联合有关部门开展“预防和治理企业拖欠工资”、“食品安全整治”等专项活动，依法起诉生产、销售有毒豆芽案1件1人。深入机关、企业、乡村、学校、社区，开展以矛盾化解、法制维权、预防教育为主题的检察“五进”活动，工作做法被省检察院肯定并转发。加强中小学生法制教育，联合清流县法院创办《校园法制专刊》，年内编发6期共18500余份。设立“未成年人骄阳关护基地”，开展结对帮扶、法制宣传、捐资助学、心理咨询等活动。

【服务生态文明建设】 落实“生态立县”战略，依法起诉非法采矿、盗伐滥伐林木等破坏环境资源犯罪16件18人，督促补种林木13.33公顷。针对办案过程中发现问题，向主管部门发出检察建议3份，推动林区治安综合治理。如，在办理一起非法毁坏国家重点保护植物案件中，发现被伐树木被纳入省级挂牌名木古树群，但无名木古树标识，建议并促成当地林业部门开展名木古树标识专项检查。10月，县检察院林业检察科更名为“生态环境检察科”，职责范围从林业领域扩大到生态环境领域。

【依法开展诉讼监督】 加强侦查活动监督，监督立案5件5人，监督撤案1件1人，改变侦查机关案件定性14件16人。加强民事行政执行监督，受理民事执行申诉4件，依法开展执行监督1件。加强刑罚执行监督，督促收监执行违规缓刑犯1名、不符合保外就医条件罪犯1名。加强监管活动监督，纠正监管活动不当7次，驻所检察室被最高人民检察院评为“二级规范化检察室”。

2014年12月4日，市检察院检察长张时贵（左2）到清流检察指导工作

【完善自身执法监督】 加强执法规范化建设，落实讯问职务犯罪嫌疑人同步录音录像、职务犯罪案件上提一级审查逮捕等制度。实行案件集中管理，实现对执法活动全程、动态、实时监督。开展案件质量评查4次，向业务科室发出《规范执法建议书》10份。全年共对43件不批捕、不起诉、申诉及自行侦查的案件进行交叉评查，促进对案件实体、程序的重点监管。开展同步录音录像和扣押冻结款物专项检务督查，专项整改发现问题。

【主动接受外部监督】 深化检察环节司法公开，10月，实行案件程序性信息、终结性法律文书、重要案件信息向社会公开制度。已在人民检察院案件信息公开网公布文书11份、重要案件信息5条。

【信息工作】 全年信息、宣传和调研文章被市级以上采用115篇，其中国家级25篇、省级32篇、市级58篇。

撰　稿：王晓亮
责任编辑：姚　全

审 判

【概述】 2014年，法院围绕“做美城区、做强产业、做优环境、做好民生”工作重点和建设“幸福清流”奋斗目标，坚持司法为民公正司法，各项工作持续健康发展。全年受理各类案件2675件，审执结2378件，解决诉讼标的和执行标的1.87亿元。其中：受理刑事案件147件219人，审结143件201人；受理民商事案件1422件，审结1349件，解决争议标的1.68亿元；建立依法行政与行政审判良性互动机制，审结行政诉讼案件7件，非诉审查案件250件。全年案件一审服判息诉率96.31%，审判质效排名全市第二，有10个集体、22名个人受到市级以上表彰，涌现出“福建省五四红旗团支部”少年庭、“全省法院系统先进基层党组织”灵地法庭等一批先进集体和个人。

【优化服务发展举措】 注重司法服务延伸，审结涉及中小企业案件68件，成功调处一批涉及高宝矿业、鑫鸿翔化工、天芳悦潭等企业案件。加强金融风险防控，出台《审理实现担保物权案件的实施意见（试行）》，审结金融借款和抵押担保案件106件，涉案标的6257.08万元。维护房地产市场稳定，召开房地产企业座谈会，审结房屋买卖、建设工程合同等案件113件。

【完善司法便民体系】 建立网上诉讼服务平台，开通电话语音热线，实行远程预约立案。畅通信访渠道，建立网上申诉信访和远程视频接访平台，接待群众来访83人次，处理来信13件，约期接访19人，赴省进京访的罗水生息诉息访、伍桂招上报终结。新建法院官方门户网站，建立审判流程、裁判文书、执行信息公开三大平台，开通官方认证的微博、微信，网络视频直播庭审7场，上网公开裁判文书1209份，全面推进阳光司法。

【推进执行信息公开】 建立12368执行短信平台，完善3G网络执法系统，开通金融、房产、土地等“点对点”网络查控系统，将查扣财产通过淘宝网公开拍卖。建立失信被执行人名单，曝光失信被执行人1064人次，推进反规避执行，执结各类案件629件，执结标的1767.01万元。9月21日至10月21日，在龙津广场大屏幕曝光失信被执行人200名，实施信用惩戒。

【强化少年司法关怀】 将少年审判庭更名为少年与家事审判庭，归口管辖婚姻家庭、继承及各类涉少案件。引入监护人法庭教育和社会观护员制度，探索未成年人犯罪附条件缓刑和合适成年人参与诉讼制度，审结未成年人犯罪案件6件7人、涉少民事纠纷102件，其中适用附条件缓刑2人，合适成年人参与诉讼3人，封存未成年人犯罪记录6件。在县中小学生社会实践基地设立“法治梦·启航港湾”，举办平安春节校园行、城乡手拉手法制夏令营、模拟法庭等多场普法宣传活动。

2014年7月15日，由市中院院长陈明（前中）带队的全市法院院长拉练检查组到清流县中小学生社会实践基地检查指导工作

【推进无讼品牌建设】 创建“法暖台企，无讼园区”品牌，在东方美人茶叶公司增设司法服务联络点1个，召开台商座谈会3场，诉前化解涉台纠纷3件。“无讼台湾农民创业园”建设被评为全市法院司法品牌，并被县委、县政府纳入“五大战役”综治维稳和社会治理创新战役项目。灵地法庭开展“无讼零访、和谐乡村”示范点建设，初步形成零距离沟通、零缝隙联调、零隐患息访、零盲点普法、零投诉服务的“五零模式”，经验被省法院推广。

【保障生态文明建设】 将生态审判庭更名为生态环境审判庭，探索生态环境民事公益诉讼制度，审结生态环境领域各类刑事犯罪案件23件、民事争议纠纷20件，先后发出野外用火禁止令3份，督促2名被告人补种管护林地面积13.33公顷。

撰　稿：冯庆平
责任编辑：姚　全

司法行政

【概述】 2014年，县司法行政工作在县委、县政府领导和上级业务部门的指导下，发挥司法行政职能作用，为建设幸福清流作出新贡献。

【人民调解】 落实矛盾纠纷排查调处“十项机制”，了解掌握矛盾纠纷的苗头倾向、趋势动态和特点，为党政领导提出预防矛盾纠纷的建议，从源头上防止因决策失误、措施不当而引发矛盾纠纷。开展“司法行政到一线，百人千件大调解”专项活动，围绕征地拆迁、涉法涉诉、教育医疗、道路交通、劳动争议、物业管理等重点领域开展排查，及时发现倾向性、苗头性问题，确保调处及时。年内，排查各类矛盾纠纷425件，调处成功421件。其中，山林纠纷38件，损害赔偿纠纷88件，邻里纠纷131件，道路交通事故纠纷16件，其他各类纠纷152件，调解率100%，调解成功率99%。

【社区矫正】 全县累计接收社区矫正人员543名，累计解除社区矫正人员325名，在矫人员218名，配备定位手机218部。重点帮教和管控重点对象。组织司法所人员和社会工作者学习两院两部制定的《社区矫正实施办法》和相关法律文书，举办社区矫正执法人员防范职业风险培训班，全年共举办培训班3期，培训99人次，并进行相关人员知识测试。规范社区矫正执法活动，提高社区矫正工作质量。联合县检察院进行各乡镇社区矫正工作执法检查。主要检查社区矫正有关法律、法规、规章执行情况及适用社区矫正前调查评估、社区服刑人员请假和居住地变更、提请撤销缓刑、假释和暂予监外执行、提请减刑等重大执法工作情况，重点检查职务犯罪、金融犯罪等3类人员。

【安置帮教】 以刑满释放人员排查清理为工作重点、强化重点人群管理、丰富帮教措施、拓展安置渠道、落实帮教责任，预防和减少重新犯罪。全县安置帮教对象618人，安置618（其中落实责任田554人，从事个体经营36人，政府安置“三无人员”1人，社会企业安置5人，原单位安置96人，基地安置4人，实体安置20人，其他方式安置73人）。落实帮教措施616人。

【普法依法治理】 开展首个国家宪法日暨全国法制宣传日系列活动。12月3日，组织依法治县办、法律援助中心律师、田源司法所等相关人员到田源乡田源村开展送法下乡活动。12月4日，联合县法院、检察院、公安局、民政局等司法、行政执法部门和单位在县龙津广场开展以“弘扬宪法精神，建设法治中国”为主题的法制宣传和法律咨询活动。全年发放各类宣传资料6万余份，出动宣传车100场次，举办法制讲座100场，悬挂横幅600余条，发放自编各类法律知识手册1.5万余册，向群众解答法律咨询1200余人次，受教育群众达9万余人次。开展法律“六进”活动。重点抓好公务员学法用法。1月，组织司法助理员26人进行《社区矫正实施办法》及《福建省社区矫正实施细则（试行）》闭卷考试。组织全县领导干部（公务员）开展首个“国家宪法日”宪法知识测试活动。每月组织公证处、法律援助中心、法律服务中心、龙津司法所开展法律服务进社区活动，向社区居民宣传《中华人民共和国民法》《中华人民共和国婚姻法》《中华人民共和国继承法》等与居民生产生活密切相关的法律法规，解答居民婚姻、征地拆迁、住房权属等方面的涉法问题咨询。继续深入开展法治县、法治乡镇和民主法治社区、民主法治村创建活动。

【提供法律服务】 开展诚信文明服务活动，组织律师、公证员、基层法律服务工作者学习有关职业道德和执业纪律的法律法规和规章制度，强化职业道德和执业纪律建设。健全完善法律服务诚信体系建设，建立诚信档案，健全诚信公示制度和退出机制，推进法律服务管理上新台阶。拓展法律服务业务。全县法律服务工作者共担任常年法律顾问22家，代理诉讼事务98件，非诉讼事务36件，代书22份，咨询1516人（次），为当事人挽回和避免经济损失27万元；公证处办理各类公证276件，代写各类公证法律文书200余份，接受法律咨询达1230余次。受理、指派法律援助案件114件，其中刑事案件15件，民事案件99件，为当事人挽回经济损失283.5万元。

撰　稿：曾梅香
责任编辑：姚　全

监　狱

【概述】 2014年，福建省清流监狱按照省厅、局的工作部署要求，抓好监狱安全稳定，提升教育改造质量，实现第十四个“四无”（无服刑人员脱逃、无重大狱内发案、无重大疫情、无重特大安全事故）安全年，被省局评为年度“工作先进单位”和“四无”安全单位，被省政府评为“2009—2013年度依法治省先进集体”，通过第12届省级文明单位考评。

【强化监狱安全保障】 开展安全隐患排查整治专项活动。加强离监就医和监区大门管理，加大违禁品查禁力度，完善各项监管制度，开展经常性安全警示教育、狱情分析研判、服刑人员行为规范养成等工作。投入500多万元，改造第一监区旧围墙、门楼，监狱民警备勤楼，实施第五监区金属隔离网墙和监狱民警训练场等基建项目；投入120万元更换床架床板、翻新棉被、棉垫，改善服刑人员生活卫生条件；投入200万元，改造监区大门、会见系统，维护修缮各种警戒防控设施设备。

【提升教育改造质量】 落实《教育改造罪犯纲要》和“8511”（每天劳动8小时，每周劳动5天，还有1天正课教育，1天休息）教育改造模式，抓好服刑人员思想教育、文化教育和职业技术教育，年内有920名服刑人员取得职业技术等级证书。开展“中华魂”主题教育、恢复性司法实践、生命教育等主题教育活动，推动道德讲堂、红色电影、太极操等特色项目进高墙、促改造，并根据时间节点变化，开展春节“四情”教育、夏季“静心”教育、社会主义核心价值观教育等专题活动，做好帮教工作，活跃监区文化，努力实现“一监

2014年7月16日，三明市检察院检察长张时贵（左二）到福建省清流监狱调研刑罚执行工作

区一特色”。

【规范刑罚执行工作】 年内共办理减刑1386件、假释59件、保外就医19件，对不符合新规定的6名保外就医服刑人员予以收监。组织刑罚执行工作业务培训，加强刑罚执行工作管理监督。推进狱务公开，深化“开放日”“会见日”活动，提高执法公信力和透明度。

【加强劳动改造管理】 落实安全生产责任制，推进安全生产标准化达标建设，完成“三体系”认证达标工作，加强安全生产培训和监督管理，提高安全生产保障水平。优化劳动改造功能，开展各类争创活动，调动服刑人员积极性和主动性。抓好罪犯劳动技能培训工作，提高生产效益和社会效益。

【信息化建设】 推进监狱信息化建设，完成“数字化监狱”一期工程项目的终验和工程结算工作，做好协同办公系统、门禁系统、监控视频系统等维护完善、应用推广工作，加强网络安全管控。

撰　稿：刘文成
责任编辑：姚　全

人民武装

【概述】 2014年，县人武部在军分区党委和县委、县政府的正确领导下，以强军目标为牵引，聚焦中心，突出重点，狠抓落实，各项工作有序推进，人武部全面建设取得新的发展进步。被省军区表彰为“规范化建设达标先进单位”、“征兵工作先进单位”，被市委、市政府表彰为“民兵预备役工作先进单位”，被三明军分区表彰为“2014年度依法治军从严治军先进单位”，“2014年度政治工作先进单位”。

【民兵组织整顿】 高标准完成全县基层武装部基干民兵实战化编组任务。5月上旬，采取“双主官带队、基层单位之间交叉检查”的办法检查验收和现场点验13个乡镇基层武装部民兵整组工作。

【民兵军事训练】 组织专武民兵干部集训5期，完成队列、本级指挥、军事理论、公文写作等强化训练。11月，组织指挥所带1个民兵应急连“一个过程”实兵拉动演练，在近似实战条件下练指挥、练谋略、练战法、练保障，受到军分区通报表扬。

【国防动员演练】 6—7月，组织县国防动员委员会机关全体人员，参加省市组织的“一个过程”国防动员指挥演练，通过近似实战锻炼，检验方案，熟悉流程，掌握战时业务。

【开展“练将练官”活动】 开展“练将练官”和“冬季大练兵强自身”活动，坚持每月一周首长机关业务训练，在军分区组织的“练将练官”军事竞赛考核中获得单位总分第六、个人综合成绩第一的成绩。

【信息化建设】 筹措经费60万元，完成“七个网系”引接，建成具

2014年8月27日，帮助职业中学军训

备上下纵贯横联、军地资源共享的综合信息系统，并结合战备、日常办公、教育、训练展开全面运用。

【规范化建设】 县财政投入资金1000多万元，实施抗洪抢险物资器材配备、办公楼外墙立面改造和训练基地整治、武器库改造等4项建设。4月，在龙津镇进行民兵整组和规范化建设试点，召开现场观摩会。通过以点带面，在全县掀起新一轮规范化建设热潮。沙芜、长校、龙津等11个乡镇武装部和86个民兵营（连）部规范化建设基本达标。

【创新民兵工作】 探索在事业单位和民营企业中建立基层民兵组织，在教育局、卫生局和春舞枝花卉有限公司新成立基层武装部，并于10月23日举行揭牌仪式，该作法被多家省市媒体及南京军区网络电视台宣传介绍。

【征兵工作】 利用广播、电视、报纸、网络、手机短信等媒体平台，扩大征兵宣传范围，加大高等院校征兵宣传。7月在龙津广场举办大型征兵宣传活动，中央电视台报道清流征兵宣传工作。完成全年征兵任务。其中大学生占53%，党（团）员占67.5%，2个比例均为历年最高。

【国防教育】 利用民兵整组、训练、军训、征兵及防汛防火活动和大型群众性宣传活动，开展全民国防宣传教育，受教育群众9万余人次，学生5000余人次。

【双拥共建】 抓党管武装制度落实。年内，县委、县政府先后帮助人武部解决训练基地整治、国防动员演练等各类经费100余万元。解决全县民兵营（连）长、专武干部每月100元岗位津贴等亟需解决的难题。协调武警、消防和地方宣传、教育等相关部门、单位，开展双拥共建活动。协调资金3万元帮助共建单位里田乡洋庄村搞好相关建设，植造民兵桂花林300余棵，走访慰问贫困户10家。组织民兵预备役人员参与地方经济建设，担负抗洪扑火等急难险重任务。利用“八一”建军节、“十一”国庆节、春节开展慰问送温暖活动。组织县民兵应急连到县光荣福利院做好事，慰问基层主官和困难战士家属，看望“五老”人员，组织干部职工到林畲毛泽东旧居搞卫生、植树。

撰　稿：付　刚
责任编辑：姚　全

武　警

【概述】 2014年，武警二大队在支队党委领导下，按照《大队落实〈纲要〉工作规范》，发挥“前沿指挥所”作用，勤勉工作，完成上级赋予各项工作。

【官兵思想教育】 指导中队搞好主题教育、群众路线教育实践活动、法纪教育和“四个学会教育”、经常性思想教育。所属中队开展小课辅导，加大话题式、案例式教育比重，组织大讨论、心得交流、演讲比赛等活动。各中队开展“战斗力标准”大讨论活动和学习第17届“中国武警十大忠诚卫士”、“十大军事训练标兵”先进事迹，掀起比学赶帮超的练兵热情。关心爱护官兵，三季度大队先后协调10名战士到支队、总队住院治疗，并做好思想工作。

【规范执勤秩序】 督促所属中队落实勤务制度，指导中队开展向哨位送清凉等活动。切实扭转被总队执勤通报“重灾区”现象。奖励三季度中实现执勤零通报的四、六、十一、明溪、宁化五个中队；及时组织学习黑龙江延寿县看守所在押犯杀警脱逃事件相关通报，督促各中队与目标单位开展联合安全大检查、联合方案演练。8月，开展执勤隐患大排查，对照“六查”要求和中队自查情况，对6个中队进行拉网式排查，查出执勤隐患26处，制订整改措施，明确整改时限，督促整改。

【加强战备及应急处突能力建设】 修订相关处突方案，添置各类战备物资器材，并贴近实战进行演练，尤其加强夜间行动演练，提高应急处突能力。

【完成临时执勤任务】 年内，先后出动兵力44人次完成临时勤务3起，完成反恐演练、军事汇报表演、协

2014年8月15日，举办军民共建“八一”座谈会

助征兵办维护体检秩序等临时勤务。同时，出动兵力40余名，完成清流、明溪、宁化三县学生军训、公安新训、巡警大队军训等任务。

【军事训练】 抓好分业训练阶段和合成训练阶段的军事训练，提高遂行任务能力。经常检查各中队落实总队训练安全十条措施情况，及时纠正所属中队训练中土办法、不科学的问题。7月，大队在四中队集中2天时间进行指挥士官在岗培训考核，成绩通报全大队，督促中队对照抓好弱项复训补训工作，提升指挥士官的组织指挥和军事技能水平。

【丰富官兵文体活动】 宁化中队联系宁化县文化馆共同举办庆祝建军87周年“军民鱼水情，和谐一家亲”联欢晚会；“中秋节”假日期间，各中队组织赏月晚会、烧烤等活动。五中队协调驻地教学资源，形成每周一进行音乐培训、每周三进行书法培训的长效机制，与县图书馆建立流动图书馆，开展“少抽一包烟，多读一本书”活动；十一中队周末假日武术、轮滑、篮球、足球、爬山、烧烤、晚会等活动轮番上阵，丰富官兵节日生活。

【部队安全管理】 8月中旬，总队后勤部工作组对所属中队进行安全大检查，共排查出隐患29处，制定整改措施，督促整改，并每周收集中队整改情况，推进各中队隐患整改。截至年末，隐患整改完毕26处。

【后勤保障】 帮助四中队争取19万余元，改造勤务值班室、兵器室、器材室、监门哨、备勤室及部分哨位设施。帮助协调六中队、十一中队完成勤务值班室升级改造以及十一中队监墙改造。协调拆除五中队看守违规天桥、安装电网，整治五中队房顶琉璃瓦脱落问题，协调地税局为五中队班排宿舍安装空调，督促宁化中队改造1号岗楼、安装电网。帮助协调解决明溪中队天桥门禁系统建设等。鼓励发展农副业生产，四中队三季度农副业生产收益3015元，存栏猪6头，鸡26只，鸭51只；十一中队菜地品种达15种，存栏猪5头，鸡鸭100余只；明溪中队存栏生猪6头，鸭33只；宁化中队存栏生猪3头，鸡、鸭各50余只。

撰　稿：陈　平
责任编辑：姚　全

人民防空

【概述】 2014年，县人防工作坚持“发展、创新、服务”工作思路，促进人防事业发展，将人防工程纳入县“做强产业、做优环境、做美城区、做好民生”工作格局中，服务地方经济建设，按照人防“一体化”建设的要求，狠抓各项任务落实，取得较好成绩。

【防空地下室建设】 加强民用建筑项目审批管理，依法征收易地建设费。年内城市新建项目14个，审核14个，收缴人防易地建设费32.35万元。按要求审批建设防空地下室工程，并全部建成。防空地下室工程竣工验收合格2项，打破清流无防空地下室工程记录历史。

【发展通信警报】 按照警报建设规划和布局要求，安装电声警报器7台，并达到统控要求。在12月的第一个周六进行一年一度的警报试鸣工作。人防办主任和工程科人员参加全市组织的“人防短波电台培训班”培训，取得结业证书。

【突发事件应急指挥系统建设】 编制完成和规范总体应急预案、乡镇应急预案、专项应急预案、部门应急预案和各项保障方案。重新整组人防专业队7个，登记造册，完善资料档案。举行防空防灾演练，提高人防专业队履行职责能力。加强地面指挥所建设，委托中国电子科技集团公司第五十四研究所，编写人防办地面应急指挥中心信息系统工程可行性报告，已进入论证阶段。

【人防宣传】 年内，共编印《人防简报》10期，印制《防空防灾知识手册》1000册，同邮政局联合印制人防宣传信1000封，3月“人防宣传月”，利用广播电视台与街心公园大型LED屏幕宣传《人防法》《省人防条例》及人防知识一个月，利用展板等宣传10次，悬挂人防宣传横幅标语25条。在县委党校和3所中学的96个班级开展人防教育，受教育的党政机关干部260人、学生5000多人。

撰　稿：万国华
责任编辑：姚　全

2014年4月16日，邀请县党校教师进行群众路线教育辅导讲座

人民生活

民　政

【概述】 2014年，县民政工作围绕县委、县政府中心工作和省、市民政工作会议部署，以社会需求为导向，以改革创新为动力，以服务群众为根本，努力打造人民满意的现代服务型民政。

【项目工作】 完成嵩溪中心敬老院（涵盖林畲乡、嵩溪镇、温郊乡）和沙芜乡敬老院2所乡镇敬老院建设项目，6月底正式投入使用，实现县“一乡一镇一敬老院”全覆盖。改善社区设施条件，提升公共服务能力。凤翔社区综合服务站12月完成装修并入驻办公。争取到位县光荣福利院综合楼建设项目国家发改资金200万元和省民政厅项目补助资金200万元，规划在原址上重建清流县光荣院。新建光荣院建筑面积约2500平方米，内设100个床位（老年人床位70个、儿童床位20个、救助床位10个），配套办公室、活动室、厨房、救灾仓库等设施，总投资约600万元，已完成初步设计。

【规范救助、低保管理】 4月，县救助申请家庭经济状况核对中心成立，挂靠县城乡低保站。县政府出台《关于进一步加强和改进最低生活保障工作的通知》，对保障标准的制定、审核审批程序的规范、核对机制的建立健全、临时救助的实施、经费保障落实等作出明确规定。

【提高农村低保标准】 1月1日起，农村低保标准由家庭年人均收入1900元/人年提高到2100元/人年。全县农村低保户数2068户，保障人数4308人，占农村人口3.82%，人均月补助水平131元，全年农村低保总支出687.65万元；城市低保户数460户，保障人数878人，占城市人口2.38%，人均补差262元，城市低保总支出281.49万元。

【提高农村“五保”供养标准】 2014年1月1日起，农村“五保”集中供养标准从每年每人5184元提高到每年每人5772元；分散供养标准从每年每人4032元提高到每年每人4488元；农村重度残疾人生活困难救助金从每人每月30元提高到每人每月50元。全县农村五保户数379户，保障人数417人，共计发放保障金194.39万元。

【提高重特大疾病医疗救助报销比例】 县医疗救助基金筹集标准提高，突破不低于年200元/人目标。提高医疗救助报销比例。截至12月末，县医疗救助累计金额为103.74万元。其中：城市医疗救助32人9.25万元；农村医疗救助61人16.61万元；医疗救助“一站式”救助人数1302人77.88万元。临时救助累计金额为21.65万元。其中：城市临时救助10人、3.2万元；农村临时救助65人、18.45万元。

【新增摩托车道路交通事故伤亡救济救助】 与县人保财险公司签订投保协议，为全县人口投摩托车交通事故伤亡救济救助责任保险；实行一年一缴，按每人每年5元投保；保费75万元由县政府支付40万元，政法部门支付25万元，清流人保财险资助10万元；按依法依规原则进行责任限额赔付，最高限额为50000元；由民政部门提出赔偿申请，并代为管理支付赔偿款。截至12月末，已办理摩托车道路交通事故理赔6起。

【减灾救灾】 3月，成立清流县减灾委员会。办公室设民政局，由分管副县长担任主任，民政、水利、地震等31个部门为成员单位，统筹协调全县防灾减灾工作。健全部门会商及灾害评估机制。5月，政府办印发《清流县自然灾害救助应急预案（修订）》，完善突发性自然灾害应急机制。开展“5•12”防灾减灾宣传，向群众普及安全防护知识，增强应急避险和自救互救技能，共分发自然灾害、卫生防疫、消防知识等各类宣传单和科普资料近1000份，张贴挂图、展板100余张。落实避灾点长效管理机制，完成分类设置，建立巡查抽检制度。建成自然灾害避灾点154个。其中，县级避灾点3个，乡（镇）避灾点32个，村

（居）避灾点119个，覆盖县、乡、村三级的避灾网络基本形成。下拨避灾点资金15万元，用于充实避灾点物资。全县储备棉被1275床、各类衣裤400套、毛毯122床、棉衣190套。全年下拨救灾款130万元。全县自然灾害救济救助公众责任保险人数14.62万人，核定人数104738人，保费总额15.71万元；核定养老服务机构五保集中供养35人，每人每年180元，保费总额0.63万元，二项保费由县财政预算支出。与财险公司签订《2014年清流县农村住房统保协议》，协助做好受灾理赔工作。截至年末，已理赔88户、12.66万元。

【开展春节慰问活动】 春节共慰问群众604户，其中关爱活动帮扶户476户、新增128户。新增户中五保3户、低保特困户44户，计生户6户，优抚对象24户，重度残疾人35户，重病户11户，受灾户5户，新增户每户500元，共计6.4万元。慰问驻军部队8个共计11万元，老龄福利单位10个共计4.05万元。

【做好孤儿助养工作】 全县共有助养孤儿72名，发放助养金55.14万元。调查走访已助养孤儿，了解孤儿生活情况，跟踪监督孤儿助养金发放情况。年内新增上报孤儿5人。

【流浪乞讨救助】 深化救助管理机构规范化建设，开展“流浪孩子回校园”专项行动，加强和改进以流浪未成年人救助保护为重点的救助管理工作。健全县、乡、村三级救助网络。加大街头巡查救助力度，做好“寒冬送暖、酷暑送凉”亲情化救助服务。全年救助441人，接送返乡流浪人员4人次。

【推进农村养老服务体系建设】 实施“农村五保幸福园”建设。上报龙津镇基头村，灵地镇姚坊村、吉龙村、杨元村、古洋村，长校镇黄坑村、留坑村7个村级幸福园建设项目。支持农村幸福院（老年活动中心）建设。年内，新申报李家乡古坑村、沙芜乡铁石村、长校镇留坑村、赖坊乡赖武村、余朋乡蛟坑村、灵地镇尤坊甲村、嵩口镇沧龙村、林畲乡石下村、田源乡田口村、龙津镇供坊村、赖坊乡南山村11个农村幸福院项目。

【发放非营利性养老服务机构床位运营补贴】 发放非营利性民办养老服务机构床位运营补贴，按年平均实际入住床位数给予每年每床2100元补贴。年内，县社会福利中心实际入住床位30个，共补助床位运营补贴费6.3万元。

【发展福利慈善事业】 开展“百名领导结千家、千名干部联万户”帮扶联系摸底工作。完善和落实孤儿保障制度，规范弃婴收留行为。全年办理收养登记8个（1男7女），均为非社会福利机构抚养的弃婴。县慈善总会成立后，共募集资金230多万元。年初开展慈善救助，共计1.2万元。8月，为一中考上大学的19名孤儿、低保户家庭学子及11名困难户家庭学子分别发放5000元、3000元的助学金，累计金额12.8万元。

【福利彩票发行】 新增福彩户外公益广告牌。加大福利彩票发行营销力度，组织“刮刮乐”户外销售活动2场。全年销售福彩409.81万元，完成年度销售任务。

【社会组织管理】 引导社会组织完善法人治理结构和内部民主机制，提升社会组织公信力。新登记社会团体6个、民办非企业单位5个。全县共有社会组织67个，应参加年检的社会组织49个（其中民办非企业单位2个，社会团体47个），已参加年检的社会组织46个（其中民办非企业单位1个，社会团体45个），参检率94%。清理公职人员在社会组织中任职行为，确需兼职的，要求严格履行审批手续。

【社区建设】 5月，县委、县政府印发《清流县加强和改进城市社区居民委员会建设的实施意见》。招募服务社区高校毕业生4名。鼓励社区工作者参加社会工作者职业水平考试，共有19名社会工作者参加考试，4名通过考试，其中1名为社会工作师，3名为助理社会工作师。

【勘界工作】 完成明溪－清流县级行政区域界线联检，清除界桩周围杂草和灌木丛，用红漆重新描绘界桩文字，并拍摄照片。同时与明溪县签订平安边界创建协议。

【地名管理】 新设置街路牌5块，制作门牌540块。做好地名普查前期准备工作。于11月21日召开全县

2014年4月2日，举行县凤翔山烈士陵园重修揭幕仪式

第二次全国地名普查动员部署会议，并编制上报经费预算。

【殡葬管理】 年内，共免除各类困难群众基本殡葬服务费18.37万元。倡导绿色文明殡葬，清明节祭扫活动文明、安全、有序。1—12月火化遗体835具，火化率98.6%。

【婚姻登记服务】 年内，办理结婚登记1380对，离婚288对，补办结婚登记608对，补办离婚登记21个。

【基层基础建设】 加强民政系统信息化建设，对接视频会商系统（二期）和“金社工程”（二期）项目建设。加大民政信息宣传力度，提升民政工作影响力。参与省级社会工作专业人才队伍建设试点单位创建，深化志愿服务记录试点，扩大志愿服务记录覆盖面。

【落实拥军政策】 加大拥军投入，提高驻清部队经费补助。年内，县政府支持部队建设投入855.54万元，比2013年增加投入135.72万元。其中，基础设施3项、314.3万元；训练设施3项、352.57万元；文化设施5项、177.67万元；生产生活设施1项、8万元；“科技拥军”投入3万元。县人武部营院整治工作已全面动工。八一军地联谊会，地方支持部队5万元。新安置随军家属5人，1—7月按每人每月300元标准发放生活补贴；从8月起按每人每月500元发放；拨付随军家属社保、医保金5.3万元；落实子女就学1人。

【爱国主义教育基地建设】 4月，清流县凤翔山革命烈士陵园完成重修。清明节，各界群众及驻军800多人祭奠革命先烈。5月，清流县苏区人民广场毛泽东和朱德铜像落成。9月30日，我国首个烈士纪念日，在城关凤翔山革命烈士纪念碑前举行公祭活动，缅怀革命先烈。县四套班子领导出席公祭活动。

【开展拥政爱民活动】 驻清部队领导结合“百名领导干部、企业家关爱千名贫困群众”活动，从资金、技术、信息上帮助困难群众解决生活、生产中困难，共出资2万余元开展关爱帮扶。党员和骨干开展走访慰问敬老院老革命活动，从财力、物力、人力上帮助解决其生活困难等问题。为职中、城中、服务行业开展军训12次，4000余人受训。县武装部与里田乡洋庄村持续结对开展“部局村共建”。围绕“党建强农、知识兴农、人力支农和爱心助农”帮建思路，帮助村“两委”理清发展思路，开展以“争当创业致富带头人、争当美好家园建设者”主题实践活动。

【优待抚恤】 全年发放义务兵优待金112人，增发立功者、优秀士兵、大学生优待金，共计104.4万元。春节期间慰问重点优抚对象120名，每人发放慰问金500元，共计6万元；“八一”期间慰问266名重点优抚对象，每人发放慰问金200元，共5.32万元；安排重点优抚对象体检，每人每次补助300元，共7.98万元。实行县重点优抚对象、驻清部队收视免费，乘市内公交免费，游览景区免费等政策。做好农村优抚对象参加新型农村医疗合作保险、医疗救助、补助金发放工作，建设医疗补助“一站式”系统。共发放重点优抚对象每人门诊费300元，共15.54万元，为59名住院重点优抚对象提供医疗救助11.20万元。各项合计发放补助36.75万元。9月30日，开展“烈士纪念日”慰问活动，慰问烈属代表4名、共5000元。为因公三级残疾军人、因病一级残疾军人和四级残疾军人各1人提高分散安置护理费标准，共发放护理费4.18万元。为425名农村籍退役士兵发放老年生活补助，为53名烈士子女发放定期生活补助金。做好优抚系统上报和伤残军人换证工作。上报换发烈士证明书48人、伤残证28人。新增重点优抚对象带病回乡3人、新评残2人，换证转业伤残军人1人，接收自主就业伤残军人1人，60周岁以上农村籍退役士兵生活补助15人。与相关部门配合，走访和摸底排查参战老兵，为其解难题、办实事。

【烈士纪念设施保护】 投入56万元抢救保护凤翔山革命烈士陵园、沙芜乡革命烈士陵园和零散烈士墓38处。

【退伍军人安置】 发放2013年度48名退役士兵自谋职业一次性补偿金61.9万元。组织退役士兵参加职业、技能培训。接收转业军人2人，安置工作2人。2014年接收冬季退役士兵共57人。2名转业士官安置事业单位工作，接收部队滞留伤残军人1人，并签订协议。

撰　稿：邱旺根
责任编辑：姚　全

老区建设

【概述】 2014年，县老区工作贯彻落实省委、省政府《关于支持和促进革命老区加快发展的若干意见》和《福建省促进革命老区发展条例》，推动全县老区经济社会科学发展、跨越发展。

【服务革命老区】 争取革命遗址遗迹修缮、老区科技示范基地、老区基础设施建设等老区扶建资金48万元，受益老区村12个。其中老区村道路修建、路面硬化等7处，老区村饮水工程1个，水利修复项目1个，修建农民休息公园1个，新建农民休闲广场1个，老区科技示范项目1个。

【落实苏区调研项目】 市委苏区办实事项目2个均已开工建设。其中，林畲乡石下村九龙庙环境综合整治，建设大塘周边护栏、步道、绿化等，总投资25万元，苏区调研

2014年3月13日，到嵩溪镇调研花卉种植产业

补助资金15万元。嵩口镇沧龙村河前至龙峰道路硬化工程，长1730米、宽3.5米、砼厚度0.18米，总投资37万元，其中苏区调研补助资金15万元。

【实施老区村跨越发展工程】 争取老区基点村和重点老区村建设项目2批，第一批2个，第二批4个，已下达第一批革命基点村和重点老区村建设项目市级补助资金20万元。

【革命老区宣传】 开展《福建省促进革命老区发展条例》宣传，在县龙津广场、九龙文化广场、各乡镇集镇地等地悬挂“坚持依法治国，促进革命老区又好又快发展”等大幅标语10条，印发《条例》和宣传材料600份，依托清流电视新闻网，电视滚动播出50多次。

【落实“五老”优待政策】 全县健在“五老”人员18人、“五老”遗孀29人。落实革命“五老”定补标准，从10月1日起，革命“五老”发放标准调整为每人每月680元；“五老”遗孀每人每月100元。落实“五老”医疗保障工作，确保五老人员享受医疗“三重保障”优惠待遇；一般门诊费委托乡镇社会事务办发放，即每人每年580元。住院产生的大额医疗费除享受基本医疗保险或新型合作医疗报销、医疗救助、医疗补助及医疗优惠后，个人承担的医疗费超过一定数额影响生活的，适当给予临时困难补助。元旦春节期间深入老区乡村，慰问革命“五老”人员及遗孀，发放慰问金4600元。

撰　稿：江青梅
责任编辑：姚　全

库区移民开发

【概述】 2014年,县水电站库区移民开发局围绕“移民富、库区美”目标，推进生产开发、环境治理、避险解困等后期扶持各项工作，改善移民生产生活条件。全年共实施2012—2014年度库区移民后期扶持项目62个，项目总投资9409万元，其中库区移民后期扶持资金6558万元。

【编报年度计划】 编报年度大中型水库移民后期扶持计划项目30个，其中生产开发项目1个、环境整治项目29个。项目总投资6776万元，其中后期扶持资金2241万元。编报年度小型水库扶助项目6个，其中道路交通1个、环境整治5个，项目总投资76.7万元，其中小型水库扶助资金69万元。编报避险解困试点项目3个，涉及2个乡镇3个行政村，项目总投资3425.47万元，其中中央补助资金1298万元。

【库区生产开发重点项目建设】 县库区移民旅游创业园位于龙津镇城东村裴家山，规划建设用地面积2公顷，建设五层框架结构酒店1幢，以及道路、停车场、景观水池、绿化等附属工程，建筑面积1.97万平方米，项目概算总投资5534.74万元。该项目于2013年8月下旬动工建设。截至年末，工程完成投资3850万元，完成主体工程、屋面工程、室内砌体工程。

【推进移民村环境综合整治试点工程】 按照省移民开发局移民村环境综

2014年12月16日，举办库区移民劳动技能培训

合整治"一清、二梳、三修、四配、五绿、六管"工作要求，实施沙芜乡铁石村、田源乡田口村、龙津镇供坊村照镜排小区3个省市级环境综合整治试点村项目，投入大中型水库移民后期扶持资金1945万元，项目基本完工，村容村貌显著改善。

【实施移民避险解困试点项目】 确定大中型水库移民避险解困试点3个，项目估算总投资3425.47万元，其中申请中央补助资金1298万元。田源乡田口村店上安置点项目建设基本完成，余朋东坑梦溪移民安置点项目建设完成房屋主体工程，田源乡新村村水东安置点完成征地规划等前期工作。

【开展移民技术技能培训】 根据库区实际，有针对性地开展移民技术、技能培训。全年举办苗木种植、渔业养殖、小型汽车驾驶等培训班7期，培训移民420多人次。

撰　稿：　陆水法

责任编辑：姚　全

民族　宗教

【概述】 2014年，县民族与宗教事务局贯彻落实党的民族与宗教政策，协调各方关系，依法管理民族与宗教事务，确保宗教领域安定稳定、健康有序。

【弘扬少数民族文化】 支持县城关中学民族班加强基础设施建设，完善民族文化墙功能，在"东华书院"内设置民族文化教育内容，保护和传承少数民族优秀传统文化。整理编印《清流县少数民族宣传资料》，介绍清流少数民族基本情况。

【少数民族村帮扶】 指导少数民族群众创办专业合作社，争取上级项目资金帮扶合作社发展特色经济。嵩溪畲族群众创办的爱珍豆腐皮专业合作社将民族特色作为产品开发突破口，在外包装设计上融入畲族文化。12月，爱珍豆腐皮专业合作社被共青团省委、省农业厅、省银监局授予2014年福建省青年农民合作社"十佳"优秀示范社称号。做大做强民族村"一村一优势产品"特色产业模式，着力培育嵩溪村豆腐皮和花卉、青溪村绿化苗木、基头村养殖、太山村苗木和中药材。引导豆腐皮特色经济生产经营主体注册商标，开展民族特色产品名企、名品、名标创建工作。

【落实少数民族优惠政策】 办理少数民族中考学生加分手续23人，办理更改为少数民族身份相关手续3人。妥善处理民族身份变更信访问题。了解少数民族身份考生参加高考情况，为考上大学的学生提供帮助。走访、慰问少数民族困难户7户。

【加强宗教法规政策学习】 引导宗教界开展以"发挥正能量，共筑中国梦"为主题的宗教政策法规学习月活动，全县各宗教团体、各活动场所200余人参加学习，组织撰写活动征文3篇。

【宗教信息采集】 开展宗教团体、宗教活动场所及教职人员信息采集及基督教主要教职人员备案登记工作，上报备案登记基督教牧师1人、佛教住持4人，道教住持1人。开展全县宗教活动场所财务信息登记，全县依法登记寺观教堂49个，其中佛教35个、道教5个、基督教9个。开立单位银行结算账户宗教场所11个（年内新开立3个），其中佛教6个，道教3个，基督教2个。

【强化宗教活动场所自治】 支持县佛、道教协会规范管理全县各寺观财务，要求场所成立民主管理小组，配备有资质财会人员，按照规定将经费收支及时入账、定期公开、功德箱实行"三把锁"等制度，规范设立对公账号。对相关场所存在的多年未建立财目、开支不透明、随意挪用等信众意见大的问题责令其立即整改，并通报表扬遵守财务管理规定宗教活动场所，推广经验做法。支持道教协会加强民间信仰活动场所试点管理工作，对上规模、影响大、信众多、管理好的场所逐步列入试点管理。

【维护宗教活动场所安全稳定】 开展寺观教堂安全检查，与各宗教活动场所签订责任书，要求及时报告有关情况。关注宗教活动场所举办大型活动动向，与有关部门配合，加强宗教场所举办活动以及修

2014年4月17日，县民族宗教局局长王宜峻在高山族群众实用技术校训班上作动员讲话

缮、扩建等事项审批监督管理。做好全国“两会”和重大节日期间县宗教领域稳定工作，深入各宗教活动场所开展矛盾纠纷排查化解，掌握动态，防患未然。开展基督教原教派专题调研，了解原教派活动情况和存在问题，要求县基督教“两会”班子求同存异，团结友爱，加强管理，促进县基督教会和谐发展。打击、取缔非法宗教活动场所和行为，抵御境外宗教渗透。

【支持宗教团体加强自身建设】 指导道教协会集中选送综合素质较高的10名信众前往江西龙虎山道教祖庭天师府传度，推荐1名教职人员到龙虎山授箓，组织道协班子成员到永安、明溪、泰宁等地的道教协会和周边县、市重点宫观参观考察。指导基督教“两会”做好换届选举筹备工作。12月9日，县基督教“两会”召开换届会议选举产生新一届领导班子。

【推动大丰山顺真道院建设】 鼓励道教协会对外交流，引进省道协投资5000万元修缮扩建大丰山顺真道院。加强与有关部门协作，批准成立“清流大丰山顺真道院管理委员会”，指导管委会结合大丰山旅游总体规划，做好符合道教风格特点的大丰山顺真道院修缮扩建详细规划，妥善处理建设与保护生态关系。同时，协同县有关部门和赖坊乡抓紧完成上山道路规划设计、用地测绘等工作。

【引导鼓励宗教界发展慈善事业】 支持灵台山翠峰寺完善河排村养老院（尊耆都）基础设施，协调解决养老院用地拆迁、资金补助等问题。12月，养老院封顶，县佛协会为参加典礼的110名60岁以上河排村老人发放春节慰问金。

【发挥指导、协调宗教事务职能】 协调、指导县佛、道教协会解决办公场所问题。县道教协会在凤翔山公园内的办公场所正式对外挂牌，佛教协会在北大街新购置办公场所。开展嵩口基督聚会点建设选址问题调研，提出处理意见。协同长校镇等单位，就福源寺提出的关于办理寺庙周边林地和森林、林木使用权证的问题进行实地调研，查证相关历史档案，征得当地群众和村委会同意，将寺庙周边120庙林地和森林、林木使用权划归福源寺，将水寨洋90亩耕地交由寺庙经营管理。与龙津镇政府、城南村委会和城南村民代表沟通，就清福寺周边林权归属问题与有关方面协商，达成城南村将清福寺周边80余亩林木交由寺庙管理协议。帮助宗教活动场所搞好规划建设，指导福源寺、永乐寺、金莲寺、云海寺、清福寺、新山寺、白云寺、嵩峰寺、香山寺、关帝庙、太山仙公庙等场所做好修缮建设规划，协调处理建设中遇到问题。

【加强宗教文化交流】 策划编印《清流寺观》画册，组织撰写“清流大丰山”系列文章在《海峡道教》刊发。参加三明市妈祖文化联谊会在省级民间信仰联系点嵩溪龙山天后宫举办的妈祖文化交流活动。

【办理人大代表建议】 就县人大代表刘淑琴提出的《关于拆除嵩口坪发电厂区内王氏后人搭设的宗祠》建议，与嵩口镇党委、政府及王氏宗祠理事会负责人沟通联系，调查核实情况，提出解决方案，促进相关问题妥善解决。

【处理群众来信来访】 就东禅寺因整修场地和燃放鞭炮等与邻里产生矛盾纠纷问题，多次召集双方协调，督促东禅寺整改，群众对此表示满意。化解清福寺因加固挡土墙引发的矛盾纠纷，维护场所合法权益。就信教群众举报灵台山寺庙小卖部销售荤食的问题，组织人员到现场调查取证2次，封存相关食品，并教育当事人。

撰　稿：　王宜峻
责任编辑：姚　全

人力资源和社会保障

2014年，县人社局在县委、县政府的领导和市人社局的关心支持下，创新工作思路，强化措施落实，提升服务质量，按序时进度完成各项工作任务。

【落实积极就业政策】 截至12月末，全县城镇登记失业率2.39%；城镇新增就业1910人，下岗失业人员再就业889人，困难人员再就业215人。新增农村劳动力转移就业3200人。新增创业贷款128人913万元。

【抓好电子商务培训】 依托福建春舞枝花艺职业培训学校举办电子商务培训6期，培训学员297人。加快推进海峡西岸电子商务青年创业孵化基地建设，签约入住商户10家，从业人员80余人。

【下岗失业人员再就业培训】 全年完成下岗失业人员再就业培训866人、农村技能培训1630人、岗位技能提升培训312人、创业培训250人。职业技能鉴定1617人（其中：中级工69人、高级工15人）。

【为企业用工服务】 在三明广播电视报刊登县企业用工招聘信息，聘请三明二技校教师为伊科电子、启盛船舶修造有限公司开展紧缺工种培训84人。

【扩大社保覆盖面】 全县参加城乡居民社会养老保险人数53376人，参保率84.3%；参保缴费人数35417人，缴费率75.4%；为17959名年满60周岁以上城乡居民发放养老金1494万元。完善被征地农民社会保障政策。从7月1日起，年满60周岁的被征地农民养老保障金由每人每月90元提高到130元，为435名被征地农民发放养老保障金55.99

2014年7月18日，省机关事业社会保险局局长邱浩杰（左三）到清流检查指导工作

万元。

全县参加企业职工基本养老保险企业490户，参保职工10827人，征收基本养老保险基金4006.32万元。支付离退休金5603.44万元。为2307名企业退休人员调整待遇46.14万元，补发1-4月退休金183万元。为228名无力参保企业职工累计发放生活保障金127.12万元，为13名未参保高龄老年人累计发放生活保障金9.9万元。

全县参加机关事业单位养老保险单位208家，参保人数4674人，离退休人员1687人。基金收入5884万元，支付养老保险金5689万元。

全县参加工伤保险单位362户，参保职工9494人，享受工伤保险人数122人。征收工伤保险基金374.79万元，支付工伤基金258万元。

全县参加生育保险单位258户，参保职工6304人，享受生育保险人数34人。征收生育保险基金140.65万元，支付生育基金33.26万元。

全县参加失业保险单位264家，参保职工1.1万人，征收基金425.3万元。发放失业保险金990人（次），支付各项待遇77.19万元（其中：失业人员救济金67.66万元，农民工一次性补助2.75万元，代缴医疗保险6.78万元）。

【规范用工行为】 全县建立劳动合同制度的规模以上企业77家，企业职工劳动合同签订率94.1%；小企业劳动合同签订率93%。实行劳动用工报备企业56家，报备人数3906人。签订工资集体协商合同和企业集体合同企业369家，签订工资集体协商合同10685人。

【劳动监察】 全年受理欠薪投诉案件14起，涉及217人353.81万元。监察各类用工单位60个，审查用人单位网上申报书面材料60家。开展清理整顿人力资源市场秩序等专项检查4次，检查各类用工单位44个。在全县确认“无欠薪网格、无欠薪项目部”示范点2个。受理工伤认定75起，全部结案。

【劳动争议仲裁】 全年劳动争议案件立案35起，结案33起（其中：调解15起），涉及用人单位35家、劳动者38人、案件标的114.6万元。收到群众来信11件，接待来访68人（次），均在规定时间内给予办结。

【基层服务平台建设】 县就业和社会保障服务中心项目列入全省2014—2015计划，完成项目可研报告。龙津、林畲、赖坊、温郊、里田、长校等6个乡镇人力资源和社会保障服务平台已陆续建成并投入使用。

撰　稿：廖义发
责任编辑：姚　全

人口和计划生育

【概述】 2014年，县人口计生工作贯彻落实全国、省、市会议精神，坚持计划生育基本国策，突出整治重点难点、深化优质服务，提高出生人口素质，推动人口和计划生育工作持续健康发展。

【人口计生工作责任目标执行情况】 基本情况：全县总人口158448人，育龄妇女43207人，占总人口27.27%；已婚育妇33277人，占总人口21%，其中无孩育妇1664人，占已婚育妇5%；一孩育妇15961人，占47.96%；二孩育妇13689人，占41,14%（其中二女育妇2518人，占总人口15.89‰，占二孩育妇18.39%）；多孩育妇1963人，占5.9%。全县历年领取独生子女证7156人，独生子女领证率21.5%。

出生情况：年内全县出生2489人，比增9.31%；自然增长率8‰。其中一孩1060人，二孩1359人，多孩70人，政策外多孩率2.25%，比责任目标低0.75个百分点。

政策符合率：全县当年政策内出生2157人（一孩1052人、二孩1091人、多孩14人），政策符合率为86.66%，比责任目标高1.16个百分点。

初婚情况：全县女性初婚1264人，比2013年减少92人；晚婚875人，晚婚率69.22%，比2013年上升3.52个百分点。

出生人口性别比：男1292人、女1197人，性别比107.9，比2013年下降0.4个比值。其中，一孩100.4、二孩109.7。

流动人口管理情况：全县流出人口20444人，其中育妇8436人，已婚育妇6434人；发放流动人口婚育证明9678本，发证率99.14%；年内提交流出信息3011条，反馈协查信息6840条；全县流入人口4523人，其中育妇1411人，已婚育妇1135人，提交流入协查信息1215条，反馈协查信息1017条。

【强化队伍保障】 3月20日，重新考录招聘村计生管理员，淘汰超龄和不合格村（居）管理员11名；落实县计生协会“三定”(定机构、定编制、定职能）工作，5个编制已全部到位。

【强化责任保障】 县委、县政府将人口计生工作纳入重要督办事项范围，专门成立县委办、政府办、纪委、组织、宣传、计生等部门组成的人口计生工作督查组3个，专项督查各乡镇各部门人口计生工作。严格执行《清流县人口和计划生育工作责任考核奖惩规定》和“一票否决”制度，将履行计划生育工作职责作为各乡镇各部门干部提拔任用、评先评优和代表委员资格审查的重要依据。年内，全县表彰人口计生工作先进乡镇4个、部门5个、先进工作者30名；否决个人9人，村居11个。

【加大计生宣传】 县广播电视台专门开设人口计生宣传栏目，每周定期播放人口计生政策和优生优育等知识2次。年内，制作“单独两孩”政策专题宣传片，循环播放宣传。利用广场电子显示屏，滚动播放福建省实施单独两孩政策知识；通过手机动漫彩信和印发计生政策知识手册、折页等方式向育龄群众发放各类宣传品4.1万份；利用农村传统庙会和民风民俗“十番锣鼓”“五经魁”编写计生歌词，以表演、民乐、快板和合唱、猜谜、知识竞赛等方式宣传计生法律法规和倡导婚育新风进万家活动。开展形式多样的“7•11”世界人口日宣传活动，在清流龙津广场开展“弘扬婚育新风、共创健康幸福生活”主题宣传活动。全县计生知晓率90%以上。在龙津镇、李家乡、嵩口镇、长校镇等乡镇开展“美丽乡村、诚信计生”“践行群众路线，推动诚信计生”“践行群众路线，情暖计生家庭”“美丽中国梦，幸福计生情”等主题大型宣传活动和文艺汇演14场、建立人口文化宣传中心86个，在县委党校及全县各中学开设人口计生知识课程。在国、省、县道醒目处重新制作大型固定计生宣传牌38幅，沿街墙上悬挂彩绘宣传画68幅，刷新墙面固定计生标语297条，在城区和各乡（镇）人群集聚地，设立计生宣传一条街。在县九凤广场建立人口文化园、人口文化长廊，在8个乡镇建立人口文化宣传阵地。

2014年12月3日，田源乡开展计生专题文艺演出

【坚持依法行政】 召开修正后的《福建省人口与计划生育条例》和“单独二孩”政策学习会，举办全县计生业务培训班；并做到持证上岗，全县有77人取得行政执法证。

【办理“单独两孩”生育证】 印发《福建省启动一方是独生子女的夫妇可生育两个孩子政策的实施方案》，下发《清流县人口和计划生育局关于做好实施“单独两孩”政策宣传工作的通知》和《关于推进“单独两孩”生育证办理便民措施的通知》，“全县共办理“单独两孩”证102本。

【社会抚养费征收】 年内征收社会抚养费346例，已征984.48万元，其中10万元以上个案10例，创历史最高。法院强制执行社会抚养费46例，已执行金额153.28万。县政府办下发《清流县开展社会抚养费征收工作实施方案》，将违法生育拒不缴纳社会抚养费112人纳入个人信用体系管理。自2012年7月至2014年10月，党员干部违反政策生育6人，100%处理到位。

【来信来访】 全年受理来信来访25件，结案25件，办结率100%。未发生越级上访和集体上访事件。

【开展“阳光计生”活动】 公开监督电话、畅通12356阳光计生热线、设置举报信箱，通过计生信息网、政风行风热线等形式面向社会征求意见。改进工作作风，推行“十上门”服务，群众满意率95%以上。2013年获全县民主评议测评第3名。推行政务公开和村务公开，全县13个乡镇119个村（居）均按标准化建立政务、村务公开栏，接受群众监督。奖励扶助系列人员名单除在县乡村公示外，同时在县电视台滚动公示，做到不错不漏。推行诚信计生，以知情选择、双查改革为重点，推进管理创新。推进品牌创建，“诚信计生•幸福家庭”创建达到国家评估7项标准。

规范“一卡通”使用。打造创建幸福家庭活动特色品牌，全县各乡镇培育以豆腐皮、绿化苗木、花卉、养殖为特色的致富品牌，做到一乡一品。涌现出豆腐皮生产销售能手兰爱珍、笑在花丛中的“花老板”郑开红、将仙草卖给“加多宝”的邓秀勤、苗木销售“娘子军”等行业能手。

【提升计生服务水平】 年内，完成免费孕前优生健康检查1631例，覆盖率81%。在城区人群聚集地和各乡（镇）、村计生服务所、室设立避孕药具免费发放网点158个，安装智能避孕药具发放机3台。全县119个村（居）服务室均设有药具展示，品种在5种以上。指导群众按程序申报病残儿鉴定对象5例，并提供服务。

【落实计生优先优惠政策】 全县累计享受奖励扶助318人、享受贡献奖励79人、享受特别扶助16人；计生纯女户免费享受新型农村合作医疗保险8962人、享受新型农村养老保险2032人；农村户口独生子女户、二女结扎户子女享受中考加3分103人，享受高中学费减免400元276人；享受考入大专以上院校助学金448人，助学金额46.95万元；同时为388户计生户发放计生小额贴息贷款536.1万元，为5274户计生家庭投计生意外伤害保险，投保金额26.37万元，为30户计生户发放幸福工程资金30万元；共兑现独生子女户、二女结扎户、自愿不再生育夫妇奖励金7.15万元，免费为农村育龄群众提供计划生育技术服务金额27.51万元；慰问计生“三户”18753户、发放慰问金1572.6万元；全县共兑现各类优先优惠政策3798.83万元，惠及计生家庭45138户。

【关爱计生特殊家庭】 县政府办下发《关于补充修订清流县计划生育特殊家庭救助帮扶意见（试行）的通知》，给予独生子女死亡、伤残，自愿放弃再生育或抱养子女的特殊家庭每户3万元的一次性补助；全县独生子女伤残死亡家庭扶助对象，每人每月在省定补助标准基础上再增加200元；特殊家庭购房或建房的，给予一次性补助3—5万元；对伤残独生子女，中考给予加3分；年内，全县兑现计划生育特殊家庭一次性补助3万元12户、建新房一次性补助4万元1户。县成立计生特殊家庭联谊会，并开展活动。县乡计生部门和县医院制作并发放计生特殊家庭服务卡20张，为计生特殊家庭提供优惠服务18人次，优惠金额3000余元。将计划生育特殊家庭和计生困难家庭列为县处级领导、科级领导干部帮扶联系对象，帮扶计生户985户，落实帮扶资金32万元。其中县处级领导一对一帮扶计生特殊家庭20户，落实帮扶资金3.2万元。

【开展流动人口计生“便民维权服务”活动】 成立县分管领导为组长的“便民维权服务”活动领导小组，进厂矿、进企业开展以流动人口劳动维权、法律援助、创业资金和生育关怀帮扶等为内容的“关怀关爱·优质服务”主题活动，维护1000余名流动人口的合法权益；开展流动人口联网清查；加强区域协作，创新现居住地和户籍地双向互动社会服务管理机制，实现流动人口管理无缝隙覆盖；发挥省流动人口服务管理系统作用，形成有效的管理和服务网络。

【打击“两非”行为】 在县人口计生网站发布举报“两非”奖励公告，设立举报专线，对举报“两非”案件经查证属实给予举报人5000元奖励。全县立案查处“两非”案件5例，其中完成大宗案件1例。城区各医疗机构和县计生服务站B超室和妇产科安装电子监控设施5台，并保存影像监控资料6个月以上。乡级以上医疗机构和计生服务机构配置二代身份证读取器32台，做到资料完整保存，与61名B超执机人员和25名妇产科卫技人员签订责任状。

【开展“圆梦女孩行动”】 全县帮扶计生家庭贫困女孩183人，落实帮扶资金14.64元。

【计生综合治理】 县委、县政府制定下发《关于进一步明确县直有关部门人口和计划生育综合治理职责的通知》，计生领导小组定期召开部门联系会议。公安部门在办理各种证件时，把好婚育证明审检关，开展流动人口计生联网清查，依法打击“两非”及虐待、遗弃、溺杀、贩卖女婴等违法行为；卫生部门做到产妇入院分娩一小时通报人口计生部门，有可疑终止妊娠情况及时与人口计生局联系、沟通。实行入院分娩、孕妇B超检查、中期以上终止妊娠实名制；教育部门兑现农村户口独女户、二女结扎户子女中考给予加3分，考入普通高中阶段的给予减免每学年学费400元；人社部门在办理劳动用工手续时，需查验计生婚育证明；“新农合”、“新农保”中个人缴费部分由财政给予补助；为流动人口提供职业培训、就业信息、职业介绍和办理社会保障等服务；民政部门制定出台有利于计划生育家庭的社会救助政策；药监部门坚持每季度开展一次对各医疗点、个体诊所、性保健品店进行明查暗访，全面规范清理终止妊娠药品市场。

撰　稿：李常水
责任编辑：姚　全

老龄工作

【概述】 2014年，县老龄工作围绕县委、县政府中心工作和省、市老龄办工作部署，以服务发展和满足广大老年人的需求为导向，以加快建立社会养老服务体系和发展老年服务产业为目标，全面落实各项

为社区老人量血压

老年优待政策。

【推动《中国老龄事业发展“十二五”规划》贯彻实施】 4月，组织开展全县老龄事业发展“十二五”规划执行情况自评，针对中期检查评估中发现的问题，协调督促有关部门采取措施，推进各项指标逐项落实。

【加快养老服务业发展】 选定龙津镇南岐村为试点村，以点带面，推动全县农村居家养老服务站、老年活动中心建设。

【推进老年优待工作】 全县90岁以上高龄老年人301人，其中百岁老人3人。全年发放90周岁以上高龄补贴17.77万元。办理老年人优待证419本。其中，70周岁410本，60—69岁9本。全县70周岁以上老年人免费乘坐城区公交车。

【扩大高龄老人生活补助范围】 自7月1日起，扩大全县高龄老年人生活补助范围，建立80—89周岁高龄老年人生活补贴制度，补助标准为每人每月30元，发放方式为半年发放一次。全县发放80—89周岁高龄社会老人生活补贴2409名、金额41.95万元。

【老龄问题研究】 开展农村养老服务体系专题调研，龙津镇、田源乡、李家乡3个乡镇10个行政村参与调研，共选择200户老年家庭进行问卷调查。完成《老年人权益与精神慰藉》调研文章1篇。

【看望慰问老人】 重阳节前夕（9月30日上午），县委、县政府组织看望慰问百岁老人3人，95—99周岁老人71人，烈士后代4人，县光荣福利院老人13人。县夕阳红业余艺术团共送出慰问金4.1万元。

【开展老年节庆祝活动】 各乡（镇）、村（居）、社会团体等开展慰问老年人活动，单位开展退休干部座谈会或走访慰问活动。卫生部门在老年节当天为80岁以上老年人开展免费体检和健康知识讲座。学校组织中小学生到当地敬老院、社会福利院、老年公寓表演节目、打扫卫生。文广局、老年大学、老体协等单位开展老年门球赛、书画赛、棋牌赛、文艺演出等老年文体活动及召开老年节庆祝大会。

撰　稿：尹成郡
责任编辑：姚　全

经济管理

发展和改革

【概述】 2014年，县发展和改革局围绕打造“幸福清流”目标，认真履职、扎实工作，强化参谋助手作用，较好完成各项预期目标。全县实现国民生产总值75.86亿元，比增10.4%，位居全市第五位；农林牧渔业总产值、规模工业增加值、地方公共财政收入、社会消费品零售总额增幅位居全市前列。

【争取政策资金支持】 全年向上申报中央和省级预算内资金补助项目68个，项目总投资3.66亿元，其中补助资金1.4亿元；获国家和省级各类专项资金补助项目59个（其中：获中央1000万元以上资金补助的重大项目3个），补助资金1.21亿元，拉动清流县项目投资2.35亿元。

【编制专项规划】 完成《清流县2014年国民经济和社会发展年度计划》《清流县2014年深化重点领域改革方案》《关于进一步加快推进清流科学发展跨越发展的实施意见》《清流县“四百”重点项目工程建设五年计划实施方案》等方案编制，草拟《清流县新型城镇化规划（2014-2020)》。

【投资项目管理】 做好投资项目的审批、核准、备案等工作.全年实现零差错办理各类审批、核准、备案项目113个（审批61个、核准2个、备案50个），总投资42亿元。在第十二届“6·18”中国·海峡项目成果交易会上，清流县对接项目56项，总投资17.86亿元，其中合同项目50项、投资16.05亿元，协议项目6项、投资1.81亿元。年内征集企业技术需求23项。省、市重点跟踪的43个对接项目，开工建设36个。

2014年3月25日，局领导到嵩口镇梓材村指导项目建设

【强化项目储备】 围绕特色产业发展、骨干企业技改扩产、农业产业化、基础设施建设等方面，充实县级项目储备库。全县三级项目储备库储备各类项目325个，其中县级储备库重点项目183个，(超亿元项目42个)，总投资588.30亿元，预备申报项目142项。

【加强宏观调控】 加强经济运行分析并提出相关对策措施，向县人大常委会报告《关于2014年上半年国民经济和社会发展计划执行情况的报告》，向县十六届人大四次会议报告《关于清流县2014年国民经济和社会发展计划执行情况及2015年国民经济和社会发展计划（草案）的报告》。开展2015年经济发展新增因素调研，确定2015年经济发展走向及经济主要指标。

【推进项目建设】 全力推进16个省、市重点项目和“双十”(10个开工、10个竣工）重点项目建设。钨矿废弃石循环利用重选项目基础全面开工实施；客莱德电磁阀主厂房2014年年底前建成；春舞枝总部大楼及海西花卉交易中心建设项目总部大楼封顶。强化督查，对因推进不力影响进度的项目，采取现场办公、定期通报等措施，确保项目建设进度。执行重点项目考核奖惩制度，完善和落实项目建设法规制度、管理办法，确保项目建设进度、质量和安全“三控制”，实现质量、进度、投资、安全、廉政“五同步”。全年累计完成投资21.88亿元，完成年度投资计划139.4%。其中，8个省重点项目完成投资13.9亿元，完成年度计划投资159.8%；8个市重点项目完成投资7.98亿元，完成年度计划投资113.9%。实施“十百千”计划，100个重大在建项目完成投资61.6亿元，完成年度计划投资122.4%。其中：10个重大开工项目已开工建设9个（清流余朋太山至明溪界公路建设、清流闽台生态羊业基地、清流客莱德电磁阀生产、清流钨矿废弃石重选及循环利用、清流红色旅游景区建设、清流海西客家文化创意园、清流库区移民旅游创业园建设、清流迎宾路二期拓宽改造工程、清流智慧化植物工厂暨牛樟芝生物科技研究院建设项目），完成投资5.77亿元，占年度投资计划99.6%；10个重大竣工项目已竣工或部分竣工8个（清流建材城交易市场中心、清流文化馆及图书馆建设、清流数字影剧院建设、清流苏福千亩优质茶园示范基地及自动化茶叶加工、清流艾恩格电器设备制造、清流华晟无纺布生产、清流伊科电子产品生产和清流春舞枝总部大楼及海西花卉电子交易中心项目），完成投资6.93亿元，占年度投资计划117.3%。100个重大前期项目开工建设21个，完成投资4.63亿元。131个“五大战役”重点建设项目全部开工建设，累计完成投资50.91亿元，完成年度投资计划81.9%。

【发展电子商务】 清流县被列入全省第一批、全市唯一电子商务示范县。春舞枝集团被评为全省电子商务示范企业。鑫珍豆腐皮合作社、金麒麟生物科技公司、大丰山农产品公司等在淘宝、京东商城等电子商务交易平台开设网络销售平台，清流特产嵩溪豆腐皮、赖坊花生、九龙湖鱼干、高地贡米、镇源鸭爪以及茶叶、雪薯等企业产品均实现上网销售。

【促进第三产业发展】 做好市级三产重点项目的筛选、跟踪、督查、考评等工作。全县9个市级三产重点项目，年度计划投资6.3亿元。全年实际完成投资8.3亿元，完成年度计划的132.1%。现代物流、金融商务、服务外包、健康养老、教育培训等三产新兴业态成为清流县服务业的新兴消费热点和新增长点。

撰　稿：张华涛
责任编辑：刘江平

统　计

【概述】 2014年，县统计工作在县委、县政府的领导和市统计局指导、关心下，围绕“比学赶超、争先进位”工作目标，发挥求真务实、团结奋斗、开拓创新、服务大局的统计精神，推进“四大工程”建设，较好地完成全年各项工作任务。

【完成第三次全国经济普查工作】 加强普查宣传动员，做好普查登记、数据处理工作，PDA上门登记后及时开展查遗补漏，确保普查对象“应统尽统”。全年登记法人单位和产业活动单位2169家、个体户7354家。

【“四大工程”建设】 统计“四大工程”为“统一的基本单位名录库、统一的企业一套表调查制度、统一的数据采集处理软件平台和统一的联网直报系统”。其中，基本单位名录库建设，完成“三上企业”、房地产调查字典库和名录库比对、核实和确认工作，全年新增入库企业21家（工业企业14家、贸易业5家、房地产业2家）。开展“企业一套表”改革，加快乡镇企业统计基层基础建设和规范化建设。改善乡镇基层统计调查中心软硬件设施，全县13个乡镇加入国家统计专网（VPN），实现“五级联网”，保证基础源头数据的网上直报。

【经济运行分析】 做好主要经济指标（主要是季度GDP、工业总产值、消费品零售额、工业用电量等经济指标）的预测工作，按月编印《清流统计月报》，通过政务网向全社会公开。出版《清流统计年鉴（2014年）》，及时发送各党政部门领导。撰写统计信息21篇，被市统计局网站采用11篇；撰写统计调查分析17篇，获得国家领导批示1篇，中办和国办采用各1篇，国家统计局采用3篇，省委办和省政府办采用各1篇，省领导批示1篇，省调查总队采用13篇，市调查队采用16篇；撰写经济普查课题申报3篇，报送建言献策2篇，为县委、县政府提供季度经济运行分析4篇。

【统计执法】 7月，执法检查龙津、嵩溪和林畲3个乡镇的7家企业，其中5家企业上报的统计数据与实际存在误差，依法给予警告处分企业3家，处以罚款企业2家。

【统计基层建设】 组织全县13个乡镇统计员进行业务培训2次，并对基础工作较薄弱的乡镇进行重点指导。在经济普查期间组织人员现场督导企业完善统计台帐和原始资料，规范统计资料的档案管理。加大对基层报表数据审核把关力度，执行“两审”（县、乡两级审核）、“三核对”（与上年数据、进度数据、部门数据核对）、“把三关”（把好基层单位数据审核关、综合汇总数据审核关、数据质量评估关）的数据质量审核控制制度。

撰　稿：　李秀群
责任编辑：刘江平

物价管理

【概述】　2014年，县物价局围绕“稳物价、惠民生、促发展”的工作重心，加强市场价格调控，强化民生价费监管，发挥价格职能，服务地方经济发展，为促进县域经济健康发展营造良好价格环境。1—12月，居民消费价格指数同比涨幅为1.5%，市场物价保持平稳运行。

【市场价格监测】　落实五类21种重要商品价格监测和30种主要食品价格监测报告及全市联网通报制度，加强市场价格日常监测、分析和预警预报工作。定期向县委、政府和市物价局报送价格监测数据和分析资料，为领导决策提供参考。定期采集永辉、佳嘉惠、良品等三家超市和城关农贸市场的31种主要食品价格，每旬在清流电视台、清流新闻网、县政府门户网发布。开通民生价格信息微信发布平台，实现民生价格信息发布渠道的多元化。

【价格调节基金征管】　会同县财政、地税等部门做好价格调节基金的征收、管理和使用，全年征收价格调节基金375万余元。出台《清流县价格调节基金使用管理办法》，规范基金使用流程。制定县级价格调节基金年度使用方案，支持平价商店和生猪、禽蛋、蔬菜等基地建设。全年拨付价调基金补助48万元，其中补助城区及田源蔬菜基地3.8万元、补助宏硕生态农业发展有限公司、兴业农业有限公司种、养基地35万元、补助平价商店9.23万元。

【建设平价商店】　1月20日至2月28日，在永辉超市和佳嘉惠超市设立平价商品销售区，各选择12种与群众生活关系密切的粮、油、肉、蛋、菜实行10%—30%的价格补贴，共计销售各种平价商品77.3吨，县政府调拨价格补贴9.23万元。

【完善物价联动机制】　完善社会救助和保障标准与物价上涨挂钩联动机制的启动条件，将价格临时补贴最低标准由每月10元调整为20元。

【落实减负政策】　对全县126个收费单位2013年度的收费执行情况进行审核，换发新的行政事业性《收费许可证》57份、经营服务性《收费证》25份，注销公安、林业、畜牧兽医等部门基层所站的《收费许可证》44份。全年落实取消行政事业性收费48项、免征收费67项、降低收费标准27项。

【推进“阳光价费”活动】　建立规范“阳光价费”公示示范点10余个，并进行推广，同时开展各收费单位落实阳光收费公示的情况检查。

【参与公立医院综合改革】　落实县级医疗机构医药价格改革，全面取消药品加成，实行药品零差率销售。适当提高医疗服务价格，优化医院收入结构，完善药品零差率销售补偿机制。

【交通运输市场价格管理】　做好公路客运、农村客运、出租汽车、公交行业的价格管理工作，根据运营线路的变化实时调整农村客运票价。

【开展价格收费专项检查】　组织开展涉农、涉企收费及车站服务收费专项检查，协助市局开展农信社收费、烟技工程招标举报案件、电力价格举报案件的检查工作。办理烟基招标收费中提高资料费标准的案件审理工作，查处没收违法所得金额46.62万元，并处罚款1万元。就企业反映电力部门未按规定执行优惠电价问题进行协调督促，为企业减轻负担95万元。

【整顿市场秩序】　规范明码标价行为，经常性开展城区街道商店、超市、农贸市场及药店的商品明码标价执行情况检查。开展元旦、春节、国庆等重大节假日期间的市场价格监督检查，及粮油、肉禽蛋鱼、成品油、液化气等商品和服务市场巡查，维护市场价格稳定。

【打造“12358”价格举报平台】　做好12358全国价格举报管理信息系统的配套建设工作，8月接入12358全国价格举报管理信息系统，实现12358价格举报国家、省、市、县四级联网。年内受理价格举报件5件，均及时解决。

【精简行政审批事项】　清理行政审批、公共服务等事项，精简原有的20项行政审批事项为16项。简化程序，将“成本监审目录和听证目录”外的调定价费项目的一般价格行政审批程序精简为2个环节，并承诺压缩办理时限至法（规）定的50%以内。填报《行政审批和公共服务事项调研表》，明确各类事项的办理依据、流程、条件和办理时限，奠定网上审批基础。

【规范价格鉴定行为】　全年受理价格鉴证业务57起，标的180万元，其中刑事案件39起，标的118.39万元；价格认证18起，标的61.61万元，均在规定的办理时限内出具价格鉴定结论意见书。开展价格争议调解和价格服务工作，为5家企事业单位提供常年价格咨询服务。逐步开展保险理赔、涉税、涉纪、烟草等价格鉴定和土地、房屋价格认定工作。

【开展成本监审工作】　加强成本监审队伍建设，组织成本监审人员参加省市举办的业务培训。开展对垄断性行业、公益性行业的成本监审工作。开展调（定）价前的成本监审工作，确保政府定价科学性、准确性。

撰　稿：陈俊宠
责任编辑：刘江平

工商行政管理

【概述】 2014年，县工商局突出抓好工商登记制度改革、市场监管、维护消费者合法权益、提升队伍素质等重点工作，推动清流经济和工商事业蓬勃发展。清流县工商局城关工商所获评为“福建省工商行政系统规范达标示范工商所”、“2014—2016年省级青年文明号单位”，县工商局通过十二届省级文明单位公示。

【推进工商登记制度改革】 落实先照后证、注册资本认缴登记制、企业年度报告公示制等，营造宽松平等的准入环境。年内新增内资企业的注册资本11.58亿元，同比增加84.13%。全县新增各类企业224户、个体工商户743户，其中农民专业合作社42户、家庭农场49户；全县共有各类企业1469户（内资1417户、外资52户）、个体工商户4792户。

【实施商标品牌战略】 依托商标培育指导站，在嵩溪镇试点开展“一村一社一品牌”工作。年内嵩溪镇12个行政村新增专业合作社9个，总数43个；新增农民专业合作社申请商标注册11件，累计14件，初步实现“一村一社一品牌”全覆盖。全县共申请商标注册52件，其中新申请认定省著名商标1件、市知名商标1件，延续认定省著名商标、市知名商标各1件。福建经济电台财经961频道记者报道和宣传“清流豆腐皮”地理标志证明商标使用情况。

【规范商标使用】 以召开商标培训会、发放宣传单、提供咨询服务等方式，做好新《中华人民共和国商标法》普及宣传工作。对未规范使用商标的企业提出整改意见和要求，走访注册商标企业38家，发出商标法律告知书8份。

【支持现代农业】 培育发展家庭农场、农民专业合作社等新型农业经营主体，年内新增农民专业合作社42户，新增注册资本2.1亿元；新增家庭农场49户，新增资金数额5101万元。引导花木产业与文化、生态、旅游有机融合，初步形成“桂花文化园—毛泽东旧居—龙泉鱼庄”“台湾农民创业园—七星岩风景区—温泉宾馆”等集吃、住、娱为一体的农业现代产业模式4个，帮助桂花文化园、滕头园林从单一的苗木种植销售转型到集文化、生态、旅游为一体的企业，带动农业企业175家、农户4000余户。帮扶、指导建立农产品网络销售平台，拓宽农产品销售渠道。全县9家网络销售农产品企业中，有7家加入广交会电子商务平台电商企业。

【促进电子商务发展】 为电子商务主体登记注册提供便利，截至年末，全县共有电商企业11户，网店100余家。

【落实企业服务措施】 全年指导清流县千河星农业有限公司、清流县龙津镇新力量广告企划工作室等5户个体工商户转型升级为有限责任公司。开展“企业大走访”活动，向金融机构提供中小企业信用信息，通过股权出质、动产抵押等渠道帮助企业融资。办理动产抵押登记14件，抵押金额9850万元，办理股权出质登记8件，助企融资2.25亿元。

【助力春舞枝发展】 指导福建春舞枝花卉有限公司发展电子商务，通过便捷注册登记、完善相关资料等，帮助春舞枝花卉有限公司于8月25日在德国证交所成功上市。11月4日，清流县首家企业集团春舞枝花卉集团成立，工商局于2个工作日内办结工商登记，比法定时限缩短86%。

【开展专项整治】 组织开展无照经营、假冒伪劣、违法广告、农资市场、黑网吧等各类专项执法行动，严厉查处违法违规经营行为。全年查处各类违法违章案件45件，其中查处农资案件3件，违法广告案件2件，无照经营案件21件，黑网吧案件1件。

【严查公用企业违法行为】 加大对电信、供水、供气等公共服务行

2014年5月4日，清流县工商局在各社区宣传打击传销活动

业侵害群众和企业利益专项治理力度，查处清流县安顺驾校、吉顺驾校违规收取学员卡费、保险费，侵害消费者合法权益案件，以及2家液化气站点销售液化气分量不足案，维护消费者合法权益。

【提升消费维权效能】 全年接受消费者咨询126人次，受理消费者申诉、举报83件，为消费者挽回经济损失3.75万元。“3·15”期间，围绕“新消法、新权益、新责任”主题，联合质监、烟草、农业等部门在龙津广场开展大型集中宣传活动，在辖区张贴宣传标语50条，悬挂横幅20条。开展“新《消法》进万家”法律知识有奖竞猜活动，发放各类宣传材料3000份。

【食品监管职能和人员编制划转】 主动对接食品药品监督管理局，理清交接项目，并做好划转人员过渡期间办公场所、设备等移交工作。过渡期间继续严格执法，立案查处食品违法经营案件1件，案值2000元。6月30日，食品监管职能和人员向清流县食品药品监督管理局划转工作完成，全局划转在编公务员及行政编制14名。

撰　稿：赵丽秀

责任编辑：刘江平

液化气钢瓶质量检查

质量技术监督

【概述】 2014年，县质监局围绕国家质检总局“抓质量、保安全、促发展、强质检”方针及省政府提出的技术措施与非技术措施、监督与服务、研究与应用“三个结合”要求，以服务地方经济建设为目标，依法履行综合管理和行政执法两大职能，创新监管方式，提升服务水平，全面推进清流质监事业科学、快速发展。

【深化质量兴县】 成立“质量兴园 服务园区”工作领导小组，组建服务小分队，建立联席会议制度，制订《关于开展“质量兴园 服务园区”活动的实施方案》，深入清流国家级台湾农民创业园，为园区提供服务，促进台湾农民创业园做大做强。围绕清流特色产业，全年撰写质量分析报告2篇，为政府宏观决策提供参考。

【推进品牌建设】 将“质量兴县、名牌兴企”作为政府重点工作，列入乡（镇）政府及县直有关部门年度责任目标考核。2月，县委、县政府对2013年创建品牌的企业和部门进行表彰，兑现品牌奖励金104万元。针对永福化工有限公司、展化化工有限公司等拥有自主品牌和自主知识产权的企业制订中长期帮扶计划，帮助企业实现具备申报省名牌产品条件。帮助七星岩食品公司、鑫牌豆腐皮厂、苏福茶业有限公司3家企业申报省名牌产品，指导解决申报过程中存在问题，提供全方位服务。5月19日，清流鲜切花获批成为国家地理标志保护产品，全县地理标志保护产品累计4个，4家9个产品获得福建省名牌产品，拥有市优势品牌18个，21家51个产品获无公害农产品称号。

【强化标准化工作】 围绕花卉苗木、淡水鱼、黄羊三大特色产业，开展农业标准化工作。清流县被列为清流溪鱼、清流鲜切花省级农业标准化示范区；全县拥有省地方标准3个；发布清流溪鱼养殖农业技术规范4个。完成国家“良好农业规范（GAP）认证”2家（清流溪鱼和清流鲜切花，均为全省首次农业规范（GAP）认证）。开展标准进企业、送科技下乡、专家授课和经验推广等活动，宣传标准法律法规，免费提供标准查询和技术指导，主动帮助企业解决在执行标准方面存在的问题和困难。全年代码新办证364家，换证399家；条码新办4家，续展4家。

【安全监管】 全年召开全县特种设备安全会议、局党组特安专题会、部门联席协调会等各类部署工作会议12次，与乡镇质监协管员、特种设备使用单位、气瓶充装单位签订安全承诺书90余份。全年现场监察特种设备使用单位71家，检查各类特种设备117台，现场责令整改隐患56条；发出安全监察指令书11份、责令限期整改隐患21条，已落实整改隐患19条，已在整改2条，立案查处特种设备违法案件1起，与有关部门联合执法4次，开展特种设备安全宣传教育活动5场次，办理特种设备使用登记注册5本。全县特种设备安全态势持续平稳，全年未发生特种设备安全事故。

【计量监督】 全年免费检定乡镇医疗卫生机构血压计296台件，集贸市场衡器2093台件，抽查32家企业的定量包装商品60批次。以药店和金店为重点，开展计量器具监督检查，共检查计量器具32台件。

【执法检查】 将食品、农资、建材等作为重点领域，开展“双打”（打击侵犯知识产权和打击制造假冒伪劣产品）战役、“质检利剑”行动。全年开展各类专项检查86次，出动执法人员344人次。检出不合格产品1批次，合格66批次。

撰　稿：裴艳清
责任编辑：刘江平

安全生产监督

【概述】 2014年，县安监局围绕“强化红线意识，筑牢底线思维，促进安全发展”工作思路，以强化企业基础建设和提高监管能力为核心，完善责任体系，落实各项措施，全县安全生产形势平稳有序。截至12月31日，全县发生各类安全事故37起，死亡2人（生产经营性道路交通事故），受伤32人，直接经济损失48.98万元，与2013年同期相比，事故起数下降5.13%，死亡人数（人数）下降50%，受伤人数上升6.67%，直接经济损失上升8.57%。10万人生产安全事故死亡率为6.67，亿元GDP死亡率为0.115，煤矿百万吨死亡率为0。矿山、危化、旅游、水上交通、农业机械等重点领域无生产安全事故，未发生死亡3人以上较大安全生产事故。

【加强组织领导】 全年召开全县安全生产工作部署会议6次、安全生产工作联席会议4次。组织对有关单位和企业履行安全生产目标责任制情况专项督查2次，对落实不力的单位和存在安全隐患的企业提出批评，并限期整改。

【隐患排查治理】 联合交通运输、住建、城管等部门，全年检查生产经营企业单位436家，排查隐患1025条，依法下达整改指令书130份，整改隐患1015条，整改率99.2%，限期整改并通过复查验收10条。组织开展农机、水利、学校、医院、乡村道路、社区、森林防火、防溺水、防雷、餐饮场所燃气安全、用人单位职业病危害、涉氨制冷企业液氨使用、粉尘爆炸、油气管道等16项专项检查和治理。集中开展安全生产大检查“回头看”、道路客运、危化品道路运输及公路隧道治理、人员密集场所等专项整治活动。

【抓好“六打六治”】 “六打六治”（打击矿山企业无证开采、超越批准的矿区范围采矿行为，整治图纸造假、图实不符问题；打击破坏损害油气管道行为，整治管道周边乱建乱挖乱钻问题；打击危化品非法运输行为，整治无证经营、充装、运输，非法改装、认证，违法挂靠、外包，违规装载等问题；打击无资质施工行为，整治层层转包、违法分包问题；打击客车客船非法营运行为，整治无证经营、超范围经营、挂靠经营及超速、超员、疲劳驾驶和长途客车夜间违规行驶等问题；打击“三合一”“多合一”场所违法生产经营行为，整治违规住人、消防设施缺失损坏、安全出口疏散通道堵塞封闭等问题）。年内，突出检查煤矿、金属非金属矿山、危险化学品、油气管道、交通运输、建筑施工、消防、粉尘防爆等重点行业领域，实行重点打击和整治。全县开展自查自纠的单位815家，共组织综合执法组313个，出动综合执法人员1671人次，参与执法检查专家50余人次。开展跨部门联合执法61次，对重点地区和单位实施暗访65次，消除安全隐患752条，责令改正、停止违法行为503起。

【安全生产宣传教育】 结合“安全生产月”活动，开展安全生产宣传“咨询日”、事故警示教育周、应急救援演练周、安全知识“六进”、安全生产领域“打非治违”知识竞赛等活动；举办企业主要负责人、安全管理人员、特种作业人员培训5期，培训152人，悬挂安全宣传标语和横幅125幅，县级有关部门出动宣传车19台次，展出安全知识警示教育展板42个，张贴宣传挂图160张，发放安全生产宣传小册子、小知识、小图书等宣传资料1.2万余份，咨询服务群众1200人，受教育群众达到1.5万人次。做好新的《中华人民共和国安全生产法》和《福建省安全生产“党政同责、一岗双责”规定》的宣传贯

2014年6月16日，“全国安全生产月”宣传活动

彻工作，并在县政府常务会和第四季度防范重特大生产安全事故会议上进行集中学习。

【从业人员安全培训】 举办全县企业特岗人员培训65期，参训1970余人。与市安监局联手，开展辖区内企业第一责任人、安全负责人、安全管理人员培训5期，培训非煤矿山人员130人、危险化学品类人员66人，实现全员持证上岗；协助市局举办电工人员培训班3期，发放资料180余份，培训人员91人。

【非煤矿山专项整治】 落实企业复产前全体职工三级安全教育和企业安全生产自查。强化现场管理，督促和指导企业落实领导带班下井工作，消除事故隐患。推进企业安全标准化建设，加强对非煤矿山民爆等物品的监督管理工作。共排查非煤矿山企业22家次，下发责令改正指令书3份，排查隐患34处，已全部整改。

【危险化学品和烟花爆竹安全管理】 指导从业单位完善电子监控系统和开展重大危险源普查、建档工作。全年检查危险化学品从业单位32家（次），下发责令改正指令书8份，发现各类隐患45处，整改率100%。检查烟花爆竹经营单位115家（次），下发指令书12份，发现各类隐患35处，整改率100%。

【安全执法和事故预防】 协调各部门做好相关重点行业和领域的安全治理和事故预防工作，在汛期开展安全生产集中执法和隐患排查治理行动，重点排查油气管道、煤矿、非煤矿山、危险化学品、道路交通、建筑施工、人员密集场所等行业领域，共查出各类安全隐患32处，当场整改30处。

【提升应急处置能力】 建立健全应急值守制度和事故信息接报及应急处置程序。修订完善《清流县非煤矿山安全事故应急处理预案》《清流县危险化学品安全事故应急处理预案》《清流县道路交通安全事故应急处理预案》等32个预案，并要求各乡镇、部门、企业制定应急预案，全县已有15家非煤矿山、12家危险化学品（生产、经营、储存）、1家烟花爆竹批发企业完成应急预案的编制和报备工作。开展“应急救援预案演练周”活动，提高各行各业应对突发事故的救援能力。

撰　稿：陈华彩

责任编辑：刘江平

食品药品监督

【概述】 2014年，清流县食品药品监督管理局认真贯彻中央关于深化食品药品监管体制改革的部署要求，完成新一轮食品药品监管体制改革，承担食品药品综合监督职能，扎实开展各项工作。获2013年度三明市食品药品监管系统绩效考评第三名，被县委、县政府授予“省市属单位服务经济建设先进单位”称号。

【机构改革】 推进食品药品监管体制改革，由省以下垂直管理体制改革为地方政府管理，完成与县工商行政管理局、县质量技术监督局、县经贸局、县食品安全委员会办公室有关部门的职能交接、人员及编制划转，组建新的食品药品监督管理机构，对食品药品实行集中统一监管。新组建的县食品药品监督管理局内设办公室、食品生产流通安全监管股、餐饮服务食品安全监管股和药品安全监管股4个股室，按区域设立龙津、嵩溪、嵩口、灵地4个食品药品监督管理派出机构。核定行政编制26名（局机关12名、基层监督管理所14名），其中：原县食品药品监督管理局划入行政编制11名、县质量技术监督局划入行政编制1名、县工商局划入行政编制14名。自7月1日起，县食品药品监督管理局对食品生产、流通环节和药品、医疗器械、保健食品、化妆品实行集中统一监管，同时承担县食品安全委员会日常工作。

【食品安全综合治理】 推进治理“餐桌污染”，建设“食品放心工程”，组织相关部门联合开展食品安全方面损害群众利益突出问题的治理，重点开展肉及肉制品、食品生产加工小作坊、猪肉市场、校园食堂及周边食品安全、节日食品安全等11项专项整治行动。加强农村集体聚餐食品安全管理，建立县乡村三级负责管理机制，制作印发《农村集体聚餐食品安全宣传单》5000份，开展农村集体聚餐食品安全工作调研，形成《关于我县农村集体聚餐食品安全现状分析及对策思考》的调研文章。全年共出动执法人员1088人次，检查执法191次，立案15起，移送司法机关案件2起；涉及货值金额2.4万元，罚没7.37万元。2014年，全县未发生重大食品安全事故。

【食品生产流通安全监管】 全年核发食品流通许可证187户（7月后核发89户），注销1户，全县食品流通许可证总户数1340户。全县有食品生产企业19家，食品小作坊获证企业9家，五类前店后厂经营单位14户。7月起，开展“打两非治源头”、查处“芬卡”牌劣质橄榄油、婴幼儿配方乳粉、食用明胶生产经营使用、烤鱼片生产经营、肉制品生产经营、重点节日等食品市场专项执法检查，出动执法人员705人次，检查食品生产企业36人次，食品经营户2850人次、集贸市场264个次，立案调查食品类案件2起。开展食品质量抽检工作，配合省市质量检验中心对食品生产企业食品抽样送检品种20个；食品流通环节食品抽样送检品种28个，均合格。7—12月，共受理群众食品安全投诉6起，处理6起。

【药械市场整治】 全县有药品批

2014年3月19日，调研铁皮石斛组培

发企业1家、零售药店34家（其中连锁药店1家）。年内组织开展医疗器械“五整治”专项行动、含特殊药品复方制剂购销管理专项检查、医用氧、医疗机构定制式义齿流通环节管理专项检查、查处无证无照经营专项整治、打击保健食品“四非”专项行动、重大节日期间保健食品化妆品专项检查、保健食品标签说明书专项检查等，查处不合格药械3种次、保健食品1种次，查办案件4起，罚没入库0.89万元，抽样45批次，完成年度抽检计划数的100%。推进实施新版GSP（药品经营质量管理规范），组织全县药品经营企业负责人参加省局举办的2期《新版修订GSP专题视频讲座》视频会议，并举办新版GSP培训班1期，重点对辖区内需进行认证的18家药店负责人就实施新版GSP关键性内容进行培训。选择康佰家、欣佳和2家药店为试点，开展模拟认证，组织其他需认证企业观摩，推进整体工作开展。推进药械不良反应监测，全年上报药械不良反应（事件）报告142例。开展广告监测，发现药械违法广告1起，移送县工商行政管理局处理。

【食品药品安全知识宣传】 8—9月，开展食品生产企业警示教育活动2期，组织县肉制品、茶叶、豆腐皮等18家食品生产企业80余人次，集中观看食品安全警示宣传片，引导企业依法依规生产，并与25家企业签订《食品生产企业质量安全承诺书》。9—10月，开展以“普及食品药品安全知识，创造健康和谐幸福生活”为主题的食品药品安全宣传月活动，共发放食品药品安全宣传资料8000余份、宣传购物袋500余个，接受群众咨询460人；在清流新闻网开辟“关注食品药品安全知识”专栏，宣传普及食品药品安全知识；深入县老人协会、县老年大学、嵩溪镇、嵩口镇老年协会、学校开设食品安全知识讲座6场次；举办食品药品安全知识竞赛，颁发优秀组织奖1个，表彰参赛者33名。

【服务食品医药经济发展】 3月，深入龙津、长校、灵地、嵩溪等乡镇开展“生物医药产业调研月”活动，走访三明金亚农林开发有限公司、天沅智慧化植物工厂、飞翔生物公司、秋实中草药种植基地等企业种植加工一线，与企业业主、经营人员、技术人员座谈，深入调研金线莲、铁皮石斛组培、金银花种植、牛樟芝种植加工等项目，为企业延伸产业链、科学规划建设项目等提供政策、信息咨询等服务。组织撰写《关于推进我县中药材项目走特色综合开发路子的思考建议》调研文章，为领导决策、企业发展提供参考。

撰　稿：张　华

责任编辑：刘江平

工　业

经　贸

【概述】 2014年，县经贸局贯彻党的十八届三中全会和省、市、县经济工作会议精神，落实科学发展观，按照“稳增长、促改革、调结构、惠民生”的要求，突出工作重点，主动作为，经贸各项工作取得较好成效。

【工业经济】 2014年，全县规模以上工业企业实现总产值96.54亿元，其中经济开发区累计实现产值19.60亿元，比增17.90%。林产、氟化工、轻纺、煤炭、综合领导小组分别实现产值22.5亿元、28.3亿元、6.2亿元、4.9亿元、20.8亿元，比增19.3%，25%、10%、6%、31.4%。13个乡镇规模工业产值均实现增长，其中12个乡镇实现2位数增长，龙津、嵩溪、温郊、田源、里田、长校、赖坊等7个乡镇增速高于全县平均水平。龙津、嵩口、嵩溪、温郊等4个重点乡镇累计完成产值70.1亿元，占全县工业总产值72.7%。全县规模以上工业企业实现增加值29.3亿元，比增14.7%，增幅居全市第二位；实现用电4.89亿千瓦时，比增6.5%，完成年初下达4.7亿千瓦时的目标任务。

全年新增规模以上工业企业16家，新上规模企业新增产值4.1亿元。全县规模以上企业总数87家，工业经济效益指数342点。

全县有规模煤炭开采和洗选业企业7家、从业人员1240人，实现工业总产值4874.50万元、工业销售产值4856.40万元、利润总额269.30万元、完成税收616.50万元。

清流吉阳太阳能公司产品生产车间

规模有色金属矿采选业企业2家、从业人员501人，工业总产值3611.80万元、工业销售产值3464.90万元、利润总额204.60万元、完成税收215.30万元。

规模非金属矿采选业企业8家、从业人员488人，工业总产值6944万元、工业销售产值6891.60万元、利润总额422.10万元、完成税收590.30万元。

规模农副食品加工业企业4家、从业人员536人，工业总产值1680.60万元、工业销售产值1654.80万元、利润总额66.20万元、完成税收83.40万元。

规模食品制造业企业1家、从业人员115人，工业总产值761.80万元、工业销售产值761.80万元、利润总额54.80万元、完成税收1.80万元。

规模酒、饮料和精制茶制造业企业6家、从业人员567人，工业总产值2544.40万元、工业销售产值2543.30万元、利润总额237.60万元、完成税收33.60万元。

规模纺织服装、服饰业企业10家、从业人员1140人，工业总产值5322.20万元、工业销售产值5321.90万元、利润总额155.20万元、完成税收112.20万元。

规模木材加工和木、竹、藤、棕、草制品业企业22家、从业人员2505人，工业总产值1.80亿元、工业销售产值1.77亿元、利润总额717.80万元、完成税收558.10万元。

规模家具制造业企业2家、从业人员247人，工业总产值1572.50万元、工业销售产值1331.40万元、利润总额54.10万元、完成税收14万元。

规模印刷和记录媒介复制业企业1家、从业人员56人，工业总产值454.30万元、工业销售产值454.30万元、利润总额26.70万元、完成税收13.60万元。

规模化学原料和化学制品制造业企业12家、从业人员2208人，工业总产值3.08亿元、工业销售产值3.09亿元、利润总额2072.40万元、完成税收1674.10万元。

规模医药制造业企业1家、从业人员113人，工业总产值476.40万元、工业销售产值476.40万元、利润总额11.70万元、完成税收0万元。

规模橡胶和塑料制品业企业1家、从业人员129人，工业总产值816.40万元、工业销售产值816.40万元、利润总额14.30万元、完成税收20.40万元。

规模非金属矿物制品业企业4家、从业人员716人，工业总产值1.21亿元、工业销售产值1.19亿元、利润总额804.50万元、完成税收774.30万元。

规模黑色金属冶炼和压延加工业企业1家、从业人员50人，工业总产值210.10万元、工业销售产值210.10万元、利润总额5.50万元、完成税收12.10万元。

规模金属制品业企业1家、从业人员264人，工业总产值667.30万元、工业销售产值663.20万元、利润总额29.50万元、完成税收0万元。

通用设备制造业企业1家、从业人员97人，工业总产值254.60万元、工业销售产值254.60万元、利润总额29.20万元、完成税收3.30万元。

规模电气机械和器材制造业企业2家、从业人员400人，工业总产值1816.60万元、工业销售产值1816.60万元、利润总额29.40万元、完成税收24.4万元。

规模其他制造业企业2家、从业人员239人，工业总产值1237.90万元、工业销售产值1237.90万元、利润总额64.70万元、完成税收17.30万元。

规模电力、热力、燃气及水生产和供应业企业2家、从业人员547人，工业总产值3334万元、工业销售产值3334万元、利润总额81.90万元、完成税收17万元。

【扶持商贸企业发展】 9月，县政府出台《清流县人民政府关于扶持商贸企业发展的若干意见》，鼓励发展限额以上商贸企业，扶持乡镇发展商贸企业。年内新列入限额以上商贸企业5家，新增销售额1.5亿元；全年完成社会消费品零售总额18.4亿元，比增19%。推荐春舞枝花卉、鑫珍豆腐皮、闽西农特产品等列入省市电子商务平台建设，帮助春舞枝公司争取电子商务平台建设补助资金200万元，清流县和春舞枝公司分别被列为省级电商示范县和示范企业。永辉超市改造项目列入省经贸委支持项目，获得资金补助30万元。城关第一农贸市场和嵩溪农贸市场建设项目列入省扶持项目，分别获资金支持10万元和40万元。闽新畜牧场列入省级副食品调控基地建设资金补助项目。

【项目建设】 全年实施工业项目69个，其中重点项目32个，完成固定资产投资39亿元，比增33.8%；32个重点项目中动工27个，其中源益木业、文燕卫生洁具等7个项目竣工投产，完成投资2.10亿元。实施技改项目49项，完成技改投资28.40亿元，比增65.8%，累计投入资金29亿元，比增72%。

【控制工业能耗】 全年发展节能及循环经济项目13项，其中节能改造项目10项，循环经济3项，年节约标煤4000多吨，综合利用煤矸石20多万吨。全年规模以上工业企业综合能源消费量36.33万吨标准煤，比增0.13%，完成市下达的40万吨标准煤目标。鼓励企业开展直购电，清流县对接省上开展直购电活动有红火水泥等企业3家；鼓励企业超产用电，1-10月企业获省、县超产用电补助623.44万元。落实红火水泥、捷鸿木业及大成砖业3家企业的资源综合利用节能税收支持政策。推动新型墙体材料使用，对建筑企业收取新型墙材基金，实行先征后返政策。氨盛化工、北坑钨矿等企业实施循环废水综合利用项目，年可节约用水近300多万吨。推进节能产品惠民工程，将城区照明改造为LED照明模式，并实行合同能源管理。

【加强支前物资保障能力】 开展支前物资潜力调查，调查辖区内肉禽蛋菜、主要副食品、日用工业品以及钢材、木材、水泥等应急物资主要生产经营单位、经营户的生产能力、供应能力和主要商业物资供应网点的分布状况、储备状况、快餐供应网点等情况。确定快速食品供应网店2个，签订支前物资供应协议书3份。

【招商引资】 组织参加“6•18”“9•8”“11•6”等招商活动，共签约中盟光伏、海蓝化工、弥猴桃酒生产、纳米碳酸钙、磁环电感、钨矿废弃石等民企对接项目6个，总投资27.8亿元。完成“1+1”招商项目，引进福建兴裕贸易公司网络产品开发及销售项目，总投资3000万元，注册资金1000万元。

【能源督查和执法】 在水泥、合成氨等行业开展能效水平对标活动，氨盛化工及红火水泥能耗指标均达国家先进水平。在红火水泥、东莹化工、氨盛化工等3家企业开展电机能效提升工作，制订落后电机淘汰计划。在博鑫光电、氨盛化工开展能源监察工作，并下达整改意见书。开展电力设施执法工作，发出整改通知书2份，协调处理阻挠用电施工事件1起。

【加强行政执法】 加强生猪定点

屠宰场监管及加油站经营活动检查，确保生猪屠宰、成品油质量安全和市场稳定。全年开展各类行政执法52次，出动执法人员180人次，开展联合执法检查8次。

【融资性担保监管】 全县有担保公司3家，注册资本1.51亿元。全年提供融资性担保总额2.62亿元，担保户数41家。

【帮扶企业】 帮助县气枪厂协调、解决办理扩建厂房房产证、闽山化工办理二期项目土地证和H发泡剂项目选址用地等难题。召集原材料生产企业进行协调，争取县内最大化消耗本地工业产品。做好企业与银行对接工作，帮助宏志矿业、闽山化工等企业解决转贷资金难题。落实《清流县人民政府关于下达2014年鼓励工业企业增产增效奖励办法的通知》，帮助展化化工、永福化工等10家企业争取增产增效奖励资金297万元。全年帮助企业争取市以上补助和奖励资金2273万元。

【安全生产工作】 组织“创建企业安全生产标准化”“安全生产月”“六打六治”“打非治违”“三合一”（企业员工集体宿舍与生产作业、物资存放的场所相通连）、加油站场所消防安全专项治理等专项行动，出动检查250人次。做好防汛抗旱、抗台风工作，向企业业主手机发出防汛防台防寒提示短信1650条次。组织企业安全负责人参加工贸企业安全标准化内审员资格培训，并深入企业逐家指导企业安全生产标准化创建工作。年内，县工贸行业新增安全生产标准化三级达标企业7家，全县三级达标企业数12家。

撰　稿：黄金富
责任编辑：刘江平

城镇集体工业

【概述】 2014年，城镇集体工业联合社围绕大局，服务发展，务求实效，为建设幸福清流做好各项工作。全社完成工业产值1.2亿元，比增20%，实现出口创汇3500万元。

【服务企业发展】 深入气枪厂有限公司、新保安设备公司、明鑫木业公司等企业调研，为企业提供信息服务并协调相关部门提供扶持和帮助。协助清流气枪厂有限公司实行三期技改。

【做好工艺美术文化产业工作】 推行挂企入会服务活动，完善工艺美术文化建设项目动态跟踪管理制度，鼓励企业开拓创新。组织工艺美术企业1家、艺人1名参加第九届中国（莆田）海峡工艺品博览会，选送木雕、根雕等优秀作品参展。组织工艺美术人员参加首届三明市工艺美术大师评选活动和首届三明市工艺美术大师优秀作品展。

【联社资产管理】 抓好联社资产管理和运营，建立资产营运和监督体制，对系统企业资产进行规范处置，实现联社资产保值增值。

【安全生产监管】 制订安全生产监管工作计划，督促企业贯彻执行安全生产标准化工作。组织开展“安全生产月”活动，采取常效管理与突出检查相结合办法，确保企业安全生产顺利运行。全年未发生安全事故。

撰　稿：刘洪明
责任编辑：刘江平

非公有制经济

【概述】 2014年，县非公有制经济工作在县委、县政府的领导和市非公办指导下，强化领导、优化环境、项目带动、提升质量，全县非公经济呈现快速发展势头。至12月，全县个体工商户4784户，比增18.4%；从业人员9441人，比增21.4%；注册资金4.5亿元，比增48.6%。私营企业1414户，比增18.3%；从业人员17768人，比增8.8%；非公企业注册资本67.9亿元，比增20.9%。上交税收40730万元。

【完善发展非公经济领导机制】 加强非公办领导力量，由纪检会、检察院分管领导任非公办副主任，突出加强监督检查力量。完善“政府挂牌、领导挂点”非公企业服务制度，加强经营大户重点保护，重点非公企业由县领导挂包，部门领导和干部跟踪帮助协调解决生产中遇到的困难和问题。

【服务非公企业发展】 深入非公企业118家，走访率72%。了解生产经营、市场价格、用水用电、招工、资金等要素保障情况，提出对策建议，供领导决策参考。解决土地、享受优惠政策、用工、资金等各类问题28个。建立县非公办信息服务公共平台及非公办公共邮箱，及时收集整理国家、省市县出台的扶持小微企业发展的政策，供企业学习参考，为企业争取政策资金支持服务。年内提供相关政策信息26件。

【推动非公经济实体做大做强】 新增规模以上工业企业16家，全县总数88家；投入8.8亿元，实施气枪厂、源益木业、苏福茶叶等20家企业技改。思恩电器、伊科电子等一批项目基本建成。清流春舞枝花卉公司与美国最大鲜花连锁销售商1800Flowers、荷兰花卉拍卖市场等签定战略合作协议，建成全国最大鲜花电子商务平台，8月在德国证交所上市，成为全国首家上市花卉公司。全年新上项目137个，完成投资50.9亿元，与2014年同比增13.2%；民间投资50.9亿元，比增0.6%。全县上市非公企业1家；产值超亿元非公企业19家，比增35.7%；新增创税100万元以上非公企业8家，比增15%。总数46家，其中税收1000万元以上企业9家。新增出口创汇企业3家，总数11家。出口创汇8080万美元，比增70.1%；县规模企业（非公企业）完成工业增加值29.2亿元、比增21.8%，上缴税金40523万元、比增14.7%。

【品牌创建】 引导和支持非公经济申请驰名、著名商标，鼓励非公企业实施品牌战略，提升产品质量。2014年，全县新增“三明市知名商标”1件，总数16件；新增“三明市名牌产品”18件，总数39件；新增“福建省著名商标”1件，总数6件；新增“福建省名牌产品”9件，总数22件。

【开展技术、人才培训】 组织开展花卉、养兔技术培训班2期，810人参训。9月，推荐2名非公经济企业管理人员参加北京大学高级研修班学习。

撰　稿：魏启军
责任编辑：刘江平

煤炭行业管理

【概述】 2014年，县煤炭行业管理办公室围绕“抓达产、扩规模、建新区、抓流通、保安全、促勘查”工作思路，抓煤炭生产营销，推进项目建设，落实煤矿安全监管，加强流通征管工作，加快新区勘探开发，推进煤炭产业发展，全县煤炭设计生产能力达到93万吨/年。受经济下行和煤炭市场影响，全年煤炭产量26.5万吨，比减13.11%；销售21.5万吨，比减15.35%；完成固定资产投资2.32亿元，比减12.54%。

【指导煤炭生产】 指导服务企业落实达标整改，批准复工复产煤矿6家。组织技术人员深入井下现场，帮助企业制订生产计划和指导煤炭生产环节的科学管理和调度。协调企业筹措资金，保证工人工资按时发放。实施煤炭产量奖惩机制，提高工人生产积极性。

【抓好煤炭营销】 帮助企业加强营销队伍建设，拓宽信息渠道和销售市场。建立煤炭工业经济调度例会制，稳定本县煤炭市场。加强同周边县（市）沟通联系，掌握市场动态信息，拓展外围市场。细化县煤炭质级，优化品种结构，根据市场需要进行配煤。加强售后跟踪服务，提高用户满意度。

【煤矿项目建设】 续建项目4个。新源煤矿4万吨/年扩6万吨/年扩建项目，年内投入资金526万元，完成井巷工程350米；累计完成投资3520万元，完成井巷工程2405米，占总工程量85.34%，完成相应轨道、设备购置安装。长灌煤矿6万吨/年改建项目，年内投入资金1301万元，完成井巷工程504；累计投资5636万元、完成井巷工程2909米，占总工程量74.97%，完成相应轨道、设备购置安装。秋口—新村煤矿15万吨/年规模资源整合项目，年内投入资金6103万元，完成井巷工程1144米；累计投入资金11663万元、完成井巷工程2634米，占总工程量41.42%，完成相应轨道、设备购置安装。瑶上煤矿项目年内投资5799万元，累计完成投资2.90亿元，3月底完成变电所、压风机房、供电二回路主体工程，年内完成井巷工程1232.3米，累计完成井巷工程4602.3米，占巷道总工程量39%，完成相应轨道铺设及施工所需的设备安装等工作。勘查项目2个。马地鲜坑垄勘查项目年投资2629万元，钻孔5个1256米。余朋鸭子寮勘查项目年内投资3443万元，钻孔8个1582米。新建项目1个。中渡煤矿水平延深技改建设项目。年初进行开工备案，年内进行项目资金筹集工作，尚未开工。

【煤矿安全管理】 开展《福建省人民政府办公厅贯彻落实国务院办公厅关于进一步加强煤矿安全生产工作的实施意见》及新《中华人民共和国安全生产法》《福建省安全生产“党政同责、一岗双责”规定》的宣传贯彻活动，组织编制《清流县煤矿关闭淘汰工作2015—2018年计划》。开展“保护矿工生命、矿长守规尽责”主题实践年活动，推进“双七条”落实。加强煤矿基础建设质量标准化工作，提升煤矿安全保障能力。加大隐患排查、安全重点整治和“六打六治”专项工作力度，构建安全生产长效机制。全年检查煤矿企业26家次，开具执法文书15份，查出隐患126条，均整改反馈复查完毕。制定防灭火工作机制，强化职工火灾事故应对培训，排查火灾隐患。严抓顶板管理和矿井瓦斯等级鉴定工作，严防冒顶事故和瓦斯事故发生。实现全年全县煤矿安全生产无事故目标任务。

【开展煤矿隐蔽致灾因素普查治理】 开展以水害为重点的煤矿隐蔽致灾因素普查治理工作，重点普查采空区、废弃老窖（井筒）、封闭不良钻孔，断层、裂隙、褶曲，陷落柱，导水裂缝带，地下含水体不良地质体，形成普查报告，要求煤矿企业对采矿证范围内的所有采掘工程进行实测填图，提供真实可靠的基础资料，并制订防范措施；加强采区掘进、回采期间的地质勘查；编制各矿井的地质类型划分报告、隐蔽致灾因素普查报告。

【开展煤炭行业打非治违行动】 制定《清流县集中开展煤矿“打非治违”（打击非法违法生产经营活动）专项行动工作方案》，建立煤矿“打非治违”常态机制，加大“打非治违”工作宣传力度，落实县、乡、企业三级巡查工作。开展煤炭行业“六打六治”（打击矿山企业无证开采、超越批准的矿区范围采矿行为，整治图纸造假、图实不符问题；打击破坏损害油气管道行为，整治管道周边乱建乱挖乱钻问题；打击危化品非法运输行为，整治无证经营、充装、运输，非法改装、认证，违法挂靠、外包，违规装载等问题；打击无资质施工行为，整治层层转包、违法分包问题；打击客车客船非法营运行为，整治无证经营、超范围经营、挂靠经营及超速、超员、疲劳驾驶和长途客车夜间违规行驶等问题；打击“三合一”“多合一”场所违法生产经营行为，整治违规住人、消防设施缺失损坏、安全出口疏散通道堵塞封闭等问题）专项行动，规范全县煤矿正常生产秩序。

【加强流通征管】 加强流通监控系统值守和管理，开展针对重点时段、重点路段流通巡查和视频比对工作。全年共查获偷漏行为矿车12辆次，罚没金额2.48万元。

撰　稿：　刘新根

责任编辑：刘江平

供　电

【概述】 2014年，国网福建清流县供电有限公司供电区域辖13个乡（镇），111个行政村，4个居委会，供电面积1825平方公里，供电人口14万人。公司全年累计完成售电量5.78亿千瓦时，比增2.97%，实现售电收入2.73亿元。公司实现连续安全记录2939天。

【电网建设】 推进35千伏林畲输变电工程和35千伏余朋至沙芜线路的建设工作，其中林畲变电站土建基础已完成，进入电气安装调试，线路部分已进入基础施工、杆塔组立阶段；余朋至沙芜线路基础施工已完成，进入杆塔组立阶段。110千伏五里变、110千伏龙津—青塘线路2个项目的属地化协调和线路林赔工作有序推进。全年完成35千伏及以上电网项目投资1268万元。

【配电网建设】 截至12月，累计下达并完成配网资金3823万元，完成整治重载配变31台、低电压台区77个。

【提升营销服务品质】 推进用电满意提升工程，开展进企业、进社区、进农村活动。先后走访企业38家、服务城乡居民用户961户，为企业提供优化建议书25份，解决用电问题35个，解决用户反映的用电方面问题81个。9月25日，完成服务快速响应中心组建，实现配抢指挥与远程工作站合署办公。

撰　稿：　余水连

责任编辑：刘江平

2014年10月16日，清流公司：电助鲜花绚丽绽放图

园区建设

台湾农民创业园

【概述】 2014年，台湾农民创业园（简称台创园）管委会围绕县委、县政府工作部署，落实各项惠台政策，夯实园区发展硬件，对台资项目、企业实行“保姆式”一条龙服务，引进台资农业企业和先进技术、先进管理模式和优良品种。年内台创园新注册台资企业6家。园区台资企业共65家，总投资2.8亿美元，涉及种植、养殖、旅游、农林产品加工等产业。

【园区基础设施建设】 完善鲜切花、兰花、果蔬、茶叶、樱花各产业区沟、渠、路等基础设施，夯实园区发展硬件条件。

【招商引资】 加强与台湾农村发展基金会、农会、渔会、农田水利会、高校、科研机构等对接，开展闽台农业交流合作。利用“6•18”“9•8”“11•6”、农博会、花博会、茶博会等平台，新引进晟源水产养殖公司、清流正红茶业公司、千筑园艺花卉组培公司、云香生态农业公司、云河生态农业公司、宏强农业公司等台资企业6家。

【农业五新引进】 全年农业五新（新品种、新技术、新肥料、新农药、新机具）引进兰花、鲜切花、果蔬茶叶等新品种18个。

【清台经贸交流】 7月13日，台湾苗栗市农会组团到清流考察交流。9月5日，台湾易康富生活有限公司组团到清流考察生态观光农业项目。9月26日，台湾国立宜兰大学校长赵涵捷到清流考察农业及生物科技领域，表示将为清流县牛樟芝生物制药产业及兰花等特色产业提供技术支持。11月25—26日，举办台湾现代农业产业技术培训班，台湾农业专家廖树宏为培训班学员介绍台湾精致农业、休闲农业。

【开展清台农业合作】 赖坊、嵩溪、灵地3个乡镇分别与台湾新北市板桥区、嘉义县番路乡、屏东县新埤乡3个乡镇结为闽台特色农业产业对接乡镇。

【服务台商】 年内结对帮扶、挂钩联系台企20家；组织干部走访台商、群众100余人次；帮助台商解决生产、生活方面问题7个，提供技术指导6次，协助台资企业申报项目2个。

撰　稿：　赵小明
责任编辑：唐功轩

2013年11月25日，台湾现代农业产业技术培训班讲座现场

经济开发区

【概述】 2014年，清流经济开发区推进招商引资工作，狠抓基础设施建设，加强园区管理，推动园区又好又快发展。年内开发区入驻企业27家，投产企业19家（其中规模以上企业17家）。全年园区规模以上工业产值23.14亿元，实现税收4286万元，园区企业累计完成固定资产投资10.58亿元。

【强化机制运作】 推行“一个项目，一套人马，一抓到底”工作机制，加强各要素保障工作。做好与国土、经贸、住建等相关部门沟通协调，确保签约项目尽快开工，开工项目尽快建成，建成项目尽快投产达标。年内通过走访对接、座谈沟通、现场办公等方式，帮助企业解决生产和发展中遇到的困难和问题。用好用活企业发展扶持政策，协助企业做强做大。定期召开项目建设调度会，抓好协调推进，对进度较慢项目，重点调度，按进度计划明确时间节点，抓好落实。

【招商引资】 年内签约由上海美缘食品有限公司投资、落户城南工业园的磁环电感生产项目，完成项目注册及立项工作，注册名称为“清流常恒电子有限公司”，项目用地1.33公顷，总投资6000万元，其中固定资产投资3000万元以上。该项目建成投产后，年产磁环电感7亿只，年产值1.28 亿元，年创税400万元以上。签约气枪零配件生产项目，落户城南工业园，用地1.2公顷，总投资5000万元，其中固定资产投资2500万元以上。该项目完成立项、土地摘牌，进入厂房基础施工。建成投产后，年产气枪零配件30万支，年产值 5000万元。年创税300万元以上。

【园区基础设施建设】 城南工业园完成面积2.18公里园区主干道路面硬化、辅道、雨污水管网、弱电管网、供水、供电设施建设，次干道路面硬化完成40%，园区基本实现“三通一平”。金星工业园完成亮化工程，主干路双侧1.4公里设置路灯80盏、次干道600米单侧设置路灯19盏。福宝化工园污水处理厂完成立项、初设、用地审批、施工设计图等前期工作，同时完成场地平整工作。

【推进入园项目建设】 城南工业园续建项目5个：吉阳太阳能电池片生产项目一期2条生产线完成安装调试并开始试生产，其余8条生产线大部分设备到位，已在进行光伏应用产品研发及与相关合作方投资合作事宜；伊科电子、思恩电器、华晟无纺布、磐铖机电项目部分厂房建成。城南工业园新建项目2个；镇源食品完成地勘工作，一期厂房基础开始施工；气枪零配件生产项目一期厂房基础施工基本完成。金星园新建项目1个；新农大正整体搬迁项目，完成设备安装，已在办理安监部门危化品生产经营许可证。

撰　稿：张盛群
责任编辑：唐功轩

交通 运输

交通 运输

【概述】 2014年，县交通运输工作围绕年初制定的“贯穿一条主线，实施四大工程”工作目标任务，加强交通项目谋划、争取和建设。全县完成交通建设投资1.63亿元。强化行业服务，交通运输事业发展呈现良好态势。截至12月末，完成客运量105.82万人次，周转量8483.4万人公里，货运量435.21万吨，周转量39029.63万吨公里。货车增加104辆，吨位数1499.8吨。

【提升公路等级】 县境内原省道307线和省道204线升级为国道，共计里程120公里。温郊、余朋、赖坊3个乡镇公路等级提升改建为二级路，年内建设完成。

【省道建设】 省道307洞口至永安界全长5.3公里，大、中桥共6座618.5米，隧道1座626米，建安总投资8700万元。已完成投资8000万元，完成主体工程建设。

【实施“镇镇有干线”项目】 县“镇镇有干线”规划实施里程75.4公里，已在实施项目有余朋至横七、赖坊至横七、温郊至纵七，共计31公里。其中，温郊至纵七线（塘凤）全长12.79公里，按二级公路标准建设，路基宽度8.5米，为全幅式水泥混凝土路面，项目总投资7500万元，已完成项目建设。余朋至横七线（杨梅后）全长约8.1公里，按二级公路标准建设，路基宽度8.5米，为全幅式水泥混凝土路面。项目总投资5070万元，完成主体工程建设。赖坊至横七线（一期）全长约9.6公里，按二级公路标准建设，路基宽度8.5米，为全幅式水泥混凝土路面，总投资5800万元，完成主体工程建设。

【农村公路建设】 投资2500万元，完成桐坑至月汤口公路改建工程9.8公里。投资626万元，完成乡道建设项目3个。投资513万元，完成村道建设10公里。

【危桥改造】 年内计划完成危桥改造8座。8月，罗陂岗桥、塘背小桥、河背桥、黄石坑桥通过省公路局验收，嵩马大桥已完成待验收。苦竹坑小桥、塘洲口小桥、姚坊大桥已在施工，其中姚坊大桥完成主体工程。

【农村公路安全隐患整治】 年内，投资1908万元，完成县农村公路安全隐患路段整治420公里。

【发展现代物流业】 发展大型、重型、专业车辆和集装箱车辆运输，引进大型物流企业晋江佳云物流公司在清流设立物流企业，投放大型运输专用车辆93辆，其中各类普通货物运输车辆63辆，吨位1960吨；甩挂车辆30辆，牵引车吨位1200吨。开通清流至泉州货运专线，改变县运力结构。第一家危货企业“清流县久鸿化工运输有限责任公司”投入营运，结束清流县无危货运输企业的历史。该公司总投资260万元，拥有危货运输车3辆。

【提高运输服务保障水平】 推进城乡客运一体化试点工作，实现通村公路符合通客车条件的建制村100%开通农村客车。截至9月末，已建农村客运站11个，村候车亭107个，实现乡（镇）有客运站，村有候车亭，满足城乡居民交通出行需要。

【扶持农村客运发展】 争取县政府出台扶持政策，解决发展瓶颈，扶持乡镇通村客运发展，采取“四个一点”的补助政策：县财政补助驾驶员1000元/月、交通运输局补助800元/月、车辆运行所在乡镇补助500元/月、企业让利50元/月，承包经营乡镇通村农村客运驾驶员每月可领取补助2350元，稳定农村客运驾驶员队伍。为农村客运线路班次发放放空费补贴。县财政每年拨出20万元，用于乡镇通村客运、学生周末班车等冷线补助。扶持城市公交。除争取上级油补资金外，其余亏损由财政负担，为此财政每年需拨资金100余万元。

【加大交通综合行政执法力度】

开展“打非治违”专项行动和打击道路客运违法经营行为，维护旅客合法权益“春雷”行动。1—12月，县交通执法大队派出执法人员1520人次，监督检查309天，检查车船5744辆次，查处违章案件203起，罚款48.28万元，处理群众来电、来信和投诉29起。

【推进公路养护管理市场化】 改革创新，利用市场机制合理配置公路养护资源，推进管养模式转变。鼓励和引导成立专业养护公司2家。

【公路绿色通道建设】 投入资金200多万元，养护绿化7.6公里，建设文明示范路17.4公里。

【交通安全生产】 全年累计完成砼路面大中修8000余平方米，沥青表面处治施工1.2万平方米。建立行业安全生产事故隐患排查治理和监督管理“八项制度”。加强车辆和驾驶员动态监管，发挥车载卫星定位装置作用，落实长途客运驾驶人凌晨2至5时停止运行制度，严禁聘用在“不适岗名单”公布期内的客运驾驶员，落实营运车辆维护、综合性能检测、客运车辆安全例行检查等制度。全年开展建设工地安全检查180多次，排查安全隐患300多个。

撰　稿：赖学根

责任编辑：余王灼

公　路

【概述】 2014年，县公路分局落实市交通、公路工作会议部署，加强辖区内专养公路标准化、规范化，参与公路沿线环境综合整治“百日会战”，完成各项目标管理任务。干线好路率98.2%、优良率96.3%。分局通过第十二届市级文明单位届终检查，获清流县绿化造林先进单位，被授予服务县经济建设先进单位称号，围埔公路站获市总工会“模范职工之家”称号。

【公路绿化】 完成S204线林畲五通凹到横溪岭43.9公里、里田到长校路段19.08公里、S307线围埔至宁化峰头路段11.74公里，共74.73公里公路绿化管护工作。完成S307线新矶大桥至围埔路段21.8公里的水沟加高、场地整理和绿化培土工作。

【添置养护设备】 年内，机械固定资产新增动力275千瓦。其中，购置养护施工机械刻纹机1台、绿篱机2台及其它机械设备5台。完成全年机械二保任务，机械设备完好率94%，使用率79%。

【公路小修和桥涵隧预防性养护】 完成S204线62.983公里和S307线42.5公里沿线水泥砼路面下沉和坑槽修补工作。完成三角尾二桥桥面铺装45平方米，南门桥桥头板修复260平方米；组织实施公路沿线破损水沟修复295.04平方米，浆砌片石挡墙修复41.74平方米，水沟铺底砂浆修复147.48平方米，水沟砂浆罩面28.3平方米，涵洞铺底修复15道、64.49平方米，空心砖加高水沟修复585.1米，桥梁、涵洞检查通道416.3米，童家坑桥八字墙基础混凝土加固8.06平方米。紧急停车处边坡防护截水沟110米，回填石渣防护115.2平方米，喷草及种植芦苇5500平方米。

【桥梁管养】 落实桥梁养护工程师制、桥梁日常监管与养护责任制。指定专人为单位桥梁养护工程师，确定每一座桥梁监管人、日常养护责任人。

【保障水毁期间公路畅通】 雨季和台风期间，加强值班和公路巡查，重点检查巡视桥梁、涵洞、沿河挡墙构造物，高边坡路基、地质灾害隐患点危险源，发现隐患及时排除整改。3月28日，S204线K355+500-K361路段遭罕见龙卷风袭击，沿线树木横倒公路。分局组织抢险队伍，调集抢险设备，第一时间赶赴现场，及时排除安全隐患。5月下旬，S307线K395+550路段多次发生大面积溜方现象，造成严重阻车，启用多台机械设备及时抢通，共清理溜方5500立方米。全年共清理溜方9560立方米。

【专案工程建设与质量管理】 落实工程项目招投标工作，全过程监管，推进工程标准化、规范化施工。完成2014年省道安保工程钢筋砼防撞墙2121米；完成省道307线围埔至大路口14C标段路面改造工程，加铺及置换水泥砼路面97363平方米，12月末，附属工程全部竣工。完成高坑桥桥台加固；完成城

2014年1月23日，S307雷公铺至宁化峰头界公路绿化

郊公路站新站房主体工程，已在进行装修及附属工程施工；完成沙芜公路站的专家论证，土地征用工作。完成嵩溪、里田公路站标准化改造；完成嵩口隧道照明系统改造，安全设施、防渗漏修复；路面清灌缝完成施工15公里，占总量18.8%。S204线、S307线路面置换板修复共2666.5平方米，完成60%。

【“美丽交通生态公路”建设】 以“畅、安、舒、美、绿”为建设目标，完成绿化补植补种工作。全年共补种乔木3858棵，地被7724平方米，草皮600平方米。完成S307线新矶大桥至围埔路段21.8公里的绿化场地整理、培土和水沟加高等绿化准备工作。

【安全生产】 全年进行施工现场综合性检查及一般性安全检查36次，发现安全隐患26处，整改率100%。添置地质灾害安全警示牌36面，购买道路施工牌50面、限速标志30面、导向标志牌40面、安全锥280个、反光背心50件，增设临水临崖警示标志8面。开展安全生产月活动，悬挂宣传横幅3幅，张贴宣传标语8张，分发预防交通事故“十要十不开”资料130份，组织安全会议3次，组织安全生产应急救援和消防演练活动1次。

【加强路政管理】 规范开发区、新村建设工程施工路段路面污染管理。与路政中队联合组织专项清理行动22次，出动车辆22车次，出动84人次，清理污染公路路面39处1562平方米。加大上路巡查力度，查处路产损失22起。加强非公路标志及绿化用地的规范管理，拆除不规范的非公路标志29面，清理占用公路用地堆放物品3处共256立方米。

撰　稿：林姝颖

责任编辑：余王灼

高速公路征管

【概述】 福建省高速公路车辆通行费清流（中心）征收管理所2011年12月16日正式通车运营，按照片区管理模式，以清流征管所为中心，管辖清流、嵩口、宁化3个征管所，职工58名。2014年，清流（中心）征管所树立“用心连接、真情互通”的服务理念和“至诚至信、精准高效”的收费理念，服务社会，为推进清流县经济科学发展跨越发展，尽心尽力。

【打击逃费行为】 开展“打击偷逃通行费百日专项治理”活动，加大打击假免征车，换卡车、跳磅车等各种逃费行为，强化费源管理，堵漏增收，做到“应征不漏、应免不征”。

【提升服务水平】 组织开展文明礼仪培训，做到文明用语、微笑服务、手势规范；美化征费环境，做到物品摆放整齐、设备整洁、征费区无脏乱现象；完善便民措施，在岗亭配备开水、简易维修工具，备齐应急药品，为司乘人员排忧解难；落实惠民政策，做好节假日小型客车免征工作。

【抓安全管理】 加强安全宣传教育，将应急技能和应急管理知识纳入全体职工培训内容，普及防灾减灾的基本技能和避险救助常识，组织职工学习各项应急预案，针对突发事件学习处理程序和处理技巧，让职工熟悉突发事件处置流程，提高应对处置突发事件能力，结合公司关于开展安全生产标准化建设提升工程三年行动活动的部署要求，抓岗位操作标准，规范安全管理，提高职工安全意识和操作技能。强化安全风险管控，重点抓好车道安全、营区安全和员工安全。

【廉政风险防控】 加强《防控手册》的学习教育，使全体职工了解和熟悉自身岗位中的廉政风险点、对照《防控手册》逐项落实防控措施，并结合自身岗位深入查找存在的廉政风险隐患，主动防控，确保廉政安全。

撰　稿：江凤玉

责任编辑：余王灼

高速公路路政管理

【概述】 嵩口中队隶属福建省交通综合行政执法三明高速公路支队四大队筹备组。2014年，职工13名，管辖里程为泉南线永宁段K212+500米至K266+500米，其中清流路段17公里，承担保护高速公路路产路权、管理高速公路道路两侧建筑控制区、规范客货运车辆营运行为等职责，同时协助高速交警做好交通事故预防及处置等工作。

【开展辖区高速公路建筑控制区专项整治行动】 4月21日至5月20日，开展辖区高速公路建筑控制区专项整治行动。组织队员对辖区高速公路两侧建筑控制区、桥涵、边坡及隔离栅进行全面摸底排查，发现桥下堆积和路产损坏等问题，在通知养护修复隔离栅同时，劝导堆积物所有人限期清除。做好隧道安全专项整治工作，加强与高速交警、养护等部门工作联系和信息共享，实地摸清隧道基本情况，做到“一隧一预案”，完成隧道预案制定工作。11月起，对辖区桥下非法占用情况进行集中整治，走访排查，做好群众宣传工作，对限期不予整改的，强制拆除障碍物，消除安全隐患。

【加强路产保护】 3月11日，在路巡行至泉南线B道215K+200米（上曹隧道内）处时，发现路产逃逸案件1起，隧道慢车道上方射流风机

2014年3月18日，清流公路中心所学雷锋志愿服务活动

被损坏。组成专案组三赴永安、两上三明，获取证据，成功告破案件，挽回经济损失。

【做好石林隧道封闭施工路面保畅工作】 6月12日起至8月1日，辖区泉南线石林隧道B道全封闭施工，明溪南、永安西互通实施过滤式放行，石林隧道A道实施双向通行。施工期间，中队组织人员与交警部门于6月12日起在泉南线明溪南收费站入口处进行24小时执勤，做好宣传解释工作，并劝阻超限车辆进行高速公路，确保隧道施工安全和路面畅通。

【做好春运、节假日特殊勤务工作】 春运和各节假日、道路施工期间，调整巡查力量，制定相应预案，全面排查辖区路段和营区，消除安全隐患。悬挂横幅、制作宣传单页、宣传栏，向过往司机宣传高速公路安全知识。全年春运和节假日期间，辖区未发生重大交通事故，无拥堵现象发生。

【安全生产】 6月，全国第十三个安全生产月期间，成立安全生产月工作小组，划分责任辖区，开展隐患全面排查，落实各项工作。结合“平安交通”创建和“客运安全年”活动，先后开展春运前安全专项检查、初夏期间辖区安全隐患专项排查、安全生产重点整治百日行动专项检查、秋冬季节辖区安全隐患专项排查等。及时向养护部门通报检查结果，予以修复。并合作开展塌方治理。

撰 稿：黄春梅
责任编辑：余王灼

信息产业

电 信

【概述】 2014年，电信清流分公司坚持以“量质并重、加快规模发展”为主线，强化收入成本意识，实现企业规模、效益双丰收和差异化发展。全年完成主营业务收入2011万元。政企客户收入1178万元，ICT收入方面完成全年预算51.6%。通过省级模范职工之家验收，荣获省级“十二届文明单位”、县级“2012-2013年先进基层党组织”等称号，营业厅荣获省级“青年文明号”称号。

【加快天翼规模发展】 转变天翼发展模式，划分客户市场，细分客户群，以翼支付、信息化应用为宣传点，聚焦智能机的销售，提升智能机、中高端客户、流量客户占比。对接省市公司统谈项目，加快政企客户天翼拓展。截止11月，拓展卫生村所专线和天翼56部、综治网络天翼45部、农业局“12316”农务通手机93部和“闽兵一号”天翼48部等。以翼支付应用带动天翼规模发展，在城区打造以永辉超市为翼支付合作商家为中心的核心商圈，涉及衣食住行的合作商家10家。截至11月，累计开展翼支付专项宣传活动16场，拓展翼支付近9千户，带动天翼发展650部。全年，天翼累计发展5203部。

【深化宽带金牌服务】 利用“399、799、1299元”等融合政策，深化“用天翼手机送电信宽带”营销思路，并加入ITV互动电视松融合，提升客户黏着度。结合清流县装修建材行业组织的“装修材料团购”会，入小区、进专场，做好新入住小区的宽带市场拓展；为37个单位的宽带进行升级改造提速，每月提升收入近0.8万元。强化末梢维护，保障固话宽带4小时修障及时率全部达标。截至11月，完成城乡固话装移机（含FTTH割接平移）4026部，城乡宽带装移机4267（含FTTH割接平移）部，城乡ITV装移机（含FTTH割接平移）2349部。完成宽带故障维修3457次，障碍修复及时率98.53%，其中VIP宽带用户故障204次，障碍修复及时率99.15%。普通宽带用户故障3648次，障碍修复及时率98.24%。全年修障网页推送评价总用户数942，满意数905，满意率96.07%。截至11月，新装宽带上网助手安装用户率88%，居全区前列。全年宽带净增474部，政企宽带净增191户。 3G智能机网上用户5900户，完成预算值12.8%，排名第八。

2014年4月25日，天翼4G暨信息与网络安全交流会

【拓展业务市场】 实行差异化营销，紧盯县政府每年公布的重点项目，跟踪了解项目进展情况，及时提交一揽子解决方案。年内，新签约伊科电子、客莱德机电等行业客户12家。以信息化项目带动市场发展，清流数字城管项目实施完成待验收；监狱云桌面和金麒麟宾馆云桌面业务，带动业务收入增收6万元/年。抓好存量客户维护和价值提升，提前1-3个月进行客户走访，

协调解决使用电信业务过程中存在的问题，重新拟订续签协议。1-11月，共续签长校镇政府等协议152份，90%以上到期直管客户续签协议。在存量客户中挖掘商机，搜集信息及需求。如了解各单位需通过政务网接入财政专网，客户经理主动联系、开通办理，按每个单位150元计算，每月增加收入3000元。

【执行“强渠一把手”工程】 强化渠道建设，提升渠道销售能力。县公司总经理挂“一把手”工程小组组长，每季走访移动联通TOP10代理商；制定网点拓展及销量提升清单级管控，组织开展网点PK赛、开放（异网门店）拓展竞赛、销量提升竞赛等；年内新增专营店2家，新增开放（异网）通信门店9家，新增异业合作门店（含超市）13家，全县门店66家，总数已超移动、联通。实现3个中心支局、17个网格承包，物理覆盖面100%。

【加快通信基础设施建设】 年内，清流切块投资479万元（含退网200万），至11月末已完成355万元，非切块投资主要是C网基站设备及市电引入建设，完成立项110万元。新建天翼基站2个，增加4G基站2个，完成母局及新电信大楼4G改造，新增基站接入光缆6芯9公里，新建杆路5公里，总投资约150万元。天翼基站掉话率降为0.18%，EVDO接通率提升2%。完成S1240设备退网工作，每年节约电费9万元。完成田源、里田、赖坊、温郊等4个乡镇光网改造及所属行政村EPON设备安装。完成工商银行、农业银行、龙津国际大酒店、高赖天方悦潭度假村、主要街道WLAN安装，逐步形成城区WLAN覆盖，减小天翼3G流量占用。满足嵩溪豆腐皮厂、温郊宏成物业、春舞枝、金麒麟等客响需求，共布放接入光缆6芯光缆33公里、12芯光缆25公里，交换机30台，总投资约90万元。

【设备维护】 完成城区岛内及林畲老街退铜、山城山庄光缆割接、光缆交接箱及ODF架整治等线路维修项目12个，维修费用72万元。

撰　稿：黄宗礼　肖文娜

责任编辑：姚　全

联　通

【概述】 2014年，中国联通清流分公司按照“高目标、高资源、高激励”原则，解放思想，开拓进取，完成市公司下达的各项工作任务指标。全年业务目标完成率105.56%，比增65%。累计新增移动网用户9826户，比增17.1%；累计新增宽带用户1007户，比增16.6%。

举办联通宽带进农村、随时随地高速上网现场演示活动

【网络建设】 年内新建3G基站16个；新建宽带合作小区14个，新增端口5460个；AD区域光纤改造完成28个，城区光纤宽带覆盖面85%以上。完成全县环网工程光缆铺设107公里；全县迁改工程架设（含零时架设）光缆80公里。

【渠道建设】 年内，新增专营店以上级别9家。高质网点由原来8家提升到13家。共有专营店级别以上网点28家（城区8家、乡镇20家），其中：WO体验店1家、WO专营店13家、2G专营店14家。组织渠道参加省市县手机终端定购会，渠道3G手机销售面提升到43%，单店产能提升。

【拓展宽带业务】 实施乡镇合作共建区域宽带，每月乡镇合作片区宽带发展量占总量35%。改造老片区网络隐患，拓展镇郊及较大行政村的新兴宽带市场。

撰　稿：黄可彬

责任编辑：姚　全

移　动

【概述】 2014年，清流移动分公司下设综合部、市场部、网络部及片区营销中心2个、政企客户部1个、业务支撑室1个、城关自办营业厅1个、乡镇营业厅12个，城乡社会专营店27个、社会代办点129个。有员工54人，其中合同工8人，第三方劳务派遣工46人，乡镇营业厅第四方人员38人。公司围绕“转型和改革”两大主线，重点聚焦“增收入、稳存量、优结构、拓渠道”，贯彻落实省、市公司各项工作部署，加快农村市场、校园市场、商铺市场等专项市场拓展，打好降本增效、转型增收、4G引领、改革攻坚“四大战役”，较好地完成各项经营指标。全年累计运营收入5000万元；全县移动用户7万户，家庭宽带用户超4000户。

2014年9月28日，清流移动通信综合楼开工奠基

【网络建设】 新建4G基站122个，全县基站212个。新敷设光缆163千米，新建专线82条，新建宽带小区29个。

【拓展市场业务】 以终端销售为抓手，提升流量经营水平，提升客户4G网络感知，强化客户保有。紧盯行业重点项目，结合集团产品，通过多种资源开展攻关，抢夺市场份额。签订嵩口中学、城关实验小学及城关实验中学“班班通”协议。强化终端、套餐、换卡、应用“四位一体”营销。全年发展4G客户4700户。

撰　稿：江应琪
责任编辑：姚　全

邮　政

【概述】 2014年，县邮政工作深化改革、转型发展、提高效益，完成市公司下达各项工作目标，全年累计完成邮政业务总收入1700.8万元，比2013年增长10.5%。其中，代理金融实现收入1149万元，比增19.6%，占收入比重67.56%。获全市邮政经营管理一等奖。

【提升金融业务】 代理金融以发展“五类”(商贸客户、理财客户、代收付客户、夕阳红客户、外出务工返乡客户）客户为目标，通过与邮储银行合作，为储户提供储蓄存款、个人理财、汇兑、代理保险、代理开放式基金、烟农贷款、信用卡业务及小贷村建设等业务，组织对接市公司“一马当先”“赢在系列”“四季欢歌”等长短期竞赛，拉动业务发展。年末代理储蓄存款余额47463万元，代理保险11127.8万元，销售基金1176.94万，理财3873.78万。

【稳步发展邮政业务】 全年累计实现收入363.2万元。邮政函件通过开发国内小包、国际小包业务，拓展日常封片卡业务，参与优惠购平台建设，实现收入98.4万元；报刊征订、营销实现收入86.7万元；集邮业务开展集邮进校园活动，组织“中国梦我的梦”邮品设计大赛和“中华孝道”讲故事比赛，及“马上送福”“六月流火”专项营销活动，实现收入110.1万元，电子商务通过对账短信、代办电信移动电力航空机票、自由一族，实现收入75.8万元；分销业务发挥邮政农村网络优势，推进农资订货会模式，做大做强“邮礼天下”品牌，实现收入27万元。

【电子商务平台建设】 整合邮政物流、信息流、资金流三流合一和互联网优势，加快农村电商平台、跨境电商平台和优惠购平台等3个电子商务平台建设。将清流豆腐皮、刘老太食品系列、赖坊花生等农产品放在“优惠购”平台上销售，实现产品宣传、销售、寄递一条龙服务。做好跨境电商创业大赛培训和指导工作，46名创业者加入跨境电商创业平台。投入6.3万元搭建长校、嵩溪、嵩口、林畲、田源、灵地等乡镇邮政农村电子商务直营店。

撰　稿：江　慧
责任编辑：姚　全

2014年9月12日，在清流县实验中学开展集邮文化进校园活动，图为举办集邮知识讲座

农业 农村

农 业

【概述】 2014年，全县粮食播种面积1.73万公顷、总产9.08万吨，与2013年基本持平。其中：水稻种植面积1.15万公顷，总产6.7万吨；旱杂粮种植面积5866.67公顷，总产2.38万吨。完成蔬菜种植面积4800公顷，总产8.95万吨，新增设施面积33.33公顷。新发展猕猴桃种植面积133.33公顷，老果园改造种植面积33.33公顷，全县果园面积5433.33公顷，水果总产5.6万吨。新发展茶叶种植面积66.67公顷，总面积3046.67公顷，改造老茶园133.33公顷，建设生态茶园60公顷，总产1650吨。栽培食用菌1200万袋，总产6530吨。全县农业生产全面完成各项主要农业经济指标。全年围绕特色种植业发展、农业基础设施建设、农村生态能源、农业“五新”技术等方面共争取到项目28个，争取中央、省、市资金2056万元。全年农民人均纯收入12964元。

【开展粮食高产创建】 在里田乡洋庄片和龙津镇供坊俞坊下戈片2个千亩以上产能区配套建设水稻工厂化机插育秧示范点2个。在龙津、嵩溪、嵩口、里田、长校、灵地、李家、赖坊、林畲、田源等10个公路干线粮食产能乡（镇）建成连片面积33.33公顷以上水稻产能区12片，种植总面积673.33公顷，总投入140万元，项目建设区内亩产高于全县平均水平62公斤。在里田、灵地2乡镇建立农业部水稻万亩高产示范区，在赖坊、余朋等乡镇建立花生万亩高产示范区。在嵩溪、里田、龙津等乡镇建立木薯套种大豆面积200公顷高产高效示范区，中心示范片面积20公顷。

航天育种试验示范基地

【推广农业“五新”】 全年引进水稻、大豆、甘薯、马铃薯、蔬菜等各类农作物新品种47个。在高产创建与粮食产能项目区，推广嘉浙优99、两优688、泸优明占、广优3186、天优3301、宜优673、福两优366、广优3186、花2优3301等优质稻新品种和闽薯1号、兴佳2号等马铃薯新品种，以及福薯8号和福薯24等甘薯新品种4个。通过国家大豆新品种区域试验，重点推广桂夏豆2号、福豆310、福豆71、泉豆12、泉豆13等大豆新品种。对赖坊红衣花生进行提纯复壮，保护地方珍稀花生品种。

【茶叶生产】 发挥苏福茶业、双秋农业等公司龙头作用，与现代休闲观光农业相结合，开展生态茶园建设。清流县东方美人茶叶有限公司、福建省双秋农业有限公司的产品已申报绿色食品认证，完成内检员培训、材料申报与产地认证、产品认证抽样工作。完成总投资3000万元的苏福茶业有限公司的茶叶清洁自动化加工项目，新增茶叶精加工生产线1条，已正式投产；公司选送的梦园翠峰绿茶获2014年三明市“尚书品”名优茶（春季）鉴评名茶奖。

【建设航天育种基地】 中国航天育种（清流）示范基地总体规划面积100公顷，年内完成育种基地总体的规划设计。在绿野农产品专业合作社建设航天蔬菜示范基地，上半年完成航天品种展示钢架大棚1333.33平方米，种植面积4666.67平方米，成功种植西红柿、辣椒、黄瓜、豇豆、茄子等航天蔬菜品种23个。

【建设光伏农业观光园】 协助江苏中盟集团注册成立清流中盟光伏科技有限公司，项目获省发改委批复，不超过2万千瓦光伏电站规模安排实施，年内着手建设用地的征、租等相关事宜。结合光伏发电项目，建设面积93.33公顷县光伏农业观光园项目。

【建设省级农民创业示范基地】 以嵩溪爱珍豆腐皮专业合作社和七星岩食品有限公司、九龙湖生物科技有限公司为龙头，提升豆腐皮加工技术工艺，实现清流豆腐皮的产业化升级。嵩溪镇爱珍豆腐皮专业合作社完成社员除尘设备、水电改造，已在进行厂房征地，并与福建农科院合作，引进生产多口味即时豆腐皮新产品。九龙湖生物科技有限公司完成6000平方米厂房钢结构安装，已在装修和购置加工设备。七星岩系列农产品加工项目完成投资80万元的豆腐皮浓缩设备技改。创业基地年生产豆腐皮2000吨，产值5200万元，七星岩食品有限公司产品实现出口澳大利亚。

【创建农业品牌】 年内新增农业三品一标4家，产品5件。全县获“三品一标”企业25家、产品34件；获无公害农产品企业（农民专业合作社）16家、产品23件；绿色食品企业（农民专业合作社）4家、产品5件；有机食品企业1家、产品1件；获地理标志产品5个。“赖坊花生”农产品地理标志保护登记已在申报。

【猕猴桃种植加工】 双叶猕猴桃李酒酿造有限公司年内完成投资5050万元，并购永龙食品有限公司，完成厂房技改。全县猕猴桃种植面积133.33公顷，猕猴桃种苗培植面积3.33公顷，酿酒生产线和灌装生产线设备均投入使用，酿制原酒200吨，完成企业QS认证。

【农田基础设施建设】 抓好2013年度灵地镇高段片省级标准农田建设项目、嵩口镇梓材片新增粮食生产能力建设项目和龙津镇峰头片标准农田市级奖励建设项目，建设规模面积分别为86.67公顷、146.67公顷和12公顷，完成总投资338万元。项目均完工并通过省、市验收。

【实施测土配方施肥】 以龙津镇俞坊村作为整村推进示范村，测土配方施肥技术入户率90%以上，测土配方施肥推广面积占农作物播种面积70%以上，农户调查满意度90%以上。示范片面积40公顷，每亩补助配方肥50千克。

【实施国家级土壤有机质提升补贴项目】 完成2013-2014年土壤有机质提升补贴项目，种植紫云英面积1333.33公顷。建立县级中心示范片3片、乡级示范片13片，培训人数120人次，印发宣传技术材料200份。4月，对清流县2013年示范片测产验收，紫云英鲜草平均亩产1.62吨。

【推进农村生态能源建设】 推“猪-沼-果”、“猪-沼-菜”等生态养殖模式，用沼液作农作物施肥面积已达1333.33余公顷。11家大中型养殖场的粪便进行沼气发酵无害化处理，年处理各类粪便7.62万吨。建设大中型沼气工程和小区沼气工程，新建户用沼气50户，联户沼气工程5个点、550户，新建农村沼气乡村服务网点3个。完成中央预算内投资家德宝畜牧场大中型沼气建设项目建设，并通过省、市验收。林畲华顺养猪专业合作社及清流县兴安畜牧养殖有限公司的大中型沼气建设项目可研报告获农业部批复。完成编制华明畜牧养殖有限公司可行性研究报告并报农业部待批复。抓好农业污染源普查工作，建立完善全县农业污染源数据库。

【农技推广】 实施2012年基层农技推广服务体系建设项目扫尾工作，项目总投资382.8万元，年内完成仪器设备采购，发送和设备使用培训工作，以及里田、长校、嵩口、沙芜、田源、灵地、龙津、余朋8个乡镇用房建设。做好清流县2013年全国基层农技推广补助项目验收工作，完善2014年全国基层农技推广补助项目定编设置、建章立制、主导品种和主推技术等6个方面工作；落实农技人员的县、乡、村三方考评制度，表彰优秀农技员18名；做好全国基层农技推广补助项目实施工作。实施清流县国家级农作物品种区域试验站建设项目，已完成新建考种室的主体建设、含室内装修、田间工程等。成立植保专业化统防统治专业合作社8家，推广生物农药及农作物无公害栽培等绿色防控技术。全年完成水稻病虫害专业化统防统治面积1333.33公顷。

【农村信息化网络建设】 开展“12316，信息进农家”活动，落实“12316农务通”手机终端3677部。购置农村信息化建设专用电脑39台并分配至各乡镇项目村。

【农业综合执法】 全年出动农业执法人员315人次，检查农资店193家次，印发种子化肥、农药等宣传材料1.7万余份，查获过期农药12公斤、未经审定种子2千克、过期兽药6千克、假兽药4.5千克。立案查处3起。查处豆芽非法添加案件2起，涉案2人移送司法机关办理。全年检测水果、蔬菜样品206个，均未发现农残超标样品。

【农资监管】 年内筹建清流县农资监管平台。开展化肥、农药等投入品登记管理试点企业3家。依托福建农业信息网质量安全频道可追溯平台，建设清流县红日农民专业合作社和苏福茶业农产品质量安全可追溯体系。做好农产品质量安全监管工作记录及档案整理，建立健全农产品质量监管档案管理。增加菊酯类农残速测仪、三氯杀螨醇速测仪等设备，提升清流县农产品质量安全监管能力。

【完善农村“三资”监管】 在全县111个行政村全面推行“世纪之村”农村集体“三资”管理软件，在农村财务计算机网络监管中增加农村集体资产、资源台账管理，村账乡镇代理以及实行网络监管，111个财会人员持证上岗。完善村级财务管理制度、村级财务网络监管制度、村集体经济民主议事制度和农村审计制度。

【落实惠农政策】 协同财政局落实兑现2013年良种补贴272.23万元，兑现农资综合直补1871.91万元。全县13个乡（镇）水稻种植参保面积9460公顷，参保率82.47%，保额5674万元，缴交保费170.22万元。

【推进土地流转】 全县流转土地面积4266.67公顷，其中耕地经营权流转面积2873.33公顷，比2013年增加面积233.33公顷，占全县总耕地面积29.3%。办理农村土地承包经营权抵押登记贷款100万元，解决土地流转受让业主生产经营资金短缺问题。确定龙津镇严坊村、里田乡洋庄村作为土地承包经营权确权登记颁证试点，并开展工作。

【信用村镇建设】 建立普惠制农村金融服务体系，扩大农村金融信贷范围、品种和规模。在嵩溪镇青山村、嵩口镇沧龙村进行信用村镇建设试点，入社成员29户，全年有25户农户申请到创业基金贷款资金100万元。建立农户小额贷款风险分担机制，为村民提供贷款担保。

撰　稿：姜东明
责任编辑：刘江平

林　业

【概述】 2014年，县林业工作围绕“生态立县”和实施“五大战役”工作重点，抓好生态建设和保护，加快产业结构调整与升级，持续深化林权改革，处理涉林矛盾纠纷，较好地完成各项目标任务。

【造林绿化】 全县完成造林绿化面积2394公顷。其中造林更新面积2206.67公顷、绿色城市面积26.73公顷、绿色村镇面积60.40公顷、绿色通道面积33.93公顷、绿色屏障面积68.8公顷。完成油茶种植面积140公顷。封山育林新增封育面积2046.67公顷。完成森林抚育面积4696公顷。完成大田育苗面积56.67公顷、容器苗290万株。新造毛竹林面积66.67公顷，竹林下种植黄精面积30公顷，新建“两高一优”丰产竹林面积200公顷，完成低产竹林改造面积666.67公顷。新建竹山道路22公里、灌溉水池60立方米。完成竹业总产值1.03亿元。《清流县省级森林县城建设总体规划》通过省专家组评审。

【义务植树】 3月11日，组织500余人到灵台山万人广场开展义务植树活动，种植桂花、樱花、广玉兰等绿化大树280株。完成三明市区绿道建设任务，种植桂花、罗汉松大树164棵，面积0.2公顷。全年义务植树35.2万株。

【林产工业】 全县木材生产11.83万立方米。实现规模以上林产工业企业产值24.2亿元，比增19.4%。新增产值亿元以上企业3家，全县产值亿元以上林业企业总数7家，分别为闽山化工3.27亿元、捷鸿木业2.13亿元、锦兴木业1.89亿元、源益木业1.50亿元、九龙木业1.41亿元、范阳竹业1.34亿元、捷鸿家俱1.10亿元。全年生产人造板18.97万立方米、家具28万件，竹筷香芯等竹制品8750标准箱，集成材竹地板2.30万立方米，松香类产品4667吨。

【项目工作】 全年向上争取项目资金4175.59万元。完成招商引资项目5个，总投资1.5亿元，注册资金5038万元。10个涉林重点项目完成投资1.72亿元。新增花卉种植面积66.67公顷、苗木140公顷。

【参加第十届林博会】 完成签约

2014年8月11日，清流县省级森林县城建设总体规划评审会

项目8项，项目总投资11.4亿元，其中内资项目6项，总投资7.86亿元，台外资项目2项，总投资5800万美元。邀请客商150人，其中台外商41人。林博会现场完成交易额84.8万元，订货交易额1.3亿元。德盛生物的生物农药、森源兰蕙的兰花及飞翔农业的金银花获林博会金奖。

【实现森林资源“双增”目标】 全县森林覆盖率78.06%，森林蓄积量1345.81万立方米，森林保有量1411.93平方公里，林地保有量1543.05平方公里，林地减少率-0.16%。

【林政资源管理】 落实森林采伐管理制度，做好林木采伐指标分配、林木采伐许可证发放和后续跟踪监管工作。开展“十三五”森林采伐限额编制，完成合理采伐量和森林采伐限额建议指标确定工作。全年办理征占用林地14起，面积27.20公顷。

【林地保护】 创新生态公益林管护机制，护林员聘用由“村推、村聘、村管”调整为“村推、乡聘、乡与林业站共同管理”，聘用专职管护人员93名。全年林业有害生物防控效果良好，成灾率控制在3‰以内，防治率100%，林木种苗和木材检疫率均达100%。

【加强科技支撑】 《兰属杂交种——“花叶双艺”繁育技术推广示范》和《从杉木干燥加工废汽中提取杉木精油研究》林业科技项目获批，总投资330万元。实施《清流县彩叶植物枫香野鸭椿开发利用示范与推广》《油茶产业发展重点县基地建设》《设施花卉建设项目》等科技项目。开展科研攻关，技术创新活动。在“6·18”项目成果对接会上，成功对接项目2项，项目总投资1000万元。开展林业科普宣传4次，深入乡村举办林业实用技术培训，受训2900余人。

【品牌创建】 推荐双叶酒业的“猕猴桃酒”参与申报生态果酒及饮品类“中国林业产业创新奖”。组织27家林产加工、苗木花卉企业参加2014-2016年度三明市林业产业化龙头企业评选。5月，“清流鲜切花”获批国家地理标志保护产品。8月，春舞枝集团在德国证券交易所成功上市；春舞枝公司创建淘宝网“特色中国三明馆”，“双十一”花卉销售额比增300%。该公司被评为福建省电子商务示范企业和福建省农业产业化龙头企业。

【打击涉林违法行为】 开展打击破坏森林资源违法犯罪、保护野生动物执法检查等系列专项行动。全年查处林业行政案件690件，行政处罚690人次，没收木材2590.1立方米，为国家挽回经济损失330.2万元。立刑事案件29起，破19起，抓获犯罪嫌疑人26人。全年收缴各类野生动物74只。

【森林火灾防控】 落实森林防火责任制，县、乡、村逐级签订森林防火责任书130份。开展以“建设大美清流、呵护绿色家园”为主题的森林防火宣传活动，提高全民森林防火意识。加强高森林火险期巡逻督查，查处违规用火36起，罚款1.06万元。定期开展森林火灾演练和机具使用培训，检查补充扑火装备物资。

【推进林权改革】 全年受理林权申请宗地928块，面积13.27万公顷，发证485本。办理林权流转105起，流转面积2227.80公顷；开展林权抵押贷款73笔，抵押山林面积760公顷，贷款金额1.2亿元，受益农户126户。累计办理林权抵押贷款金额13.74亿元。办理森林综合保险面积12.16万公顷，占应保面积95%。成立兴林林场、亚丰用材林农户专业合作社、宏森林业等新型林业经营示范点3个，年内全县成立新型经营模式组织4个。全年受理涉林信访件3件，全部办结息访。

撰　稿：　黄　续

责任编辑：刘江平

苗木花卉

【概述】 2014年，全县新增花卉投资2100万元，新增花卉种植面积66.67公顷（其中鲜切花面积26.67公顷、食药用及树状玫瑰面积33.33公顷、兰花等盆栽花面积6.67公顷）。全县形成花卉种植面积718.8公顷（其中鲜切花面积533.33公顷、盆栽花面积90公顷、食药用及种苗面积95.47公顷）、观赏苗木面积3333.33公顷的种植规模，总产值11.76亿元。新增苗木投资4000万元，新增苗木种植面积

非洲菊种植大棚

140公顷。全年花卉苗木实现销售收入8.42亿元，其中花卉销售收入2.72亿元、苗木收入1.87亿元，春舞枝公司电子商务销售值3亿元。

【种苗管理】 全年发换林木种子生产经营许可证43份（其中换证24份，新发证19份）。组织技术人员指导育苗户做好水肥管理、病虫害防治等各项工作。全县完成大田育苗面积56.67公顷（约3700万株）、容器苗约230万株。

【扩大苗木花卉种植规模】 新增祥和农林、千河星农业、世轩园林等花卉苗木公司9家，新增景艺园绿化苗木、六和苗木、春让花卉苗木等花卉苗木专业合作社9家，全县花卉苗木企业总数57家，花卉苗木协会（合作社）48个。推行“公司+基地+农户”模式，带动3360余户农户参与花卉苗木生产经营，相关从业人员15370多人。

【争取项目资金支持】 年内，争取2014年设施农业（花卉）项目资金200万元、花卉苗木品种引进与研发创新项目资金30万元、现代农业（油茶种苗）项目资金27万元、桂花采种基地建设项目资金18万元。

【开展科研活动】 与省林科院合作开展野鸦椿扦插、种子发芽和红玉珠组培试验等，为良种繁育作准备。

【服务花卉产业】 林业局指导城区海西花卉电子交易市场、嵩溪鲜切花交易中心等规范运作，为花卉企业及花农提供市场需求、生产物质采购、市场销售等方面服务，增强“清流花卉”市场竞争力。每月在《中国花卉园艺》杂志及福建花卉网上等媒介上发布清流花卉交易行情及相关信息，提高清流苗木花卉知名度。

撰　稿：黄　续
责任编辑：刘江平

畜牧水产

【概述】 2014年，全县生猪饲养134379头，其中存栏54341头，出栏80038头；牛饲养26801头，其中存栏16767头，出栏10034头；羊饲养41082只，其中存栏14123只，出栏26959只；兔饲养95241只，其中存栏23091只，出栏72150只；家禽饲养297万只，其中存栏51万只，出栏246万只；肉蛋奶产量1.83万吨，比2013年同期增长5.9%；水产品产量2.2万吨，同比增长9.6%。3月，县水产技术推广站分别被农业部全国水产技术推广总站和福建省水产技术推广总站授予“全国水产技术推广示范站”“省级水产技术推广示范站”称号；12月，县畜牧站被省畜牧总站评为福建省畜牧工作先进单位。县畜牧兽医水产局获2013年度三明市重大动物疫病防控延伸绩效管理考核第三名。

【现代渔业项目建设】 全年完成标准化池塘改造66.67公顷，新增工厂化养鳗场5家、特种水产（泥鳅）养殖场1家。新建工厂化循环水养殖面积2公顷。清泉特种水产养殖场工厂化循环水生态养殖项目已投入资金4000多万元，建成8000平方米养殖车间和1.2万平方米精养池，投放鳗鲡苗210万尾。鲟龙特种水产养殖场鲟鱼养殖项目已投入资金600多万元，完成5200平方米精养池建设。投放鲟鱼、丁鲅鱼、湘鱼鲫等名优水产苗种35万尾。华鑫观赏鱼养殖有限公司观赏鱼养殖项目完成里田5000平方米养殖池和6.67公顷土池建设并投苗生产，年繁育苗种600万尾。引进长乐客商在林畲乡舒曹村建设1.5万平方米工厂化生态循环水养殖基地，企业注册资金500万元，已投入资金300多万元，完成土地平整2公顷，工厂化养殖池已动工建设。

【养殖业项目建设】 南江黄羊原种场扩建项目完成高压电线架设，建标准化羊舍2500平方米、青贮池840立方米，并配套相关设施。清流闽台生态羊业基地项目完成高压电线架设，已建蓄水池2座及干草车间2448平方米、羊舍3000平方米、青贮池3000平方米，安装自动清粪、切草机及TMR机械饲喂设备，种植绿化珍贵苗木5000棵，新平整土地4.67公顷，并与省农科院建立协作关系，设立“肉羊健康养殖联合技术创新中心”，购买湖羊种羊1050只，青贮牧草500吨。引进福清客商在赖坊乡成立福建省大丰山禽业发展有限公司，注册资金3800

2014年10月15日，省农科院副院长余文权（中）到闽台生态羊业基地调研

万元，已平整土地7.33公顷及完成水电路等前期工作。裕农、海铭、文利等3家猪场列入省级生猪标准化规模养殖场建设项目。

【推广五新技术】 推广草鱼注射疫苗技术、池塘健康养殖、净化循环水工厂化养殖、微孔增氧渔业技术面积933.33公顷。推广优质高效水产饲料1.6万吨，推广使用微孔增氧设备、增氧机、投饵机、水质在线监测等渔业机械2612台（套）。全年引进推广异育银鲫、丁桂鱼、福瑞鲤、黄金鲫等名优水产品种养殖1132万尾。推广南江黄羊、湖羊等新品种，推广牧草青贮、圈养新技术。在生猪养殖场推广“漏缝地板-免冲洗-减排放”环保型养殖模式，与种植业结合，培育高产、优质、安全、生态的现代牧渔业典型。

【开展科技合作】 与省农科院协作开展肉羊健康养殖联合技术创新和桂闽引象草等新品种试验种植，掌握种羊繁育、肉羊健康养殖、精料和饲草均衡供应、有机肥生产技术体系建设数据。与省淡水水产研究所协作开展大宗淡水鱼产业化技术研究，开展养殖水环境和病害防治等技术研究，减少病害损失和水环境污染。

【渔情信息及预警测报】 做好渔情信息动态采集和养殖水质、病害测报。全年对重点养殖水域安砂库区沙芜段进行现场监测36次，为安砂库区、龙津库区水产养殖做好预警预报，防范渔业自然灾害。通过移动信息平台发布信息62次，3.1万余条次，惠及养殖户724户。

【养殖技术培训】 实施农业部基层畜牧、水产推广补助项目建设，开展各种形式培训，培育科技示范户。全年组织畜牧水产科技培训35期，培训1500余人次，发放技术资料5000余份。

【渔业企业安全生产标准化建设】 对渔业企业的主体合法性、电工持证情况、锅炉工持证情况、养殖使用证有效期，生产、销售和投入品使用记录，无公害产品产地认证、种苗生产经营许可证等内容进行审查，完成渔业企业主体责任评定工作16家（3级），新增渔业企业主体责任评定工作7家（3级）。

【渔业安全监管】 联合海事、科协、库区移民和有关乡镇举办渔业船员安全生产培训，培训捕捞和养殖渔民250余人次，签订《清流县渔业船舶船东（长）安全责任书》246份。全年登记、年审检验渔业船舶246艘，换发渔业捕捞许可证269本，年审换证率100%。组织保险机构派员现场指导、讲解服务，完成渔工保险参保人数540人，参保率100%。开展沧龙水产养殖保险试点工作，完成养殖参保池塘面积46.8公顷。在汛期、节假日、乡镇墟日等渔业安全事故高发期间，组织开展各项渔业巡逻检查86次、渔业执法人员258人次，渔业执法船艇63艘次，检查渔业船舶382艘次，排查治理隐患单位3家，均整改到位。

【发展肉羊产业】 肉羊产业化项目投入资金7000万元，全年新增肉羊养殖5000只，年饲养肉羊4万只。建成黄羊种羊基地5个、湖羊种羊基地4个；肉羊养殖公司4个、农民专业合作社12家。培育宏畅公司、五行公司、逸良农牧有限责任公司、孙坊湖羊养殖专业合作社等龙头企业，并争取畜禽标准化健康养殖、优质特色畜禽等项目资金135万元。引进逸良农牧有限责任公司湖羊种羊基地项目，已建标准化羊舍1300平方米、青贮窖200立方米、牧草基地5.33公顷，引进湖羊种羊250只。

【动物疫病防控】 重点抓好牲畜口蹄疫、高致病性猪蓝耳病、猪瘟和家禽禽流感的强制免疫及鸡新城疫免疫注射，强化重点区域、规模场监管，确保免疫效价达标。制订《清流县主要动物疫病流行病学调查方案》《清流县动物疫病监测计划》，建立县、乡、村三级动物疫情监测网点。执行重大动物疫情24小时值班和领导带班制度，建立县、乡两级应急预备队，做好疫情上报和应急处置工作。开展家禽（含鸽子）H7N9免疫抗体监测，对家禽养殖场所、活禽市场和运输车辆严格消毒，做好H7N9亚型禽流感防控，县域未发生H7N9亚型禽流感疫情。

【养殖业污染减排】 推广“猪—沼—草—猪”生态型养殖及“漏缝地面—免冲洗—减排放”环保型养殖模式，促进全县所有规模养殖场达标排放。全年新建雨污分离管道9000多米、沼气池1.94万立方米、氧化塘4.13万立方米，吸纳地387.33公顷，曝气池1000立方米，粪便堆放场3670立方米，8个规模企业完成减排任务。

【重点流域水环境综合整治】 在沙芜设立监测点3个，每月采样送检1次，现场监测3次，同时建立沙芜库区“1+N”水上联动机制，清理库区不符合养殖规划的水产养殖活动，督促养殖业者规范养殖行为。全年在龙津河、长潭溪等水域投放鳙鱼、鲢鱼、鳊（鲂）鱼、草鱼等750多万尾，进行增殖放流，恢复渔业资源。

【渔政执法】 实行禁渔期制度，组织开展各项渔业专项巡逻检查125次，出动渔业执法人员332人次、渔业执法船艇78艘次、执法车辆78辆次，检查船只269艘次，查处非法电捕鱼案件6起，查扣电鱼机6台，拆除非法灯光诱捕75处、纠正违法行为96次。

【兽药、饲料市场专项整治】 全年出动执法人员156人次，执法车辆42辆次，检查兽药饲料经营门店15家，养殖场（户）34家，查封过期、人用药等违法兽药60余盒，立案查处兽药案件4起。全年抽检“瘦肉精”尿样496头份，检测结果全部为阴性；完成送检猪尿“瘦肉精”检测样品4个，猪肉药残市场抽检样品3个，禽类抗生素、磺胺类药物市场抽检样品1个，水产品禁用药物残留市场抽检样品2个，经上级实验室检测全部合格。

【品牌创建】 完成清流县兴业农业有限公司国家级生猪标准化示范场复评工作；田源乡宏硕生态养殖有限公司获省级标准化示范场称号。完成白鹜鸭产地和产品认证及清流县连塘渔业专业合作社产地和产品认证。

撰 稿：魏邦福
责任编辑：刘江平

农 机

【概述】 2014年，县农机中心按照“促发展、调结构、提质量、增效益、保安全”的总体要求，落实农机购置补贴政策、强化农机安全监管、大力推广农机新机具新技术，提高农机装备水平、作业水平、服务水平和安全水平，加快推动清流县农机化科学发展。全县农机总动力13.02万千瓦，农机固定资产总值1.81亿元。拥有农用拖拉机3030台（其中大中型拖拉机8台）、水稻联合收割机314台、水稻插秧机255台、其他配套机具5089台（套）。

【落实农机购置补贴】 年初，开展全县农机具需求和补贴资金规模摸底调研，对农民已购机具进行核实、预申请登记。加大农机购置补贴政策宣传，并在县农业信息网公开方案、经销商、补贴资金使用进度、补贴受益对象资料等。全年省下达清流县农业机械购置补贴中央资金878.59万元，省级资金91.27

2014年4月9日，在嵩口镇马排村举行水稻插秧全程机械化演示会

万元，申请补贴机具数量1457台，受益农户数1005户，带动农户投资700余万元。

【农机务农】 全年县乡农机科技人员下乡指导农机务农工作25人、326次，投入机具9034台（套），检修农机具1.69万台（套），完成机耕面积1.6万公顷，水稻机耕面积9333.33公顷，水稻机插3533.33公顷，水稻机收8000公顷。全县水稻耕、种、收机械化综合水平60.65%，比2013年提高11.14个百分点。

【推广农业“五新”技术】 结合举办机收、机插演示会等活动，开展送政策、送科技、送服务下乡等活动。累计举办现场会4次，技术指导30次，发送各类农机新机具、新技术宣传材料2000余份，推广各类新机具1400余台（套）。

【农机监理】 开展农机安全生产大检查，打击拖拉机道路交通安全违法行为。共组织执法人员路检22次，参加检查人数66人次，检查拖拉机300余辆，纠正各类交通违法行为33起。全年年检大中型拖拉机195台、手扶拖拉机510台、联合收割机60台，换证105本，考核新训拖拉机驾驶员1期18人。全县未发生农机安全事故。

【农机安全宣传】 组织开展农机道路交通安全宣传咨询活动和农机安全图片展3次，发放宣传资料1300余份、悬挂宣传横幅18条、张贴宣传标语46张、短信群发500条、签订安全驾驶承诺书600份，受教育人数980人。

【申报农机合作社机库棚建设项目】 年内共申报项目6个，获省级批准项目5个，其中一类1个、三类4个，5个农机专业合作社机库建设项目均已动工建设。

撰 稿：江秀群
责任编辑：刘江平

水 利

【概述】 2014年，县水利局深化水利改革，突出做好防汛抗灾、项目建设、项目前期规划等重点工作，发展民生水利，取得显著成效。全年实施水利续建项目13个、新建项目6个，年度总投资1.88亿元，年内争取到位资金1.24亿元。

【防汛防灾准备】 修订完善全县7个在建水利项目和37座小型水库的各类应急抢险预案。做好防汛预警设备、系统及全县23个水雨情自动测站、中继站的检查和维护。组织人员参加市政府信息中心举办的视频会商系统操作培训；2月举办水库巡查业务知识培训班，培训新聘水库巡查员21名。开展“5·12”防灾减灾日宣传，发放《台风、暴雨、洪水和山洪地质灾害公众防御指南》500本、宣传单1000张，并进行现场讲解。储备玻璃钢冲锋舟5艘、橡皮艇1艘、抛射枪2支、救生衣200件、救生圈60只、编织袋1.2万条、石棉绳800米、铁锹60把、锄头50把，以及马灯、工作灯等。县防汛指挥中心配备柴油发电机1台、UPS备用电源1套、卫星电话1台，以及应急灯、雨衣、雨靴等。各乡镇添置一定数量的编织袋、救生衣、应急灯、雨衣、雨靴、铁锹等。全县组建防汛抢险队伍40支、1209人。

【实施山洪灾害防治非工程措施项目】 4月编制《2013-2015年度清流县山洪灾害防治非工程措施项目实施方案》，项目概算总投资782万元。11月，成立县级山洪灾害防治建设项目部，年内完成山洪灾害调查评价、专用设备和省统招设备招标工作，建立监测体系。

【小型农田水利建设】 续建2013年度小型农田水利重点县建设项目，涉及龙津、嵩溪、林畲、温郊等4个乡镇。年内投资2400万元，完成各标段建设任务，待验收。

【中小河流治理】 里田乡长潭河治理工程由于设计变更，除灵台山段完工外，其余工程尚未动工。余朋乡罗丰溪治理工程2个标段工程3月开工，截至12月末C1标段完成总工程量98%，C2标段完成总工程量95%。

【水库除险加固】 黄坑源水库工程总投资160万元，项目1月开工，年内完成全部设计工程施工并通过验收。总投资450万元，实施舒曹、姚家、金鸡山等3座水库除险加固工程，12月完成招投标工作。

【防洪工程建设】 闽江上游沙溪流域防洪三期工程2个标段，年内均已完工，待验收。闽江防洪一期工程（原“五江一溪”工程），预算总投资1.72亿元，建设堤防总长15.73千米，10月获省发改委和省水利厅批复。

【水源水库建设】 流水水库建设项目拟建水库总库容205.28万立方米，项目估算总投资8119.31万元，6月完成水资源论证、土地预审、可行性研究报告送审等前期工作，已在进行环评、地灾评估等专项工作。城区第二水源——俞坊水库加快建设。

【烟基水源建设】 俞坊、岭官2座水库2012年兴建，截至年末，俞坊水库完成工程量95%，累计完成投资5360万元；岭官水库完成工程量93%，累计完成投资4973万元。

【南面乡镇集中供水工程建设】 工程总投资6742.04万元，2012年10月动工建设，截至年底完成投资4890万元，完成取水枢纽、管理房和清水池建设、净水设备安装调试，64千米输水主管全部铺设完毕，已在铺设村庄配水管网。

【水政执法】 1月，开展全县河道采砂企业和洗砂场的环保、安全生产工作的拉网式检查，发出责令停止水事违法行为通知书15份。5月起，开展为期3个月的严厉打击河道非法采砂专项整治行动，关停无证非法采砂场38个和非法洗砂场7个。设立有奖举报电话，严厉打击向河道倾倒垃圾、渣土等废弃物、在禁采区进行河道采砂和吸砂作业违法行为。

【新甲水库项目立项工作】 9—10月，邀请省水利厅领导和国家防汛抗旱总指挥部专家到清流进行实地查证。新甲水库已列入省厅规划，已在进行前期勘探及原始地形测量工作和可行性研究报告初稿编制。

撰　稿：王晓华
责任编辑：刘江平

水土保持

【概述】 2014年，清流县水保工作重点推进省级重点县水土流失综合治理、省级重点乡镇水土流失综合治理项目和国家水土保持重点工程（南岐溪、拔里溪小流域，北坑、深渡小流域）三大块，取得新成效。

【省级二类重点县水土流失综合治理】 续建高段、江头、黄石坑3条小流域治理项目，工程2013年11月完成工程措施招投标，年内完成全部林草措施和工程措施，完成总投资2000.3万元。

【省级重点乡镇水土流失综合治理】 续建灵地镇、李家乡水土流失综合治理项目，批复总投资均为375万元，项目分别于2013年6月、11月完成招投标，2014年均完成全部林草、工程措施，完成总投资各375万元。

【国家重点水土保持建设工程】 续建拔里溪小流域水土流失综合治理项目，项目2013年9月完成工程措施部分招投标工作，累计完成坡改梯4公顷、护岸1.3千米；整修机耕路3.6千米、排水沟3.5千米。林草措施部分完成植被恢复工程面积842公顷，其中封禁面积652公顷、造林面积100公顷、补植面积90公顷。完成投资403.8万元。

【国家水土保持重点建设工程】 续建南岐小流域水土流失综合治理项目，项目2013年12月完成招投标，累计完成护岸砌筑2.3千米，完成综合治理面积1455.21公顷，其中营造水保林面积61公顷，封禁治理面积1430.12公顷，完成投资554.8万元。

【国家重点小流域水土流失综合治理项目】 实施深渡、北坑2条2014年国家重点小流域水土流失综合治理项目，7月完成招投标工作，年内林草措施全部完成，完成护岸800米，完成投资500万元。

【完善水土保持配套法规体系】 将水土流失治理纳入工程建设过程，年内完成清流县磐安国际城、县体育中心建设项目、赖武村下罗田安置点、县交通局温郊桐坑段等项目水土保持方案审查及批复。

撰　稿：　王晓华

责任编辑：刘江平

农村工作

【概述】 2014年，县农办围绕“四化同步”和创建生态县目标，深化农村改革，大力发展现代农业，加快城镇化进程，推进创建美丽乡村和扶贫开发，“三农”工作再上新台阶。全年实现农林牧渔业总产值24.34亿元，比增5.6%；农民人均可支配收入11404元，比增10.2%。全年实施农业重点项目39个，总投资64.05亿元，年内完成投资17.92亿元。

【发展特色农业】 全县种植烤烟面积2926.67公顷，烟叶销售收入1.6亿元、税收3513万元。新增花卉面积66.67公顷、苗木140公顷，新增淡水鱼养殖面积66.67公顷、肉羊养殖5000只。15个航天蔬菜品种试种成功，全省第二个光伏农业项目获得省发改委批准立项，“清流鲜切花”获国家地理标志保护产品称号。全县新增农业“三品一标”企业4家，成功列入全省26个茶叶主产县行列。

【壮大新型经营主体】 发展市级以上农业龙头企业28家，其中省级3家。新增农民专业合作社41家、家庭农场45家、各类专业大户205户。推进春舞枝总部建设及智能花卉体验馆、花海温泉养生苑、宏畅闽台生态羊业、苏福茶叶自动化加工、九龙湖豆腐皮加工、猕猴桃酒业等项目建设，带动产业链发展。春舞枝公司8月25日在德国证券交易所成功挂牌上市，全年销售收入3亿元，税收2020万元，获全省电子商务示范企业称号。

【加大设施建设投入】 投入2.3亿元实施农业综合开发、土地整理等农业基础设施建设，其中投资6700万元的南面乡镇集中供水工程接近完工，投资1.21亿元的俞坊水库、岭官水库继续建设中。新增花卉标准钢架大棚30公顷，建成里田洋庄、龙津供坊2个水稻工厂化机插育秧示范点，春舞枝公司建成全省首个标准化智能花卉馆。

【乡村建设】 总投资9.22亿元的“五镇二乡”和美丽乡村建设项目有序推进，打造长校河排、沙芜铁石、田源福源、赖坊赖武、李家鲜水、嵩溪元山等一批示范村。新建成赖坊赖安、嵩口清泉2个省级造福工程百户示范点，完成嵩口大轿垅偏远自然村整村搬迁。

【扶贫开发】 推进整村扶贫和精准扶贫。完成2928户、8539名贫困人口的建档立卡工作。全年实施造福工程危房改造950户、4381人，其中危房修缮户500户、造福工程新建900户全部完工。基本建成赖坊赖安新村、嵩口清泉新村2个省级造福工程百户点示范项目。成立扶贫小额信贷促进会。结合产业发展，培育发展特色产业和农民规模产业化的新型生产经营组织。全县实现脱贫656户、2155人。

【农业综合开发】 2013年度投资1848万元的李家、灵地、嵩溪、嵩口500公顷农业综合开发项目竣工并通过验收。2014年度投资1599万元的龙津、林畲、嵩溪455.33公顷农业综合开发项目11月动工。完成2015年农业综合开发项目的摸底、申报、勘察测量及可研报告的省级评审工作。

【农科教结合】 实施雨露计划、农民实用技术培训，全年争取雨露计划培训指标1150人。加强赖坊东山村省级农村固定观察点数据收集和信息报送工作，为省、市制定农业农村工作政策提供数据。

撰　稿：　谢小海

责任编辑：刘江平

2014年11月28日，清流县扶贫小额信贷促进会成立

国有林场

【概述】 2014年，清流国有林场以发展为要务，围绕年度工作目标，狠抓落实，完成各项工作任务，实现全年无森林火警火灾、无安全生产责任事故。被市林业局评为“2013年度安全生产目标责任考评先进单位”，被省护林联防委员会评为“2014年度护林联防工作先进单位”。

【完成造林任务】 全年完成更新造林面积65.53公顷（其中速丰林29.27公顷），大田育苗2133.33平方米，完成容器育苗5.5万株，中幼林抚育1007.53公顷。完成病虫害防治81.07公顷。

【木材产销工作】 全年木材生产4085立方米，木材销售3699立方米，实现销售收入453.5万元，实现净利润40.28万元。收支节余213万元。

撰　稿：黄　续
责任编辑：刘江平

清流县畜牧兽医水产局

清流县畜牧兽医水产局成立于1980年6月，现有干部职工56人，其中高级职称9人，中级职称32人。

近年来，清流县畜牧兽医水产局紧紧围绕县委、县政府“做美城区、做强产业、做优环境、做好民生”的工作重点，坚持市场引导、项目带动和政策推动，有力地促进产业向规模化、集约化、生态化发展。畜牧业形成了“控猪增羊牛扩禽蛋”的产业发展格局；渔业水产发展鳗鱼、鲟鱼、观赏鱼等特色养殖、推进现代渔业项目和水乡渔村建设取得突出成效。整体呈现良好发展态势，有效地推进了产业提升和农业增效、农民增收。2015年，全县拥有畜牧水产市级龙头企业6家、合作社32家、水乡渔村3家，规模养殖场9个。11个水产品获无公害产地认定和产品认证；龙峰渔业公司、合创农产品有限公司、清溪渔业专业合作社、万和农业发展有限公司等4家水产养殖场被农业部授予“水产健康养殖示范场”称号。“清流溪鱼”和“清流黄羊”先后获国家地理标志保护产品、GAP认证、国家级集体商标注册证、“福建省名牌产品”和“福建省著名商标”称号，“清流黄羊”省地方标准已由省质监局发布。

2014年，清流县水产技术推广站被农业部全国水产技术推广总站授予“全国水产技术推广示范站”；清流县畜牧站被福建省畜牧总站评为福建省畜牧工作先进单位。

三明市年年有观赏鱼养殖有限公司养殖基地

宏畅（福建）农牧科技有限公司湖羊养殖基地

国土 城建

国土资源

【概述】 2014年，县国土资源工作围绕县委、县政府工作总体部署和上级国土部门的工作目标要求，围绕“做美城区、做强产业、做优环境、做好民生”工作重点，主动服务，依法行政，统筹保障发展和保护资源，全面落实国土资源工作目标责任，为促进县域经济社会又好又快发展提供国土资源支撑。

【加强项目建设用地规划预审】 全年审查与调整项目建设用地农转用、土地征收面积75.4公顷、新农村建设用地报批15.65公顷。其中编制并报批《规划修改方案》2个，调整土地用途管制区面积17.99公顷，耕地7.30公顷，保障省级重点项目——清流县钨矿废弃石重选及循环利用及林畲乡向阳二期安置点等3个新农村建设项目规划用地需求。拟定并完成报批《使用有条件建设用地区使用方案》3个，涉及建设项目15个，用地总面积27.40公顷，其中调整使用土地面积6.73公顷。保障省重点建设项目及地灾治理、造福工程等民生工程用地需求。把好项目用地预审关，引导项目科学选址、合理用地。完成建设项目用地预审50宗，审查土地总面积129.17公顷，其中耕地24.04公顷，用地符合规划比例100%。

2014年5月31日，开展地质灾害防治检查

【用地管理】 坚持“以项目争取用地指标”，保障用地需求。以节约用地为原则，及时跟进管理，确保每一寸土地用到实处，及时、合理、有序进行开发利用。年内，经省政府审批农转用和土地征收批次3个和单独选址5个，涉及项目15个，总用地面积75.40公顷，其中新增建设用地面积64.21公顷、农用地面积58.10公顷、耕地16.30公顷。通过网上审查尚未获批文批次2个，总用地面积9.04公顷，新增建设用地7.37公顷，农用地面积7.37公顷，耕地0.07公顷。市政府批准农村村民住宅建设农转用批次2个，涉及新村点12个，用地总面积15.65公顷，耕地6.80公顷。已审批农村村民住宅单独选址建房166户，用地总面积1.69公顷。

【规范收储供地】 全年收储土地21.54公顷。供应土地22宗、面积75.71公顷，其中挂牌出让工业用地4宗、面积5.35公顷，成交价353.1 万元；挂牌出让经营性用地3宗、面积3.13公顷，土地出让起始价、成交价均为1720万元；划拨土地15宗，面积67.22公顷。办理各类划拨土地使用权补办出让及个人建房增容补办出让53宗，补办出让面积0.41公顷，补交土地出让金287.03万元。

【探矿权监管】 审查上报续证探矿权8家、生产性勘探4家。1月9

日，清流温泉国家地质公园资格获国土资源部批准后，加快该园规划进度，与国家地质公园规划队伍（中国地质大学）成功对接并完成野外勘察、基础资料收集工作。

【矿产资源综合管理】 深入矿山生产第一线实地检查126人次，作现场检查记录29份，检查各类矿山企业29个，年检率100%，其中年检合格矿山29个，年检合格率100%；探矿权证年检6证，生产勘探1家。全县矿山均执行图纸交换制度。加强矿产资源开发利用现场监督管理，督促采矿权人按经批准的开发利用方案施工。按法定权限、条件和程序办理采矿许可证。年内发放采矿许可证1本。做好省、市发证矿山初审工作，进行网上审批2宗。全年征收矿产资源补偿费829.35万元，其中煤炭118.44万元，非煤710.91万元。年检期间，追缴矿产资源补偿费2.5万元，征收采矿权使用费6.3万元。全县编制矿山生态环境恢复治理方案矿山33个，全部经国土资源部门组织评审通过。完成全县所有矿山应缴纳的矿山生态恢复治理保证金测算，缴纳、上交省国土厅矿山地质环境治理恢复保证金2634.10万元。督促省级示范点——嵩口镇围埔村上树坑治理点等5个复绿项目开展治理工作。

【落实耕地保护责任】 将耕地保护目标考核列入乡（镇）人民政府重要考核内容之一，践行“双保行动”(确保基本农田保护面积总量不减少、质量不下降)，实现耕地占补平衡。全县13个乡镇政府及111个行政村逐级签订耕地保护目标责任书488份，签订率100%；耕地质量等别评价工作完成外业调查和内业分析，并形成调查评价初步成果。

【土地开发整理】 年内，在建土地开发整理项目有长校、沙芫、田源等4个，县级小规模土地开发整理项目2个，赖坊结合水土流失治理项目1个；土地开发整理面积522.85公顷，总投资2385.27万元，结合水土流失治理项目总投资700万元。2011年4个县级小规模土地开发整理项目已完成验收。长校镇长校等3个村土地整理项目、沙芜乡上坪村土地整理项目、2个县级小规模土地开发整理项目、2012年赖坊乡官坊等2个村结合水土流失治理的土地整治项目均已完成所有工程，待验收。长校镇荷坑村、田源乡廖武村2个在建土地整理项目，完成工程总量90%。年内申报的龙津镇拔里村（面积133.2公顷）、长校镇黄石坑村（面积83.47公顷）、里田乡田坪片（面积60.73公顷）3个土地整理项目完成测量、规划设计及项目招投标工作，均于12月初开工。2014年申报的（赖坊、灵地）2个水土流失治理项目，完成项目测量、规划设计并经市级专家评审。

【推进用地增减挂钩】 全县旧村复垦项目竣工验收11个，并通过省级抽验，累计复垦土地31.59公顷，新增耕地29.53公顷。年内完成县级初验项目6个，合计复垦农村土地29.49公顷，新增耕地28.2公顷；完成2013年立项的10个旧村复垦项目省级先行核定，增减挂钩指标20公顷，完成指标交易面积20公顷，实现指标交易收益1.31亿元。

【国土资源动态执法巡查】 将原会同县建设局、县城管局、龙津镇政府在城区规划区范围内每周开展联合执法检查1次，改变为各单位每天巡查，填写巡查登记卡和台帐。全年进行动态巡查共计240余天780余人次，建立巡查台账240余份。巡查中发现并制止国土资源违法行为46起，发出制止违法行为通知书46份，制止率100%。全县国土资源执法人员、乡镇主要领导、乡镇国土所全体人员均配备移动执法终端设备，并已投入使用。

【开展打击非法盗采稀土专项行动】

在县委、县政府统一指挥下，组织力量拉网式排查和复查辖区内非法盗采稀土矿点。5月，发现龙津镇大基头村东坑新增非法盗采稀土矿点1处，联合县公安局及龙津镇政府迅速行动，及时打击并捣毁现场，同时公安机关上网通缉犯罪嫌疑人1名。非法盗采稀土矿点大部分已进行恢复治理。

【打击非法违法采矿行为】 组织人员定期不定期地巡查原盗采点，并督促矿山企业加强采矿权界限内巡查，及时发现和制止非法违法采矿和盗采行为。全县17处非法违法盗采煤矿点及28处非法盗采稀土矿点均未发生死灰复燃现象。9月，配合县公安查处嵩口镇梓材村魏某非法取土洗砂一案，此案已申请省厅鉴定完毕，公安机关已立案查处。

【实施土地矿产卫片执法监督检查】

以案件查处、解决问题、提高效能为切入点，核查、整改、落实，确保做到“五到位”，即违法建筑拆除到位、违法用地复耕到位、违法用地查处到位、违法用地罚款到位、违法用地责任人追究到位。根据县2013年度土地变更调查数据和国土资源部下发的2014年土地卫片执法监督检查数据，全县新增建设用地(B+PJ+W)面积35.15公顷，其中耕地16.59公顷，基本农田0.20公顷。新增建设用地中违法用地13宗，面积4.45公顷，其中耕地1.18公顷（可调整地类0.15公顷），基本农田0.20公顷，违法用地面积占新增建设用地总面积的比例12.67%，违法占用耕地面积占新增建设用地占用耕地总面积的比例7.1%。该项工作通过省、部级检查。

【查处城乡建设土地违法行为】
年内立案查处国土资违法行为13宗（其中卫片案件12宗），立案率100%。没收违法建筑物1.91万平方米。收缴罚款19.55万元。重点查办案件2件，一为配合县纪委查处嵩口镇围埔村村民魏某非法洗砂案，一为长校镇江坊村非法转让土地案。

【地质灾害防治】 开展地质灾害隐患排查，确定地质灾害点51个，涉及12个乡（镇）38个行政村，受威胁群众310户计1397人，其中大型2处、中型17处、小型32处。按照“属地管理、分级负责”的原则，将排查结果函告各有关乡镇人民政府，明确责任，督促做好其行政区域内地质灾害隐患点的监测、预防、治理工作。并逐点落实和核实防灾责任人43人，监测预报人53人。全县51个地质灾害隐患点全部制订防灾预案。年内，全县安装加密报警器10个、预警伸缩器2套、新增监测人员3人；地质灾害预警预报282次(处),组织群众及时转移102人次。派出5名技术人员巡回检查，发布地质灾害预警短信15期、30000多条。4月22日、5月12日,共出动宣传车30多车次。6月14日，在县街心公园摆点宣传，发放各种宣传材料5400余份。向受威胁群众发放《防灾明白卡》和《避险明白卡》500份；重新设立警示牌12个，与非煤矿山企业签订地质灾害责任状24份。

【地质灾害点治理】 结合造福工程、新村建设，开展农村地质灾害安置点建设，共完成治理西山凤翔街南坡、嵩口中学、余朋乡政府、嵩口中地、田源马坑等地灾点11处，搬迁682户计3167人。做好长校灵台山、余朋学校地质灾害治理工程联系与检查工作。年内，全县搬迁安置地质灾害受威胁户320户，摸底落实登记412户，做好服务工作。龙津镇城南村山边队地质灾害点列为省级治理点进行管理。

【编制地质灾害防治规划】 完成“十二五”地质灾害防治规划编制工作并通过评审验收。

【推广“和谐征迁工作法”】 执行征地“两公告一登记”制度，做到“三个”公开，即征地的地点范围面积公开、各种地类面积公开、补偿标准公开，依法依规依程序征地，合理补偿，维护被征地农民合法权益。全年依法征收集体土地69.18公顷，耕地16.30公顷，征地补偿费用全部补偿到位。

【信访处理】 受理信访件15件，其中来信13件（省厅转办1件、市局转办5件、省信访局转办3件、市信访局转办1件、县信访局转办2件、县效能办转办1件)，来电1件，来访1件，较2013年同期降低34.78%。全部办结。

【土地权属登记】 核发土地使用权证1233宗，面积58.75公顷。其中，变更登记1199宗，面积47.67公顷；设定登记34宗，面积11.08公顷。土地使用权分割证2897宗。土地使用权抵押登记880宗，面积120.85公顷，金额157592.3万元；土地他项权利预登记446宗。

【土地变更调查及遥感监测】 配合作业队伍完成核查工作，并通过国土资源部验收。完成城镇地籍管理信息化软、硬件建设，已通过市级验收。完成城镇地籍更新调查工作,录入地籍档案资料7000余宗。开展县耕地后备资源调查评价工作,调查耕地后备资源1101.94公顷，其中未利用地601.99公顷，废弃果园和茶园共499.95公顷。

【修订基准地价】 委托作业单位开展基准地价修定工作，完成外业调查、样本、部门资料等录入和矢量工作，完成大部分乡镇基准地价底图编辑工作。

【开展经济开发区土地集约利用评价工作】 完成开发区企业外业调查，开展图件编辑,建立数据库工作。

撰　稿：伍志辉

责任编辑：余王灼

住房和城乡规划建设

【概述】 2014年，县住房和城乡规划建设工作围绕“做美城区、做强产业、做优环境、做好民生”工作重点，按照“五高”(高起点定位、高标准规划、高质量建设、高效能运作、高水平管理）要求，扶持建筑业企业发展，抓好商品房销售工作，突出完善规划、做美城区、完善景观，抓好重点项目、新型城镇化试点乡镇、美丽乡村建设、宜居环境建设项目实施，城乡建设上新台阶。

【完善城市规划】 年内，完成县绿道网专项规划、县消防专项规划、县城防水工程专项规划及县已出让地块的控制性详细规划。审查、修改完善北山A4、A5地块、县体育中心、城关中学综合楼、实验小学综合楼、龙津路新建安置点规划、迎宾路白石桥段沿街立面改造地块规划建筑设计方案。

【编制村镇规划】 全县完成乡镇总体规划9个，并经县政府批准实施。完成集镇外行政村规划编制75个。委托中外建发展顾问有限公司编制嵩溪镇元山村环境综合整治专项规划。委托三明市规划设计研究院编制赖安村保护规划。

【强化规划审批管理】 服务城建重点项目，促进项目落地和加快建设进度。控制私人建房，办理审批部分危房翻建、建筑加层项目。加强店面装修、装饰工程审批管理。共办理项目规划选址意见书7件，总用地面积18.2公顷。用地规划许可16件，总用地面积5.85公顷。工程规划许可20件，总建筑面积17万平方米。规划设计条件通知书核发5件，总用地面积2.17公顷。

【实施宜居环境项目】 年内，实施宜居环境点线面项目22个。其中，建设美丽乡村、整治提升城镇“三边三节点”（山体周边、主要干道沿线周边、龙津河及支流等水系周边，城市中心节点、市民活动节点、交通枢纽节点）、集中成片棚户区改造等点项目14个；实施市政道路和管网项目提升、推进绿道网建设等线项目6个；小流域治理项目1个；市区增加城市片林项目1个。总投资29亿元，年内完成投资10.7亿元，占年度计划133%，其中长兴社区和凤翔社区多功能体育场、立面改造（二期）、城区供水管网改扩建工程等12个项目完工，迎宾路拓宽改造、龙津河两岸绿道工程等5个项目超序时进度。

【小城镇化和美丽乡村建设】 实施赖坊乡、嵩溪镇等小城镇建设项目78个，完成投资6.8亿元。赖武村、鲜水村、大路口村、河排村、元山村、大坪村等美丽乡村示范村20个，按照“布局美、环境美、建筑美、生活美”的四美要求，实施建设项目119个，完成投资3.99亿元。

【城建重点项目建设】 安排县城建重点项目33个和前期项目6个，总投资55.76亿元。其中续建项目16个，新开工项目17个。完成投资14.96亿元，占年度计划投资102%。其中春舞枝总部大楼（花卉交易中心）、龙腾御景小区、城南工业园廉租房二期、城区污水管网建设等23个项目有序推进。城建重中之重项目5个，春舞枝总部大楼（花卉交易中心）主楼12层，附属楼封顶，完成一层装修、阳光大棚玻璃安装，鲜花广场大理石铺贴、沥青路面砼垫层。新一中项目食堂、餐厅（人才保障房）、宿舍楼、科技楼、教学楼、图书馆、体艺馆、行政楼已在装修，景观工程完成施工图制作，弱电工程（安防监控系统、校园广播系统、网络系统、高考监控系统）已在进行专业设计。迎宾路拓宽改造项目中的长青桥台基础完成，已在进行白石桥基础施工，完成预制梁1/3，河堤完工280米。古树公园建设基本完工。立面改造二期工程竣工。

【扶持建筑业发展】 协助福建金鼎建筑发展有限公司完成房屋建筑施工总承包资质升级工作，9月该企业晋升为一级施工总承包资质，新增注册资本金3000万元以上，全年完成建筑业产值28.1亿元。福建华辉建筑发展有限公司、福建上河建筑工程公司已在申报施工总承包二级升一级。新成立福建伊科市政工程有限公司。落实扶持政策，促进企业承接工程任务，全年县建筑业完成产值25亿元，比2013年增长118%。

2014年，清流县迎宾路拓宽改造项目完成

【建筑市场管理】 完成房屋建筑和市政基础设施工程施工招标32项，其中公开招标10个、邀请招标22个。招标工程预算造价17837万元，中标价16060万元，中标价较预算造价下降9.96%，节约资金1777万元。受理招标投诉2个，一个重新组织招标，一个维护原中标结果。审批发放施工许可证26份，建筑面积18.88万平方米。开展施工许可检查，发放施工许可催办单2份，发放停工通知书1份。受理房屋和市政基础设施工程竣工验收项目备案4个，工程造价4728万元。

【建筑质量监管】 办理工程项目质量监督申报手续18个，建筑面积15.4万平方米。监督工程项目竣工验收16个，建筑面积13.1万平方米，验收合格率100%；日常质量监督抽查313项，处理工程质量缺陷11起。

【在建工程安全监管】 组织全县在建工程安全生产大检查12次，发出《责令改正通知书》86份，先后责令暂停施工工地6个，责令暂停使用塔吊人货电梯12台，强化拆除简易电动提升机械1个。日常安全监督抽查434项。全县未发生工程较大安全事故，工程安全总体水平处于受控状态。推进施工现场安全文明标准化施工和企业标准化建设，清流一中整体迁建工程、龙腾御景三期工程获省级文明示范工地称号，怡景书苑商住小区工程申报市级文明标准化示范工地。

【房地产权属登记】 受理房屋产权登记1328起，缮证1258本，产权登记面积35.5万平方米。其中，初始登记170起，发证面积13.24万平方米；存量房转移登记214起，成交面积2.25万平方米，成交金额6025万元；商品房转移登记669起，登记面积10.12万平方米；变更等其他登记205起，发证面积9.9万平方米；抵押登记938起，抵押面积51.94万平方米，抵押金额15.09亿元。

【房地产开发企业市场准入管理】受理三明市雨田房地产开发有限公司、福建闽赣客家文化产业有限公司等2家暂定4级房地产开发企业资质的申报管理。进行2013年12月31日之前在县域注册的14家房地产开发企业资质年检。

【房地产市场管理】 核发商品房预售许可证16本。新建商品房合同备案1121份，备案面积14万平方米，销售金额3.67亿元。6月，启动新建商品房预售资金监管工作，维护交易双方合法权益。5月，牵头成立清流县房地产协会，搭建政府与企业沟通平台。加强住宅专项维修资金缴交工作，归集住宅专项维修资金136.25万元。加强住宅小区物业管理业务指导。9月，文华新城成立业主委员会。

【保障性安居工程建设和管理】年内，市政府下达清流县保障性安居工程任务实物开工103套，总投资1140万元。其中,公租房50套，每套50平方米，总建筑面积2500平方米，总投资400万元。温郊乡政府职工周转房15套已完工；嵩口卫生院职工周转房35套，实际建设40套，已在装修。城南工业园廉租房二期40套，项目用地面积700平方米，实际建设54套，总建筑面积3000平方米，已在装修。林业棚户区13套，总投资40万元，已基本完工。新增廉租房租赁补贴任务20户，全年租金补贴已发放。完善廉租房、公租房等住房管理制度，实行自主物业管理为主，加大配套基础设施建设投入。

撰　稿：黄春才
责任编辑：余王灼

城市建设投资

【概述】 2014年，县城投公司围绕“做美城区、做强产业、做优环境、做好民生”工作重点，筹措资金10857.44万元，推进项目建设，落实建设工程廉洁承诺制度，促进城市经济发展。

【公园建设】 太极公园工程位于九龙桥至新公安大楼路口，项目包括建设龙津河沿岸景观10000平方米，沿河石栏杆900米，公园内铁艺栏杆650米，林业新村尾部道路400平方米，公园绿化6400平方米。工程投资800万元。景观带基本完工。屏山公园工程位于屏山路中段的北侧，东临春舞枝总部及花卉交易市场，北靠县行政服务中心预留用地。公园项目用地面积2.4公顷。建设内容包括大树古树种植、绿化面积2万平方米、园区步道、木质座椅、地下水电管网、公厕等，工程投资690万元。项目完工并于国庆投入使用。

【实施山城山庄周边排水工程】排水工程位于山城山庄周边，总长735米。项目包括新建管涵410米，混凝土明沟225米，急流槽100米。总投资380万元。工程于4月完工并投入使用。

【道路拓宽改造】 高速出口至屏山路环岛迎宾大道改造工程，全长1公里，宽50米。项目包括拓宽长青桥12米，新建宽24米白石桥1座；河道改造及两岸防洪堤；道路拓宽改造，含管道铺设、沥青砼路面、绿化亮化、生态步道及景观等。项目总投资4000万元。常青桥、白石桥主体完成；主路路基形成，已在铺设管网；左岸河堤完成，右岸河堤已在施工。花园丘路拓宽改造工程，位于省道204线城南段至县特殊教育学校，项目包括铺设混凝土路面长564米、宽20米、厚24厘米，建设平桥1座。总投资600万元。完成平桥建设，已在进行路面施工。

【河滨路LED夜景工程建设】 工程位于河滨路，项目包括河滨路沿线4#、5#、6#、7#、8#楼夜景灯安装。造价20余万元。工程国庆前完工并投入使用。

【实施屏山路周边市政配套工程】工程位于屏山路环岛边（法院、检察院大楼前），建设内容：铺设人行道长350米，宽5米；绿化带长350米，宽3.5米；配套路灯、管网等

太极公园

设施。项目投资约80余万元。工程基本完工。

撰　稿：　林祥兴
责任编辑：佘王灼

城市管理

【概述】 2014年，县城市管理工作围绕县委、县政府“做美城区”的工作部署，以执法、管理、服务为重点，认真履责，强化管理，优化服务，较好地完成各项工作任务。

【城区车辆乱停放专项整治】 5月，会同交警大队、交通运输局等单位组成联合执法队伍，开展县城主要路段机动车乱停乱放行为整治，查处违法行为40余起，依法拖移车辆60余辆。西门桥两头、西门桥至农贸市场水南街、碧林南路九龙广场路段市容秩序大为改观。

【市容秩序专项整治】 专项整治行动规范流动摊点165人次，取缔占道经营、随意摆摊设点39个。

【市容管理】 根据城区各区域不同功能实行分级管理，一河两岸景观休闲区域禁止摆摊占道经营。在城区次干道划定区域允许摆摊设点经营。在特定区域设立早（夜）市，实行定点、定时管理，早市一律在7:50前撤摊。在碧林南路的第二农贸市场免费提供摊位经营，引导周边流动摊贩入市经营。清理城区“牛皮癣”3.5万张。

【整治违章户外广告和店招】 清理整治、重点规范更新城区主干道店铺不规范广告牌，严格广告审批程序。清理大型违章、污损破旧广告牌33块，小广告牌149块。

【农贸市场整治】 6月9日，启动农贸市场“一线天”及周边环境整治工作，使市场达到坐商归店、行商归线、车辆归位。清理取缔原“一线天”至邮政门口、河滨路及五交化公司周边的马路市场.将市场周边自产自销农产品安置到农贸市场旋转楼梯处（市场南侧）经营。7月21日，实施“一线天”迁移计划，拆除“一线天”摊棚。取缔金谷夜市，引导商户到东门桥码头或老车站（原城管局办公楼）经营。整治市场周边车辆停放秩序，将“一线天”河边人行道生产街至邮政门口2米处划线停放摩托车、自行车。扩大机动车道，保证交通顺畅。投入19.71万元，改造龙津市场消控室监控系统、消防线路、防火卷帘门，解决消防安全隐患，经县消防大队验收合格。

【市政绿化管护】 投资48万元，在屏山大道、东大路、儿童公园种植紫薇、大树430株；投资5.2万元，进行凤翔山公园门楼绿化补苗。投资7.5万元，补种城区行道树、绿化带。投资3.8万元，在光明城市广场（两馆一院）种植草花3.3万盆。投资24.61万元，改善龙津广场绿化带。新增片区景观绿化，根据管护范围、要求进行捆绑对外承包，加强跟踪管理。

【景观灯建设与维护】 制订亮化设施管护管理制度及考核制度，成立巡查考核小组进行跟踪、巡查，发现问题及时处理。年内，投资22万元，更换维修城区路灯电控箱。投资35万元，改造凤翔山公园路灯。投入8.7万，新建城区沿河路段九龙广场与世纪公园景观灯30盏。投资4万元，新增山城山庄段路灯11盏。投资10万元，新增怡园新村路灯25盏。投入265万元，完成城区一期LED路灯改造1000盏。

【维护修缮市政设施】 投入219.2万元，修缮、维护沿路、沿河景观设施。其中，投资4.9万元，重新粉刷碧林南路沿河景观“蓝天白云”，总面积862平方米。投资5万元，修缮改造儿童公园、龙津广场绿化带护栏。投资40万元，实施九龙公园、世纪公园、单面街、水南路等沉降景观地段修缮工程。投资32万元，实施一河两岸背景音乐项目工程。投资137.3万元，实施凤翔山公园公厕、路灯、园林绿化、凉亭、门楼及相关附属设施修缮改造。

【污水处理厂管理】 制订污水管网管护巡查制度，每月定期清理污水管网，加强雨季沿河主干管巡查，及时组织抢修巡查中发现的污水井井盖损坏、污水管网堵塞等问题。投入173万元，实施凤翔街管网雨污分流改造和常新路改造。投

2014年4月6日，城管局召开“百名职工进百巷，抓好‘三清’促美化”活动动员大会

入9.86万元，修缮城关小学至城关加油站污水管网。

【燃气安全管理】 贯彻执行“六打六治”(打击矿山企业无证开采、超越批准的矿区范围采矿行为，整治图纸造假、图实不符问题；打击破坏损害油气管道行为，整治管道周边乱建乱挖乱钻问题；打击危化品非法运输行为，整治无证经营、包而不管、以包代管及非法改装、违法挂靠、违规装载等问题；打击无资质施工行为，整治层层转包、违法分包问题；打击客车客船非法营运行为，整治无证经营、越范围经营、挂靠经营及超速、超员、疲劳驾驶等问题；打击“三合一”“多合一”场所违法生产经营行为，整治违规住人，消防设施缺失损坏，安全出口疏散通道不畅、堵塞封闭等问题。)燃气计划，成立专项行动小组，组织全县23个大小燃气实瓶库、供应站、经营部年检，督促不合格站点进行整改，未能及时整改站点不予换证或取缔。组织人员入户宣传“黑瓶、黑气”危害性。要求龙昌公司在每个钢瓶上粘贴安全使用燃气宣传单。督促企业建立和完善供气直销系统，落实燃气行业服务规范。

【城区环境卫生保洁】 11月起，县二级环卫路段参照一级环卫路段统一纳入市场化运作。完善城区垃圾收运系统建设，做到垃圾日产日清运，清运率100%。完善城区垃圾收集设施布局，在城区主次干道更换果皮箱140余个、垃圾桶50余个，新增垃圾斗13个。莲乡保洁公司新增巡回保洁车2部，收集沿街袋装垃圾及流动保洁清理随机产生的沿街垃圾。改造城区沿街收集板车，将原来木质板车全部更换为铁皮材料、底板可活动结构板车。在新增人口密集区和垃圾量多路段，增加桶、斗数量。调整城区沿街桶、斗摆放位置至方便、背街角落、人流量小地点。公厕实行承包管理，早、中、晚三次保洁。排查、维修城区公厕各项设施，打击恶意破坏公厕设施的违法行为。

【开展“两违”治理】 全县13个乡镇完成调查摸底，并建立“一违一档”档案。全县录入“两违”(违法占地、违规建房）摸底数据989条，违法建设面积27.66万平方米，拆除面积23.58万平方米，违法占地面积23.93万平方米，腾出面积21.78万平方米，拆除比例85.26%。至年末，全县范围内共拆除违法建设面积约1.1万平方米，清理违法占地面积约1.76万平方米。

【开展“三清"促美化活动】 “三清”即清垃圾、清违建、清占道。按照“坐商入店、行商归线”要求，集中整治沿街大小店铺出店、出线经营和排挡、烧烤、夜市等占道经营行为。对屡教不改的予以处罚。“三清”活动共清理垃圾（含建筑垃圾）89处91.5吨，清理占道349处，清理违建8座、面积158平方米；清理破损广告牌92块，清理菜地279块，面积29797平方米。

【开展城区公路沿线环境综合整治“百日会战”】 环卫站出动清运人员89人次，出动清运车辆30余次，清除城市规划区内公路沿线两侧及龙津河城区河岸的垃圾。清理卫生死角16处，清理垃圾360余吨。城监大队清理水东路占道建筑垃圾2处3.5吨。儿童公园老香料厂路口垃圾1处3.2吨。对城区各路段、公园景观等木制设施进行防腐刷漆。强制拆除临时搭盖500余平方米。拆除违法建筑2处，面积170余平方米；制止违建2处。整治占道经营38处，屏山路木头占道1处。拆除高空广告牌2块，清除移动广告占道4处，清除违法占地种菜3处，清理报废自行车4辆、摩托车1辆。整治渡背街摩托车乱停乱放23起。

撰　稿：罗海青
责任编辑：余王灼

供　水

【概述】 2014年，县自来水公司围绕县委、县政府建设“幸福清流”的工作重点，推动县供水事业健康发展。全年完成售水量286万吨，比增5%；实现销售收入400万元，比增4%；实现利税28万元。

【城区供水管网建设】 完成南区工业园、三角坑至新一中DN300球墨铸铁管铺设总长2.2公里；完成古树公园大道DN200球墨铸铁管铺设总长700米；完成东门桥至污水处理厂DN90PE管铺设总长约700米。全年铺设供水管道3.8公里，完成投资237万元。完成磐铖机电、伊科电子、思恩电气等企业市政管网接入工程及检察院、法院、怡景书苑、磐安国际等建设项目的市政管网接入工程。完成全城区消火栓现状调查摸底，维修破损消火栓3个，在城区新安装消火栓47个。城区共有消火栓70个。

【输水管道防腐处理】 实施原水输水隧洞护墙修理和输水管道防腐工程。完成制水厂工艺管道、铁件除锈、刷漆防腐工程和出厂水下山管道满包混凝土防腐处理工程，共计完成DN500主管防腐1000米。

【加强南极山水库技术管理】 建设南极山水库原水水质自动监测系统，完成自动监测站站房建设及设备安装；实施水库水环境综合整治项目，控制藻类暴发，恢复水体自净能力，提高出厂水水质。完成设备用房建设及部分设备安装；完成水库一期安防监控视频安装，在大坝、码头及管理房各安装视频监控探头1个。配合县环保局完成《清流县集中式饮用水水源地突发环境事件应急预案》编制、修改和审批工作。

【提高服务水平】 年初，装修改造供水服务中心，形成立户、安装申请、水表移址及水费缴纳、水表过户等项目一站式服务，方便用户；改进水费催收办法，使用短信催收。

撰 稿：肖绯腾
责任编辑：余王灼

气 象

【概述】 2014年，县气象工作以提高预报预测准确率和服务效益为中心，以建设现代化气象业务体系为重点，强化气象防灾减灾工作，服务经济建设。

【气象预报预警】 完成全县各乡镇及县政府电视气象传媒系统建设，提高干旱、暴雨、大风、雷电、冰雹等气象灾害预测预警服务能力。1—10月共发布重要专题气象服务66期，重要天气预警信号116期，发送短信10万余条。5月21-22日，全县普降暴雨，过程期间，气象局及时启动Ⅱ级应急响应，共发布重要气象信息专报4期、短时临近预报10期、重要天气预警报告3期、发布重要专题气象服务1期、重要天气县领导专报1期、地质灾害气象风险预警2期、发布气象灾害预警信号13期、预警短信37次，预警短信接受7622人次。

【加强气象宣传】 利用“3•23”气象日、“5•12”防灾减灾日等节日，联合水利局、卫生局、科技局等有关单位开展气象宣传活动。发放宣传材料500余份，气象宣传手册200本。年内，宣传稿件被《东南快报》采用1篇、《三明日报》1篇、《武夷清风》4篇、《中国气象报》10篇、《清流新闻网》8篇、《福建气象网》10篇、《中国天气网》8篇。

【开展农业气象服务】 针对特色农业、生态农业和农业产业结构调整开展气象服务，发布春耕春播3期、烤烟2期、农业生产建议2期、茶叶专题2期、农业预防暴雨危害1期、预防农作物高温危害1期、夏收夏种2期、秋收秋种7期，完成气象信息员队伍建设，气象向农村辐射，便于气象灾情信息的收集。

【强化人工影响天气工作】 7月29日，县委县政府召开专题会议研究布置县人影工作，进一步明确“政府领导、气象主管、部门联动、社会参与”的人影工作机制和“政府指挥、气象实施，烟草、水利等部门和各乡镇联合”的作业机制，增加人影作业人员2名，并明确各部门、乡镇相关职责。1—6月，开展人工防雹16次，发射防雹火箭弹116枚，为预防减轻冰雹灾害作出贡献。

2014年4月28日，工作人员在莲花山安装气象环境设备

撰 稿：陈 岭
责任编辑：余王灼

环境保护

【概述】 2014年，县环保工作落实科学发展观，开展生态县创建工作，在推进县域经济发展同时，维护群众环境权益，实现经济发展与环境保护双赢。城区环境空气质量继续保持在国家二级标准以上。辖区内主要河流地表水水质达到国家Ⅲ类水标准以上，交界断面水功能达标率100%，饮用水源水质达标率100%。城区区域环境噪声平均值控制在56dB（A）以内，城区交通干线噪声平均值控制在68dB（A）以内。主要工业污染物排放量均控制在市政府下达的控制指标内，初步形成生态良性循环、人与自然和谐发展的态势。

【争取环保资金】 年内，为企业争取环保专项治理项目4个、资金921万元。建设完善企业环保治理设施，促成达标排放。

【落实县长环保目标责任制】 年初制订年度工作计划，抓好目标任务工作的指导和跟踪督促，会同人大、政协、监察、“两办”督查室定期或不定期开展专项检查，发现问题及时整改。初查县2014年县长环保目标各项任务基本完成。

【推进生态县创建】 共建成国家级生态乡镇11个（已命名乡镇8个、待命名乡镇3个）、省级生态乡镇13个、市级以上生态村105个。6月，清流县获省级生态县命名。国家级生态县创建工作通过省级专家预验收，待环保部验收。

2014年5月20日，在龙津广场开展环保法律法规宣传活动

【主要污染物总量减排】 加强红火水泥有限公司脱硝设施运行监管，规范运行在线监控设施和脱硝中控系统，要求企业每周对在线监控设施进行校准并做好相应记录。企业氨水用量在600千克/小时左右，氮氧化物控制在300-350毫克/立方米之间。县氨盛化工有限公司完成雨污分流、废水深度治理和回用工程项目建设，并通过环保竣工验收，投入使用。加强县污水处理厂运行管理，完善配套管网建设。年内，县污水处理厂日均处理生活污水0.6万吨以上。关停清流县鑫萤矿业有限公司。推进实施工业园区污水集中治理减排项目，经济开发区金星园污水处理设施完成建设；化工集中区福宝片区污水处理设施完成环评和设计。2014年，全县完成减排指标，化学需氧量6.1%，氨氮7.1%(其中工业和生活减排9.9%)，氮氧化物20.1%（其中工业和生活减排10.1%)，分别比2013年减排0.87%、5.51%和20%，主要污染物减排全市考评得分87.1分，位居第一。二氧化硫减排与2013年持平。

【农村环境综合整治】 完成里田、供坊、小池、孙坊4个村环境综合整治，待市有关部门验收。

【把好建设项目环评关】 年内，建设项目环保审批70个。其中，报告书2个、报告表13个、登记表55个，总投资12.45亿元，环保投资4528.9万元。完成建设项目环保“三同时”验收16个，环评执行率和工业项目环保“三同时”执行率均为100%。

【加大企业排污监管】 全年发放排污许可证23本，依法征收排污费192.32万元。

【环境监测】 年内,完成饮用水、地表水、湖库水水质监测6期，监督监测企业52家，企业环保竣工验收监测16家。

【开展环保专项行动】 全年出动环境执法人员508人次，检查企业127家次，立案查处3家，结案3家，罚没金额6万元。取缔非法排污企业4家，其中移送司法机关1家。

【受理环保信访投诉】 全年受理群众来信来访、“环保110”投诉件51件，办理人大、政协议案3件，全部办结。

【编制突发环境事故应急预案】 完成企业突发环境事件应急预案备案工作。制订下发县政府环境应急预案、县水源地重污染应急预案、县大气重污染应急预案及县环保局环境应急预案。

【发放机动车辆环保标志】 全年发放机动车辆环保标志709份。

【环保宣传】 围绕“3·15”消费日、综治宣传月和“4·22”地球日、“6·5”世界环境日等节日开展环保咨询、环保法律法规宣传。开展“环保进社区、乡村、企业”宣传活动4次。将企业厂长、经理作为环境教育重点，提高其遵守环保法律法规的自觉性和主动性。

【创建环境友好社区、学校】 截至年末，全县有市局环境友好型社区3个，县级环境友好型社区5个。其中，年内新创市级环境友好社区1个、县级环境友好社区2个。在党校、专业人员继续教育培训班开设有关环保内容的课程2期。开展“环境友好学校”创建活动。全县有省级“环境友好学校”（绿色学校）1所、市级“环境友好学校”10所、县级环境友好学校5所。其中，年内新创市级“环境友好学校”5所、县局“环境友好学校”5所。

撰　稿：陈志勋
责任编辑：余王灼

财税 审计

财 政

【概述】 2014年，县财政部门克服经济下行压力，加大财源培植力度，监督管理求精细，资金安排保重点，稳步推进财政改革，加强财政保障能力，推动县域经济和社会各项事业快速发展。

【加强征收管理】 加强征收机关间协调联系，分析研判经济运行情况，及时解决收入征管中出现的问题。发挥存量房交易评估系统和第三方涉税信息交换平台作用，挖掘增收潜力，依法组织收入。强化税收征管，加大税收稽查力度，堵塞收入征管漏洞，做到应收尽收。完善政府非税收入征缴管理系统，规范行政事业性收费、罚没收入、政府性基金收入等非税收入征收。分解落实年度目标任务，强化收入目标责任，按月均衡组织收入入库。2014年全县财政总收入（含基金）完成56123万元，较2013年同期减收10011万元，下降15.14%，占调整预算99.89%。其中，中央级收入完成17726万元，比2013年同期减收1151万元，下降6.10%；地方级公共财政收入完成33400万元，占调整预算100.00%，较2013年同期增收2670万元，增长8.69%；政府性基金收入完成4997万元，占调整预算的96.84%，较2013年同期减收11530万元。

【强化预算支出管理】 加强支出审核，控制支出预算追加。严格执行“八项规定”，压缩“三公”经费等一般性开支，集中财力保障重点支出和民生支出。年内，压缩“三公”经费开支235万元，重点支出和民生支出占县级公共财政支出比重同口径比2013年提高1.6个百分点。2014年，财政专项资金拨付率77.9%，比2013年提高4.5个百分点。开展部门结余结转资金清理，盘活存量资金，提高财政资金使用效益。扩大财政支出绩效评价覆盖范围，推进预算绩效管理。开展14个预算单位17个项目支出绩效评价，评价项目资金额2487万元，绩效评价覆盖率比2013年提高4.8个百分点。全年全县公共财政预算支出12.69亿元，比增23.50%。其中，县级支出8.92亿元，占调整预算116.39%，比增35.19%。

2014年4月15日，慰问挂包村困难户

【争取上级资金支持】 争取地方政府债券资金和上级财力性转移支付补助39425万元，比增13.8%；争取上级专项转移支付资金49040万元，比增7.7%。

【支持现代农业发展】 投入资金8804万元，实施农业综合开发、土地整理、高标准农田、小型水库除险加固等农业基础设施建设。投入资金1600万元，支持现代渔业、茶叶、油茶、花卉等产业项目建设。投入资金535万元，支持渔业“五新”科技推广、林业科技推广和基层农业技术推广平台建设。投入资金940万元，扶持农业龙头企业、农民专业合作社和家庭农场等专业化生产，培育特色农业品牌。

【支持产业转型升级】 投入资金698万元，支持重点工业企业技术改造、节能减排和科技创新。投入资金3365万元，支持现代服务业、电子商务和旅游业等产业发展。

【支持做大经济总量】 投入项目前期经费、招商引资专项资金等375万元，促进项目策划生成和引资落地。投入资金5802万元，支持清流经济开发区平台建设，完善园区功能，提高产业承载能力。落实鼓励企业发展有关政策，兑现“即征即奖”、“增产增效”、用电奖励等惠企资金1835万元。支持中小企业贷款，通过设立应急转贷资金、安排贷款风险补偿金等方式缓解企业融资压力。

【市政建设投入】 投入资金1.40亿元，实施河滨路立面改造、凤翔山公园改造、古树公园建设、城区管网建设、迎宾路拓宽等市政设施建设，完善城区基础设施。投入资金417万元，鼓励、推动商品房开发和销售，促进房地产市场发展。

【交通基础设施建设投入】 投入资金1.21亿元，实施县道“镇镇有干线”、省道307、204线升级改造、嵩马大桥等基础设施建设，改善城乡交通条件。

【社会事业投入】 投入资金6431万元，支持一中整体搬迁项目、妇幼保健院综合楼建设项目、疾控卫生监督综合楼项目、部分乡镇卫生院改善医疗条件项目等社会事业发展。投入资金2536万元,落实教育经费保障、“四免一补”等政策。投入资金3300万元，实施校安工程、食堂扩容改造、职业学校实验实训基地和部分乡镇幼儿园等项目建设，支持义务教育发展基本均衡县创建。投入资金864万元，开展健康教育、居民健康管理等基本公共卫生服务。投入资金1000万元，改善公立医院、乡镇卫生院医疗条件。投入资金185万元，实施基本设备达标和重症孕产妇监护救治网络建设，提升公共卫生服务能力。投入资金419万元，完善公共文化设施，支持创建国家公共文化服务体系示范区。投入资金4574万元，支持中华客家祖山文化园博物馆、文化体育中心等文体基础设施建设。投入资金204万元，鼓励科学技术创新；统筹资金3233万元，支持其他社会事业协调发展。

【民生项目投入】 拨付为民办实事资金8587万元，保障省、市、县党委、政府为民办实事项目落到实处。

投入资金1057万元，推进69个行政村农村公益事业建设。投入资金1967万元，支持48个行政村开展“美丽乡村”建设和农村环境综合治理，美化农村环境。

兑付良种补贴、种粮农民农资综合直补、库区移民直补等涉农补贴3126万元。

拨付资金1249万元，支持提高城乡居民最低生活保障和农村“五保”供养补助标准；投入资金336万元，实施孤儿生活费保障、流浪乞讨人员救助、摩托车道路交通事故伤亡救济保险等社会救助。

拨付资金1593万元，支持提高城乡居民养老金标准，保障城乡居民生活水平；拨付资金3820万元，支持提高新型农村合作医疗保险和城镇居民医疗保险标准；拨付资金60万元，落实被征地农民社会保障。

投入资金534万元，支持廉租房、公租房建设和城市棚户区改造。

【扶贫开发】 争取省级扶贫开发资金2822万元，投入产业、基础设施、民生事业和基本公共服务等领域；统筹安排县级资金244万元，支持精准扶贫、农村危房改造、农村小额扶贫贷款等。

【支持生态建设】 投入资金8600万元，用于生态公益林补偿、森林培育、水土流失综合治理和重点流域水环境治理。

【实行部门综合财政预算】 对全县149个部门（预算单位）实行综合财政预算，通过收支统一计划、统一管理、统一核算、统筹使用预算内外资金方式，扩展预算资金编制范围。推行部门预算管理信息系统，细化项目预算，提高预算编制透明度和预算执行到位率。

【加大乡镇收支管理】 推行“乡财乡用县监管”，实行“账户统设、资金统控、工资统发、采购统办、票据统管”财政管理方式，统一和规范乡镇财务核算，保证工资发放和专项资金专款专用。在全额保障乡镇人员工资性支出基础上，安排小城镇改革发展专项资金支持“五镇二乡”小城镇建设。加大困难乡镇转移支付补助力度，完善乡镇招商引资奖励政策，增强乡镇财政保障能力。

【政府性债务管理】 配合市审计局地方政府性债务审计工作，分析清流债务成因和结构，采取控制举债规模，规范举债程序，合理确定还款期限等措施，加强地方政府性债务管理。制定地方政府债券资金偿还计划，将债券资金还本付息列入相应年度财政预算支出；要求融资平台公司融资以中长期贷款为主，避免短时间内集中还款增加财政风险；全程监督债务资金管理使用情况，规范债务资金拨付程序及控制资金拨付时点，严格界定政府性债务资金使用范围，确保专款专用。深入项目实施单位了解资金使用情况，杜绝滞留、挤占和挪用现象发生，确保资金发挥效益。

【推进财政国库管理业务改革】 扩大国库集中支付改革的资金覆盖面，加大财政直接支付占比，规范资金支付模式，实现资金支付规范化、科学化管理。同建设银行、信用联社签订预算单位公务卡委托代理协议，代理银行与所选择2个公务卡改革试点预算单位签订服务协议。清理整顿县财政专户，撤销财政专户7个。将全县126个执收政府非税收入单位全部纳入非税收入收缴系统管理。

【行政事业单位资产管理】 强化行政事业单位固定资产监管，完成全县2013年行政事业单位资产动态报表报送工作，共汇总135家单位，固定资产数额总计52314.43万元，无形资产116.8万元，其他资产1530.7万元。做好行政事业经营性资产租赁工作，配合解决承租户租赁期间存在的问题及困难。年内公示招租房52处，总面积5511.48平方米；成功招租17处，总面积2239.71平方米。全年全县经营性资产出租收入234.5万元。完成全县83家事业单位及事业单位所办企业国有资产产权登记，国有资产3.41亿元。

【政府采购管理】 全年政府采购预算金额5493万元，实际采购金额4754万元，节约金额739万元，节约率13.45%。实际采购金额比2013年同期增长24%。其中：政府采购完成招标采购项目60批次，预算金额4641万元，实际采购金额3975万元，节约资金666万元，节约率14.35%；网上电子反拍项目183批次，预算金额602万元，实际采购金额563万元，节约资金39万元，节约率6.48%。

【实行“三公”经费常态化管理】 2014年1月起，各乡（镇）人民政府、县直各行政、事业单位以及国有或国有控股企业于每月终了后10日前向县财政局报送由单位主要领导审核签字的《公用经费支出情况统计表》。要求各乡（镇）、各部门（单位）财务人员严格执行财经纪律和财务制度；不定期监督检查“三公”经费及会议费支出情况真实性，对迟报、漏报的给予通报批评；隐瞒不报、弄虚作假的，视情节按有关规定严肃处理。

【加大投资评审力度】 全年评审项目28个，涉及土建工程、市政工程、装饰工程、园林绿化工程、水利工程、土地平整等，工程造价100万元以上项目审核率100%，送审金额2.38亿元，净核减金额825.63万元，净核减率3.47%。

【会计队伍建设】 组织全县持有会计从业资格证书的人员通过登录“福建省会计人员继续教育网络培训平台”参加培训学习467人。参与全国财政系统财税知识网络答题竞赛活动，合格人数599人，排名居全省第一，全国第28位。

撰　稿：李小辉
责任编辑：姚　全

住房公积金管理

【概述】 2014年，清流管理部在市中心关心和支持下，以做好民生，建设幸福清流为工作己任，完成各项任务指标。全年实现住房公积金业务收入1627.08万元，住房公积金业务支出1075.27万元，收支相抵，全年住房公积金增值收益为551.81万元，较2013年增长25%。

【住房公积金归集】 联合银行帮助福建红火水泥有限公司完成366位员工月77280元公积金缴存事宜；帮助国有林场补缴1998年1月至2003年12月在册职工住房公积金（单位和职工各按6%）。全年共归集住房公积金9897.42万元，比增11%。全县发生归集业务单位286个，实缴8905人，新增开户单位23个，新增开户（启封）1164人。住房公积金覆盖率64%。

【住房公积金提取（转移）】 7月中旬，在县房屋交易所的配合下，查询2013年6月30日至2014年6月30日全县商品房合同撤销备案的情况共计17户31人，仅1户确有撤销备案提取首付款10100元，已悉数追回。2014年全县提取住房公积金6588.98万元，比增23.13%，占年度归集额66.57%。其中：购建房提取1688.8万元，占比25.63%，同比减少2139.27万元；偿还住房公积金贷款提取3077.45万元，占比-46.70%，同比增长719.34万元。

【逐年冲还贷业务办理】 全年办理逐年冲还贷534户，累计办理逐年冲还贷住房贷款户1599户，签约率76%，比2013年增加12个百分点，连续三年居全市第一。

【住房公积金贷款】 先后向市中心、县财政分别拆借2000万元、3350万元（350万元已归还），缓解管理部资金紧张状况。截至12月末，累计尚未归还拆借资金1.3亿元，其中：市中心1亿元，县财政3000万元。10月，向市中心申请追加贷款指标1800万元，帮助房地产企业走出资金紧张困境。2014年住房公积金发放贷款468笔，合计发放贷款11884.2万元，较2013年同期减少54笔1151.1万元。年内贷款累计回收2561.94万元，比增17.49%。截至年末，累计贷款总额52322.53万元。未结清贷款户数2103笔，贷款余额38981.48万元。

【房地产市场调研】 关注房地产发展动向。5月中下旬，实地考察楼楼盘13个，与企业股东们、销售总监、销售人员交流，了解各楼盘开发规模、销售情况、营销思路，形成书面调研报告向市中心汇报，以呈阅件形式向县政府领导汇报。

撰　稿：林承祯
责任编辑：姚　全

国 税

【概述】 2014年，入库税收收入18186万元（含免抵调320万元），比减13.1%。其中：县级公共财政预算收入完成5344万元，比减15.5%。获第十二届省级文明单位、社会治理创新和综治维稳工作先进单位，服务清流经济建设先进单位称号，政风行风工作第一名。

【优化纳税服务】 开展“便民办税春风”行动，推行《全国县级税务机关纳税服务规范》，创评“星级办税厅”和“服务之星”，通过“一机双屏”“缺件备忘”“延时服务”“月改季”申报等一系列措施，为纳税人提供快捷、便利的服务。

【加强税法宣传】 组建由征管、税政、法规、纳税服务科、税源管理分局部分业务骨干参加的“专家服务队”。开展“大走访、大服务”行动，分组走访重点税源和经营困难企业，“进企业，入厂矿”，了解纳税人诉求，现场解答纳税人政策疑问，为企业经营发展谋思路、出对策，搭建良好沟通平台。

【税收征管】 加强税收风险识别和应对，实现风险“统一分析，分类应对”闭环管理。完成纳税评估65户，补征税款475万元，加收滞纳金14万元。完成2013年度586户企业所得税汇算清缴工作，申报率100%。组织召开茶叶行业管征专题辅导会，加强茶产业管征。在全市首推农林牧渔行业小规模纳税人纳税申报“月改季”工作，农林牧渔行业小规模纳税人申报次数比原来减少600余次，税收征管质效提高。

【税务稽查】 立案检查8户，结案8户，查补收入入库289.49万元。做好“8•22”涉税专案相关工作，已移送公安立案查处。打击发票违法犯罪工作，共检查企业20户，核查增值税专用发票300余份、货物销售发票620余份、其他发票150余份，查补、罚款收入103.1万元。

【落实优惠政策】 办理减免退税、汇算清缴退税等811万元；举办固定资产折旧优惠政策培训，新增固定资产进项抵扣1176万元；“营改增”红利有效释放，试点纳税人减税面98.8%，减轻负担386万元。年内小型微利企业减免企业所得税7.61万元，减免部分小微企业增值税12万元。

撰　稿：　罗美华
责任编辑：姚　全

2014年7月3日，省国税局纪检组长曾光辉（中）到清流国税局调研

地 税

【概述】 2014年，县地方税务局共组织入库各项收入4.04亿元，比增5.74%。其中，税收收入3亿元（含耕契两税），比增5.20%；地方级财政一般预算口径收入2.36亿元，比增6.70%。非税收入入库1亿元，比增7.31%。通过省级“模范职工之家”创建复查验收，被县委、县政府授予“二〇一三年度省市属单位服务地方经济建设先进单位”，县局党支部被中共三明市委授予“全市先进基层党组织”称号，办税服务厅被授予“福建省工人先锋号”称号。

【规范欠税清缴程序】 以房地产行业为重点，开展“柔性清欠”。在全市率先采取法院裁定“财产保全”措施（保全期限延长至2年），在化解欠税执法风险同时，为企业开展经营自救争取时间。清欠入库各项税费6553.13万元。

【强化涉税信息运用】 强化第三方涉税信息交换平台数据的分析和运用，以《税收风险预警推送单》形式向税源管理分局推送疑点信息132条，涉及各类税费1000多万元，已核实补缴入库税款810万元。

【税收稽查】 推广运用稽查查账软件，提高稽查工作效率。立案稽查10户，检查10户，结案8户，查补税款及滞纳金353.15万元。开展建安房地产企业税收自查，22户企业自查补税285.23万元。受理举报案件3起，查处税款及罚款204.55万元。查处发票违法企业9户，涉及违法发票267份，查处发票违法金额350.77万元，查补税款86.52万元。

【创新社会保险缴费评估工作】 年内完成缴费评估18户，评估补缴

2014年4月2日，地税志愿者到南歧村开展税收宣传进庙会活动

社保费款218.6万元；2013年度社保“两费”结算补缴基本养老保险1420.8万元、失业保险164.3万元。

【完善个税管征】 共有178人自行办理纳税申报，应纳个人所得税额622.66万元。对股权转让实施“先税后变”管理，16户股权变更纳税人按规定开具“股权转让税收审核表”，缴纳税款25万元。个税“三率”考评工作迈上新台阶，累计处理2处以上收入信息798条，处理完成率75.71%，名列全市第一。

【存量房评估系统上线运行】 1月2日起，存量房评估系统上线运行，实现评估范围的辖区全覆盖。受理存量房交易104宗，交易金额4050.02万元，计税金额5291.31万元，征收税费398.52万元，评估无一例纳税争议发生。

【落实税收优惠政策】 共有24户企业备案减免税186.46万元，259户个体户（含个人）减免税款298.17万元。为4户困难小微企业减免房产税28.28万元、城镇土地使用税16.39万元。36户符合条件的小微企业减免所得税13.21万元。600余户企业（个体户）享受月营业额3万元以内免征营业税政策，减免营业税342.29万元。

【提升纳税服务水平】 新增定期定额户核定申请、个人销售住房减免税和个人无偿赠与不动产、土地使用权3项提速事项。开辟清流地税微信公众号、官方微博、清流地税手机WAP网站等纳税服务新平台，推行网络远程办税，引导纳税人运用自助办税终端机自助办税，提高办税质效。以“便民办税春风行动”为契机，拓展“假日服务”“预约服务”“上门服务”“提醒服务”“延时服务”等个性化纳税服务。

撰　稿：阳崇丰　廖婷婷

责任编辑：姚　全

审　计

【概述】 2014年，县审计工作按照“依法审计、服务大局、围绕中心，突出重点，求真务实”二十字方针，突出特色，注重亮点，审计工作取得新成效。完成支农资金审计暨救灾扶贫专项资金审计项目1个。完成预算执行审计项目4个，同时开展预算单位会议费和“三公经费”的审计。完成6个单位领导的经济责任审计项目。完成温郊乡、余朋乡财政决算审计。开展县移民局财务收支审计。开展贯彻执行中央八项规定和“三公经费”专项审计。完成稳增长、促改革、调结构、惠民生、防风险政策跟踪审计。完成城区沥青路面结算等11个投资项目审计。抽调4人参加审计署组织的土地出让金项目审计，配合市审计局完成公立医院改革情况审计调查，共完成审计项目33个。其中，投资审计项目11个，查出违规资金2092万元，管理不规范资金2.38亿元，已归还原资金渠道1381万元，上交财政55万元，核减投资额948.35万元。

【财政预算执行审计】 审计财政、地税等4个县级预算执行单位2013年度预算执行和其他财政收支情况，同时延伸审计31个与财政预算有关单位及2013年度扶贫开发造福工程危房改造补助专项资金拨付、管理情况。促使被审计单位规范财政收支金额7855万元，纳入财政预算管理839万元。揭示2013年度县级财政预算执行、延伸审计及审计有关单位土地出让金、社保基金、教育经费收支管理等存在的5个方面19个问题。年内，财政“同级审”共延伸调查行政事业单位12个，13个乡镇农户80余户，为年内实施同类专项审计提供了第一手资料和数据。人大财经委与审计人员一同跟踪2012年度同级审发现问题整改情况，审计结果得到落实；针对同级审中预算管理存在问题，向县政府提出加强财力建设和管理的建议，县政府根据审计建议要求部门规范预算行为，加强预算资金管理，清理结余资金，提高资金使用效率。

【经济责任审计】 完成县委组织部委托的县畜牧水产局、外经局、经贸局、文广局、残联、林业有限公司等6个单位领导干部任期经济责任审计项目。其中任中审计3个，离任审计3个，促使有关被审计单位上缴财政各项资金11万元，归还原资金渠道853万元。开好审计进点会和反馈会，改过去重处罚轻制度建设为重制度建设并加以适当处罚的审计结果处理方式，帮助被审单位规范制度建设。完成县政府交办的城南工业

2015年3月31日，县政府投资审计中心工作人员与业主、承建方、中介机构人员复核建设项目签证单

园BT项目和政府性债务清理甄别审计项目。

【政府投资审计】 采取中心审计和购买社会服务方式进行。年内完成城区沥青路面结算、黄泥子坑道路改造等政府投资项目审计11个。送审工程造价1.02亿元，审后工程造价9291.6万元，核减工程造价948.35万元，核减率9.26%，节约资金948.35万元。采取自审与聘请审相结合。重点或民生项目由审计人员具体实施，部分由审计局委托中介审核，审计人员对中介审核情况进行审计监督，其余由项目单位自行委托中介审核，报审计机关备案。开展重点复核，年内抽查中介审核的闽江上游沙溪流域（清流段防洪堤）工程项目，淤泥项目再核减6.92万元。督促落实工程保质合同，边审边改。在廊桥工程审计时，发现廊桥廊板在保质期掉落，及时督促修复。

【三公经费审计】 专项检查全县13个乡镇、28个县直部门及企业2013年以来的公用经费使用情况，发现23个单位存在违规问题85个，涉及票据124张，金额97万元。7月，再次开展3个乡镇、15个部门2014年以来八项规定落实情况专项检查，纠正违规金额8万元，对消费清单不全，金额较大的97份财务票据责成有关单位作出说明。注重治本，促进部门逐步完善机制和制度。县教育局、水利局根据审计报告所反映问题，制定细化小车使用管理、公务接待等管理规定。出台《清流县财政局、清流县监察局、清流县审计局关于报送公用经费支出情况的通知》等文件，定期监控开支情况，规范“三公”经费及会议费、培训费报告制度。建立公用经费实时监管平台，所有预算单位逐步纳入管理。

撰　稿：余国卿

责任编辑：姚　全

金融业

人民银行清流支行

【概述】 2014年，中国人民银行清流县支行改进金融服务，履行基层央行职责，开展金融创新，有效传导货币政策，维护金融稳定，服务地方经济，较好地完成各项工作。截至12月末，全县金融机构本外币各项存款余额42.85亿元，增长7.02%，各项贷款余额28.86亿元，增长5.37%。

【传导稳健货币政策】 召开金融形势分析会、信贷工作联席会。贯彻落实央行利率政策，及时传达存贷款利率下调政策。结合经济金融运行热点和地方特色，编写货币信贷信息，开展调研信息反馈，向政府、银行、企业传导解读稳健货币政策，引导社会各界配合货币政策实施。

【加强信贷管理】 针对地方法人机构资金来源趋紧态势，向上级行申请央行再贷款规模，发放农信社再贷款7181万元，确保地方农业产业发展资金需求。

【推动跨境人民币结算业务】 推动外贸出口企业实行跨境人民币结算业务，提升资金结算速度，降低外汇资金结算汇率风险。全年办理跨境人民币结算业务4546万元，占国际收支28.6%。

2014年11月11日，人行三明市中心支行张宏波副行长（左二）到清流生产开型出口企业调研

【降低小微企业融资成本】 推行“无还续贷”产品。累计发放贷款3390万元，支持小微企业7家，降低融资成本2.85万元；推行企业应急周转贷款，建立应急周转专项资金3000万元，累计发放贷款4100万元，支持小微企业5家，降低融资成本3.15万元。

【支持地方特色农业发展】 引导金融机构推行花卉大棚抵押、珍稀苗木抵押、“创业园+公司+银行”“台农+合作社+银行”等信贷产品。截至12月末，共发放此类贷款余额1.26亿元，支持农业龙头企业、农村种养大户、农民专业合作社等经营主体的资金需求。发挥支农再贷款作用，支持信用社扩大涉农信贷投放。信用社全年涉农贷款余额9.74亿元，比年初增加5520万元，占年新增贷款88.04%，涉农贷款增幅6.01%，涉农贷款余额占各项贷款总额98.05%。

【维护金融稳定】 开展金融稳定日常监测，防范潜在风险。配合县政府、银监部门对不良贷款开展全面化解工作。全县成立化解金融风险应急协调小组6个，对重点机构县工行和县农村信用社采取负责人约谈、机构跟踪措施，对不良贷款企业采取资产重组、债务打包出售、申请核销坏账等措施。引导辖内金融机构完善内控制度、强化内部管理、规范业务行为。

【设立台湾农民创业园台农与农户共建村级担保基金】 与地方政府、涉农金融机构共同配合，构建台湾农民创业园台农与农户共建村级担保基金。年内成立担保基金3家，筹集担保资金150万元，参与农户156户，办理台湾农民创业园农户贷款23笔、175万元。人行福州中心支行《货币信贷动态信息》和人行三明市中心支行《三明市货币信贷动态与调研》分别刊文介绍相关做法。

【建立人民币收付与反假业务监管服务机制】 将人民币管理政策法规、操作规程、工作重点、业务风险和工作成效等通过“监管提示”方式向金融机构发出13份，涉及政策法规、工作重点、案件通报以及假币案发特点和防范措施等。全年金融机构累计办理现金收付117.25亿元，收缴假人民币624张、5.74万元，收缴程序规范，无客户投诉和申请假币鉴定。群众对银行现金服务态度满意率同比上升2.1个百分点。

【完成农村银行卡自助设备“村村通”工程建设】 推进现代化支付系统建设，完成农村银行卡自助设备“村村通”工程建设，实现城乡支付环境一体化、支付结算品种多样化和支付清算工具信息化、网络化。全县建立农村银行卡助农支付便民服务点12个。全年办理转帐结算业务1.92万笔、1.03亿元；银行卡查询6110笔；办理小额现金支取2669笔、98.67万元。

【承办福建省“央行支付系统苏区行”宣传活动启动仪式】 11月7日，承办全省“央行支付系统苏区行”宣传活动启动仪式，组织辖内金融机构开展“央行支付，服务老区”支付清算大型宣传活动。同时，投入54个工作日，开展银行业金融机构支付结算执法检查。《福建金融信息专刊》第20期刊文介绍清流支行改善支付结算环境做法和成效。

【开展外汇管理工作调研】 围绕台湾农民创业园、农副产品（花卉）出口等具有地方特色的外汇业务，组织开展外汇管理工作调研，撰写调研报告13篇，被《福建省外汇管理》采用5篇。

【发挥国库服务民生功能】 做好国库TCBS等系统升级、国库电子档案系统上线归档工作，配合财政部门推进国库集中支付业务改革。开展金融机构办理国库经收业务执法检查。3月，清流县遭遇强冰雹袭击。31日7时10分，启动救灾资金划拨绿色通道，为受灾烟农发放冰雹救灾补贴213.35万元。

【规范人民币流通管理】 规范现金收付业务行为，约束不正当竞争，组织签订央行与银行之间服务承诺、银行与柜员之间责任承诺、柜员与客户之间用途承诺等“三个承诺”，维护人民币流通秩序。建立金融机构现金收付质量定期巡查及“暗访”制度，成立金融机构现金收付质量巡查工作领导小组。年内巡查、“暗访”银行业金融机构5家、网点13个，发现问题7个，发出整改意见书5份。

【开展“金融知识普及月”宣传活动】 9月，开展以金融知识进警营、送金融知识进台湾农民创业园、组织学生开展“金融体验日”活动为主要内容的“金融知识普及月”宣传活动。在台湾农民创业园建立金融宣传服务站，定期开展金融宣传教育活动。

【健全反洗钱工作机制】 完善反洗钱监管部门与金融机构的信息交流平台。建立信息情报网，构建搜集、流通和数据共享渠道，建立数据仓库，利用数据对可疑交易行为进行分析评估。加强与公检法等部门联系，与公安部门就办理洗钱等刑事案件进行会谈，构建反洗钱长效协作机制。全年上报可疑交易线索1起。

【完善征信体系建设】 开展国务院《征信业管理条例》宣传。加强金融信用信息基础数据库信息采集、加工等工作，并依法监督管理征信业。实行征信报告申请审核、查询和复核流程，建立个人征信查询明细登记簿。设立咨询处5处，接受咨询300余人次。做好贷款卡核发和年审工作，发放贷款卡33张，年审140张。

【信息、调研工作】 全年编写《清流货币信贷信息》24期，其中《电子商务推动县域经济发展的调查与思考》被福州中支《货币信贷动态信息》第21期采用；完成各类调研文章31篇，被上级行采用12篇。其中《金融支持台湾农民创业园特色产业的路径探析》被《福建金融》采用；编发金融信息162期、互联网信息122期，被国务院办公厅采用5篇、总行采用18篇（其中2篇被总行领导批示）、上海总部采用39篇、福州中支采用24篇。

撰　稿：罗新华
责任编辑：唐功轩

银行业监督管理

【概述】 2014年，清流银监办按照福建银监局和三明银监分局的工作部署，结合清流实际，依法履行监管职责，突出风险管控，保障银行业金融机构稳健运行，实现辖区经济、金融良性互动。截至12月末，全县银行业金融机构各项存款余额42.85亿元，比增7%；各项贷款余额28.86亿元，比增5.37%；不良贷款余额1.17亿元，比年初增加1亿元，不良率4.06%。

【组建全省首家县级银行业协会】 3月12日，全省首家县级银行业协会——清流县银行业协会成立，选举产生首任理事长。协会履行自律、维权、协调、服务职能，维护银行业合法权益、市场秩序，提高

2014年9月26日，省银监局局长周民源（中）到清流农信联社调研指导工作

银行业从业人员素质，为会员服务，促进清流银行业健康发展。

【不良贷款“抓降”工作】 加强与地方政府联系，督促辖内银行业机构抓好不良贷款“抓降”工作。成立“县金融风险应急处置工作领导小组”，县领导挂包全县信用风险影响大的企业。约谈银行高管，在全县经济工作会议上强调防范金融风险，发出风险提示。同时，按行别逐笔建立不良贷款台账，监测金融机构抓降工作。截至12月末，全县银行业机构清收化解不良贷款9200.96万元。

【提升金融服务水平】 引导银行业机构贯彻落实宏观调控和产业调整政策，在风险可控前提下，改进信贷服务举措，解决中小企业担保难、融资难问题。加大支农力度，全年涉农贷款增速7.2%，高于全部贷款增速（5.4%）。

【支持花卉苗木产业发展】 督促协调银行业金融机构介入、创新品种，支持花卉苗木产业发展。全年小信、联保、保证等传统品种累计发放贷款1213户、5861万元。县联社推出“设施农业物权+土地承包经营权”抵押贷款。全年发放“设施农业物权+土地流转收益权”贷款3户、1050万元，抵押农业设施6处，涉及流转土地面积82.4公顷；农业银行发放“珍稀苗木”抵押贷款2户，金额2300万元。

【配合开展“猎狐捕鼠”和防范电信诈骗活动】 4月始，配合当地公安机关开展“猎狐捕鼠”和防范电信诈骗活动。全年辖内银行业机构堵截电信诈骗43起，累计金额21万元。

撰　稿：罗尚荣
责任编辑：唐功轩

工商银行清流支行

【概述】 2014年，工商银行清流县支行贯彻省、市分行行长会议精神，结合县域经济发展特点，持续开展网格化市场营销，跟进重点目标客户，提高经营管理能力，各项业务快速发展。年末各项存款余额3.79亿元，比年初增加619万元。其中对公存款余额2.32亿元、储蓄存款余额1.47亿元。各项贷款余额3.33亿元，比年初减少3809万元。其中公司贷款余额1.26亿元，比年初减少3356万元；个人贷款余额2.07亿元，比年初减少453万元；贷款不良率23.19%。全年实现无案件、无事故目标。年内获“2013年度福建省巾帼文明岗位单位”、市“文明单位”和“服务清流县经济发展先进单位”称号。

【实施“理财制胜工程”】 开展理财产品营销竞赛活动，实施立体宣传，捕捉客户理财需求，上门服务。全年完成法人理财产品4480万元、个人理财产品6608万元。

【培育私人银行客户】 挖掘私人银行客户潜力，提升私人银行客户

2013年9月3日，工商银行到清流县消防大队开展“金融知识进警营”活动

质量，全年私人银行客户总资产增加1793万元。

【结售汇业务】 年内跨境人民币业务1831万元，美元结汇业务433万美元，支行净增个人结售汇380.42万元。

【中间业务】 完成法人理财产品4480万元、个人理财产品6608万元。办理分期付款2427万元。新增信用卡384张、借记卡1965张。

【推进网格化营销】 组建网格化营销团队，将理财、银行卡等优势产品信息以短信告知客户，挖掘按揭客户，办理中央及地方预算单位公务卡、商友卡。对机关、烟草、电力、医院、学校等单位重点营销白金卡、个人贷款、商友卡、理财产品，促进储蓄存款增存。拓展机构客户，增加日均存款1800万元。

【清收压降不良贷款】 全年新增小企业不良贷款9449万元、个人不良贷款596万元。采取一户一策防控措施，清收转化不良贷款企业1户，金额2200万元。

撰　稿：陈志强
责任编辑：唐功轩

建设银行清流支行

【概述】 2014年，建设银行清流县支行贯彻省、市建设银行工作会议精神，坚持“增份额、控风险、转方式、提能力”经营思路，配合当地经济发展步伐，突出“做美城区、做强产业、做优环境、做好民生”4个工作重点，客户服务能力和市场竞争力得到提升，各项业务稳步、健康发展。年末对公时点存款余额3.83亿元，余额占比34.23%，新增-2533万元；对公日均存款余额3.32亿元，较年初减少4100万元。各项贷款余额6.50亿元，余额占比38.45%，新增-3137万元。其中个人贷款3.62亿元、公司贷款2.88亿元。全行不良贷款率0.11%，其中对公贷款保持零不良。全年营业收入3700万元，营业支出1256万元。年内获地方政府颁发的“2013年度省市属单位服务经济建设先进单位”“2013年度福建省巾帼文明岗位单位”“2013年卫生单位”称号。

2014年3月19日，在沙芜乡开展清流建行“同一家人”进万家活动

【做强机构存款】 关注到期理财产品资金动向，做好后续理财产品衔接。分析企业存款流动情况，扩大高端客户市场份额。做好新开户电子产品营销工作，提高电子银行账务性交易比。制订一户一策、一人一策，加大机构存款维护与营销力度。定期筛选全县重点项目，制订营销策略。对系统性客户及建设项目客户的下游进行跟踪服务，开立民营企业业主、项目工程押金专户、施工企业项目部账户、工程项目经理及工程材料供应商个人结算户等账户。实行信贷客户及重点存款客户的电子银行落地管控，控制客户存款外流。向公司客户营销国内信用证、远期结售汇、电子承兑汇票、商业承兑票据等新产品。全年机构客户存款2.44亿元，存款占比63.72%，较年初新增6021万元。

【加强公司客户信贷管理】 主动介入、支持县重点项目建设。年内新增福建省磐铖机电制造有限公司流动资金贷款380万元，完成福建清流气枪厂有限公司800万元额度审批及清流一中整体搬迁6000万元固定资产贷款投放。营销福建省清流县东莹化工有限公司存单质押贷款2000万元，发行国网福建清流县供电有限公司资产收益权类理财产品3500万元。调整信贷产品结构，执行国内保理、银行承兑汇票等产品退出政策，退出7家企业国内保理余额3330万元、银行承兑汇票6655万元。退出风险较高小企业客户7家，企业风险化解2家。为清流县东莹化工有限公司新增信用额度2000万元；为福建红火水泥发放流动资金贷款8000万元。

【拓展个人贷款】 与优质房地产开发项目合作，营销个人住房贷款。年末个人贷款余额3.62亿元，新增2176万元，新增占比104.11%。加大个贷催收力度，做好信贷资产质量检查、信贷资产风险分类等工作。

【中间业务】 发展财务顾问业务，加强传统审价咨询业务，做到本行贷款项目由本行进行审核。加强保险、寿险代理，基金销售和房改金融业务。通过OCRM系统筛选适合购买高端信托产品、基金、保险、理财产品、实物黄金、帐户金等客户，进行精准营销。拓展电子银行业务，提高电子银行活跃客户数。截至11月，分期消费1607.77万元。

【资金结算产品】 年内单位人民币总结算账户745户，新增62户，其中基本结算账户479户，新增52户；现金管理活跃客户新增206户；对公网络客户新增84户；单位人民币结算卡新增93张；活跃单位结算卡新增133张；密码器通兑签约客户新增134户；对公一户通签约账户新增10户；账单自助服务客户新增319户；国内信用证新增2户；电子商业汇票1笔；单位人民币结算收入95.11万元；新型结算产品收入70.18万元。

【信用卡开发】 全年办理信用卡3027张，其中普卡1900张、公安便民卡1127张。

【征信管理】 执行信息报送、查询、使用、异议处理、安全管理等内部管理制度和操作规程，建立用户管理制度；在审核个人贷款、信用卡申请或审核是否接受个人作为担保人时，向个人信用信息基础数据库查询当事人信用报告；对已发放的个人贷款及信用卡进行信用风险跟踪管理，根据业务不同风险状况酌情选择查询当事人信用报告。

【国际结算】 加强与气枪厂、闽山化工、善镁建材、松燕工艺、九龙湖生物科技等国业客户业务联系。全年完成国际结算623.21万美元、结售汇617.01万元、人民币跨境收支449万元。

撰　稿：方　杰
责任编辑：唐功轩

农业银行清流支行

【概述】 2014年，农业银行清流县支行围绕市分行各项工作指示和县域经济工作重心，开展各项工作，走出低谷，取得较好成效。年末本外币各项存款余额8.20亿元，比年初下降3385万元，比低谷时上升近1亿元。其中个人存款余额3.98亿元，比年初下降1463万元；对公存款余额4.22亿元，比年初下降1922万元。理财资金余额3630万元，比年初增加747万元。年末人民币各项贷款余额5.85亿元，比年初下降78万元。其中法人客户贷款余额2.33亿元，比年初增加1535万元（其中票据贴现1975万元，比年初净增1975万元）；个人客户贷款余额3.52亿元，比年初下降1613万元。全年实现拨备前利润2624万元，同比下降194万元，减幅6.9%。计提拨备392万元，拨备后利润2232万元，比上年同期减少596万元。拨备后全行人均利润38.5万元，点均744万元。

2014年1月18日，组织业务骨干前往台湾农民创业园，开展“进园区 助优企”电子银行等重点金融产品营销推广活动

【开展清非收息工作】 5月始，开展清非收息工作。全年清收不良贷款本金870万元，其中现金清收125万元、非重组上调610万元、核销134万元，清收利息29.95万元。年末不良贷款余额356.5万元，比年初下降17.3万元，不良占比0.61%，比年初下降0.03个百分点，实现“双降”。

【其他业务指标完成情况】 全年实现中间业务收入651万元（含资产处置收入2万元），比上年同期减少334万元，减幅33.9%。发放有效信用卡361张，比2013年增加96张。国际结算1122万美元，比2013年减少137万美元；结售汇633万美元，比2013年减少440万美元；人民币跨境结算2976万元，比2013年增加2764万元。单位结算账户开通支付密码517户。

【强化文明标准服务】 年内抓好网点文明优质服务工作，第四季度支行在全市排名由倒数上升到第二位。台创园支行在省分行“神秘人”检查中获第一名。

撰　稿：罗　坤
责任编辑：唐功轩

中国银行清流支行

【概述】 2014年，中国银行清流支行践行“担当社会责任，做最好的银行”发展战略，坚持“追求卓越”核心价值观，为清流县客户提供多样、高效、便捷银行服务，完成各项业务指标任务。截至年末，本外币存款余额1.38亿元，其中人民币公司存款余额8986万元，人民币储蓄存款余额4774万元；人民币

2014年5月30日，深入乡镇开展金融服务宣传

各项贷款余额1.22亿元，其中公司贷款余额9998万元，零售贷款余额2210万元；不良贷款为零。年内支行获“2015—2019年三明市青年文明号”称号；黄汉明获“福建省金融优秀共青团员”称号，黄卫彬获第四届“三明青年五四奖章”。

【提升核心存款】 年内将行政事业单位和重点企业作为扩规模、调结构突破口，加强公私联动，公司存款稳步增长。成功营销福建省清流监狱“烛光卡”业务。利用信用卡和消费信贷资源，推广基金、理财等产品。挖掘中高端客户、代发客户潜力，做大客户金融资产。做好汇入资金留存工作，加强外汇宝、黄金宝、双向宝等交易类产品推广，实现交易账户、保证金账户资金沉淀。年内支行存款增长8500万元、其中对公存款增长5800万元，个人存款增长2700万元。

【保持贷款增速】 年内拓展现金流可靠、产业前景好、风险可控的公司客户，灵活贷款定价，发展金融衍生产品，用好贷款浮动权。开展旅游、花卉及其它小微特色企业专门营销，采取上门服务，开展讲座、沙龙等方式，扩大市场份额。年内各项贷款增长1.05亿元，同比增长605.26%，其中公司贷款新增8498万元、零售贷款新增1979万元。贷款增量市场份额居县域第一，占比71.2%。

【拓展中间业务】 主推信用卡分期、住房贷款等业务，拓展贵金属、黄金宝、外汇宝等业务。年内信用卡发卡885张，实现家装贷款分期500余万元。

撰　稿：黄卫彬
责任编辑：唐功轩

邮政储蓄银行清流支行

【概述】 2014年，邮政储蓄银行清流支行主动融入地方经济，提升风险管控能力，做精渠道，做强三农贷款，抓住地方优势小微企业，较好完成各项计划。全年业务期末余额4642万元，较年初净增638万元；信贷结存余额1.92亿元，新增贷款1890万元；小企业余额2930万元，净增810万元；零售贷款不良率3.24%，零售贷款不良金额529万元；个人存款余额减少266万元。

【信贷业务】 年内消费类贷款累计发放116笔，金额2177万元，较年初净增1240万元，累计结余3895万元；小额贷款发放352笔，金额2425万元，较年初减少401万元，累计结余1961万元；个人商务贷款累计发放371笔，金额1.08亿元，较年初净增240万元，累计结余1.63亿元；小企业贷款累计发放9笔，金额2050万元，净增810万元累计结余2930万元。

【个金业务】 年末余额 1.71 亿元，较上年净增2578.52万元，完成年计划135.96%。新增发信用卡440张，存量信用卡2710张，存量激活2162张，激活率79.78%，活跃率49.72%；完成代理保险369.11万元、基金销量539万元、理财销量1179万元、代理国债销量228万元；网上银行新增2169户，同比增加905户。全年自营收入1694万元。

2014年8月25日，市分行行长李国炉（左二）为中国邮政储蓄银行清流支行乔迁剪彩

【储蓄存款】 年末余额1.71亿，完成年计划135.96%，完成率全区排名第3位；平均余额较上年净增1392.92万元，完成年计划194.39%。

【票据业务】 年内高宝矿业票据业务取得突破，累计贴现4706万元。

【提升风险管控能力】 加强对房地产、第三方抵押、与房地产相关行业个商、用途不明消费贷款监控力度，全年拒绝贷款18人、金额2600万；对部分排查客户进行支用限制，压缩额度386万元；对经营不善等个商客户作出主动退出处理，提前收回贷款200万元。

【做好贷款项目储备】 年内与单位达成初步合作意向有特色资金及代发工资等个金项目3个、公司开户项目5个、小企业储备3个、汽车消费贷合作项目1个。同时针对市级以上合作社及家庭农场实行名单制管理与开发，加快小额贷款发展。

撰　稿：　罗秀莲

责任编辑：唐功轩

2014年9月10日，县信用社在“清流台湾农民创业园金融宣传服务站”开展金融知识宣传活动

农村信用合作联社

【概述】 2014年，清流县农村信用合作联社坚持“服务三农、支持中小企业和县域经济发展”市场定位，规范经营管理，改进支农服务，强化风险控制，各项业务持续发展。年内各项存款余额14.9亿元，占全县金融机构增量79.54%，增幅17.14%；存款日均余额13.74亿元，比年初增加2.08亿元，增幅17.87%。各项贷款余额10.33亿元，增幅10.93%，市场份额35.79%，比年初上升1.8个百分点。存贷总量和增幅均位居辖内银行机构之首。按“五级分类”,不良贷款占比2.94%，比年初上升1.77个百分点。全年业务收入1.25亿元，增幅13.39%；利润总额1466.2万元，资本充足率14.63%。

【信用卡开发】 年内借记卡开户17.4万张，其中普卡3万张、社保卡13.4万张；发放公务卡740张，授信额2120万元。

【其他业务】 年内居家银行26户；便民银行100户；网上银行开户6126户，新增2476户；短信银行开户15476户，新增2906户；手机银行开户6825户，新增3937户；自助银行6家。

【推进达标升级】 推进辖内网点标准化改造，完成“金融服务不出村工程”建设。联社办公综合大楼落成迁建。完成网点升级改造3处、改址重建2处，完成网点门楣改建工作。年内安装POS机140台、ATM13台、存取款一体机10台、自助终端7台。电子交易占比63.33%，比2013年增加21个百分点。

【开辟资金储源】 年初制订下发考核办法，重点考核存款及电子银行2项指标，将资金组织任务责任到人，将储蓄存款作为考核指标列入全年任务考核，将个人定期储蓄存款营销与绩效工资直接挂钩。年内储蓄存款9.77亿元，增幅21.57%，增量占各项存款增量79.77%，占全县金融机构增量85%。

【强化“三农”服务】 调整授信额度，对符合信用条件的农户小信贷款，授信额度从原来1—3万元，提高到1—5万元；烤烟种植农户在附加具有能力的自然人担保情况下，酌情发放5万元以上小信贷款；对符合信用条件的农户担保贷款及小信贷款在授信额度内采用“万通宝”A款的方式授信，做到一次授信、随用随贷，授信期限在2年以内；对符合信用条件的农户农业生产保证贷款，除以公职人员担保外，还可以本辖区实力及信用较好的种养大户或村主干担保，贷款余额在5万元(含5万元)以内的，可直接由网点贷款审批小组审批发放，无需上报联社审批。年末农户小信联保贷款5098万元，比2013年增加1971万元；辖内贷款农户5006户，比年初增加352户。

【推广“村级担保基金”】 试点开办土地承包经营权和农村住房抵押贷款。年内新开办“村级担保基金”1个。全年发放村级担保基金贷款25户、148万元。

【助力特色、小微项目发展】 运用小信、联保、抵押、担保等方式扶持当地特色农业发展。全年投放春耕生产、烟叶、花卉苗木、溪鱼、黄羊、油茶、豆腐皮等各类支农贷款1.94亿元，余额2.59亿元，增幅11.55%；投放小微企业贷款2.36亿元，余额3.52亿元，同比增长11.27%；发放黄羊养殖、二女结扎户、小额林业、下岗失业人员、巾帼扶贫及“小额扶贫”、生源地助学贷款等贴息贷款6435万元；运用水域滩涂养殖权抵押贷款、专业合作社贷款等形式，对台湾农民创业园客户授信2.5亿元，发放贷款余额2.1亿元，支持园区企业16家、经营户4536户。全年累计新增贷款3269万元，占当年全部新增贷款31.23%。

【推出“无还款续贷”业务】 对小微企业即将到期的流动资金贷款，无需偿还本金，仅需提交新的借款申请并重新签订借款合同，即完成企业的还款和续贷手续。年内为县域小微企业办理“无还款续贷”业务17笔，续贷金额7240万元，为小微企业节约融资成本1773万元。

【推进扶贫惠民工程】 用好用足财政贴息扶贫惠民工程，年内发放小额林业贴息贷款、创业担保贴息贷款、二女结扎户贷款等民生贷款6435万元，贷款余额6538万元；发放各类巾帼小额贴息贷款672万元，贷款余额523万元，受益妇女1950户。通过助学贷款网络系统，办理生源地助学贷款授信金额232万元，发放贷款210笔，金额105万元，年末生源地助学贷款余额219万元。

【推进“三大工程”】 落实金融服务进社区工程，全年目标客户电子建档率132.61%，升级改造营业网点3个，ATM、POS机、自助银行、福农通、居家银行等电子机具存量337台；开展阳光信贷工程，客户通过网上成功申贷1077笔，金额1.23亿元；开创惠农金融创新工程，通过村级担保基金及个体经营户联保贷款新模式，发放65户、413万元支农贷款。

【风险防控】 成立以理事长为组长的不良贷款防控专项工作小组，直接与企业、客户面对面沟通、了解，制订清收措施，采取与借款人（抵押人）协商处置、资产抵债、重组及诉讼等方式化解风险。全年清收处置5766.48万元(其中现金收回1798万元)。

撰　稿：　李学伟
责任编辑：唐功轩

人保财险清流支公司

【概述】 2014年，人保财险清流支公司以科学发展观为统领，贯彻落实总公司和省公司保险工作会议精神，围绕“促发展、增效益、防风险”工作主基调，迎难而上，公司各项工作取得明显成效。全年行销市场险种10个，比2013年减少1个（工程险），实现保费2227.92万元，比增3.2%。其中企财险实现保费90.75万元，同比减少24.49%；家财险65万元，比增41.21%；责任险198.49万元，比增49.8%；信用险11.48万元，同比减少28.51%；商业险853.11万元，比增14.86%；货运险0.62万元，同比减少57.82%；农险680.74万元，同比减少3.3%；意外险18.09万元，同比减少64.23%；健康险31.31万元，同比减少27.29%；交强险278.33万元，同比减少1.27%。

【推进农险业务】 年内，水稻保险承保面积9333.33公顷，保费收入170万元；政策性烟叶种植保险承保烟叶2926.67公顷，保费收入213.3万元；承保能繁母猪3070头，保费收入18.42元；农房统一保险承保39228户，保费收入41.5万元；承保公益林森林3.89万公顷，实现保费收入87.7万元。

【强化理赔管理】 开展“理赔无忧——车险快捷”服务承诺活动，实现所有2000元以下赔案提交索赔单证后1个工作日内付款。制订“查勘人员岗位职责及考核办法”，考核案件质量和日常工作等项目13个；建立案件交接制度，实行各岗位互相监督工作进度；加大未决赔款清理力度，保证案件真实性。全年接受理赔案件数1395件，办结件数1374件，结案率91.76%，赔付金额1082.45万元。

2013年9月24日，人行清流县支行组织人员到台湾农民创业园花卉市场开展金融知识宣传

【客户资源管理】 全面清理和整理数据库中客户资料，做到“一户一档”，为经营单位实行差异化价格、服务策略提供支持。

【做好灾害理赔】 5月18日15时左右，清流城关、龙津镇等乡镇遭受冰雹、暴雨袭击，公司快速反应。截至5月23日上午，完成辖区内64户受损农房的查勘定损工作，并于1周内赔付；烟叶赔付288.47公顷，金额172.5万元；办理受灾机动车辆赔案120余起。9月10日至10月12日，清流县水稻病虫害爆发。11月16—20日，公司组成查勘小组7个，分赴各乡镇查勘。截至年底，支付水稻灾害赔偿166.67公顷，金额94.88万元。森林灾害赔偿面积67.33公顷，金额50.19万元。

撰　稿：林晓清

责任编辑：唐功轩

人寿保险清流支公司

【概述】 2014年，人寿保险清流县支公司贯彻省、市保险工作会议精神，执行上级公司和县委县政府的战略部署，各项工作迈上新台阶。全年公司完成总保费3301.72万元，同比增长4.8%。其中，长险首年保费完成1409.79万，与2013年相比增长9.12%，完成率113.89%；长险首年期交保费完成695.34万元，同比增长50.5%，完成率142.53%。受理及办结理赔案件520件，赔付金额157.43万元。

2014年7月8日，开展中国人寿保险宣传日活动

【拓展业务】 个险渠道，长险首年标准保费完成273.94万元，完成计划目标137.66%，比增66.16%。银保渠道，首年期交保费完成97.54万元，完成计划目标325.13%，同比增长572.23%。团险渠道，完成短期险保费138.39万元，比增13.08%。赔付率27.7%。

【强化经营管理】 加强业务真实性识别和委托业务管理，开展客户信息收集和风险排查工作。5月，组织公司销售督察人员对三大销售渠道及营销服务部开展销售风险检查，分别对销售人员的展业包、宣传材料、展业证携带等情况进行抽查，并对存在的销售合规问题提出整改建议。修订完善公司规章制度，规范经营行为，全年开展“送培训进职场”12场次，参训人数200多人次。

【诚信营销】 开展“诚信我为先”系列诚信营销主题活动，组织销售渠道人员参加工商局开展的“3·15”诚信大行动宣传教育。利用早会时间，开展“代签名、抄录专项治理工作”诚信教育活动，强调销售人员不得有销售误导、隐瞒和阻碍行为，不得接受投保人委托以现金方式代缴保险费。4月19日，个险销售部开展“诚信展业杜绝误导 从我做起”签订杜绝销售误导承诺书活动。

撰　稿：林珍芳

责任编辑：唐功轩

商贸 流通

供 销

【概述】 2014年,县供销社以“三农”服务为宗旨，以农村社会化服务体系建设为切入点，提升供销社服务水平，抓好供销社科学发展、转型发展，完成市社年初下达的各项考评目标。全年实现商品销售总额5.06亿元，连锁销售额2.11亿元，农业生产资料销售完成3527万元，消费品零售额完成2.78亿元，农副产品购进完成5833万元，再生资源购进1332万元，利润总额完成100.61万元。

【推进嵩溪供销社综合改革试点工作】 成立嵩溪社综合改革试点领导小组，组长由县社主任担任。制定综合改革试点方案，循序渐进。从县社机关选派一位干部到嵩溪供销社任挂职副主任，聘任2名农民专业合作社负责人担任嵩溪供销社副主任。投入20多万元，改造装修嵩溪社办公楼，改善办公条件。

【抓好“三农”服务】 完成农资储备计划，实现化肥冬储4490吨，其中氮肥2248吨、磷肥867吨、钾肥465吨、复合肥910吨。农药25吨、农膜11吨。县政府给予化肥冬储工作贴息补助5万元。联合生产厂家和宣传部门，开展农资咨询服务，发出传单600多份，直销各种农药950包（瓶），签订购货合同800多吨，价值款项200万余元。全年完成网上促销8580万元，新增信息服务点2个、示范信息服务站1个，发布市场动态信息280条，帮助农民发布供求信息1080条。协助爱珍豆腐皮专业合作社建立电子商务网络交易平台。动员专业合作社社员参加省、市农产品推介会、对接会、展销会和业务培训等活动。组织农村电子商务、大豆种植、蔬菜加工等培训班，参训人数300余人。

2014年9月27日，清流县供销合作社组织合作社成员至福州开展农超对接推介会

【加强农资质量管理】 加强所属农资经营企业及连锁经营网点的监督和管理，签订《农资质量责任书》18份，要求各农资经营网点做到进货检查和检验，加强质量管理，强化过期农药处理，严格质量事故报告制度，落实经营服务制度等各项责任。

【服务业网点建设】 年内新增超市4家，新增就业人员40余人。

【争取项目资金】 年内上报项目6个，即农业综合开发供销合作总社新型示范项目（2015年福建省三明市清流县清流溪鱼加工扩建项目）、新网工程（清流县田源供销社恢复重建项目）、清流县嵩口供销社农资门市部标准化网店提升项目、全国供销总社基层发展基金项目、省商务厅服务业发展项目、总社新网再生资源回收利用市场项目。推荐的赖坊花生加工扩建项目被全国总社批准为2014年农业综合开发供销社新型合作示范项目。争取财政资金80万元，省社新网资金19万元，总社再生资源回收利用市场项目60万元，农村综合维修站总建设项目11.8万元，报省商务厅的农副产品批发市场建设项目资金35万元，全国总社免息借款50万元，总计争取上报项目资金255.8万元。

【基础设施建设】 投资500万元，装修农副产品批发市场，已完成投资300万余元。余朋、沙芜农资楼竣工投入使用，各引进1家超市入驻经营。投资1000万元的长校农资楼动工建设。

撰　稿：施　为
责任编辑：姚　全

粮　食

【概述】 2014年，县粮食局贯彻执行县委、县政府决策和工作部署，持续开展"优化服务方式，促进粮农增收"活动，完成各项工作任务。

【完成粮食收购任务】 采取印发宣传单、下乡宣讲、公示宣传等多种形式，宣传国家支农惠农政策、粮食收购政策和《粮食流通管理条例》，及时公布市场粮食需求信息，让农民明确收购质量标准和价格。逐层分解粮食订单任务，利用村务公开栏进行公示。开展"创新服务方式，争当优秀收购员"活动，变坐等收购为主动预约收购，并公布收购热线和举报电话。截至11月末，收购入库订单粮食4500吨，占年度订单计划指标100%。为方便售粮群众，订单外按市场价收购入库粮食113吨。

【储备粮管理】 规范各项保粮制度，落实保粮责任。仓管人员对所管的粮食做到天天查，县局与公司做到月月查，随时掌握仓储粮情。春季与秋季组织人员进行大检查，确保帐实相符，管理规范，质量保证。春季，市局组织人员对县存储的粮食进行检查，管理达到要求。动态储备的食用油20吨做到量足质优。7月，按拍卖规定程序，公平公开公正拍卖2011年度轮入的县级储备粮1000吨，秋季收购入库县级储备粮 1000吨，完成年度轮换任务。此外，与省储备粮食公司商定，代省储备粮食3000吨。争取仓储维修专项资金30万元，重点改造围埔粮点仓储条件。

【农户科学储粮仓建设】 采取发放宣传单、墟天实物宣传、进村宣传等方式，推介科学储粮仓。与各乡（镇）签订采购协议，以村为单位组织登记农户并公示。向省、市争取科学储粮仓6000套，配送农户。

【加强粮食质量和市场价格监测】 对粮食抽样检测3批次，其中对本县储备库、军供站、加工厂的原粮或成品粮检测2批次，库存粮食全部达到国家储备粮的要求标准。同时，做好社会粮食流通统计和价格信息测报，完善粮食供需平衡调查制度，提高信息准确性和实效性。

撰　稿：黄岳华
责任编辑：姚　全

烟草专卖

【概述】 2014年，清流县烟草专卖局(分公司)贯彻省、市烟草会议精神，坚持"做精烟叶、做优卷烟、做细专卖、做实管理、做强队伍"工作思路，各项工作平稳推进。全县种植烟叶2926.67公顷，收购烟叶10.59万担，实现烟叶税3513万元。烟农收入1.6亿元，户均收入4.72万元。上等烟比例、4C烟叶占比、担烟均价、亩产值等指标均创历史新高。烟叶产量连续五年位列全市第二，企业获"全市烟草系统现代烟草农业建设先进单位"等荣誉10项，员工17人次获各类表彰。以全县总评第一名成绩通过省级文明单位验收，获"三明市纳税信用A级单位""服务清流县经济建设先进单位"、全县行政执法类部门民主评议政风行风考评第二名等荣誉。

【夯实烟叶生产基础】 抓好土壤改良、集中育苗、中耕培土等生产基础性工作，推广牛粪面积1000公顷、揭膜培土2800公顷、稻草溶

2014年6月11日，福建省烟科所三明分所所长张瀛（左二）一行到清流县查看烟叶病虫害情况

田372.35公顷、火烧土2533.33公顷，密集式烤房技改348座，并加强机械剪叶，生石灰灌根防治病虫害，保障土壤肥效，烟叶生长整齐度好于往年。

【保障烟叶等级纯度】 采取“两证”准进烤、分段发补贴、梳理定级流程等措施，加强各烟草站的烟叶优化结构工作，共处理不适用鲜烟叶7108.2吨，收购上等烟比例62.67%，4C烟叶占比22.79%，比2013年分别提高5.39和6.26个百分点。

【加强现代烟草农业建设】 与省烟科所和湖南中烟开展沟通交流，邀请科研专家进行生产指导，密切工商研三方项目合作，开展科技试验示范项目5个。并实行“集中建棚、分户播种、统一管理”育苗模式，探索专业化服务作业。

【推进基础设施建设】 投入烟田基础设施建设资金1000万元，修建田间道路28条、沟渠32项、水坝4座、防洪堤2座，受益农户3400户、面积633.33公顷。投入援建水库建设资金9330万元。其中，俞坊水库完成总体工程量59.3%，完成工程项目总投资3882万元，拨付援建资金2180万元。岭官水库完成总体工程量57.26%，完成工程项目总投资3481万元，拨付援建资金2330万元。

【卷烟销售】 全县销售卷烟5624.28箱，销售金额1.26亿元；条均价89.27元，与2013年同比提高1.84元/条；实现毛利2650.17万元。推进卷烟销售款银行后台扣款工作，全县后台扣款户623户，后台扣款销售额占总销售额98.57%。

【专卖管理】 注重联合打假和清理无证户，首次将“两烟”市场整治纳入当地综治考评。全年共出动打假打私1170人次，查处涉烟案件12起，其中卷烟案件11起，查获卷烟230条，案值3.25亿元，罚没款4057元；烟叶案件1起，查获烟叶1059.85公斤；配合工商取缔无证户6户，市场净化率98.4%。提高行政服务能力，对老人、孕妇、残疾人等特殊经营群体，实行“送证上门”服务。共新办证57户，不予延续25户，停止供货38户，实现动态管理。将信息预警与调查核实相结合，调查核实卷烟预警245条，烟叶预警151条。

撰　稿：　高　腾

责任编辑：姚　全

物　资

【概述】 2014年，县物资公司围绕县委提出的“做美城区、做强产业、做优环境、做好民生”工作重点，坚持“安全第一、服务至上、稳中求进、科学发展”的经营理念，开拓市场，提供优质服务，当好全县生产建设的勤务兵。全年完成商品销售收入1600万余元，上缴税利220万元，实现安全生产零事故管理目标。

【落实安全制度】 建立、完善各项安全管理制度，确保民爆物品从储存、配送到现场使用各环节的安全工作有章可循。签订安全责任状，将年度安全目标层层分解，责任落实到每个环节、每个岗位和每个职工。实行三级巡回检查制度，即公司主要领导每月安全检查、公司安全职能部门每周安全检查、仓库管理人员每日安全检查，督促各个岗位落实制度，并记录在案。

【开展民爆物品仓库安全评价】 6月，联系广东正维咨询服务有限公司启动安全评价程序。9月，联系北京安联国科科技咨询有限公司启动安全评价程序。11月，完成仓库防爆墙建设。12月，完成安全评价工作。

【拓展爆破业务】 建立购销、配送、爆破“一条龙”服务产业链。完成古树公园土石方施工工程。年内，承接俞坊水库、岭官水库、木兰溪遂道、塘凤至永安公路修建、福宝污水处理厂、博鑫光电、信和光伏等爆破工程及6个采石场的爆破作业。

撰　稿：　范俊峰

责任编辑：姚　全

外经（招商）

【概述】 2014年，县外经局围绕建设幸福清流这一总体目标，把握“做美城区，做强产业、做优环境、做好民生”工作重点，推动外经贸、招商引资工作开展，各项工作取得成绩。

【扶持外经贸企业发展】 落实鼓励外经贸发展的各项优惠政策，增强企业出口信心。对接落实省商务厅县域产业发展专项“切块”资金和市级外贸出口稳增长扶持资金，帮助4家企业申报区域协调发展资金。实施外经贸工作奖励办法、落实外贸出口稳增长县级配套扶持资金。全年完成外贸出口8080万美元，比增70.11%。新批办外资企业5家，完成验资口径实际利用外资905万美元，比增12.56%。

【加大服务协调力度】 加强与国检、海关、税务、外管等涉外部门沟通、联系，健全工作协调机制，靠前服务，及时帮助企业解决生产经营中的困难和问题。邀请三明海关、国税、口岸办领导指导企业自营出口工作，凯林竹业、佳祥家俬已实现自营出口。向上争取对外贸易经营者备案登记、加工贸易业务审批权限，做好审核审批工作。会同财政、统计、外管等部门做好外商投资企业年度经营状况联合申报工作。

2014年4月4日，举办品牌策划与市场营销培训班（外经）

【“1+1”招商引资】 强化招商督查考评，实行风险保证金制度，即按县处级招商引资责任领导3000元，主要经济部门、乡镇党委书记、乡镇长2000元标准收取保证金。会同县侨办、发改局、经贸局、台办等相关部门对接侨商项目对接洽谈会、“6·18”项目成果交易会、民营企业产业项目对接洽谈会、第六届海峡论坛、“9·8”投洽会等省、市主办的境内外重大招商活动，接触央企、大型民企、台湾百大企业和大型侨港澳企业，推介洽谈项目，邀请客商来清考察交流。引进总投资约7亿元、年产30万吨纳米碳酸钙、总投资约6亿元的清流—中盟光伏农业观光园和总投资约2.3亿元的智慧化植物工厂暨海西牛樟芝生物科技研究院建设等重大项目。围绕县产业发展方向和重点招商项目，组织小分队赴泉州、深圳、江苏、浙江、上海等地区开展务实性项目对接活动。发挥国家级台湾农民创业园平台优势，通过已落地台商台企关系开展“以台引台”“以商招商”，全年新注册台资企业5家。落实“1+1”招商项目116个（工业44个、农业46个、第三产业26个），总投资97.50亿元，实际到资3.6亿元。其中：引进并落地注册项目67个，总投资39.50亿元，注册资金7.36亿元，实际到资3.6亿元；跟踪对接项目49个，总投资58亿元。

撰　稿：陈金虎

责任编辑：姚　全

教科文卫

教　育

【概述】 2014年，县教育局围绕县委、县政府统一部署和年度教育工作目标任务，促进教育公平，提高教育质量，加快发展学前教育，均衡发展义务教育，促进职业教育，规范管理民办教育，完善寄宿制学校建设，教育工作取得成效。6月14日，“义务教育发展基本均衡县”通过省级验收。

【推进义务教育均衡发展】 组织开展送教下乡和“三个一”(上一节优质示范课、开一堂教学讲座、解决一个教学疑点）帮教活动。初中开展送教下乡4批190人次，开展教研活动8次，参加教研活动教师260余人次。小学开展送教下乡2批11人次，片区教研活动3次，15名教师开设观摩交流课，参加教研活动教师300余人次。初中在校生3913人。年内，中考全科合格率和单科合格率居全市第五位。小学在校生8106人，巩固率100%。

【发展学前教育】 加快乡镇中心园建设，改善幼儿园办园条件。嵩溪中心幼儿园扩建项目，建设面积1500平方米，于8月完工并投入使用；新建嵩口镇中心幼儿园，规划建筑面积7000平方米、投资1300万元，已在建设。里田、邓家幼儿园已封顶，进入装修阶段。招聘学前教育走教志愿者26名，充实农村学前教育队伍。加强民办幼儿园跟踪管理，协同公安、工商、交通、消防、疾控、卫生监督部门开展城区民办幼儿园排查整治，取缔不具备办园条件幼儿园14所，要求条件较好的无证园整改并申报办园许可。

2014年5月30日，县长冯明生到实验中学调研

【筹措教育资金】 全年向国家、省级共争取资金2700余万元。其中：学前教育资金730万元、薄弱校改造资金870万元、城市扩容项目资金490万元，长效机制资金620万元。

【推进教育信息化建设】 公开招标采购理、化、生教学仪器设备和体育器材，总额70余万元。投入440万元，与联通公司合作实施教育信息化工程，全县建成“班班通”297套、录播教室2间，在三明市率先完成教育信息化“班班通”工程。10月17日，福建省教育管理信息中心三个网络课堂工作会议在清流县召开，与会人员实地参观部分学校教育信息化工程建设情况。

【完善教育基础设施】 清流一中整体迁建项目占地面积9.11公顷，建筑面积5.5万平方米，计划投资1.5亿元。已完成投资1.2亿元。教学楼、宿舍楼、人才保障房、体艺馆、行政楼等主体全部封顶。教学楼、宿舍楼、人才保障房等10幢楼完成外墙装修，其中4幢完成内部装修；景观工程完成施工图制作；

弱电工程（安防监控系统、校园广播系统、网络系统、高考监控系统、高考听力系统等）完成专业设计。林畲学校学生宿舍工程建筑面积1200平方米，总投资192万元，8月完工并投入使用。田源学校教学楼工程建筑面积1600平方米，总投资242万元，8月完工并投入使用。实施沙芜学校、余朋学校、清流三中、清流二中4所学校塑胶运动场建设，总投资300余万元，8月完工并投入使用。

【学生素质教育】 实施德育“468”(四节：体育节、艺术节、读书节、科技节；六大主题德育教育活动：诚信教育、感恩教育、生命教育、传统教育、环保教育、礼仪教育；八个班班有：班班有歌声、班班创环保、班班讲安全、班班讲诚信、班班读书报、班班有志愿者、班班有社团、班班荐明星）工程。各校开展爱国主义读书教育征文活动、“绿色家园 · 有你有我”微作文比赛以及“读书少年”评选、“身边的好学校”主题宣传、“童心向党”歌咏活动、未成年人“网上祭英烈”“学雷锋日”志愿服务、“邻里守望 · 情暖清流”志愿服务活动，组织开展“寻梦、追梦、圆梦——中国梦”文艺作品征集活动、“放飞中国梦”微作品创作比赛、“美丽福建、我的梦”——感恩自然演讲比赛等“中国梦”主题教育活动。表彰2013-2014学年度县级三好学生、优秀学生干部、先进班集体等先进集体和个人。组织城关小学、实验小学学生599人到县社会实践基地参加活动，提升学生综合素质。

【保障校园和谐安全】 完善学校安全工作机制，通过“安全教育日(周)”“防灾减灾日”等主题教育活动，开展应急预案演练，提升师生安全防护能力。加大学校安全隐患排查整治力度，加强防溺水交通安全管理。协调部门联动，实施专项治理。参与开展交通安全综合治理、实施校园周边环境的综合治理、保障学校食品卫生安全、落实学生疾病预防工作、加强矛盾纠纷排查调处工作。

【加强教师队伍建设】 招聘补充中小学(幼儿园)新教师45人。集中培训全县骨干教师300余名，组织7名中小学校长参加市任职班和提高班培训。全县中小学骨干教师、班主任参加省、市各类培训100余人次。开展新一轮骨干教师申报、培训、考核工作，确认县级骨干教师337人。办理各类教师资格证11张。在全县中小学校开展以“忠诚履职，爱生乐教”为主线的师德师风教育活动。

【制止乱收费】 执行教育收费政策和公办普通高中招收择校生“三限”政策，严禁公办学校举办或与校外机构合作举办有偿补课、学校教职工组织或参与有偿补课及有偿托管行为。完善重点部位重点环节公示公开、审计监督制度，强化教育收费、有偿家教、学生食堂等热点难点问题监督，促进教育系统廉洁治教。

【落实国家助学政策】 全年，为非义务教育阶段学生730名发放国家助学金50.84万元。其中，高中生462人享受国家助学金35.79万元；幼儿268名享受国家学前教育助学金15.05万元；为职业高中学生760名免除学费79.8万元；审批学生生源地助学贷款180人共计金额104.95万元；配合县总工会，开展金秋助学送温暖活动，共资助学生46名，每人2000-5000元。

【提升教育教学质量】 年内，全县高考本一上线人数 165人，比2013年增长13.8%，本二以上上线人数510人。文、理科600分以上18人。中考单科合格率和全科合格率居全市第五位。

撰　稿：李永茂

责任编辑：余王灼

科　技

【概述】 2014年，县科技工作贯彻落实中央科技创新工作会议精神，围绕省、市科技工作会议要求和县委、县政府工作目标和部署，以提高科技服务水平、增强自主创新能力、发展高新技术企业为主攻方向，推进区域创新体系建设、技术创新和科技成果转化，各项工作取得成效。

2014年8月21日，省科技厅副厅长张天明（中）到清流森源兰蕙公司调研

【抓好项目工作】 全县向上申报科技项目12个。其中，国家级1个、省级10个、市级1个。列入各级科技项目计划11个，争取到位项目资金98.5万元。

【开展“专利申请零距离服务”活动】 举办专利申请培训班，邀请专利代理人员深入全县各乡镇（企业）帮助挖掘申报资源，开展专利宣传申报服务活动。1—11月，全县专利申请166件，比2013年同期增加132件；授权71件，比增44件。

【发展高新技术企业】 3月31日，县鸿翔农庄农业发展有限公司通过国家级高新技术企业认定，成为县域第三家国家级高新技术企业，也是县第一家农业高新技术企业。全县申报科技型企业备案10家。

【推进企业科技创新和平台建设】 1月15日，清流县鸿翔农庄农业发展有限公司被授予“福建省鲜切花卉育种栽培企业工程技术研究中心”，是清流县第一家获省级企业工程技术研究中心称号企业。11月26日，闽山化工公司被省科技厅授予“福建省创新方法推广应用试点企业”。

【知识产权工作取得突破】 2014年，鑫磁线圈公司被省知识产权局授予“2014年度福建省知识产权优势企业”和“2014年度知识产权管理规范贯标试点企业”。

撰　稿：黄定秋
责任编辑：余王灼

文化　体育　出版

【概述】 2014年，县文体广电出版局认真抓好“两馆一院”、客家文化博物馆、县文化体育中心、红军标语遗址景区基础设施、社区多功能运动场、乡镇综合文化站文化信息资源共享工程服务点等文化体育广电基础设施建设，推动文化体育活动开展，文艺活动、体育竞技、图书管理、文化市场管理、物质与非物质文化遗产保护等各方面工作取得显著成效。

2014年10月17日，文化部专家一行到清流县进行公共文化服务体系创建工作中期督查

【文体惠民工程建设】 文化馆、图书馆综合大楼投入使用，文化馆、图书馆基础配套设施逐步完善；完成影剧院二次装修，消控中心、水泵房已在建设。客家文化博物馆墙体、地面、水电、弱电等基础设施建设完成，已在布展。完成9个乡镇综合文化站公共电子阅览室设施设备安装。县文化体育中心建设（一期）已在进行土地平整招投标工作。北山天城、翠园社区2个多功能运动场完工待省体育局验收。渔沧居委会健身房建设完成场地整理，体育器材到位。凤翔社区青少年体育俱乐部拆装式游泳池已在进行配套设施建设。李家乡农民体育健身中心竣工，并投入使用。

【创建国家公共文化服务体系示范区】 完成公共文化服务设施、公共文化服务产品供给、公共文化服务组织等各项创建工作。10月17日，代表三明市通过国家文化部中期检查。

【建设红色旅游文化】 完成林畲毛泽东旧居及其景点各项硬件设施建设，已在整理展示馆平台。

【开展文艺活动】 年内，主办、联办、承办春节团拜会、踩街、激情广场大家唱、“吉祥马年 幸福清流”元宵文艺晚会、三明市第五届音乐舞蹈节（清流专场）等。协办南岐村“三月三”庙会新风文艺演出、“普及食品药品安全知识，创造健康和谐幸福生活”文艺演唱会、“庆国庆 迎重阳”老体协成立30周年文艺晚会。县文化馆组织文艺小分队联合金秋业余艺术团参加龙津镇“庙会新风”系列活动——“美丽乡村 诚信计生”文艺演出、联合龙津镇组织县非物质文化遗产项目供坊“三角戏”参加温郊乡庙会活动。

【宗祠文化普查】 5月始，文化馆在全县13个乡镇35个重点村进行为期9个月的宗祠文化普查，投入经费10万元。普查祠庙101座，其中保存较好、较完整71座，逐一进行拍照和史料整理。填表登记房族族谱109册。

【开展体育健身活动】 先后举办春节象棋擂台赛、元宵节气排球比赛、桥牌比赛、青少年象棋锦标赛、“体彩杯”气排球赛、广场舞表演赛、县羽毛球比赛、县直机关系统运动会、县中小学生田径、乒乓球比赛、2014年“幸福清流杯”机关男子篮球赛等群众参与性强的体育比赛11场次。

【参与大型体育赛事】 组织少体校学员参加第十五届省运会，获4金2银1铜。其中，清流县选手葛曼琪分别获田径女子甲组100米、200米、400米第一名，钟超获激流回旋男子甲组划艇二项全能第一名。在2014年亚洲城市田径锦标赛上，清流籍选手葛曼琪获4×100米接力第一名；组织16名幼儿运动员参加“舞动中国—排舞联赛”(福建赛区)，获幼儿串烧曲目一等奖和最佳表演奖。

【支持老年体育活动】 完成老体协第六届委员会换届工作，由县委常委、组织部长兼任老体协名誉主席，并增加1名县政府分管副县长为老体协名誉主席。6月，由县财政投入70万元，为老体协筹建集门球、地掷球、气排球、羽毛球为一体的综合馆，工程基本竣工。全县老年活动室26个、门球场6个、气排球场18个、地掷球场8个、乒乓球室23个、纳凉点28个。结合老年人特点，开展和推广健步行、太极拳（剑)、秧歌舞、气排球、门球、腰鼓、广场舞等一系列体育健身活动。“重阳节”举行老年健身展示大会，各分会举办一至二项单项交流比赛。组队参加市第九届老年人体育健身大会，并获得乒乓球项目男子、女子团体金奖，气排球项目男子组铜奖、女子组银奖。创新项目健身操铜奖及组织奖。

【广播电视设施改造】 完成莲花山高压供电线路重新架设工程，改造高压输电线路3.8公里,“村村响广播”三级联控及设备升级改造工程，并通过省市验收。

【提升图书管理效能】 完善外借室、成人阅览室、少儿阅览室、亲子阅览室各功能室建设。与方志办联合成立方志馆，集中收藏3000余册地方文献资料。完成借书证换新工作。做好北京光华书海新书的新建入库和年内新增藏书入库工作。全年，图书馆到馆5.6万人次；外借图书4.5万册次，新增藏书3.5万册；数字资源5TB，电子图书30万册。图书馆网站全面建成，并对外开放。

【加强文化市场管理】 开展歌舞娱市场、网吧、游戏厅市场、“扫黄打非”专项整治行动，全年派出执法人员1086人次，检查娱乐场所176家次、网吧286家次、电子游戏厅36家次、书报刊72家次、印刷业36家次。处理违规网吧1家，并吊销其网络文化经营许可证。受理举报（黑网吧）1件，抄告并配合工商部门取缔。责令整改网络监管平台2家。收缴非法音像制品280张（盘)、非法书刊200本（册)。与全县文化经营单位签订《清流县创平安文化市场综合治理责任书》30余份。

【文化遗产保护】 完成东坑申报省级历史文化名镇（村),姚坊、南山、官坊村申报市级历史文化名村、传统村落工作。完成李家“五经魁”、长校“十番锣鼓”两项省级非物质文化遗产申报国家级非物质文化遗产材料准备工作。完成罗氏家庙、瑀公庙、林畲红军史迹群—红军医院维修设计方案编制及审批工作；通过瑀公庙、罗氏家庙抢修验收工作。开展第一次全国可移动文物普查机构组建、人员培训及宣传工作。落实各级文保单位保护责任，配合消防大队完成各文物点的消防安全检查。

【体育彩票销售】 全年,销售体育彩票1180.4万元，完成全年任务103%，其中电脑型彩票销售1112万元，即开型彩票销售68.4万元。

【推进农村数字电影放映】 规范全县农村数字电影放映管理，实施农村电影放映“2131工程”。全年放映农村电影1338.6场次，其中商业片785场次，公益片553.6场次。观众86886人次。

撰　稿：　吴建国

责任编辑：余王灼

图书发行

【概述】 2014年，县新华书店把握集团发展战略，履行“为读者找好书，为好书找读者”服务宗旨,主动适应经济发展新常态，做大做强主营业务，发展多元产业，力求在提高发展质量和效益上有新突破。

【完成图书发行任务】 改善服务质量，加大一般图书和多元产业营销力度。参与馆配招投标工作，取得县图书馆、妇联图书馆的图书馆配权。先后争取城区2个居委会农家书屋、春舞枝企业图书馆、县进修学校图书馆等图书配送权。全年实现图书销售收入600万元,实现利润45万元。

【政治书籍发行】 配合党的教育实践活动，开展政治书籍宣传征订工作。共完成《贺国强党建工作文集》150套，销售码洋1.5万元;《习近平总书记系列重要讲话读本》971册，销售码洋1.26万元;《摆脱贫困》598册，销售码洋2.15万元;《改革热点面对面》335册，销售码洋0.6万元。

【教材教辅征订和发行】 调整适应教材教辅发行新政，转变经营方式，做到小学、初中、高中教材教辅、《寒暑假作业》《安全教育读本》《中小学心理健康教育教材》《幼儿活动操作材料》《小学写字教材》征订人手一册。征订《社会主义核心价值观系列挂图》120套，码洋0.5万元。

【开展“书香母亲魅力女性”读书活动】 母亲节期间，与县妇联联合举办践行群众路线“书香母亲魅力女性”读书活动。向妇女代表、行业标兵赠送优秀图书。在活动现场开展优惠销书，实现销售额5000余元。

撰　稿：上官鹏辉
责任编辑：余王灼

广播　电视(台)

【概述】 2014年，县广播、电视台坚持团结、稳定、鼓劲和正面宣传为主的新闻宣传工作方针，把握正确舆论导向，围绕县委、县政府中心工作，发挥广播电视职能，加强宣传策划，突出宣传重点，提高广播电视节目质量和舆论引导水平，加强广播电视队伍建设，全力服务县委、县政府中心工作，为县“科学发展、跨越发展”和建设“幸福清流”营造良好舆论氛围。获2013年度“三明广播奖”二、三等奖各1件；获2013年度“三明电视奖”二、三等奖各1件；获2013年度“三明市播音、主持作品奖”三等奖1件。

【策划对内新闻宣传】 突出“幸福清流”宣传主题，围绕“做美城区、做强产业、做优环境、做好民生”4个工作重点和“五大战役”，开办“做美城区、做强产业、做优环境、做好民生”“加大水土保持力度、推动扶贫工作进程”等栏目。开设“践行群众路线　为民务实清廉”广播、电视专栏，集中深入报道各部门开展党的群众路线教育实践活动措施、做法，营造良好舆论氛围。设置《数字2013》、电视问政栏目——《行风效能视线》《科普之窗》《群众路线》《践行社会主义核心价值观》等栏目；推出系列报道《我们村里的带头人》《医改进行时》《创城进行时》《最美教师》《美丽乡村进行时》等；制作《李彬精神在清流》《水土保持与扶贫开发工作情况汇报》《反贪警示录》《幸福清流花飘香》《计划生育》等专题类节目，宣传清流经济社会发展成就。

【加强对外宣传】 加大清流“太极之城”“苏区之城”“客家之城”“生态之城”“温泉之城”“花卉之城”宣传力度，及时策划、采写与之相关题材的新闻报道上传到省、市新闻媒体，并邀请央视及省市电视台到清流进行县经济社会发展的经验、做法和成效专题深度报道。全年共播出新闻1296条。其中，省电视媒体共播出清流新闻稿180多条，市电视台播出《落实主体责任　建设幸福清流》《清流春舞枝：中国花卉第一股在德交所成功上市》《美字当头打造大美清流》等新闻稿193条，省电台播出新闻稿232分，市电台播出新闻稿526分。

【提升节目播放质量】 增加社会新闻份额，贴近民生，贴近百姓、贴近生活。宣扬老百姓身边的人和事，宣传干部敬业奉献精神，宣传奋战一线的同志，为“幸福清流”建设聚集“正能量”。在增强会议报道贴近性和可视性上进行尝试：县内重大会议及县领导重要言论，作全面深入报道。取消或压缩会议报道。《清流新闻》中社会新闻份额占总时长3/5；改变新闻节目以往说教式、灌输式、概念式思维方式，培养记者报道时少用或禁用大话、套话、空话，增强新闻节目真实性、可视性。以“活动带节目”，结合各阶段旅游宣传及庙会活动，深入景区、村庄，将镜头对准老百姓，将其自编自演歌舞节目搬上荧屏，展现老百姓自娱自乐，健康向上精神风貌。

撰　稿：雷　平
责任编辑：余王灼

旅　游

【概述】 2014年，县旅游工作按照县委、县政府的工作部署和要求，围绕建设“太极之城·大美清流”发展目标，加快品牌创建步伐，推进项目建设，旅游经济取得新进展。

【加快项目建设】 旅游和商贸服务业战役共完成项目投资36160万元。温泉生态休闲度假区项目完成投资10400万元。中华客家祖山文化园项目完成投资1250万元。完善景区配套工程，客家博物馆已在进行室内装修，墙体、地面、水电、弱电等基础设施已完成，实景布置接近完工。林畲毛泽东旧居项目完成投资6000万元。毛泽东旧居广场、毛泽东铜像、牌楼、绿化等工程已完工；《如梦令·元旦》展示馆主体、管理房公厕建设已完成；景区公路已在建设。花海温泉养生苑项目完成投资8500万元，温泉源头景观、酒店建设用地和精油加工厂建设用地征地工作完成，花海温泉乡村游建设用地和销售中心建设用地已完成53户、9.07公顷征地工作；花海温泉酒店地基完成工程量90%。海峡两岸中华桂花文化园项目完成投资5890万元，已在进行半山庄大门、景观、道路等建设，景区于国庆期间对外试营业。

【创建旅游品牌】 年内，获得国家级旅游品牌2个、省级品牌1个。1月，成功申报国家级温泉地质公园；天芳悦潭温泉度假村旅游景区被国家旅游景区质量等级评定委员会评定为国家AAAA级景区，山城山庄被评为四星级乡村旅游接待示范单位。

【旅游产品宣传促销】 通过设立高速公路广告牌、编制画册，利用

“5•19”旅游日、“9•8”海峡旅游博览会及国内旅游交易会等平台推介温泉度假、客家文化、山水观光、红色之旅等产品，提升清流旅游产品知名度。天芳悦潭温泉度假村景区举办“爱旅游，天芳悦潭半价游”“关注天芳悦潭微信，分享有优惠”“天芳悦潭旅游区全家福年卡”等活动进行促销。

【招商引资】 年内，邀请泉州、厦门、浙江、北京等地客商到清流实地考察旅游项目。与浙江驰成建设有限公司签订《中华客家祖山文化园二次招商总体框架协议》。

撰　稿：　伍玉芬

责任编辑：余王灼

档　案

【概述】 2014年，县档案工作落实省、市档案局（馆）长会议精神，服务县委、县政府工作大局，发挥档案专业职能，为加快转变经济发展方式、推进民主政治建设、推进文化强县建设、保障和改善民生、推进生态文明建设，建设幸福清流提供档案服务。

【推进重点建设项目及民生档案工作指导】 按照分级管理原则，掌握国家投资重点建设项目实际情况，确保项目档案工作与工程建设同步进行。组织人员深入项目建设单位指导，做好城区建设工程、南区轻工业园、金星工业园区、台湾农民创业园、苏区广场、第一中学整体搬迁、天芳悦潭温泉度假村等重点项目档案的指导和服务工作，开展重点建设项目档案工作安全督查，促进重点项目建设单位规范项目档案的归档整理和安全保管。深入教育、劳动就业与培训、社会保障、医疗卫生等单位，指导做好民生档案工作。

【加强企业档案工作指导】 组织人员到县罗口煤矿、县优恩电力有限公司、东莹化工、高宝矿业、永福化工、展化化工等民营企业指导。加大国有企业档案工作的监督指导，县煤炭公司、邮政局、电信、国有金融企业档案管理达到规范化标准。

【加强机关档案工作监督指导】 组织干部深入机关指导档案工作67人次。督促机关档案室建设，做到办公、库房、阅览三分开，确保机关档案馆室建设与各项业务建设同步发展。实行机关档案整理质量合格证制度，做好网上登记与目录数据报送工作。做好全县各级党的群众路线教育实践活动文件材料归档指导工作。开展机关事业单位档案目标管理定级指导、验收工作。

工作人员下社区指导档案工作

【拓展农业农村档案工作】 加强新农村建设、农田水利建设、换届选举、项目建设档案工作指导。组织“党员义务服务队”深入各乡镇，帮助示范村整理档案。4—5月，组织业务骨干深入村级档案创建示范点李家乡鲜水村、龙津镇拔里村，赠送档案业务用品，义务为鲜水村、拔里村委整理档案。全县118个村、居委会，立档单位80%以上。

【开展先进档案室创建工作】 以余朋乡政府、县劳动局农村医保公司作为先进档案室创建示范点，加大档案管理工作软、硬件投入，并派出业务骨干指导档案整理。县劳动局农村医保公司档案室通过省局验收，余朋乡政府档案室基本达到标准。

【档案信息化建设】 组织人员录入1990年后的档案，推进分布式档案基础数据库项目（二期）建设。加强网站管理，及时充实更新网站内容，做优网站栏目，提高网站质量。加强档案信息报送工作，向省市档案局、党工委、县委办、宣传部等报送信息20多条。

【优化查档服务】 取消档案查阅、保护、复制等查档收费，实现查档零收费。年内接待利用查档人员900多人次，利用档案2500卷册。

【档案执法检查】 加大档案执法力度及乡镇档案工作，推进乡镇档案管理法制化进程。7月、10月，分别开展全县档案安全保密专项检查和档案执法检查活动，对档案工作问题较多单位加强监督，督促整改。

撰　稿：　邓松明

责任编辑：余王灼

党史研究

【概述】 2014年，县党史工作落实《清流县2011-2015年党史工作规划》要求，围绕“存史、资政、育人、促发展”目标，各项工作取得新成效。

【初步完成地方党史二卷（1949—1978年）编纂】 完成《中国共产党清流县委历次代表大会重要文件汇编（1949—2011年）》编辑，全书近30万字。完成《中共清流县委大事记》（1949—2001）的资料收集及初稿编纂工作。全书11.2万字。完成清流县社会主义时期党史专题研究资料征集，形成正本初稿，全书近20万字，已交付省委党史研究室审稿。

【开展清流县革命史专题研究】 与广西桂林、灌阳等地党史部门对接，考证、统计清流籍烈士名单。围绕纪念长征80周年、清流县城保卫战80周年开展专题研究，召开清流县新四军研究会县城保卫战80周年专题座谈会，为新四军研究会宣传栏制作专刊2期。全年撰写研究文章5篇。编印《清流县委党史研究室2012—2014研究成果汇编》。

【保护开发革命遗址】 挖掘红色资源。新发现里田红军标语遗址1处，红军遗址6处。完成《清流县革命遗址通览》第三稿；将全县红色遗址重新拍照录入电脑。协助县老区办向上争取 “朱德·清流锅蒙山战斗纪念馆”建设补助资金10万元。投入资金15万元，修缮里田朱德旧居、长校红军医院、林畲毛泽东旧居、李家孤魂台、嵩口东方军战斗遗址。

【抓好党史宣传教育】 与老促会、新四军研究会、有关乡镇党委政府组织开展清明“继承先烈遗志 发扬革命传统”教育活动。“七一”期间，发挥毛泽东旧居和朱德旧居的“福建省党史教育基地”作用，为游客讲解清流革命史5000多人次。7月16日，配合武装部，在苏区人民广场为应征青年100余人宣讲清流红色历史。及时在清流新闻网“红色苏区”专栏上传红色遗址普查结果和清流革命史研究成果，增加社会主义时期党史研究篇幅。在省老区办主办的《红土地》发表文章1篇。向上报送信息10余条，被《福建党史工作》采用4条。完成党史月刊征订30份。

2014年6月24日，罗炳辉将军之子罗新安教授到清流县里田乡考察，寻访父亲当年战斗生活足迹

【参与红色资源开发利用】 做好里田罗炳辉旧居纪念馆布置工作，投入1.6万元，制作展板18幅。配合县博物馆进行毛泽东旧居重新布展，收集提供资料、布展初步方案。参与清流革命烈士纪念碑建设前期工作。配合长校镇开展美丽乡村建设，整理长校镇和河排村苏区历史，挖掘河排贫农团旧址材料，布置长校镇文化墙“红色历史文化”专栏和河排村文化广场。参加红色旅游发展调研、设计规划等工作。邀请罗炳辉将军之子罗新安到清流考察。邀请中国长征文化促进会副会长兼执行秘书长、全国红办常务理事、成都红后艺术团政委李洋到清流考察，并达成捐资建设一中图书馆意向。

【参与县文化产业发展课题调研】 撰写《推动文化与产业融合发展 创建海西最美休闲旅游度假生态县——2014年清流县文化产业发展调研材料》。

撰　稿：温文梅
责任编辑：余王灼

地方志

【概述】 2014年，县地方志工作贯彻全国第五次地方志工作会议及省第八次地方志工作会议精神，以“资政、存史、育人”为目标，贴近中心，服务现实，开拓创新，注重实效，发挥部门职能作用，不断拓展方志工作领域，取得新成效。

【加快《清流县志（1991—2005）》编纂进度】 根据市方志委初审意见再次修改《清流县志（1991－2005）》。4月，完成评审稿编纂工作并报送省、市方志委审阅。9月17—18日，召开《清流县志（1991—2005）》省、市、县三级评审会。会后组织人员整理归纳评审意见、建议，制定修改方案，逐项修改、补充落实。做好《清流电力志》审核、指导工作，该志书已交付印刷出版。

【完成《清流年鉴（2014）》编纂工作】 开展《清流年鉴（2014年）》正文资料、图片的征集、编写、校对工作，全书54万字，年底交付印刷厂印刷出版。

【人物名村调查】 根据市、县关于做好历史文化名村和传统村落调查摸底工作的要求，6—7月，组织人员到灵地、温郊、田源、龙津等乡镇，开展清流县灵地村黄新民、小池村林耀斌、廖武村廖朝彬、龙津王连三等人物名村相关资料的调查摸底、报送工作，并协同住建局等部门下乡开展调研，收集图片材料，制作人物名村资料PPT上报市方志委。

【乡规民约调查】 根据省方志委编纂《福建乡规民约》工作安排部署。9—10月，深入林畲、温郊、田源、沙芜等乡（镇）村，调查、收集清代禁丐、整肃沙芜航运奉宪碑、水土保持、新农村建设等方面内容的乡规民约资料8篇及相关照片，整理上报省方志委。

【建设方志馆】 2月，与县图书馆联合，专辟一间20余平方米的方志馆，将方志办大部存书3000余册（内含全套第一轮《福建省志》及征集齐全的三明各县新、旧县志20余册）转移到方志馆，委托县图书馆管理，免费向群众开放。并逐步增补书籍，将其打造成清流特色图书馆，为社会各界了解地情、查阅资料提供服务平台。此为三明市首家方志馆。

【服务县域经济发展】 为工商、农业部门申报葛根道地用材、雪薯绿色产品，赖坊花生等地理产品标志查找史料，提供依据。

【方志研究与宣传】 在《福建史志》《三明日报》发表文章2篇，在县客联会出版的客家丛书登载3篇。向省、市修志简讯各报送信息1条。

撰　稿：　刘江平

责任编辑：余王灼

卫　生

【概述】 2014年，县卫生工作在省、市卫生主管部门指导下，按照省、市卫生工作会议安排部署，精心组织、求真务实、强化措施、狠抓落实，各项工作进展顺利。

【改善基础设施】 总投资1600万元的县医院感染科病房楼及路网建设完成并投入使用；县医院危重孕产妇监护室建设，投入资金25万元，添置电动病床、除颤仪、无创呼吸机等设备；完成全省病理远程会诊系统及病理科能力建设，投入资金45万元。

县妇幼保健院综合楼和疾控卫生监督综合楼建设，总投资2600万元。2014年完成投资2000万元，工程主体于8月底封顶，进入内部装修。

乡镇卫生院业务用房建设，总投资1500万元。年内完成投资1170万元。余朋卫生院污水处理及门诊楼改造完成并投入使用；田源卫生院门诊楼、邓家卫生院病房楼、沙芜卫生院病房楼及嵩口卫生院职工周转宿舍完工并投入使用；温郊卫生院门诊综合楼10月动工，已完成基础浇筑；启动赖坊卫生院整体搬迁，已完成征地和初步规划设计。

投入80万元用于村卫生所规范化建设。完成村卫生所改扩建工程16个，98个村卫生所开展乡村一体化建设。第一批47个村卫生所开展村卫生所信息化建设，配备电脑、打印机等设备，完成信息化操作培训及网络设备调试工作。

【县级公立医院综合改革显效】 1—11月，县级两家公立医院医疗业务总体平稳增长，住院日下降，治疗率提高。其中，县医院门诊140873人次，住院11073人次，病床使用率106%，出院者平均天数7.53天，危重病人抢救成功率98.6%。中医院门诊39744人次，住院1533人次，病床使用率44.13%，出院者平均天数5.25天，危重病人抢救成功率98%。

2家公立医院医药总收入6317.37万元，比2013年增长21.94%。其中，医务性收入4511.12万元（检查化验收入1990.93万元、手术治疗护理等服务收入2397.93万元），占医药总收入71.41%，比增23.14%。药品收入1276.66万元，占比20.21%；卫生材料收入548.27万元（其中高值耗材收入243万元），占比8.68%。住院12606人次，比增18.38%；门急诊180616人次，比增9626人次；县医院门诊次均费用126.84元，同比增加6.03元；住院平均费用3338.95元，同比减少4.99元；中医院门诊次均费用62.19元，同比增加7.32元；住院平均费用1717.24元，同比增加94.85元。

县级公立医院实施单病种付费670例，总费用153.73万元，其中医保统畴支付96.41万元，个人支付47.28万元，个人支付占30.76%。患者就医负担有所减轻。

【健全重特大疾病保障制度】 21种疾病纳入重大疾病保障，患者在指定的医疗机构住院治疗，均按定额（补偿）标准的70%比例报销，报销封顶线10万元。

【调整医疗服务收费】 6月1日，县级公立医院调整部分医疗服务项目价格，降低大型医用设备检查治疗价格，适当提高诊查治疗费、手术费和其他体现医务人员技术劳务价值的医疗服务项目价格，理顺医疗服务价格比价关系。

【推进基层医疗卫生机构第二轮

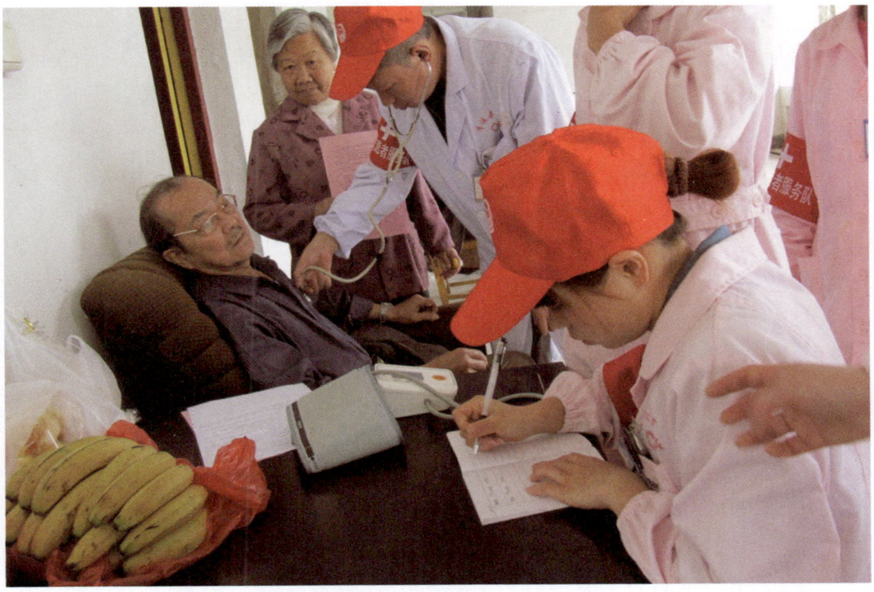
2014年4月27日，县医院开展奉献服务活动，以此迎接“五一”劳动节

改革】 实施基层医疗卫生机构第二轮改革方案，出台《清流县基层医疗机构院长（主任）绩效年薪制考核办法（试行）》《清流县基层医疗机构职工绩效考核意见》。1-11月，13家乡镇卫生院医药总收入2495.93万元，其中药品收入611.08万元，占比24.48%。门急诊12.7万人次，与2013年同期增加14433人次，增长12.82%；门急诊人均费用49.75元，同比减少3.05元，下降5.8%；住院10494人次，同比减少2424人次，下降18.76%；平均住院费用662.05元，同比减少65.6元，下降9.02%，减轻住院患者医药费用支出68.84万元。

【完善基本药物制度】 在全县所有公立医疗卫生机构实施基本药物制度和药品“零差率”，乡镇卫生院药品销售611.08万元，其中基本药物销售586.64万元，占比96%；县级医院药品销售1276.66万元，其中基本药物销售558.78元，占比43.77%。

【实行分级诊疗和双向转诊制度】 探索试行分级诊疗办法，健全基层医疗卫生机构与县级医院分工协作机制。市级2家医院帮扶卫生院2家，县直5家医疗卫生单位帮扶卫生院6家，通过技术合作、人才流动、学科建设、管理支持等方式，推动形成基层首诊、分级诊疗、双向转诊的就医秩序。5月1日起，实施分级诊疗和双向转诊制度。

【基本公共卫生服务】 年内，筹措公共卫生服务项目资金262万元。截至11月底，城乡居民健康档案建档率93%（目标≥80%），规范化电子建档率93%（目标≥70%）；老年人健康管理率99%（目标≥70%），高血压健康管理率95%（目标≥50%），糖尿病健康管理率93%（目标≥50%）；0-6岁儿童健康管理率72%（目标≥85%）；孕产妇系统管理率89.11%（目标≥75%）；重性精神病患者管理率98%（目标≥75%）。

【卫生人才队伍建设】 年内，全县各医疗卫生机构招聘卫技人员28人，其中紧缺专业7人。选派10人到省、市级医院进修，394人参加在职学历教育及医学继续教育，继续教育覆盖率100%。继续实施“四个一批”政策和定向培养本土化大专学历医学人才政策，定向乡镇卫生院委培临床医学大专13人，医学检验1人，定向县直医疗单位临床医学本科7人。8名县级医院特岗医师下派帮扶乡镇卫生院，返聘退休医生6名，充实基层卫技人员队伍。

【卫生技术人员执业注册】 年内注册执业医师10人，执业助理医师4人，注册护士18人。

【疾病预防控制】 全年累计报告甲乙丙类传染病686例，其中乙类传染病9种365例，丙类传染病3种321例，传染病报告及时、准确率100%。开展应对H7N9流感疫情应急处置桌面演练和应对埃博拉疫情桌面演练各1次。突发公共卫生事件2起（其中流行性出血热1起、食物中毒1起），散发传染病疫情及时调查处置率100%。

加强艾滋病监测报告，对娱乐场所艾滋病性传播干预，年累计干预1824人次。全年门诊就诊可疑肺结核症状181人次，免费查痰率100%。发现活动性结核病人37人，治疗满1年结核病痰涂片阳性患者治疗转归32例，治愈31例。

巩固儿童免疫接种率达标成果，建卡率、建证率均达目标要求。对0-6岁儿童实施免疫接种，年累计接种一类疫苗46678人次。

【加强卫生监督执法】 加强重大节假日、活动期间的食品安全保障。出动执法人员37人次，监督检查大中型餐饮业、旅游景点、农家乐、学校食堂等餐饮单位311次。联合教育部门，出动执法人员24人次，检查全县学校及托幼机构食堂。开展餐饮具集中消毒单位专项整治，出动执法人员40人次，抽检餐具1268份，合格1105份，合格率87.1%。开展餐饮服务食品安全风险点专项整治，出动执法人员12人次，执法车辆3次，监督检查全县相关餐饮服务单位76家。开展餐饮服务环节肉及肉制品质量安全专项治理，出动执法人员102人次，检查全县餐饮单位336家。审核、办理餐饮经营单位许可证173户（其中新办证16户）。定期开展全县供水单位卫生监督检查，要求1家不符合规定的供水单位在限期内整改。加强居民社区内、学校及其周边歌舞娱乐业、旅店业、美容美发业、沐浴场等公共场所监督检查，保障公共场所卫生安全。

【提升妇幼保健工作质量】 全年开展婚前医学检查1444对，检出疾病492人。实行孕妇免费增补叶酸项目，共发放叶酸1160人。全县共有产妇2479人，完成产前筛查人数300人，住院分娩活产数2489人，补助住院分娩农村孕产妇973人。孕产妇系统管理2020人，产后访视人数2118人，高危产妇管理804人。规范儿童系统保健管理，全县7岁以下儿童保健人数10808人，高危儿管理130人，新生儿访视2053人，新生儿听力筛查1298人，开展新生儿疾病筛查1788人。完成城区儿童横断面体检2192人。开展农村妇女宫颈癌免费检查项目，完成检查目标1000人。完成已婚低保妇女常见病免费检查1500人，完成率100%。办理出生医学证明2028份。

【推进中医药事业发展】 组织乡村两级人员参加中医药适宜技术培训和进修。开展中医适宜技术推拿、针灸等推广。中医院以小针刀治疗为主要发展方向，新开展颈椎病、腰椎间盘突出症、膝关节骨性关节病、网球肘、学生肘、足跟痛、肩周炎、屈指肌腱鞘炎等约30种疾病的针刀治疗，取得良好效果。开展中医对口帮扶工作，帮助乡镇卫生院中医药科室、中药房建设，人员培训等。县中医院按照新的医院等级评审标准，进行全面巩固和提高，6月通过二级乙等医院验收。

【开展爱国卫生运动】 卫生月活动期间，全县出动干群6.81万人次，清除垃圾杂物94吨，清理卫生死角166处，清理淤泥6吨，拆除违章搭盖9处，治理内河0.15万米，平整道路0.08万米。春、秋两季统一灭鼠。县卫生消毒站与全县103家单位签订消杀合同，5—10月按区域每周开展签约单位消杀1次，每月开展公共场所消杀1次。与清流监狱签订全年性面积3万平方米环境消杀合同。全县累计消杀面积400余万平方米，其中公共场所消杀面积100余万平方米。

【卫生行风建设】 开展职务犯罪警示教育，组织全县卫生系统217人观看《防患未然》《警钟长鸣》《唐跑跑流浪记》等警示教育片6部；邀请县检察院反贪局黄春武政委开展预防医疗卫生领域商业贿赂专题讲座；组织学习卫生系统李桂美、吴孟超等先进人物事迹，评选陈聪水等为“十佳医务人员”，罗小华为“忘我工作的好医生”；制订下发《关于开展医患双方签署不收和不送“红包”协议书工作的通知》。县医院、县中医院召开药事会6次，组织处方点评10次，停止使用品规药品1个，暂停使用品规药品1个，限量供应品规药品2个，重点监控品规药品4个，处理县医院介绍病人外购药品1人。组织召开医患座谈会3次，监督员座谈会2次，下基层32人次，收集科室及患者意见建议72条，给予解释说明5条，已整改62条，正在整改5条。全年受理投诉件4件，办结4件。

【预防和处理医疗纠纷】 建立首诊医师负责制，完善医疗纠纷处置组织机构，重新制定调整医患纠纷处理程序，及时化解医患纠纷。年内，调解医患纠纷4起，调处率100%。

【完善医院安全防范体系】 建立健全医院内部治安保卫机构。投入150万元，在门诊、病房、急诊科等医患纠纷高发场所安装摄像头及监控设施160个。制订防恐怖、防火灾、防破坏事故的应急处置预案并组织演练。

撰　稿：李长发
责任编辑：余王灼

乡镇概况

龙津镇

【概述】 2014年，龙津镇突出“做美城市、做强工业、做活农业、做好民生”四个工作重点，实现农林牧副渔总产值2.62亿元，比增5.8%；工业总产值28亿元，比增26%，其中规模工业产值24.83亿元，比增24%；农民人均纯收入14345元，比增14%；财政总收入1503.44万元，比增57%。

【农业】 引进总投资2000万元的福建天辰航天育种基地建设项目及总投资6000万的牡丹观光园项目。发展林下金线莲种植面积3.33公顷（亩产值24万元；发展花卉苗木基地5个，带动农户100多户，种植面积100公顷。发展中药材种植面积30公顷、仙草基地面积33.33公顷、薏米面积20公顷；种植烤烟面积306公顷，收购烟叶578吨，烟叶销售收入2000多万元。发展蔬菜种植面积40余公顷，发展食用菌300万袋。新增农民专业合作社14家、家庭农场9户、各类专业大户35户。农民人均收入增加300元以上。

【工业】 突出培育化工、轻纺服装、电子、林产、电力五个重点产业。全镇规模工业企业15家，其中产值超亿元企业5家，产值10亿元企业1家，实现规模工业总产值24.83亿元，比增24%。吉阳太阳能电池芯片一期10条生产线建成投产2条，另外8条已在进行设备安装调试；完善光伏产业链条，引进光伏电动车、家用光伏发电机等应用产品下游产业。越烘农业、思恩电器、客莱德机电、华晟无纺布建成投产，展化化工二期厂房全面完工。实施技改企业6家，累计完成固定资产投资11亿元，比增77%。

2014年7月23日，龙津镇组织干部集中开展公路沿线环境整治百日会战

【第三产业发展】 结合“美丽乡村”建设，新增农家乐10家，发展物流公司2家。年内新增个体私营户50家，新增转移农村劳动力500人以上。

【项目建设】 全年实施县重点项目23个，其中工业项目11个，农业项目7个，社会事业项目5个，累计完成投资14.3亿元，23个项目全部开工建设，项目完工或投产21个。

【招商引资】 引进“1+1”项目4个，总投资1.4亿元，完成注册资金3156万元，其中福建省越烘农业技术开发有限公司已获得省农机补贴批复，达产后年产值1亿元，上缴税收500万元，安置劳动力360人；久鸿化工运输公司为清流县首个危化产品运输企业，年内投入运输车辆16辆，后续计划增至60辆；跟踪项目2个，总投资8000万元。

【城镇化建设】 进行城南工业园区、新一中、公路港、植物工厂等历史遗留问题扫尾工作以及花卉路、原饲料公司、移动大厦、中石化加油站等在建项目的征迁工作。全年完成征地拆迁20户，建筑面积1697平方米、征地面积25.67公顷、迁坟286座。严厉打击“两违”，拆除违章建筑，腾出违法占地面积11.69公顷。

【美丽乡村建设】 完成总投资850万元的大路口、供坊、南岐“美丽乡村”建设，惠及农户340多户，1100多人。大路口村投入资金共计135万元，改造围墙570米、门楼38个，斜屋面25幢；安装路灯15盏，新建花圃18个。供坊照镜排及高坂新村共投入650万元，完善村庄基础设施，新建供坊村老人活动中心及农民休闲广场，建造城郊精品示范小区。

【生态建设】 完成拔里溪和南岐溪2个小流域水土保持项目，完成造林绿化面积248.47公顷、“四绿工程”面积63公顷。严格实行“河长”责任制，做好节能减排，完成环保目标任务。

【落实惠民政策】 全额、及时兑现粮食直补180.2万元。落实可享受失地农民生活补助2945人，累计发放补助金176万元。加大推进创业带动就业工作力度，开展创业培训4期108人，已审核76人，发放创业贷款278万元。

【社会保障】 推进城乡居民养老保险全覆盖工作，60周岁以上参保率100%。开展“百名领导结千家、千名干部联万户”活动，全镇共帮扶困难户59户，投入帮扶资金4.5万元。落实694户、1327人的最低生活保障，发放保障金353万元。审批落实困难群众临时求助336户、906人，发放救灾救济金36万元；新农合参保人数17445人，参保率99%，缴纳保金154.78万元。新农保参保人数4232人，参保率92.35%。缴纳保金74.51万元，发放养老金217.66万元。

【安全生产】 实施“六打六治”打非治违专项行动，打击盗采稀土矿点3个，挖土洗沙矿点2个。强化安全生产监管监察，实现特种工100%持证上岗。抓隐患排查治理，查出安全隐患9条，整改9条。中秋、国庆、元旦、春节节前安全大检查出动检查人员96人次，投入资金5万元，排查治理辖区内企事业单位312家。

【维护社会和谐】 以创建“平安龙津”为中心，重点推进社会矛盾化解、社会管理创新。全年发放各种法律法规宣传资料10000余份，赠送法律书籍600余册，悬挂横幅50条。完善社区“13e”网格化管理平台建设，各社区聘用三级专职网格管理员40名，全年报送信息360条，解决问题5件，完成录入人口基础信息2.3万余条。共投入118万多元综治经费，完善综治信访维稳“1+N”联动中心基础设施建设、网格化建设等，排查各类矛盾纠纷98起，全部调解成功。

撰　稿：邓　明　赵丽珍

责任编辑：刘江平

嵩溪镇

【概述】 2014年，嵩溪持续坚持“农业更优、工业更强、集镇更美、民生更好”发展目标，奋力攻坚，统筹谋划，较好地完成镇十七届人大第三次会议确定的各项目标任务。全年实现农林牧渔业总产值2.65亿元，比增10.9%；规模工业总产值实现18.5亿元，比增31.9%；财政总收入996.25万元，比增1.6%，农民人均纯收入14038元，比增12%。

【农业】 发展花卉、苗木种植等特色农业，全年新增种植非洲菊面积33.33公顷、山茶花面积33.33公顷、野鸭椿面积20公顷，完成标准化兰花展示厅建设。培育新型经营主体，全年新增家庭农场5家，农民专业合作社8家，专业大户23户。全年实现烟叶销售1740万元。

【工业】 总投资4亿元的钨矿废弃石循环利用项目完成护坡、河堤等基础设施建设，已在进行厂房、生活区等主体建设。实施总投资6000万元的九龙湖生物科技豆腐皮加工

嵩溪镇元山村七星公园

项目和总投资4000万元的七星岩豆腐皮第二条生产线项目。红火矿业等3家企业实施总投资2.3亿元的改扩建项目。完成文燕洁具申报规模企业工作。投入500万元建设金星工业园区道路两侧路灯及部分基础设施，完善园区功能。

【完善农业设施】 累计投入1500万元，完善农田路网、沟渠等配套设施建设，涉及9个村农田400公顷。实施烟基工程建设面积66.67公顷，农业抗风险能力增强。

【集镇建设】 实施总投资7600万元的农贸市场及文化广场建设项目，农贸市场建设完成，文化广场项目已完成路网、绿化等建设。总投资1.2亿元的华园地产项目4号、5号楼完工，3号楼已在建设中。投入100万元，进行便民服务中心、司法所、农业服务中心等窗口部门标准化建设。

【美丽乡村建设】 重点实施元山村美丽乡村建设，完成美化、亮化、绿化工程，并新建村民活动中心、标准化篮球场、公厕、文化墙等公共设施。

【集镇管理】 开展“百日会战”“两违整治”工作，强制拆除公路沿线违章建筑和临时搭盖物，整治集镇主街墟天占道为市、占街为市经营行为。配齐配全保洁人员和环卫设施，建立“户分类、村收集、镇转运、县处理”的生活垃圾收运处置制度，改变集镇“脏、乱、差”现象。6月，嵩溪镇通过国家级生态乡镇验收。

【社会事业】 实施总投资700万元的幼儿园扩建、三中塑胶操场建设，提升嵩溪镇教学设施条件。总投资500万元的老年安养中心年内建成。投入11万元为镇文化站添置图书、健身器材等。

【民生保障】 全镇新型农村合作医疗参保人数14626人；新型农村社会养老保险参保人数3685人，参保率71.42%。缴纳保金48.54万，发放养老金2100人172.54万元。

撰　稿：周远鹏
责任编辑：刘江平

嵩口镇

【概述】 2014年，嵩口镇围绕“农业显特色、工业增后劲、旅游促人气、城建上档次”发展思路，全面推进“温泉小镇、美丽嵩口”建设。全年完成固定资产投资7.8亿元，比增5%；完成规模以上工业总产值11.6亿元，比增15.88%；完成农业总产值2.77亿元，比增6.5%；完成财政总收入648.03万元，比增12%；农民人均纯收入13027元，比增12.35%。

【农业】 全乡粮食播种面积2215.33公顷，粮食总产11952吨，农机化生产面积1066.67公顷。烟叶收购193.9吨。发展绿化苗木、花卉、淡水鱼养殖、油茶为主的现代特色农业。年内发展油茶种植面积200公顷、绿化造林苗木面积233.33公顷、淡水鱼养殖面积333.33公顷。

【工业】 年内，新增嘉成油茶、榕源木业有限公司、大地达耐磨铸铁有限公司3家规模工业，全镇规模企业15家。

【旅游业】 抓好省重点建设项目天芳悦潭温泉度假村续建，投资5000万元，完成温泉休闲山庄源头景观及泡池建设。实施省重点建设项目花海温泉养生苑，种植食用玫瑰、观赏玫瑰面积33.33公顷，启动温泉酒店基础建设。

【项目引进】 完成县“1+1”招商引资工作，签订投资项目4个，已在谈2个，计划投资3.7亿元。

【集镇建设】 启动嵩马大桥、滨河公园二期等城建项目8个，总投资7500万元。完善城镇基础设施，增强城镇管理能力。加快嵩口村、高坑村“美丽乡村”建设。

【生态建设】 推进公路沿线环境整治，改善镇村环境卫生状况。嵩口镇省级生态镇建设通过验收，高赖、立新2个省级生态村通过验收。

【社会事业】 10月，嵩口文化站作为县公共文化服务督查预备点通过国家终级检查。完善新卫生院配套设施，抓好嵩口学校教育均衡发展及周边环境整治工作。

2014年7月5日，嵩马大桥建成通车

【落实惠农政策】 全镇水稻保险参保面积1000公顷，农户获理赔金9.6万元。发放种粮农民综合直补197.95万元。

【民生保障】 新增就业岗位291个，安置下岗工人再就业112人，参加失业人员再就业培训103人、创业培训52人。帮助农民小额担保贷款128万元。全镇新农合参保人数13560人，缴费金额118.79万元；新农保参保人数4129人，参保率76.82%。缴费金额53.40万元；发放养老金人数2070人，发放金额172.61万元。

【平安建设】 完善镇、村信访调处网络，加强综治“1+N”体系建设，共排查调处矛盾纠纷26起，调处率100%。全镇社会治安满意率96%。

撰　稿：邱梦岚

责任编辑：刘江平

长校镇

【概述】 2014年,长校镇实现工农业总产值4.61亿元，比增11.0%；规模工业总产值1.73亿元，比增15.1%；农业总产值1.80亿元，比增7.9%；全年财政收入352万元，比增8.6%；农民人均纯收入12740元，比增13.8%。

【农业】 全镇种植烤烟面积269.33公顷，收购烟叶415.35吨，实现烤烟收入1381.4万元。种植非洲菊、玫瑰花面积21.33公顷，发展花卉种植大户7户，猕猴桃种植面积10公顷，新增种植金银花面积66.67公顷、金银花盆景面积15.33公顷，金银花全年干花产量7.5吨。盛祥畜牧养殖专业合作社投资20万元新建沼气池200立方米，新增生猪出栏7000头。新创建校兴果蔬专业合作社，整合优化芙蓉李、柰等果树基地200余公顷。

2014年12月31日，长校镇校兴路文化墙

【工业】 全镇共有规模企业4家，分别为三明市华美服饰有限公司、三明市聚友针织服装有限公司、清流长达木制品厂、三明市丽宏服饰有限公司，安置富余劳力就业200名。

【灵台山风景区建设】 做好计划投资3亿元，福源寺扩建及弥勒学院建设项目前期工作，其中福源寺扩建项目完成林权转让面积8.07公顷。完成福建省灵台山旅游开发有限公司债务清算，签订债权债务协议。派出2名镇干部驻灵台山客家文化园做好项目服务工作。景区全年共接待游客60余万人次。

【集镇建设】 完成校兴大道水泥路面硬化、道路画线和路灯安装工作，硬化水泥路105米，种植行道树60株，绿化面积36平方米，安装路灯13盏。铺设人行道面积1086平方米。完成大理石镇标吊装、雕刻工作。按照客家风格进行集镇主街道两边8幢房屋斜屋面、立面改造，建设简易农贸市场。

【美丽乡村建设】 投入750余万元，整治公路沿线及镇区节点。其中投资600余万元，完成河排村市级美丽乡村示范点建设。拆除省道204沿线“两违”建筑面积590平方米，拆除公路沿线破旧房屋2座、建筑面积460平方米，清除暴露垃圾136处，改建废旧站点140平方米。新建茜坑村路口花圃1个、面积18平方米。长校客运站修建围墙120米、人行道108米，种植香樟树12株。在校兴大道至客运站、沙坪村公路沿线共架设路灯42盏。建立专业环卫队伍，在全镇公路沿线新设置垃圾桶85个，新建垃圾池6个。投入8万元，完成茜坑村、下谢村、江坊村路口震荡线80平方米，树立警示牌2块、警示反光板6块。

【文化事业】 投资300万元完成河排村丰收文化广场、“传奇罗隐、客家济公”主题河滨古树公园和老人活动中心广场等文化设施建设，完善镇综合文化站电子阅览室。在校兴路设立64米长文化墙，宣传长校镇民间文艺、手工艺、民俗风情、客家小镇等8个方面文化传承脉络。依托农民文化合作社，举办“三八”妇女节、重阳节等晚会，丰富群众业余文化生活。评选“十佳孝子”、“十佳好婆媳”,创办“我言我行”简报，开展“长校拔龙闹元宵”等民俗文化活动。丰富“十番锣鼓”表演曲目，开展非物质文化遗产申报；提升“灵台飞龙”表演水平，打造客家民俗表演精品。

【教育卫生投入】 投资80余万元，完成长校中学大门、公厕修缮以及小学教学楼、宿舍楼、学生餐厅改造，置办小学少年宫活动器材。投资15万元，新建河排村卫生所、幼儿园。

【落实惠民政策】 全年发放种粮补贴和购置农机具等补贴197.36万元。开展“百名领导干部、企业家关爱千名贫困群众”活动，落实帮扶资金1.4万元。发放救灾款2.38万元。慰问困难老人35人次、高龄老人5人次，发放慰问金1.19万元。

【社会保障】 全镇参加新型农村合作医疗保险9731人，参合率102.44%，医保缴费金额68.13万元。参加新型农村社会养老保险3022人，参保率77.12%，社保缴费金额38.38万元，发放养老金156.16万元。

【社会治理】 建立村级网格化管理体系，运用综治信访维稳“1+N”模式，发挥“争平”民间调解工作室作用，与县法院驻长校法庭共化解矛盾纠纷42起，群众满意度提升。严格落实安全生产责任制，开展道路交通、企业生产、食品药品以及校园周边安全等专项整治活动，实现社会安定稳定。

撰　稿：肖美莲
责任编辑：刘江平

灵地镇

【概述】 2014年，灵地镇围绕“工业求突破、农业做特色、集镇兴人气、文化创品牌”的发展思路，抓重点，攻难点，树亮点，各项工作取得较好成绩。全镇完成工农业总产值4.32亿元，比增9.6%。其中，农林牧渔总产值2.15亿元，规模工业总产值1.86亿元；镇财政收入1033.43万元，比增56.7%；农民人均纯收入12700元，比增13%。

【工业】 引进福建省善能生态农业科技有限公司，投资1.1亿元实施林下种植中草药及菌类项目。已投资2200万元，完成水、电、路等基础设施建设，种植各类中草药面积50.67公顷，购进烘烤设备10台套。引进晟源（福建）水产开发有限公司，与当地返乡青年合作发展泥鳅种苗育成养殖项目，已投资1100万元，建设泥鳅种苗养殖场面积13.33公顷，办公用房5000平方米、泥鳅种苗孵化室500平方米、精养池面积6.67公顷，投放台湾泥鳅种苗3吨。引进宇鑫服饰公司，已投资2500万元，建成加工车间4个，招收员工150余人，2月投入生产，5月列入规模工业企业。

【农业】 全镇种植粮食面积1900公顷，创建万亩高产示范基地、中心示范片40公顷，粮食总产1.1万吨。注重发展特色农业，全年发展红荷芋种植8.2公顷，种植菜头、芥菜、雪豆、包菜90.67公顷。新增山地鸡养殖大户3户，存栏3.4万只；新增特大养猪大户1户，成立裕农生态养殖有限公司，年养生猪5万头；新增规模水产品养殖户2户，增加水产品1200吨。以清流县宏畅科技畜牧有限公司为龙头，建立万头湖羊养殖基地，新增就业岗位1000个，实现年产值6000万元。全镇完成种植烤烟面积733.33余公顷，收购烟叶1297.55吨，上等烟比率61.42%，实现产值4404.38万元。

【绿化苗木产业】 新植苗木66.67公顷，全县绿化苗木种植面积达万亩。以杨梅林为基地的绿化苗木种植项目已投资1300万元，完成土地征迁33.33余公顷，完成基地整理建设100公顷。引进留美陈博士1.1亿元，以“基地加农户”的模式实施林下种植中草药及菌类项目，带动农户种植赤松茸24公顷、铁皮石斛13.33公顷、当归6.67公顷。

【养殖业】 宏畅公司湖羊养殖项目计划投资1.58亿元，已投资3300万元，完成 “三通一平”及绿化工作、一期钢架羊舍、青贮池、干草包库建设，引进种羊918头。清泉特种水产养殖扩建项目已投资2000万元，厂房扩建竣工，于10月中旬投入生产。金源公司完成技改投资2500余万元，建设立体化养殖场9000多平方米，种植绿化苗木5万余株，安装沼气发电设备及立体化种养设备2套。

【调整产业结构】 加大绿色生态经济招商力度，引进宏畅（福建）农牧科技有限公司发展湖羊产业龙头，采取“公司+农户”模式，推

林下种植中草药及菌类项目

进畜牧业规模化标准化发展。

【农业基础设施建设】 灵和、吉龙等村的高标准农田土地整理项目已投资590万元，铺设水泥路2400米，建设沟渠2600米。烟基工程项目已铺设水泥路1400米，建设沟渠1600米。

【美丽乡村示范村建设】 美丽乡村示范村灵地村建设项目已投资400万元，铺设水泥路面1.8公里，铺设管网1200米，完成主街道平改坡45户，架设9米高路灯55盏，植树400棵；大坪村建设项目已完成投资200万元，铺设村内主街道排水沟、污水管2000米，完成平改坡50户，架设路灯30盏、植树240棵，拆除旧房600平方米。完成农民休闲公园周边场地平整、透水砖步道、人行道、停车道铺设。

【生态综合整治】 开展“两违”整治和公路沿线环境综合整治，共拆除违章建筑16处，拆除停用广告牌2处，清除“牛皮藓”张贴物150余处，清除路边杂草14公里，清理运垃圾15处。

【水土保持】 实施省级重点水土流失治理和重点乡镇水土流失治理项目2个，封禁治理和造林补植已完成，工程措施按序时进行。

【防灾防疫】 派出森林防火宣传车200余次，干部进村入户宣传2500人次，利用手机短信发布森林防火信息近2万条。抓好动物防疫，完成春防、秋防免疫接种任务，确保在禽流感期间灵地镇禽畜安全。

【社会事业】 投资400万元在邓家村建设幼儿园1所，10月动工建设；加大“校安工程”投入，添置教学设备、增设交通警示牌、修缮基础设施等；投入奖教奖学金15万余元，奖励教师45人、学生17人。投资5万余元，完善姚坊、大坪、杨源、尤坊甲、吉龙、邓家等14个村便民服务点建设；投入60余万元，建设邓家卫生院门诊综合楼。清流县医院灵地分院综合楼建设着手前期立项审批；年内完成青甲、吉龙、灵和等6个村卫生所省级卫生所达标建设。

【落实惠农政策】 全面推广超级稻、再生稻种植，发放粮种补贴32.7万元、种粮直补224.08万元，并做好水稻种植保险工作。

【社会保障】 开展“争当百姓贴心人、助推百千万工程”活动及领导干部驻村夜访活动，走访困难群众1235户，发放救济款及慰问金18.84万元。发放低保金111.09万元、帮残金5万余元、优抚定补款27.61万元。全镇新农合参保人数10797人，参保率100%。新农保参保人数3957人，参保率88.77%，缴费金额40.82万元；享受待遇人员1916人，发放养老金1916人、总额159.10万元。

【平安建设】 完善《灵地镇综治黑点清理工作方案》，重点打击涉黑涉恶、“地下六合彩”、“压铜宝”等多发性犯罪，全年共发刑事案件4起，破1起；治安案件24起，查处21起。设立墟日领导信访、接访日制度，共化解矛盾纠纷26起，全年未发生群体性上访事件。强化安全生产管理，组织力量对危化物品、烟花爆竹等重点领域进行安全大检查，全年未发生安全事故。做好学校周边环境整治工作，配合县公安局、农业执法队等部门综合执法，专项清理非法车辆营运、三轮车非法载客3次。

撰　稿：黄慧敏
责任编辑：刘江平

林畲乡

【概述】 2014年，林畲乡实现农业总产值1.26亿元，比增15%；乡镇企业总产值4亿元，比增13%，其中规模以上工业总产值3.3亿元，比增12%。全社会固定资产投资3.4亿元，比增12%；财政收入538.86万元，比增28%；农民人均纯收入14269元，比增14.8%。

【农业】 全年新增种植花卉面积20公顷，总面积近100公顷。新增苗木面积26.67公顷、茶叶面积20公顷、雪薯面积13.33公顷。发挥闽新畜牧业、龙泉渔庄和华顺养殖等企业带动作用，全乡年存栏生猪6000余头，产值3000余万元，冷泉养殖水域面积33.33公顷，年产鲜鱼300余吨。新增龙头企业2家、农民专业合作社2家、家庭农场1家。新发展专业大户4家。新增省名牌农产品2个、绿色食品2个、无公害农产品1个、国家农产品地理标志1个。选送的“南方红豆杉”获第十六届海峡两岸花卉博览会观赏类苗木金奖。

【工业】 全乡共有企业84家，其中规模以上工业企业4家，即苏福茶业、鑫明木业、锦盛木业及宏志矿业，职工总计2300余人。苏福茶叶总投资5000万元的清洁型茶叶加工生产线投入使用，产品通过欧盟191项检测，实现年产精茶25吨，粗茶600吨生产目标，产值5000万元，获市农业产业化龙头企业称号和省级农业（种植业）标准示范区称号。宏志矿业投入1000万元实施生产线改建项目，实现年产值8000余万元。

【旅游业】 桂花文化园加快文化馆、住宿部、园区漫步道等基础设施建设进程，龙泉渔庄完成整体规划设计，完善餐饮、垂钓、游泳、棋牌等农家乐休闲项目。苏福茶业休闲观光体验茶园项目，年内完成部分旅游交通道路和茶园改造建设。红色旅游建设项目完成拆迁房屋面积686.6平方米、杂地面积169.43平方米，完成征地面积1.64万平方米，发放补助资金280余万元；毛泽东铜像、旧居门楼、“如梦令·元旦”广场及展示馆，土建工程等基本完成，全年接待6500余人次。总投资1600万元的红色标语遗址公路改建工程已在施工。

【社会事业】 全年投入教育事业资金2万余元。筹资15万元，完善乡文化服务中心，设置宣传栏和文化长廊。林畲卫生院投入20万元购置全自动生化仪，卫生院病床14张，医务工作人员14人。全乡99%民众饮用自来水，液化气入户率99%，闭路电视用户1025户，机动车数1954辆。全乡金融机构2家，服务网点2个，年末居民储蓄余额8941.6万元，贷款总额2274.4万元。投资17万元，为幸福院老人添置窗帘、被套等生活物品。

【交通设施建设】 通过一事一议项目投资150多万元，完成岭官、石下、孙坊3个村道路硬化共1500余米。投资50万元，完成岭官、向阳2条通村道路安保工程。投资100万元，实施林畲老街至天康街路桥建设工程，工程11月动工。投资90万元，实施舒曹、石下2座危桥改造工程。

【水利工程建设】 继续实施岭官水库建设项目，累计完成大坝浇筑4万立方米、隧道开挖2.5公里，工程接近尾声。总投资420万元的小型农田水利工程全部完工，建成水渠18公里、水坝15处、山塘2处。完成投资20万元的烟田基础水利工程建设。总投资1500万元的35千伏变电站项目8月动工，完成基础设施建设。

【民生保障】 全乡参加新型农村合作医疗保险人数5457人，参合率90.8%；参加新型农村养老保险2871人，参保率99.25%，养老保险缴纳35.66万元，发放养老金980人、总额81.1万元。年内实施低保救助79户182人，其中五保户17人，发放低保补助25万元。帮助3户残疾人申请中央残疾人创业基金1.5万元。农村危房修缮57户，拆旧建新30户，共补助金额100余万。种粮综合直补133.71万元。

【集镇规划】 聘请浙江大学设计院编制林畲乡集镇发展总体规划，并邀请建设、国土、旅游和水利等10多个县级部门对整体规划进行集中评审，年内，林畲乡整体发展规划已基本定稿。

2014年7月16日，省委组织部干部二处处长罗志坚（中）参观林畲毛泽东旧居

【新农村建设】 岭官幸福小区建设项目总投资3800万元，占地面积4.43公顷，建设新房98座，工程5月动工，年内完成主体二层建设。向阳新村二期工程总投资1600万元，40户新房基本完工，已在进行道路、路灯、排污、绿化和垃圾池等配套基础设施建设。

【环境综合整治】 开展农村“两违”治理“百日会战”及环境集中整治工作。共拆除204省道沿线违章建筑设施31处，建筑面积10996平方米；新建垃圾池5个，整治卫生死角11处，清理乱堆乱放70余处。筹资20余万元，增设垃圾桶、垃圾箱等环卫设施，实行全乡垃圾日产日清，集镇面貌改善。

撰　稿：林思彪
责任编辑：刘江平

温郊乡

【概述】 2014年，温郊乡围绕建设“幸福温郊”，持续抓好“工业兴乡，农业稳乡，环境优乡，文化强乡”工作重点，全乡上下共同努力，较好地完成各项预定目标。全年完成工农业总产值15.74亿元，其中规模工业产值15.21亿元，比增19%；实现税收4924.4万元，比增22%；完成固定资产投资5亿元，比增46.3%。乡财政收入400万元，比增7.8%；农民人均纯收入11526元，比增29.3%。

【农业】 全年种植粮食面积687.67公顷、总产量3383吨。种植烤烟面积14.67公顷，产量23.5吨。全乡新增花卉种植3户、面积0.93公顷；新增樱花、野鸭椿等苗木种

2014年8月1日，温郊乡桐坑村首个墟场开张，结束温郊乡无墟日历史

植1户、面积1.33公顷；规模生猪养殖户1户，养殖生猪800头。新增树兴、宏辉家庭农场2家、农民专业合作社1家，树兴家庭农场被评为县级十佳家庭农场。建立永盛苗木网页，注册野鸦椿“久久红”商标。

【工业】 总投资1200万元的福宝园区污水处理厂项目，10月动工建设，完成土地平整。总投资5000万元的亿宏建材有限公司年产30万吨氟石膏项目建成投产，清流稀土公司福宝园区压覆稀土资源回收项目建成投产，永福化工氟化铵、各萤石矿山年内均实施环保技术改造。

【农业基础设施建设】 投入525.7万元，实施小农水工程，完成水坡11个、渠道24公里。投入150多万元，实施黄坑源水库除险加固工程，恢复灌溉面积57.33公顷。投资82万元的温家山村粮食产能项目完工，新增耕地灌溉面积50公顷。

【集镇建设】 投资450万元，完成司法所及干部周转房建设。投资120万元，完成政府办公大楼及大门改造工程。投入15万元新建温郊农贸市场，8月投入使用，改变温郊无墟场历史。

【美丽乡村建设】 实施福宝二期、柳池二期、茹坑新村等新村规划，其中茹坑新村点11户新房、桐坑福宝小区二期9户新房基本完成主体工程。投资240万元，完成桐坑和茹坑自来水工程；投资100多万元，完成梧地、包地、福泰小区、庄前等新村点水泥道路铺设；投资50万元，完成柳池、梧地新村点绿化工程。

【交通设施建设】 总投资4600万元的塘凤至小池二级公路全面建成并通车。

【环境整治】 开展打击“两违”、公路沿线环境综合整治“百日会战”行动，拆除“两违”建筑面积9865.67平方米，整治广告7个，清理河道300米，建立道路警示带3处，添置垃圾车1辆、垃圾斗18个。实施总投资120万元的综合环境整治项目，新建人工湿地1处，铺设污水管道1500米。

【社会事业】 收储原粮站地块作为温郊学校建设用地，对温郊学校进行总体规划建设。加强卫生建设，总投资200万元的温郊卫生院综合门诊楼动工建设。投入20余万元，重新装修乡文化站，添置电脑、健身器材、书籍等文化服务设施。积极推进乡风村风转变，持续开展表彰“孝敬公婆好媳妇”和“金秋助学”活动。

【落实惠农政策】 全年发放粮食直补及粮种补贴资金共计73.66万元。推进精准扶贫工作，落实各项精准扶贫户67户，完善全乡精准扶贫档案，报送桐坑、小池2个精准扶贫示范村。

【民生保障】 全乡农村养老保险参保1268人，参保率84.67%，缴费金额17.63万元，发放养老保险金565人，总额46.57万元。医疗保险参保3783人，参保金额26.48万元，参保率92.36%。全年慰问困难群众188人，发放慰问金7.62万元；帮扶困难群众63户，帮扶资金1.89万元。

撰　稿：易宏增
责任编辑：刘江平

余朋乡

【概述】 2014年，余朋乡围绕建设“幸福、和谐、美丽”余朋目标，把握“突出工业、做特农业、突破交通、做美乡村”工作重点，较好完成各项目标任务。全年实现工农业总产值76108万元，比增13.4%；规模以上工业总产值53162万元，比增30.7%；农业总产值完成15048万元，比增5.5%；全社会固定资产投资完成52512万元，比增40.3%；项目完成投资46685万元，比增28%；农民人均纯收入13335元，增收1535 元，比增13%；全乡用电量1858万千瓦时；金融机构存款余额6882万元，比增15.3%；贷款余额1436万元，比增4.6%。

【特色农业】 福建云河生态农业发展有限公司完成油用牡丹种植基地建设，面积13.33公顷。春舞枝公司面积82.8公顷树状玫瑰基地建设项目，完成山场转让、林权证办理等工作，已在进行山场规划。以万乔莆苗木公司为龙头，在蛟坑塘丘种植山樱花、罗汉松、丹桂、红枫等名贵苗木基地33.33公顷，形成规模苗木种植面积133.33公顷。蛟溪果蔬专业合作社在蛟坑种植弥猴桃面积13.33公顷。太山温泉鳗鱼养殖项目，新建标准化产房3座、鱼池9口，养殖美洲鳗150万尾。加快发展油茶、茶叶、甜玉米、金银花、太子参、肉羊等产业。年内新增专业合作社4家、家庭农场2家，各类专业大户10户。

【工业】 宏鑫矿业萤石精粉采选项目，已完成投资3500万元，年产矿石4.5万吨、新增萤石精粉1.5万吨，完成规模工业企业申报工作。华龙公司仁场选厂扩建项目，年内完成投资4200万元，华龙矿区技改项目完成北矿段钻孔22个1.1万余米，已在续办探矿证。东莹公司余朋选厂实施技改，已投资2300余万元，新增萤石原矿7.5万吨、萤石精粉2.3万吨。抓好总投资8000万元的鸭子寮矿区勘查项目，钻孔20个约1.7万余米，已在申请办理采矿许可证。

【罗丰溪流域治理】 治理项目1月开工，总投资2711万元，综合治理河道3.2公里。

【招商引资】 引进总投资5000万元的福建兴发矿业有限公司选矿项目，建设年产3万吨萤石精粉生产线，已完成公司注册及选址工作。总投资7亿元，年产30万吨纳米碳酸钙系列产品项目，已签订投资合同，业主完成勘探。

【旅游开发】 做好东坑古文化名村、东坑太平古寨保护开发工作，申报东坑省级传统村落和市级文化历史旅游名村项目。

【环境治理】 整合余朋城管中队和交通协管员队伍，实现统一管理和联动协作。投入30余万元开展公路沿线环境综合整治及“两违”综合治理“百日会战”行动，拆除“两违”51户、建筑面积6120平方米。

【交通设施建设】 “镇镇通干线”余朋加油站至307省道全长8.13公里，按二级路标准建设，已完成路基建设、建桥梁2座、浇捣路面3公里。余朋太山至明溪界战备公路建设项目全长12公里，按三级公路标准建设，已完成规划设计、征地拆迁、路基建设等工作。投入50余万元，完成余朋东余组水泥路及太山月汤水泥路铺设。

2014年4月10日，乡长王菊英陪同省、市总工会领导到余朋幸福敬老院看望慰问敬老院院长黄小清和敬老院老人

【集镇建设】 实施余朋东门街改造工程，砼预制排水管埋敷599平方米，铺设彩砖面积2900平方米。完成余朋林业派出所业务用房和农资配送服务中心项目建设。投入900余万元，实施35千伏沙芜至余朋变电站项目建设。

【美丽乡村建设】 抓好梦溪移民新村和东坑桂园新村建设，梦溪移民新村34户和东坑桂园新村24户房屋主体工程年内完成。“梦溪大道”安装路灯88盏，已在进行沿线3公里绿化项目。编制完成余朋乡梦溪文化广场及余朋乡农产品批发市场规划建设方案。完成沿河两岸景观工程、芹溪主村71户“平改坡”等项目建设。继续实施农村安全饮用水工程，8月竣工投入使用。

【社会事业】 投入175万元，完成余朋学校教学楼、学生公寓的装修、塑胶运动场、校园文化墙、绿化美化项目建设和添置教育信息化“班班通”设备，年内完成余朋学校地灾点整治项目。投入90余万元，实施余朋卫生院门诊综合楼装修改造，新建医疗废水处理设施，添置血球仪、洗胃机、冷光源手术灯等设备。投入5万元，装修文化服务中心，添置文化服务设施。

【落实惠农政策】 落实“精准扶贫”91户302人，完成造福工程危房改造50户239人。全年发放惠农资金93.50万元，发放计生户小额贴息贷款25户、27万元。

【社会保障】 全乡参加新型农村合作医疗保险参保人数1335户、5222人，参合率95.1%，缴纳医保金40.23万元。新型农村社会养老保险参保2096人，参保率95.27%，缴纳金额30.69万元，发放养老金67.46万元。

【推行“一事一议”制度】 做好

村级公益事业“一事一议”财政奖补工作，争取奖补资金57万元。

【平安建设】 加强防控体系建设，新建高清视频监控1路。全年辖区刑事案件发案7起，破案5起，查处治安案件35 起，调解矛盾纠纷55起。落实安全生产责任制和道路交通安全专项整治“三年行动”，实现全年无重特大安全事故。

撰　稿：　罗春凤
责任编辑：刘江平

田源乡

【概述】 2014年，田源乡实现农林牧渔业总产值1.12亿元，比增6.1%；规模以上工业总产值4.85亿元；农民人均纯收入14657元，比增15%；完成社会固定资产投资5.9亿元，比增39.3%。年内获国家级生态乡镇、全省农村宣传思想文化示范乡称号，并连续2届获省级文明乡镇称号，国家公共文化示范区创建工作代表三明市通过文化部中期督导。

【工业经济】 推进华晟无纺布、惠亿建材、秋口新村煤矿等在建项目建设，督促企业投产达标。全年引进“1+1”招商引资项目5个，其中诗韵编织服饰、隆昌盛贸易建成投产。全乡新增规模以上工业企业2家，规模以上工业增加值6517万元，比增26%。协调新源煤矿生产经营，加强对外引资合作。

【特色农业】 全乡新植珍稀绿化苗木面积33.33公顷，新增罗汉松精品盆景面积250公顷。新增农民专业合作社8家、家庭林场4家、各类专业大户6户。

【“美丽乡村”建设】 完善田源福源小区建设成果。田口店上新农村建设30户已有21户春节前搬迁入住，水、电、路等基础设施投入使用。新村村水东点避险安置项目61户已完成用地征用补偿工作，其中下村建设点11户完成主体建设。廖武巫家寨4户安置搬迁户全部搬入新居。田源村山排林水泥路新增中国结路灯20盏。

【生态环保】 开展“两违”综合治理和公路沿线环境综合整治“百日会战”活动，拆除违法建设2500多平方米。完成造林绿化面积139.93公顷，全乡种植绿化树1.33万平方米。完成“田新”公路损毁路段维修改造及安全隐患治理。

2014年10月17日，田源乡代表三明市创国家公共文化服务体系示范区工作接受文化部督查组中期督查

【农业基础设施建设】 年内完成廖武村土地整理项目。新村下村、廖武巫家寨土地增减挂钩项目有序推进，就地安置搬迁15户，补偿安置基本完成，实现净增耕地面积2.67公顷。

【社会事业】 总投资1300万元的田源学校教学楼建成投入使用。乡卫生院综合楼建成投入使用。投入40多万元完善乡综合文化站配套设施。健全田源文化公园活动功能。修缮田口祠堂，建成田口库区移民活动中心并投入使用。添置廖武戏院设备，并在集镇所在地中心醒目处安装25平米LED电子彩屏。

【落实惠农政策】 落实粮食直补面积398.73公顷，发放补贴款75.05万元，发放粮种补贴11.05万元。

【社会保障】 实施城乡居民社会养老保险制度全覆盖，全乡参保人数2070人，参保率89.81%，缴费金额24.06万元，发放养老金839人，总额70.64万元。新型农村合作医疗参保农民5488人，参合率99.69%，缴纳保金38.42万元，60周岁以上老人参保率100%。新增发80—90周岁高龄补贴。提高最低生活保障标准，发放低保金35.6万元，惠及181人。

【平安建设】 投入20多万元在田口白石尾路段安装治安监控探头。落实领导接访制度，全乡矛盾纠纷调处成功率95%，信访案件化解率100%。持续推进道路交通安全综合整治“三年行动”，开展企业安全生产标准化建设和“六打六治”打非治违专项行动，落实安全生产、食品安全、消防安全责任制度和监管措施，防止重特大安全事故发生。

撰　稿：　黄秀清
责任编辑：刘江平

李家乡

【概述】 2014年，李家乡以建设社会主义新农村为主线，以实现“农业增效、农民增收、农村稳定”为目标，全乡干群通力合作，较好完成年初确定各项任务。全乡重点项目建设完成投资2.97亿元，固定资产投资4.98亿元，比增6.7%；规模工业总产值实现2.21亿元，比增18.2%。全乡农民人均纯收入11866元，比增12%；乡财政收入449.25万元，比增34.21%。

【农业】 全乡耕地面积813.33公顷，其中水田面积771公顷，旱地面积42.33公顷，年内完成粮食种植面积1133.33公顷，产量5981.5吨。种植烤烟面积327.33公顷，收购烟叶600吨。发展以绿化苗木、油茶种植、规模特色养殖等为主导的特色农业产业，完成植树造林面积62.2公顷，新增红枫、罗汉松、红花榉木等苗木种植面积17.33公顷，新增油茶基地种植面积146.67公顷；全乡肉猪养殖3.27万头、山地鸡4万只、白鹜鸭1.7万只、肉鸽2.5万只，淡水鱼产量1972吨。

【项目建设】 三毛食品有限公司进行锅炉改造并开发新产品。五经魁酒业有限公司完成工商注册、税务登记等手续，并完成QS认证，扩大生产规模。引进福建鹏瑞劳务有限责任公司，投资建设工程机械设备租赁中心项目，该项目总投资2800万元，注册资金到位500万元，已建成投入运营。引进福建祥和农林有限责任公司，总投资1500万元建设造林苗、城镇绿化苗培育基地和淡水鱼养殖基地，项目注册资金500万元，年内培育造林苗、城镇绿化苗种植面积6.67公顷。

【旅游开发】 发展乡村休闲观光农业，引导农民发展鲜切花，将特色农产品转化为旅游商品。

冷泉小区农民文化广场

【农业基础设施建设】 投入资金500多万元，实施古坑鲜水长3.2公里、宽5米烟基道路硬化工程，新增粮食产能基地、水土流失治理等项目建设。

【矿产资源开发】 长灌煤矿完成3号、4号井扩建技改，进入地面探槽补勘阶段。马地鲜坑垄煤矿探矿完成钻孔6个，已探明多层煤层，已在进行储量分析。流水硫铁矿探矿完成钻孔1个，已在设计其它钻孔。瑶上煤矿7月因资金问题停工，年内完成主井、副井、通风井和排水井等巷道工程5500米，主井绞车房、高位水池、抽风机房护坡挡墙等工程完工。

【环境综合整治】 推进“两违”综合治理和公路沿线环境整治“百日会战”，共清理河背、鲜水、李村、古坑、罗坑5个村公路沿线乱堆放和进行环境卫生整治等29处。拆除珠山路占道障碍牌1处，清理沿街不规范广告牌3处。聘请专职保洁员，按时清理公路沿线垃圾池。罗坑村案上公路沿线塌方地段护坡治理4处。清理珠山路公路两侧排水沟内堆积物3公里，规范施工现场1处，清理建筑材料乱堆乱放13处，清理占道摆摊设点3处。李村、鲜水村、河背村、罗坑村、古坑村公路沿线“脏、乱、差”现象基本消除。

【美丽乡村建设】 重点建设鲜水村和李村。投入资金218万元，购买垃圾车1辆、铁皮垃圾斗30个，鲜水村完成道路环境整治、冷泉小区农民休闲广场、文化长廊、路灯等基础配套设施建设及主村道路绿化200米，完成珠山路至鲜水小区入口路灯安装；李村完成新亭小区道路200米硬化、路灯亮化、污水处理等建设项目。

【社会事业】 投入120万元，完成李家中心幼儿园的改建及“农村中小学幸福成长工程”建设。抓好村卫生室（所）规范化建设及管理，逐步完善居民健康档案建设。完善公共文体设施，投入80多万元修缮乡文化中心，配齐电脑、电视、投影仪以及其他文体活动设施，达到创国优要求。投入资金40万元建设农民体育健身活动中心，修建标准灯光塑胶篮球场、羽毛球场、室外健身路径及室内乒乓球室、棋牌室、健身房及周边体育设施。

【落实惠民政策】 兑现“两减免一

补助”资金28.96万元、种粮直补资金178.65万元。开展“百名领导结千家、千名干部联万户”活动，共帮扶贫困户114户11.6万元。全年开展农业技术培训10期，培训360人次。

【社会保障】 实行医保、低保对象动态管理，累计为五保户、低保户391人发放五保、低保金81万元，为残疾人365人发放救助金近10万元。新型农村合作医疗保险参合人数9365人，参合率92.3%，共筹集基金58.65万元；新型农村社会养老保险参保人数2412人，参保率70.95%，收取养老保险金24.76万元，发放养老金123.21万元。

【推行“一事一议”制度】 开展“一事一议”筹资筹劳，全乡5个村筹资筹劳近168.9万元，用于农田水利、村组交通和村容村貌建设。

【平安建设】 加强重点项目建设区管控，防止重特大安全事故发生。严厉打击非法盗采煤矿，实行经常性巡查，预防非法盗采行为。做好道路交通安全整治，自筹资金5.2万元在李家粮站、李村、长灌路口、三毛食品公司、吴家、鲜水6个事故易发地段路口设置减速震荡线15条，实施道路安保工程，减少交通事故。推进社会管理综合治理网格化管理，建立“综治”宣传一条街，规范乡村2级“1+N”联动机制，维护社会稳定。

撰　稿：罗冬梅

责任编辑：刘江平

里田乡

【概述】 2014年，里田乡坚持“做特农业、做大工业、做美乡村、做好民生、做实红色”五大工作重点，攻坚克难，全乡经济、社会事业保持较快发展势头。全年实现地区生产总值3.97亿元，比2013年增长20.3%；全年完成工农业产值3.79亿，比增19.8%。农林牧渔业总产值8780万元，比增11.9%；农村工业总产值2.81亿元，比增22.2%；商贸服务业完成1050万元，比增48.9%；固定资产投入1.13亿元，比增44.2%；乡财总收入347.89万元，比减7.2%；农民人均纯收入12305元，比增14.5%。获得“国家级生态乡”荣誉。

【农业】 全年粮食总产量5500吨，比增3.3%。推进农业产业化，全年培育粮食、烤烟、农机、蔬菜等农民专业合作社9家、家庭农场2家、农业龙头公司1家。投入70万元，推广工厂化育秧，承接国家粮食高产创建、省粮食增产攻关模式和木薯、大豆套种栽培实验成功并通过验收。引进种植猕猴桃，在草坪建立种植基地面积4公顷、培育种苗基地面积3.33公顷。

【工业】 源益木业、范阳竹业完成技改扩线，形成多品种并举的产业链。规模以上工业企业实现总产值2.84亿元，比增22.94%。

【金融业】 年末，乡信用社存款余额7637.67万元，比增26.5%。发放各项贷款1093.3万元，比增13.5%。其中，发放小额联保贷款74.94万元、创业贴息贷款116万元、信誉党员贷款60万元、助学贷款3.32万元、生产贷款839万元。

【项目建设】 全年策划、包装农田水利设施、生态环境整治、美丽乡村建设等项目23个，开工20个，建成14个。省道公路里田至田坪段路灯安装和“两违”整治、村庄自来水改造以及“一事一议”道路建设、凹头庙蓄水池等项目全部建成投入使用，红色旅游客服中心展示馆、朱德旧居、锅蒙山战斗纪念馆、田坪至里田河道综合治理以及里田、田坪2个村土地整理等项目部分建成或已在实施。

【美丽乡村建设】 以洋庄村为“美丽乡村”建设示范村，以田坪、里田、深渡3个省道公路沿线村为环境综合整治重点村，推进全乡“美丽乡村”实施进程。洋庄村被县列为“美丽乡村”建设亮点村，田坪村、里田村、深渡村完成省道公路沿线环境卫生整治33处，清理垃圾25处，拆除“两违”建筑1700平方米，安装路灯35盏，清理小广告、不规范广告14处，并设置交通安全标志等。把握国家“一事一议”奖补政策，实施深度、卢水、里田、田坪等村环村道路硬化工程，完成罗氏家庙修缮及氧化塘

2014年6月24日，县长冯明生在乡党委书记王兴炳的陪同下到范阳竹业调研

建设，乡容村貌改善。

【社会事业】 总投资500万元的新建幼儿园，完成图纸设计和场地平整，年内开工建设。投入3.18万元，为文化站活动室添置桌凳、电脑、书籍等设施，里田乡文化站规范化建设通过市、县考评验收。教育质量进一步提升，里田学校四年级、六年级英语单科成绩期末列全县统考第一名和第二名，教学目标管理考评全县第三名。

【落实惠农政策】 全年兑现良种补贴127.36万元。举办各种劳动技能培训班3期，累计培训190人，培训后转移就业152人。

【社会保障】 全乡参加医保5150人、参保率99.84%，缴纳社保金32.68万元，全乡有452人因病住院享受医保补助24.8万元。新农保参保2030人，参保率88.43%，缴纳保金23.73万元；全乡797位60周岁以上老人定期领取养老金，全年发放养老金66.39万元。落实全乡低保户最低生活保障78户147人，“五保户”建立分散供养关系10户11人，向125位重度残疾人定期发放生活补贴。

【平安建设】 全年乡领导干部参加接访133人次，接访群众9批51人次，受理信访事项9件，解决2件，落实责任单位和领导包案7件，未发生越级上访和进京上访事件。年内整治道路交通安全隐患7处，排查生产安全隐患5起，调解民事纠纷32起，查处治安案件7起，侦破刑事案件4起。

【计生帮扶】 全年计生金秋助学帮扶4人共计4000元；帮扶计生“幸福工程”7户，共计10万元；提供计生小额贴息贷款17户，共计25万元。

撰　稿：　黄汉书
责任编辑：刘江平

赖坊乡

【概述】 2014年，赖坊乡统筹谋划，奋力攻坚，较好地完成各项预定目标任务。全年实现农林牧渔业总产值1.96亿元，比增8.66%；规模以上工业总产值1.67亿元，比增62.68%；全社会固定资产投资5.13亿元，比增36.16%；乡公共财政收入592.27万元，比增53.35%；农民人均纯收入11766元，增长18.26%。

【农业】 稳定粮食生产，推进“3+2”（建成茶叶、油茶、苗木基地面积各666.67公顷，烤烟、花生基地面积各333.33公顷）特色农业基地建设，年内新增油茶面积80公顷、茶叶面积66.67公顷、苗木面积103.33公顷。引进大丰山禽业公司建设年产5000吨鸡蛋的大型副食品养殖基地、年产1000吨鳗鱼的珍稀水产养殖基地和年产1000头肉牛养殖基地。全年烟农收入1819.19万元，比增0.32%。

【工业】 新增九农夫清流农林开发有限公司和福建省丰韵茶文化发展有限公司2家规模工业企业，全乡规模工业企业总数4家。投资9300万元完成伊科电子、双秋茶叶、东方美人、大丰山食品等4家企业技改，伊科电子完成一期技改，建成1.1万平方米厂房并入驻生产，取得实用新型专利7个、外观新型专利5个。引进三明市峰源矿业公司投资6000万元建设高岭土产业化项目，规划建设高岭土精加工生产线和琉璃瓦生产线各2条，年内完成公司注册，已在进行勘探和前期筹建。

【推进文化旅游业发展】 整治赖坊古民居路沟，完善区域内浏览图和主要景点标识，配齐消防设施。引进省道教协会、永隆实业、丰韵茶文化等企事业团体投资开发大丰山、现代农业观光区及海峡两岸茶博园项目。开发乡村一日游，设立乡旅游接待服务中心，与省宝中旅游集团对接，组织接待各地游客到赖坊观光旅游。依托中国历史文化名村和中国传统村落2个国家级文化保护开发品牌，制作宣传册、宣传片，建设广告灯箱长廊。完善乡政府门户网站建设，在天猫、淘宝等电商网站推介赖坊旅游文化资源和土特产品，利用微信等新媒体进行宣传，累积转发量4000余次。

【农业基础设施建设】 完成总投资1500余万元的彩票公益基金、茶

2014年1月14日，副市长张丽娟（左二）到赖坊乡调研文化产业

叶基金项目以及农业综合开发、烟基工程、水土保持等一批农业基础设施项目。继续推进南面乡镇集中供水工程，增强农业抗风险能力。

【品牌建设】 实施赖坊花生国家地理标志保护产品认证工作，完成龙井茶、淮山、赖坊西瓜无公害农产品认证和赖坊花生“福建省级著名商标”认证。年内在赖坊、清流、三明等地建成赖坊农产品展销中心。

【集镇建设】 投资1600多万元，完成沿街房屋立面改造、文昌街拓宽改造二期工程、南山村道拓宽绿化、文昌溪防洪堤及柳薇道建设、文化中心项目、赖武新村及中心幼儿园周边亮化、绿化、美化工程。完善赖安、赖武新村基础设施，推进政府公租房和商贸街建设，启动文昌溪“一河两岸”景观工程、赖安省级造福工程百户示范点等项目建设。开展“两违”综合治理和公路沿线环境整治“百日会战”，拆除违法违规建筑面积1.5万余平方米，建设东山至赖武村6800平方米鹅卵石路面及花圃绿化带。结合政府公租房建设，推进沿街店面建设，引进福万佳超市入驻，新增宾馆、家电、药店、食杂等商铺10余家。

【生态建设】 巩固赖安、赖武农村环境连片治理成果，配齐保洁人员和环卫设施，做好垃圾清运、消毒工作。成立16人的水土保持封禁治理专职护林员队伍，完成造林绿化30公顷，落实改燃禁柴补贴72万元。实行河长责任制，整治文昌溪水环境。9月，赖坊乡通过国家级生态乡镇验收。

【项目建设】 全年实施项目23个，其中新开工建设项目21个，完成投资3.55亿元。编制完成“十三五”重点项目计划，做好项目库储备工作。引进项目6个，落地注册4个，总投资6.9亿元，实际到资5600万元，其中注册资金千万元以上项目5个。全年争取水利、农业、教育、卫生等项目资金600余万元，获批各类建设用地面积12.33公顷。投入70万元完成赖安大罗坑1.17公里道路硬化工程，投入165万元实施赖安桥危桥改造。

【社会事业】 争取中心小学扩建和卫生院搬迁重建项目资金2000余万元。文昌廊桥，南山日月塘，南山村内、赖安通组道路硬化等项目全面完工。投入300多万元，完成乡综合文化站、塑胶球场、文化广场、农家书屋和休闲公园等项目建设并投入使用。组建古乐坊、龙狮舞2支业余文艺队，定期举办技术培训、民俗表演、健身活动。10月31日，成功举办知青45周年返乡聚会活动。

【惠农政策】 全年落实农机、粮补等各项惠农补贴200余万元。

【社会保障】 开展关爱帮扶活动，奖励帮扶困难学子35人，发放奖学助学金2.34万元。实行“3+1”关爱留守儿童挂包帮扶体系，筹集关爱基金3万余元，帮扶留守儿童62名。做好低保、优抚、救灾救济等民生工作，深入开展“百名领导干部、企业家关爱千名贫困群众”活动，慰问帮扶困难群众285人，发放慰问金6.5万元。基本实现新型农村社会养老保险、医疗保险全覆盖，全乡新型农村合作医疗保险参保人数7854人，参保率98%，缴纳保险金49.46万元。新型农村社会养老保险累计参保人数2278人，参保率71.84%，缴费金额22.78万元，发放养老金113.76万元。

【平安建设】 开展平安创建和综治“三率”提升入户挂包活动，顺利通过“平安先行乡镇”验收。持续推进道路交通安全重点整治，强化校园周边环境专项整治，规范食品经营和校车运营。开展矛盾纠纷排查调处和领导干部“大接访”活动，强化治安管控和防范，群众安全感增强。

撰　稿：陈　巨
责任编辑：刘江平

沙芜乡

【概述】 2014年，沙芜乡全面推进农业农村各项工作，新农村建设取得新进展，森林防火、动物防疫、防汛等防灾抗灾工作有序开展。实现农业总产值1.41亿元，增长6%；工业总产值2.72亿元，增长21.8%；完成固定资产投资5.19亿元，增长57.6%；农民人均纯收入增长10.2%，乡财政收入423.21万元，增长10%。

【工业】 总投资2.58亿元的秋口煤矿扩改、上坪煤矿扩建、马地煤矿扩改项目，年内完成投资6150万元。总投资1.5亿元的秋口新村15万吨资源整合开发项目，年内完成投资1980万元。总投资7000万元的曾家岭煤矿勘探项目，年内完成投资1850万元。九龙湖木业公司3月完成公司股东重组、变更法人代表、年检等，实现产值4700万元。总投资2000万元的福建省九龙溪生态食品有限公司，建成厂房、综合楼及员工宿舍楼基础设施，进入设备安装。全乡规模企业5家（上坪煤矿、秋口煤矿、马地煤矿、九龙湖木业公司、凯林竹制品有限公司）。

【烤烟种植】 全乡烤烟种植面积71.33公顷，收购烤烟145.69吨。

【水产养殖】 投资2000万元，完成马云垅千亩现代渔业产业园建设。投资1000万元，完成上坪广坑标准化鱼塘改造项目。投资500万元，完成齐溪库湾筑坝养殖项目建设。全乡形成万亩水产养殖基地，全年水产品产量4200余吨，鱼干产量300吨，实现人均一吨鱼目标；渔业产值1亿元，此项农民人均纯

2014年5月28日，省移民局局长蔡伟（中）到沙芜乡库区移民村调研环境综合整治项目工作

收入增400元。

【招商引资】 引进浙江义乌民鹏进出口有限公司与凯林竹制品有限公司合作，总投资3000万元。公司4月获得自营出口经营权，8月列入县规模企业，全年实现产值3000万元。

【交通设施建设】 改造提升道路4条。总投资800万元的白塔村道路硬化工程和总投资900万元的铁石村内道路建设工程，均已建成投入使用。总投资4000万元的铁石—白塔段县道“镇镇通”二级路提升工程，已平整道路8.5公里，已在进行路面硬化。总投资1.2亿元的307省道洞口至雾龙溪（永安交界处）段工程已在加紧施工。

【美丽乡村建设】 实施铁石村庄环境综合整治项目，总投资2900万元，完成一、二期工程投资2350万元。实施房屋立面改造210户，完成改造180户，完成坡屋面改造21630平方米。清理简易搭盖、废弃建筑物9513平方米，梳理电力、通信管线4300米，清理沟渠2130米，硬化道路面积4300平方米，绿化面积1450平方米。实施新村建设2个，其中上坪百户连片新村二期建设已投资1000万元，完成简欧式风格住宅外墙粉刷及配套排污、水电安装，建成村内绿化带面积3500平方米；九龙湖新村建设已投入500余万元，完成规划设计和征地等有关工作。实施沙芜农村安全饮用水工程，已投资300万元，完成项目招标、设计及设备材料购置，进入管网安装。白塔自来水改造6月投入使用。实施铁石村至白塔村亮化工程，总投资100万元。投资60万元，完成集镇8.2公里路灯亮化。实施总投资500万元的洞口美丽乡村示范村建设，已投资290万元，完成休闲文化广场平整、路灯亮化及村部装修工程。

【社会事业】 投资50余万元，改造乡文化服务中心。投资100万元，建成沙芜学校塑胶运动场。投资200万元，新建卫生院病房大楼。投资97万元，完成沙芜敬老院建设。

【落实惠农政策】 全年发放种粮农民综合直补40.15万元、粮种补贴6.39万元。加强农村富余劳动力就业培训，开展农村实用技术培训4期，新增劳动力就业转移125人。

【民生保障】 全乡新农合参保人数3851人，参保率98%，保金缴纳30.36万元。新农保参保人数1300人，参保率82.52%，缴费金额16.25万元，发放养老金588人，总额48.15万元。

撰　稿：余　娟

责任编辑：刘江平

附　录

副科级以上在职领导名录

（2014年1—12月）

一、中国共产党清流县委员会
书　记　梁奕章
副书记　冯明生
常委、副书记　聂金辉
常委、常务副县长　张仕权（12月任）
常委、纪委书记　郑龙华
常委、人武部政委　朱兴亨
常委、政法委书记　范成田
常　委　邓炳辉（12月免）
常委、宣传部部长　刘剑英
常委、统战部部长　廖祥初
常委、组织部部长　王　争
常　委　黄华弟（6月任，挂职）
调研员　陈昌帜

二、清流县人民代表大会常务委员会
主　任　许天赠（12月免）
李增祥（12月任）
副主任　邱文宁
林新建
欧阳圣雄
李兴荣
党组成员　赖汉生（9月任）

三、清流县人民政府
县　长　冯明生
常务副县长　邓炳辉（12月免）
副县长　林峥声
谢锦山
伍　伟（12月免）
陈世卿（9月免）
彭平刚
周美华
张仕权（12月任）
江　勇（12月任）
科技副县长　杨　青（9月任，挂职）
政府党组成员　曹军平（3月免）
陈世卿（9月免）
彭平刚
黄德骏
杨锦忠（3月任）
杨　青（9月任）
江　勇（12月任）

四、中国人民政治协商会议清流县委员会
主　席　李增祥（12月免）
邓炳辉（12月任）
副主席　李志明
雷根旺
黄光成
马卫强（12月任）

五、中国共产党清流县纪律检查委员会（监察局）
纪委书记　郑龙华
副书记　严南明
单建林
常　委　黄瑜俊
王荣华
倪端峰
监察局局长　严南明
副局长　欧阳尾秀（主任科员）

六、县委机关
1. 县委办公室
主　任　官师应
副主任　伍毅峰
马松文（9月免）
李海涛
李昌荣
卢燕琴

肖火龙

2. 督查室

主　任　邹志明

3. 机要局

局　长　傅诗玉（正科）

4. 台　办

副主任　张岐山

5. 保密局

局　长　王　燕（主任科员）

6. 组织部

部　长　王　争

常务副部长　李怀忠

副部长　张是强

陈　艳

王永钧

非公企业工委专职副书记　赖旺发

7. 老干局

局　长　陈　艳

副局长　张木生

8. 宣传部

部长、党委书记、教育工委书记　刘剑英

副部长　吴益龙

魏焕明（主任科员）

魏永富

严清海

副书记　马松文（9月任）

9. 精神文明建设办公室

主　任　吴益龙

副主任　邓国云

10. 县委、县政府信访局

局　长　廖喜宏

副局长　阳萍香

11. 统战部

部　长　廖祥初

副部长　廖河程（正科）

包盛吉

12. 政法委员会

书　记　范成田

副书记　林峥声（2013年12月免）

伍　伟（2013年12月任）

邹金春

郑　斌

童火根

综治办主任　巫瑞坚（1月任，正科）

政治处主任　李　俊

13. 机构编制委员会办公室

主　任　伍毅峰

副主任　李远森

事业单位登记管理局局长　许宇翔

14. 县直机关党工委

书　记　王　争（兼）

常务副书记　罗　辉

副书记　叶晓瑜

工委委员　董美英

工委委员、机关武装部长　欧阳凡生

15. 农办

主　任　黄　非

副主任　罗承校（主任科员）

廖金辉（正科级）

党委副书记、纪委书记　张仁和

16. 关工委

主　任　李钦周（7月免）

许天赠（7月任）

专职副主任　黄少嵩

七、县人大常委会工作部门

办公室主任　赖汉生

财政经济委员会主任　赵木海

教科文卫委员会主任　杨坤生

人事代表工作室主任　李仁德

农村经济委员会主任　上官诚亮

内务司法委员会主任　黄水林

信访室主任　李新群

环境与城乡建设委员会副主任　李怀通

财政经济委员会副主任　夏永宁

八、县政府机关

1. 县政府办公室

主　任　黄德骏

副主任　王　振（主任科员）

巫金林

陈　丽

直属机关党委书记　马秀萍

直属机关党委副书记、纪检书记　伍德昌

2. 发展和改革局

局　长　罗承文

副局长　李钦火（主任科员）

罗武文

3. 物价局

局　长　黄日盛

4. 经济贸易局

局　长　江定荣

党委书记、副局长　李光华

副局长　严友林（兼，正科）

罗异清

包则庆（7月任，挂职）

5. 教育局（教育工委）

书　记　刘剑英

副书记、局长　邓桂生（3月免）
江长文（3月任）
副局长、督导室副主任　杨克华（正科）
副局长　伍仕钊
督导室副主任　黄佑文
罗兴文
应安泉

6. 公安局
局　长、督察长　邹金春（副处）
政　委　郑丰满（副处）
党委副书记、纪委书记　巫建华(主任科员)
副局长　苏　宏(主任科员，9月免)
副政委　苏联辉(主任科员)
副局长　谢世文(主任科员)
副局长　罗明兴(主任科员)
副局长兼城关派出所所长　王锋华
政工室主任　魏国勤
指挥中心主任　陈年昌（主任科员）
纪委（监察室）主任　王根崇
队长　郑辉文
警务保障室主任　温金旺
法制大队大队长　赖金盛
教导员　江展标
国内安全保卫大队大队长　林永松(正科级)
出入境管理大队大队长　沈远根
教导员　李传胜
治安管理大队大队长　阳发高
教导员　罗志平
刑侦大队大队长　李金富
教导员　罗周红
副大队长　邹金辉
禁毒大队大队长　李勋世
经侦大队长　杜振文
教导员　罗瑞彬(主任科员)
交管大队大队长　欧群星
教导员　游　炬
看守所所长　张族珍
副所长　江　晔
拘留所所长　石春明
城关派出所教导员　江前雄
嵩溪派出所所长　童群彬
教导员　林金根
林畲派出所所长　马智群
余朋派出所所长　涂林海
教导员　罗凌斌
嵩口派出所所长　黄　晖
教导员　许育才
田源派出所所长　邹桂林
教导员　裴永雄
灵地派出所所长　陈星明
教导员　严跃生
沙芜派出所所长　肖吉康
赖坊派出所所长　江华生
李家派出所所长　黄国叶
长校派出所所长　罗良策
教导员　陈跃洪

7. 森林公安分局
局　长　廖传嵘
教导员　纪贤国
副局长　林立清
副教导员、长校所所长　雷建平
嵩口所所长　陈蜀星
芹口所所长　彭清水
大丰山所所长　杨鹭清

8. 民政局
局　长　刘　忠
副局长　黄清富（正科）
江尾春

9. 老区办
主　任　黄清富

10. 老龄办
主　任　刘　忠（兼）
副主任　江尾春

11. 司法局
局　长　赵云峰
副局长　陈招文（主任科员）
马碧红
李焕琳
龙津司法所所长　赵明强
嵩口司法所所长　赖有红
灵地司法所所长　黄火坤
余朋司法所所长　邓兆平
沙芜司法所所长　兰自仙
嵩溪司法所所长　廖梅根
林畲司法所所长　黄前辉
温郊司法所所长　赖光忠
田源司法所所长　张庆华
长校司法所所长　李志建
李家司法所所长　邱金章
赖坊司法所所长　陈立根

12. 财政局
局　长　兰根旺
副局长　廖志明(主任科员)
黄连东（主任科员）
邱勇卫

13. 公务员局
局　长　张是强
副局长　王孙清（主任科员）

罗　仁（主任科员）

14. 人力资源和社会保障局

局　长　伍正发

书　记　黄必祥（正科）

副局长　叶庆华

机关事业单位社会保险管理中心主任　赖　弘

15. 国土资源局

局　长、党组书记　黄茂鸿

党组副书记　胡永欢

党组副书记、纪检组长　邓谋文

副局长　李炳光

国土监察大队长　王永麟

16. 住房和城乡规划建设局

局　长　邹卫东

副局长　吴　宁（主任科员）

巫雅裕

吴丽华

17. 城市管理局

局　长　黄晓彬

副局长　江洪亮

巫新明

城建监察大队大队长　孙　云

18. 人防办

主　任　朱建光

副主任　雷流芳

19. 交通局

局　长　丘自文

副局长　戴跃生（主任科员）

马卫强（主任科员）

交通综合行政执法大队大队长　吴森亮

20. 水利局

局　长　杨锦铨

副局长　邹水煊

陈祥宜

吴　华

21. 农业局

局　长　张增旺

支部书记　张华生

副局长　邓火根（主任科员）

赖成基（主任科员）

叶佑平

赖文生（主任科员）

陈俊军

科技副局长　张文彬（8月任，挂职）

22. 林业局

局　长　罗相忠

书　记　叶永涛

副书记、纪检书记、武装部长　朱正发（主任科员）

副局长　林武长

严根旺（主任科员）

黄学发（主任科员）

陈碧华（9月任，挂职）

23. 卫生局

局　长　吴爱银

副局长　罗　灵

邓秀清

24. 人口和计划生育局

局　长　马小琴

副局长　黄庆锋（正科）

赵瑞莲

魏正水

25. 审计局

局　长　黄中创

书　记　赖发金（正科）

副局长　严和仁

伍炽昌

26. 环境保护局

局　长　陈　健

副局长　张荣晖

27. 科技局

局　长　黄志明

副局长　范春香

28. 机关事务管理局

局　长　余青生

支部书记、副局长　林先超

副局长　王耀华

29. 文体广电出版局

局　长　江长文（4月免）

副局长　张加荣（主任科员，4月主持工作）

阮　帆

文化市场综合执法大队大队长　王庆华

30. 统计局

局　长　谢振坤

副局长　罗智华（主任科员）

卢云华（主任科员）

31. 粮食局

局　长　林生德

副局长　罗万明（主任科员）

32. 安监局

局　长　巫雅平

副局长　薛岑山

池凤算

33. 民族与宗教事务局

局　长　王宜峻

34. 驻榕办

主　任　张清明（正科）

副主任　谢竣萍（正科）

35. 驻厦办

主　任　邱　伟

36.外侨办

主　任　童榕生

九、县政协工作部门

办公室主任　李寿荣

文史学习和民族宗教委员会主任　江天德

提案和法制委员会主任　李坤斌

社会事业委员会主任　严香荣

经济和港澳台侨委员会副主任　包红英（主持）

十、县纪委机关

办公室主任　黄瑜俊

宣传教育室主任　王荣华

纪检监察室主任　倪端峰

执法监察室主任　余锦城

案件审理室主任　杜世泉

纠风工作室主任　赖跃强

信访室（举报中心）主任　罗良玲

案件综合管理室主任　黄美芳

纪检监察员　韩国新（正科，1月退休）

黄中强（副科）

十一、检察院

党组书记、检察长　程凤娟（12月免党组书记）

党组书记、副检察长　董　新（12月任，代理检察长职务，副处）

党组副书记、正科级检察员　黄坤琳

党组成员、副检察长、正科级检察员

廖才玉（12月免）

张学良

党组成员、政治处主任、副科级检察员　廖传金

党组成员、副检察长、副科级检察员　王秀春

党组成员、纪检组长　江长庆

党组成员、办公室主任、副科级检察员　罗东福

党组成员、反贪局局长、副科级检察员　杨振宇

正科级检察员　许翊芳

李必森（9月免）

反渎局局长、副科级检察员　魏春生

民行科科长、副科级检察员　余生发

监察科科长、副科级检察员　刘剑羽

监所科科长、副科级检察员　赖传根

案管中心主任、副科级检察员　邹春鉴

公诉科科长、副科级检察员　吴晓敏

研究室主任、副科级检察员　李炳生

控申科科长、副科级检察员　肖金娥

技术科科长、副科级检察员　杨建国

反贪局教导员、副科级检察员　黄春武

反贪局副局长、副科级检察员　张成彬

侦查监督科科长、副科级检察员　曹发文

林检科长、副科级检察员　孙玉强

法警大队大队长　郑胜飞

十二、法　院

党组书记、院　长　王文光

党组副书记、副院长　谢恩标

党组成员、副院长　童庆明

党组成员、纪检组组长、灵地法庭庭长　薛苏华

党组成员、政治处主任　张进德

党组成员、副院长　邓志民

审判委员会专职委员、执行局局长　黄水根

党组成员、少年庭庭长　范招玉

审判委员会委员　管志来

刑庭庭长　邹洪标

民一庭庭长　江开万

民二庭庭长　杨木森

行政庭庭长　肖永德

涉台庭庭长　肖宝玉

审监庭庭长　黄亚闽

立案庭庭长　宋燕芳

生态庭庭长　罗来发

审管办主任　罗应鹏

行装科科长　陈梅星

监察科科长　赖跃迅

法警大队大队长　蔡忠新

法警大队政委　曹　平

灵地法庭副庭长　刘　煜

副科级审判员　林　妍（2月免）

十三、群团组织

1.总工会

主　席　王　争

书记、常务副主席　余荣富

副主席　黄茂辉

黄梅群

2.团县委

书　记　李　曦

副书记　马建中

叶淑珍

林为平（挂职）

3.妇　联

主　席　邱琳珠

副主席　伍春春（主任科员）

4.科　协

主　席

副主席　王有远

5.残　联

理事长　黄金福

副理事长　肖钦水
6. 文　联
主　席　魏永富
7. 工商联（总商会）
党组书记、常务副主席　包盛吉
副主席　李　卫
8. 社会科学界联合会
副主席　林　美
9. 计生协会
会　长　陈昌帜
副会长　周美华
　　　　马小琴
专职副会长　罗学宽（正科）
秘书长　曾福秀
10. 红十字会
会　长　周美华（兼）
常务副会长　彭华美
11. 贸促会
会　长　余土荣

十四、县委事业单位
1. 党　校
校　长　聂金辉
常务副校长　廖传林
副校长　翁冬英
2. 党史研究室
主　任　刘善柱
3. 档案局
局　长　黄梅清
副局长　邓松明
4. 报道组
组　长　邓文桂
5. 网络信息管理中心
主　任　邹新根
6. 接待办
主　任　卢燕琴

十五、政府事业单位
1. 行政服务中心管理委员会
主　任　罗锦彪
副主任　上官维民
　　　　戴志琼
2. 旅游局
局　长　卢源成
副局长　王建琴
3. 九龙湖管委会
主　任　魏文亮
4. 广播电视台
台　长　严清海
5. 广播电视网络公司
总经理　黄金泉
副总经理　杨　健
6. 统计局
城调队队长　林金菊
农调队队长　李柱国

7. 畜牧兽医水产局
局　长　黄胜木
副局长　应建翔
　　　　黄文华
8. 移民局
局　长　巫光铭
副局长　邱思东
　　　　邹志辉
9. 方志办
主　任　曾嫦珊
10. 供销社
主　任　江永根
副主任　吴先文
11. 外经（招商）局
副局长　李　美（主持）
12. 农业机械管理中心
主　任　赖成基
副主任　杨天星
13. 城镇集体工业联合社
主　任　余晖民
副主任　余小军
14. 琴源水库
主　任　吴　华
15. 交通运输管理所
所　长　彭元荣

十六、文教卫生系统
1. 清流一中
校长、书记　潘信国
副书记　许光伟
副校长　赖藩荣
　　　　罗海潭
　　　　冯苏平
　　　　邱正根
2. 电大工作站
站　长　廖德华
副站长　曾小英
3. 教师进修学校
校　长　涂清发
书　记　杨仙根
4. 职业中学
校　长　罗振宁

书　记　陈金增
5. 实验中学
校　长　杨洪东
书　记　邓文华
6. 城关中学
校长、书记　黄中伟
7. 县医院
院　长　邓政平
书　记　黄德辉
8. 疾病预防控制中心
主　任　张爱文
9. 卫生监督所
所　长　潘庆年
10. 妇幼保健院
院　长　江永宏

十七、省市属单位
1. 工商局
局　长　梁达穆
副局长　曹剑军
　　　　赖德仁（6月免）
　　　　彭织成
纪检组长　欧阳盛增
2. 邮政局
局　长　周　玲
副局长　施晓娟
3. 邮储支行
行　长　李维忠
副行长　谢　嵩（11月任）
4. 电信公司
副总经理　严国洪（主持）
　　　　　李　斌
5. 移动公司
总经理　吴细应（5月免）
　　　　巫进明（5月任）
副经理　郭良族（12月免）
　　　　李金发（12月任）
6. 联通公司
总经理　张建伟
7. 公路局
局　长　范跃彬
副局长　彭培清
　　　　郑道耿（11月任）
　　　　方立人（11月任）
8. 住房公积金管理中心清流管理部
主　任　罗荣基（5月免）
　　　　王乃明（5月任）
9. 国税局
局　长　刘宗华（2013年12月免）
　　　　廖福潮（2013年12月任）
副局长　张　勇
　　　　李泉南（3月任，挂职）
纪检组长　刘沪荣
10. 地税局
书记、局长　关　毅（3月任）
副局长　关　毅（3月免）
　　　　柯应昌
　　　　潘益强(3月免)
　　　　张松平（3月任）
纪检组长　纪任太(3月免)
　　　　　林燕秋（3月任）
11. 烟草局（分公司）
局长（经理）　严绍训
副局长　薛回祥(12月免)
　　　　张日生(12月任)
副经理　吴征帆
　　　　邱恒良(12月免)
　　　　吴荣生（12月任）
纪检员　张日生(12月免)
　　　　魏生强（12月任）
12. 药监局
局　长　邹国良
副局长　赖德仁（6月任）
　　　　陈　华
龙津食品药品监督管理所所长　袁勇辉（6月任）
嵩溪食品药品监督管理所所长　陈炳炎（6月任）
嵩口食品药品监督管理所所长　罗炎华（6月任）
灵地食品药品监督管理所所长　叶庆茂（6月任）
13. 质监局
局　长　黄毅刚
副局长　林晓锋
纪检组长　施秋怀
14. 人　行
行　长　赵道升
副行长　卢念明
　　　　陈永丰
15. 银监办
主　任　黄少华
副主任　王义周
16. 工　行
行　长　钱大友（4月免）
　　　　林华教（4月任）
副行长　贾爱杰
　　　　林　文（7月任）
17. 农　行
行　长　赖翠江（9月免）
　　　　卢泽余（9月任）
副行长　张　勇

施福增
赖东伙

18. 建　行
行　长　蔡和坚
副行长　张经林
涂源兴（7月免）
吴佐琼（7月任）

19. 中　行
行　长　詹淑莲
副行长　黄汉明

20. 农村信用联社
理事长　谢晓宏
主　任　杨美雄
监事长　何正堂
副主任　黄世柱

21. 人保财险营业部
经　理　黄晓芳

22. 人寿保险公司
经　理　叶宗培

23. 新华书店
经　理　邹洪强

24. 气象（防雷）局
局　长　邓殷鸿
副局长、防雷局局长　黄辉煌
副局长　杨　希
陶诗琨（3月任）

25. 福建省清流监狱
监狱长　杨天良
政　委　曾道新
纪委书记　余有军
政治处主任　黄俊华
副监狱长　庄　标
黄晓宁
李晓东
副调研员　陈建明
政治处副主任　周忠健
李保政（2013年11月任）
刘玉虎（2013年11月任）
纪检监察室主任　李雅志
办公室主任　刘文成
副主任　温建宗（2013年10月任）

26. 三明高速交警支队五大队
大队长　余财旺（1月免）
陈永武（1月任）
教导员　章天鹏（1月免）

27. 高速征管所
副所长　章永生（主持）

十八、驻清部队

1. 武装部
县委常委、政委　朱兴亨
部　长　曹军平（3月免）
陈锦忠（3月任）
副部长　刘先松
政工科长　赖道本（2013年10月免）
纪建军（2013年10月任，2014年3月免）
付　刚（3月任）
后勤科长　张明军
参　谋　胡国良

2. 武警部队
大队长　吴志伟
政治教导员　李德全
副大队长　许锦龙（1月免）
林小玮（1月任）

3. 消防大队
大队长　李坤峰
政治教导员　张金东（3月免）
副教导员　沈　剑(7月任)
参　谋　张　永

十九、其他单位

1. 龙翔城市建设投资有限责任公司
总经理　黄连东
副总经理　吴华钦
陈日春

2. 经济开发区管委会
主　任　廖祥初（7月免）
阳圣雄（7月任）
常务副主任、总经理　杨盛发
副主任　吴淑英

3. 台湾农民创业园管委会
主　任　王　争（兼）
副主任　赖文生（正科）
办公室副主任　罗尚华

4. 商业总公司
总经理　李逢春

5. 物资总公司
总经理　张福明

6. 国有林场
场　长　张金发
书　记　孙祥水
副场长　黄胜流
江先桂
叶　红（2013年1月挂职）

7. 林业有限责任公司
总经理　马松文（挂职，9月免）
张福明（9月任，挂职）
书　记　陈际钦（正科）

副总经理　林胜彪
韩苏建
林钟洪
马经旺

8. 林业执法大队
大队长　周建铭

9. 莲花山省级自然保护区管理处
主　任　刘日辉

10. 供电有限公司
总经理　王伟峰
党委书记　何大勇
副总经理、农服公司经理　林庆宁
党委副书记、纪委书记兼工会主席　陈素丽
副总经理　肖继华（3月免）
王梓华（3月任）
农服分公司党总支书记　丁剑平（3月任）

11. 煤行办(煤炭公司)
书记、主任（经理）　严友林（正科）
副主任　吴家顺
郑新家

二十、乡　镇

1. 龙津镇
党委书记　李积钦
副书记、镇长　陈喜雄
人大主席团主席　李永荣
党委副书记　李梓文
尹祖文
纪委书记　黄礼忠
党委委员、副镇长　黄耀铭
宣传、统战委员　胡燕丽
党委委员、人武部长　姜占源
组织委员　童剑恺
副镇长　黄清池
罗跃明

2. 嵩溪镇
党委书记　邹桂标
副书记、镇长　叶　锋
人大主席团主席　黄前贵
副书记　巫泉根
副书记、纪委书记　邱明鑫
组织委员　郑晓青
宣传、统战委员　罗富旺
党委委员、人武部长　林伙旺
党委委员、副镇长　罗志成
罗尚鹏
党委委员　肖树成（挂职）
副镇长　赖爱娥（正科级）
邱　群(7月任,副镇长候选人)

3. 林畲乡
党委书记　谢荣响
副书记、乡长　吴光豪
人大主席团主席　吴跃全
综治副书记　李木青
副书记、纪委书记　任润松
组织委员、副乡长　马步光
宣传、统战委员　罗启发
党委委员、武装部长　郭德文
副乡长　孙长能（正科）
黄德秀

4. 温郊乡
党委书记　俞忠水
副书记、乡长　康荣光
人大主席团主席　谢怀德
副书记、宣传统战委员　刘佳富
组织委员　张长清
武装部长　张仁水
副乡长　朱名山
邹菊清

5. 余朋乡
党委书记　邹　雄
副书记、乡长　王菊英（1月任乡长）
人大主席团主席　陈怀林
副书记、纪检书记　邓新波
副书记　李晓珍
宣传、统战委员　曹祥盛
党委委员、人武部长　谢洲光
党委委员、副乡长　邓兆平
组织委员　马华瑞
副乡长　魏文亮
罗光炳

6. 嵩口镇
党委书记　黄文新
副书记、镇长　邓国桢
人大主席团主席　邓秋浪
副书记　单成红
副书记、纪委书记　邱生洪
宣传、统战委员　上官光煜
党委委员、组织委员　罗金华
党委委员、武装部长　赖明水
党委委员　陈传彬（9月任）
副镇长　赖有红
张清恒
陈　珉(10月免)

7. 田源乡
党委书记　余生贵
副书记、乡长　李水旺
人大主席团主席　罗道文

副书记　林名轩
副书记、纪委书记　陈富财
党委委员、人武部长　黄汉华
组织委员　李跃荣
宣传、统战委员　曾钦水

8. 里田乡
党委书记　王兴炳
副书记、乡长　罗维英
人大主席团主席　陈　瑛
副书记　雷　清
副书记、组织委员　戴海根
纪委书记　吴子晃
党委委员、人武部长　罗雄飞
宣传、统战委员，副乡长　魏国洪
副乡长　黄雪强
　　　　李吉香

9. 长校镇
党委书记　巫扬辉
副书记、镇长　肖仓满
人大主席团主席　钟春华
副书记、纪委书记　巫仕钰
副书记　汤建德
　　　　田由海（4月任，挂职）
宣传、统战委员　马光辉（11月免）
组织委员　陈积良（1月任）
党委委员、人武部长　李志武
副镇长　李美清

10. 李家乡
党委书记　王恒英
副书记、乡长　许玉峰
人大主席团主席　黄昌华
副书记、纪委书记　上官光耀
综治、计生副书记　黄位财
宣传、统战委员　伍武功
组织委员　吴爱玉（1月免）
党委委员、副乡长　林宗保
副乡长　林钦贤

11. 灵地镇
党委书记　邓文清
副书记、镇长　蔡和轼
人大主席团主席　陈明富
副书记、组织委员　罗富松
副书记　罗承伟
纪委书记　邓永生
宣传、统战委员　赖生旺
党委委员、副镇长　李常仁
党委委员、人武部长　李健民
副镇长　陈文玲
　　　　黄火坤

12. 赖坊乡
党委书记　王怀斌
副书记、乡长　陈先根
人大主席团主席　俞文斌
副书记　刘远发
党委副书记、宣传统战委员　罗群华
纪委书记　许伟超
党委委员、人武部长　黄水发
党委委员、组织委员　谢新时
副乡长　罗桂水

13. 沙芜乡
党委书记　江　勇
副书记、乡长　雷正旺
人大主席团主席　黄绪仁
副书记、纪委书记　黄木根
副书记，宣传、统战委员　魏水鸿
党委委员、人武部长　黄国彬
组织委员　彭春华
副乡长　兰自仙
　　　　罗梅华

光荣榜

荣获国家、省（部）、市（厅）级表彰的单位

一、荣获省（部）级表彰的单位

清流县统计局（农调队）被国家统计局福建调查总队授予"2014年先进单位”称号。

清流县畜牧兽医水产局（水产技术推广站）被农业部全国水产技术推广总站授予“全国水产技术推广示范站”称号；被福建省水产技术推广站授予“省级水产技术推广示范站”称号。

灵地镇、长校镇、田源乡、赖坊乡、余朋乡、李家乡、里田乡被国家环境保护部授予“国家级生态乡镇”称号。

中共李家乡委员会被中共福建省委授予“全省先进基层党组织”称号。

田源乡人民政府被福建省委、省政府授予“全省农村宣传思想文化示范乡”称号。

二、荣获市（厅）级表彰的单位

清流县被福建省教育厅授予“义务教育发展基本均衡县”称号。

清流县人民政府被三明市人民政府授予“全市竹业开发竞赛先进单位”称号。

清流县人民政府荣获三明市人民政府第三产业发展先进单位二等奖。

清流县农业局荣获福建省农业厅农业科技网络书屋应用竞赛二等奖。

清流县国税局被福建省国税局授予“依法行政示范单位” 称号。

清流县地税局党支部、龙津镇长兴社区党支部、嵩口镇沧龙渔业专业合作社党支部、灵地镇大坪村党支部、春舞枝花卉公司党支部被中共三明市委授予“全市先进基层党组织”称号。

清流县质量技术监督局被福建省质量技术监督局授予“全省质量技术监督系统先进县级局”称号。

福建省总工会分别授予清流县地方税务局工会委员会“省模范职工之家”;授予清流县地方税务局办税服务厅“工人先锋号”称号。

清流县林畲乡花卉蔬菜产销协会、清流县龙津镇凤翔社区被福建省科学技术协会、福建省财政厅授予“福建省基层科普行动计划优秀项目”称号。

清流县灵台山现代刻字基地被福建省委宣传部、省财政厅、省文联授予“第四批福建省特色文艺示范基地”称号。

首届“清流县人民政府文艺奖”“清流县优秀文艺创作百花奖”

一、清流县人民政府文艺奖

（一等奖、二等奖空缺）

三等奖（2件）：

黄义平　摄影作品《黄羊宝贝》（2013年省妇联、省摄影家协会等主办的“记录美、传递爱”福建省巾帼风采摄影大赛一等奖）

沈光义　书法作品楷书中堂《荀子劝学篇》（2014年7月入展“八闽丹青奖”首届福建省书法双年展）

二、清流县优秀文艺创作百花奖

一等奖（1件）

董美娟　散文《行走福源寺》（刊载于中国出版集团出版个人专集《竹园》一书，并发表于2014年秋之卷《三明文艺》第42期）

二等奖（6件）

李华雨　文学作品集《沉鱼》（2013年12月由现代出版社出版）

徐逢宝　文学作品集《寒松诗词选辑》（2014年9月香港天马出版有限公司出版）

叶国斌　文学作品《宜居之城民生乐园》（发表于2013年12月省炎黄文化研究会、省作家协会《走进清流大美太极城》一书）

吴传义　文学作品《斑斓多彩的清流婚俗》（刊载于2014年第1期《时代三明》）

林旭煌　摄影作品《民居古事》（2013年春节文化摄影优秀作品展，由中华人民共和国文化部主办，中国非物质文化遗产保护中心、中国国家博物馆、中国摄影家协会承办的摄影大赛优秀作品入册收藏并在中国博物馆展出）

刘建煌　书法作品《稼轩词一首》（2013年5月入编中国文化管理学会、作家出版社大型画册《和平颂 • 钓鱼岛抒怀书法绘画集》）

三等奖(10件)

李升宝　散文《夜宿古寺听鸟鸣》（发表于2013年第5期《福建宗教》）

清流城建小组（邓炳辉、黄德骏、伍耀汉、李升宝、黄文新）文学作品《九龙赋》（刊载于2013年12月中国文史出版社出版的《清流客家诗词》）

江天德　文学作品《震撼心灵的客家史诗》（刊载于2014年8月第3期《客家潮》）。

王宜峻　文学作品《清流大丰山》（刊载于2014年第1期《海峡道教》）。

刘益清　文学歌谣《我爱家乡山坡坡》（发表于2013年第2期《中小学音乐教育》）

陈立忠　刻字作品《观沧海》（2011年11月特邀入展第五届福建省刻字艺术展，第二届国际刻字艺术展）

魏建昆　美术作品《姐妹》（入选2014年三明市政协书画展）

童金根　国画《源远流长》（2013年5月入选由中国国学研究会主办的《新中国文艺35周年》并获“纪念改革开放35周年国学文化艺术最高成就奖金奖”）

巫正根　文学作品《永远的记忆》（2011年10月获省委组织部、宣传部等主办的“紫金矿业杯”全省离退休老同志“我的红色记忆”纪念建党90周年征文三等奖）

张启沧　摄影作品《璀璨流云》（2013年5月“创业宜居魅力永安”全国摄影赛入选）

刘益华　童谣作品《荡秋千》（获福建省委宣传部、省委文明办、省委教育工委、省教育厅、团省委、省妇联主办的“福建省优秀童谣征集评选活动二等奖”）

荣获国家、省(部)、市(厅)级表彰的农业产品、工业产品、文艺作品、体育比赛项目

一、农业产品:

清流县景红花卉专业合作社被福建省农业厅、福建省财政厅授予“省级农民合作社示范社”称号。

清流县建音家庭农场、清流县旺林生态农场被福建省农业厅、福建省财政厅授予“省级家庭农场示范场”称号。

二、工业产品

清流县鸿翔农庄农业发展有限公司被福建省科技厅授予“福建省鲜切花卉育种栽培企业工程技术研究中心”称号。

清流县鑫磁线圈制品有限公司被省知识产权局授予“2014年度福建省知识产权优势企业”和“2014年度知识产权管理规范贯标试点企业”称号。

福建省清流县闽山化工有限公司被福建省科技厅授予“福建省创新方法推广应用试点企业”称号。

福建省清流县闽山化工有限公司荣获三明市人民政府“2013年度三明市科技进步二等奖”。

三、文艺作品

曲目排舞《喜洋洋·小苹果》(作者:洪巧明)荣获国家体育总局体操运动管理中心、全国排舞运动推广中心“幼儿组串烧曲目一等奖”、“最佳表演奖”。

摄影作品《祥云朵朵》(作者:李仁海)、《九仙山日出美景》(作者:张启沧)、《云蒸雾绕龙栖山》和《梦幻安仁》(作者:林旭煌)在“将溪之阳、土沃民乐”中国·将乐全国摄影大展评选中被中国摄影报社评为优秀作品。

散文作品《家酿米酒》(作者:董美娟)获三明市委、市政府“第四届百花文艺奖三等奖”。

四、体育比赛项目

清流代表团在福建省第十五届运动会荣获4金、2银、1铜,其中钟超获激流回旋皮划艇金牌;葛曼琪分别获得100米、

200米、400米三枚金牌,4×100米和4×400米2枚银牌;余洪垚获射击项目移动靶铜牌。

创建品牌工作奖

一、国家级品牌奖

清流鲜切花被国家质检总局授予“地理标志保护产品”。

(创建单位:县质监局、县林业局)奖20万元

天芳悦潭被全国旅游景区质量等级评定委员会授予“国家AAAA级旅游景区”。

(创建单位:县旅游局、三明鲲鹏实业有限公司)奖10万元

二、省级品牌奖

清流县鸿翔农庄农业发展有限公司被省科学技术厅、省财政厅、省国家税务局、省地方税务局授予“高新技术企业”。 奖10万元

清流县鑫磁线圈制品有限公司被省科技厅、省经信委、省国资委、省总工会授予“福建省创新型企业”。

奖5万元

福建春舞枝花卉有限公司被省农业产业化工作领导小组授予“省级龙头企业”。 奖3万元

福建省清流县苏福茶业有限公司生产的“梦园”绿茶被福建省人民政府授予“福建名牌产品”。 奖3万元
福建省清流七星岩食品有限公司生产的“七星岩”豆腐皮被福建省人民政府授予“福建名牌产品”。奖3万元
三明市大丰山食品有限公司的“赖坊LAIFANG”商标被省工商行政管理局授予“省著名商标”。 奖3万元
清流县嵩溪镇鑫牌豆腐皮厂被省商务厅授予“福建老字号”。 奖2万元
清流县被省商务厅授予第一批“福建省电子商务示范县”(创建单位:县外经局)。 奖3万元
福建省宏硕生态农业发展有限公司的白鹭鸭被省农业厅授予“省级名牌农产品”。 奖1万元
福建省清流县苏福茶业有限公司生产的红茶被省农业厅授予“省级名牌农产品”。 奖1万元

劳动模范

阳发高被福建省总工会授予“福建省五一劳动奖章”。

非公经济纳税大户

一、纳税超2000万元大户(1户)

福建春舞枝花卉有限公司(含太极房地产有限公司、翰皇建设有限公司)

二、纳税1000—2000万元大户(8户)

福建红火水泥有限公司
福建省清流县东莹化工有限公司
福建省金鼎建筑发展有限公司
清流县金山萤石矿有限公司
福建省永福化工有限公司
三明市怡景房地产开发有限公司清流分公司
福建省清流县罗口煤业有限公司
清流县明胜萤石矿有限公司

三、纳税500—1000万元企业(13户)

清流磐安房地产开发有限公司
福建省三明弘林房地产开发有限公司
清流县华龙矿业有限公司
福建鸿图房地产开发有限公司清流分公司
福建省展化化工有限公司
福建高宝矿业有限公司
清流县华腾矿业有限公司
清流县优恩电力有限公司(含清流县嵩口坪明能发电有限公司)
福建三明红火矿业有限公司
三明禾盛房地产开发有限公司
清流隆盛小额贷款有限公司
浙江驰成建设有限公司
三明市华泰地产开发有限公司

四、纳税300—500万元企业(5户)

清流县宏志矿业有限公司
三明市鸿盛房地产开发有限公司
清流永顺房地产开发有限公司
福建省华辉建设发展有限公司
福建融立建设工程有限公司

五、纳税100—300万元企业(19户):

清流县博鑫光电材料有限公司
福建省清流县北坑钨矿
三明市光明地产有限公司
厦门思总建设有限公司清流办事处
福建省秋口萤石矿业有限公司
福建省清流县秋口煤矿有限公司
福建省清流县罗口煤业有限公司
清流县明胜萤石矿有限公司
清流县鑫港混凝土有限责任公司
福建省清流县长兴建筑工程有限公司
福建省清流县闽山化工有限公司
清流县鑫磁线圈制品有限公司
福建清流汽枪厂有限公司
三明市景鸿房地产开发有限公司
福建省清流县马地煤矿有限公司
福建省清流氨盛化工有限公司
远大经纬(三明)服饰有限公司
三明市鹏昱房地产开发有限公司
永安永辉超市有限公司清流分公司
清流永顺房地产开发有限公司龙津分公司
清流县宜久房地产开发有限公司

重要文件选编

中共清流县委 清流县人民政府 关于印发2014年全县深化重点领域 改革方案的通知

清委〔2014〕1号

各乡镇党委、政府，县直各部门：

为贯彻落实《中共清流县委关于贯彻党的十八届三中全会、省委九届十次全会和市委八届七次全会精神全面深化改革的决定》(清委〔2013〕37号)，部署2014年重点领域改革工作任务，确保新一轮改革起好步、开好局。现将《2014年全县深化重点领域改革方案》印发给你们，请认真抓好贯彻落实。

一、统一思想，勇于创新。要认真学习贯彻党的十八届三中全会、省委九届十次全会、市委八届七次全会和县委十二届七次全会精神，紧紧围绕县第十二次党代会确定的奋斗目标，把思想和行动统一到中央、省委、市委和县委决策部署上来。要弘扬改革精神，勇于冲破束缚、破解瓶颈制约、打破利益藩篱，以经济体制改革为主轴，在已有改革的基础上继续前行、继续创新，努力在重要领域和关键环节改革上取得新突破。要立足清流实际，进一步解放思想，开拓进取，真抓实干，切实抓好全面深化改革各项工作。

二、精心组织，主动作为。要把落实县委《决定》精神作为一项长期而艰巨的任务抓紧抓好，以2014年深化改革方案为突破口，按照方案明确的各项任务和要求，编排工作序时进度，细化目标任务和工作重点，具体到项目，落实到岗位，量化到个人，确保各项改革任务圆满完成。方案中的牵头单位，要切实负起牵头抓落实的责任，积极主动作为，加强协调调度，强化组织推动，力争尽早取得实质性的进展，努力为全局改革探出路径、积累经验。

三、营造氛围，督促落实。全面深化改革，是大势所趋、发展所需、民众所盼。要积极宣传引导，加强信息沟通，总结推广改革工作中取得的好经验、好做法，把改革红利转化为发展红利，走出一条“百姓富、生态美”的科学发展之路。要及时掌握工作动态，深入研究解决事关改革全局的重大问题，最大限度地把各方力量集中到改革工作中来。县委、县政府督查室负责方案的督查和反馈工作，推动改革工作全面落实，全力推进清流实现争先进位、跨越发展。

中共清流县委
清流县人民政府
2014年1月20日

2014年全县深化重点领域改革方案

根据《中共清流县委关于贯彻党的十八届三中全会、省委九届十次全会和市委八届七次全会精神全面深化改革的决定》的部署，现就2014年度深化经济、政治、文化、社会、生态重点领域改革提出如下意见：

一、加快生态文明体制机制改革

（一）深化林权制度改革

1.健全林业经营管理机制

引导林农自愿联合联营、委托经营，大力发展林业专业合作社、股份林场、家庭林场等新型林业经营主体，推动林地经营专业化、规模化。鼓励林地规范流转，推动林地经营专业化、规模化。鼓励企业兴办基地，重点开展速生丰产林、国家木材战略储备、大径材和珍贵树种用材林、花卉苗木、金线莲、油茶、现代竹业等资源基地建设，培育和发展林下经济，实现规模化、产业化经营（县林业局、农办牵头）。

2.积极稳妥地推进森林资源产权改革

建立林权收储机制，依托福建林业大宗商品交易中心，鼓励将林权或股权通过公共平台进行交易。深化林业投融资改革，引导金融资本介入，完善金融信贷服务，配套建设林业金融仓储、融资租赁、信用担保等中介机构，加大金融对林业生产、林权流转和产业培育的支持力度。继续推进森林综合保险。探索开展林业碳汇及其交易，引导企业培育碳汇林，组织义务植树认购碳汇林，建立碳汇造林项目储备库，建立森林生态效益长效补偿机制（县林业局、人行、银监办牵头）。

（二）完善生态保护管理体制

1.研究制定生态红线管控制度

启动生态红线划定工作，科学界定重要生态功能区、生态环境敏感区、生态脆弱区范围，建立和实施国家公园体制。探索编制自然资源资产负债表，明确相关单位和个人在生态红线区域生态保护的责任和义务，对领导干部实行自然资源资产离任审计。建立资源环境承载能力技术支撑体系和监测预警机制，对水土资源、环境容量超载区实行限制性措施，逐步对受损的自然生态进行修复（县环保局牵头，相关部门配合）。

2.完善生态补偿制度和资源有偿使用制度

发挥好我县闽江源国家生态补偿试点的作用，建立健全森林、流域、区域（重点生态功能区和限制开发区）、矿产资源等与市场经营挂钩的生态补偿机制。争取国家在我县开展生态资源市场化改革，促进生态资源价值化。完善矿产资源有偿使用和矿山生态环境恢复治理保证金制度。探索建立按碳汇、水质量、空气质量等生态贡献程度的“以奖代补”机制，排放指标安排与森林蓄积量增长相挂钩的体制机制，可再生能源消费量不计入（或抵扣）能源消费总量机制（县国土资源局、环保局、林业局牵头）。

3.健全污染物排放管理制度

探索建立节能量排污权交易制度，在化工、水泥等行业试行排污权交易，对排污权交易实行差别化定价，交易所取得收入可采取直接补贴、以奖代补，或成立专门基金通过信托、担保等方式，支持基础设施、民生工程等公共服务领域建设。实行企事业单位污染物排放总量控制制度，根据环评批复和污染物排放最新标准重新核定企业排放总量，下达2014年企事业单位污染物减排目标任务（县环保局牵头）。

（三）健全自然资源资产产权制度

实行土地、房屋、林地、山岭、水流、滩涂等不动产统一登记，做到登记机构、登记簿册、登记依据和信息平台“四统一”。探索建立不动产登记信息管理基础平台，实现不动产审批、交易和登记信息在有关部门间依法依规互通共享，消除“信息孤岛”。探索建立不动产登记信息依法公开查询系统，保证不动产交易安全，保护群众合法权益。2014年启动全县农村地籍调查工作（县国土资源局牵头，相关部门配合）。

（四）探索与生态文明相适应的考评体系

完善经济社会和干部绩效考评体系，加大资源消耗、环境损害、生态效益、产能过剩、科技创新、社会治安、安全生产、新增债务等指标权重，更加重视劳动就业、居民收入、社会保障、人民健康状况。根据乡镇地理位置、发展特色，实行差别化政策，合理设置指标权重，建立起既能突出生态文明建设特色，又能促进产业发展的指标考核和领导班子、领导干部评价考核体系（县委组织部、县效能办牵头）。

二、完善促进产业发展的体制机制

（一）推动国有企业和国资监管改革

1.推动国资监管体制改革

进一步减少国资监管部门对国有企业的审批、核准事项，除法定需报批准的事项外、其余的审批审核事项一律由企业自行决策。全面清理要求企业报送的各种报表和材料。督促企业规范“三重一大”决策机制，加强内部审计、财务监管，探索推进国企财务预算等重大信息公开。进一步深化效能监察，建立重大失误责任追究制度，形成责、权、利对等的运行机制（县财政局、监察局、审计局牵头）。

2.推动国有企业完善现代企业制度

探索试行国有企业领导人员分层分类管理，对新任的企业领导人员实行任期制契约化管理，重点是市场化选聘经理层。采用组织选任、企业内部竞聘、社会公开招聘等多种选任方式，引进职业经理人制度。深化行政事业单位资产管理制度改革，推动县国有资本更多投向基础产业等重要行业和关键领域（县委组织部、财政局、监察局、人社局牵头）。

（二）加快非公有制经济发展

1.大力发展混合所有制经济发展

鼓励国有资本、集体资本和非公有资本等交叉持股、相互融合，实现投资主体多元化。鼓励和引导民间投资通过产业基金、股权置换等多种途径进入基础产业、社会事业以及特许经营领域。研究制定民间投资参与项目建设方案，今后重大财政资金投资建设项目推出时，不得对非公企业设限，重点向民间资本公开推介。支持民营企业通过参股、控股、资产收购等多种方式，开展跨地区、跨行业、跨所有制的兼并重组。鼓励县属企业通过引入社会资本参与改制，加快县属企业多元化股份制改革步伐。2014年，争取企业多元化股份制改革实现较大突破（县发改局、财政局、经贸局、工商联牵头）。

2.进一步改善民营经济发展环境

除国家规定的限制和禁止投资领域外，一律对民间资本开放。改革企业投资项目管理，简化企业投资鼓励类、允许类项目备案手续。运用差别地价、电价、水价和“三旧”改造等政策，鼓励非公有企业实施技术改造、自主创新和“两化”深度融合。鼓励银行推广年审制、循环贷款、无还款续贷等措施，加大对非公企业的信贷支持。大力推行订单、定岗、定向培训，帮助非公企业培训各类技能人员（县发改局、经贸局、国土资源局、人行、银监办、人社局牵头）。

（三）建立促进企业转型提升的体制机制

建立促进企业做大做强的体制机制，鼓励和支持光伏、氟化工、林产工业、建材、轻工等产业拓展延伸产业链，推动产业品牌化、集群化发展，加快形成一批在全省乃至全国有影响力的企业。建立以税收贡献为导向的产业促进机制，实行企业技改与政策扶持、专项资金补助、企业技改新增税收挂钩。建立高效的要素投入产出机制，提高产业项目的单位土地产出效益，对不同产业用地实行差别化地价政策。鼓励企业将辅助性业务从其主营业务中分离出来，通过财政补贴等方式降低企业主辅分离成本，对于分离企业发展较好的，纳税总额持续增长的部份由财政给予奖励（县经贸局、发改局、财政局、国土资源局牵头）。

三、优化城乡一体化发展的体制机制

（一）深化农村金融机制改革

借鉴沙县全国农村金融改革试点取得的经验做法，积极探索开办土地承包经营权和宅基地使用权、“地票”、珍稀苗木花卉、标准化大棚、大型农机和淡水鱼养殖权等抵押贷款，创新贷款业务。积极开办农民购房贷款、农民住房抵押贷款和农民住房装修贷款，积极创新开办推出农民工创业贷款、农民消费信贷等金融产品。鼓励民间资本依法设立中小型银行等金融机构，引导金融机构增加对“三农”和中小微企业的金融投入。加大扶贫贴息贷款支持力度，完善农村金融机构定向费用补贴政策。支持国内外金融机构和企业在清流发起设立村镇银行、小额贷款公司、农村资金互助社等新型农村金融机构。实行差异化农业保险扶持政策，逐步把高投入、高风险的规模化设施农业、特色产业等纳入保险补贴范围。建立农村产权流转市场，推动农村产权流转交易公开、公正、规范运行。2014年，所有乡镇设立信托机构，完成县级土地流转信托服务平台建设（县农办、人行、银监办、国土资源局牵头）。

（二）建立健全新型农业经营体系

鼓励成立土地股份合作社、土地承包经营权信托公司，支持发展“土地托管”合作社，推进多种形式的土地规模经营。引导各类金融机构对符合条件的农民专业合作组织在抵押担保、信贷投放等方面实施与农业企业同等待遇，加快清流国家级台湾农民创业园建设，引进更多台湾农业新品种、新技术，鼓励和引导工商资本到农村发展适合企业化经营的现代种养业。大力发展农机、植保专业化服务组织。加大对福建春舞枝花卉有限公司等农业电商企业支持力度，实现农业产业“促一进三”，推进一、三产业融合式发展。发挥重点农业企业的龙头带动作用及“清流豆腐皮”、“清流溪鱼”、“清流黄羊”、“清流鲜切花”等国家地理标志保护产品品牌效应，着力培育龙头企业、家庭农场、专业大户、合作社、股份制企业等各种新型农业经营主体，允许财政补助形成的资产转交合作社持有和管护。以园区集约化方式，加快建设中国航天育种（清流）示范基地，加大农业高优品种、先进科技的引进、推广、示范力度。2014年，制定出台《关于推进家庭农场加快发展的若干意见》，支持符合条件的家庭农场向工商部门申领营业执照。争取新增专业化合作社1-2个（县农办、农业局、人行牵头）。

（三）推进城乡公共资源均衡配置

保障进城务工人员平等享有劳动报酬、子女教育、公共卫生、计划生育、住房租购、文化服务等基本权益，将进城落户农民完全纳入城镇住房和社会保障体系，在农村参加的养老保险和医疗保险规范接入城镇社保体系，实现城镇基本公共服务常住人口全覆盖。建立与经济发展和政府财力增长相适应的基本公共服务财政支出增长机制，加强农村落后地区基本公务服务体系建设。健全扶贫开发机制，推进开放式扶贫，健全专项扶贫、对口扶贫、社会扶贫机制。保障农民公平分享土地增值收益，保障金融机构农村存款主要用于农业农村。完善农业保险制度。鼓励社会资本投向农村建设，建立促进企业和社会组织在农村兴办各类事业的机制。推动农业部农业社会化服务示范县创建工作。加快户籍制度改革，凡具有合法稳定职业或合法稳定住所（含租赁）条件的，本人及亲属均可到城镇申请落户；设立派出所公共户，放开集体户设立条件，解决部分迁户人员无落脚点的问题（县农办、人社局、公安局牵头，相关部门配合）。

（四）完善城镇化发展体制机制

研究制定《加快城镇化发展推进农业转移人口市民化工作的若干意见》、《进一步支持小城镇改革发展试点工作的若干意见》等政策，推进小城镇行政管理体制、财税体制、土地经营机制、户籍管理制度等方面改革，努力破解发展改革中的资金难、征迁难、用地难等问题。推进城市基础设施产业化经营，建立由政府、企业、个人共同参与的城镇化成本分担机制。合法搬迁到集镇的村民建房用地报批，参照执行灾后重建异地搬迁个人建房用地审批政策。鼓励支持有条件的农民到城区购买商品房，并予以适当的资金补助。建立财政转移支付同农业转移人口市民化挂钩机制。加快嵩溪市级小城镇建设试点镇建设，打造新型城镇化的样板，为全县城镇化发展提供示范（县农办、财政局、住建局、国土资源局牵头）。

四、加快推进行政体制改革

（一）深化行政审批制度改革

按照能减则减、能放则放、能快则快、能优则优原则，最大限度削减审批事项。对没有法定依据的审批事项和国务院、省政府、市政府明令取消的审批事项，对通过市场机制、行业自律能够解决的事项，对长期未实际实施、取消后不影响社会管理的事项，对行政机关采用质量认证、事后监督等方式能够自主决定的事项，一律取消；对重复、多头审批、职能相近的审批事项，进行调整和合并；对办件量少但仍在履行管理服务职责的审批事项，转为公共服务项目，禁止任何单位以各种名义“截留”审批事项。进一步规范投资项目中介机构管理，规范中介机构服务事项、服务时限和收费标准。加强电子政务建设，推进行政审批系统联网，建设“清流县网上办事大厅”，全面实行网上审批和网上公开。2014年，完成县行政服务中心、乡镇便民服务中心和村（居）便民服务代办点标准化建设（县发改局、行政服务中心、效能办牵头）。

（二）优化政府组织结构

推进政企、政事、政社、政资分开，推动政府职能向创造良好发展环境、提供优质公共服务、维护社会公平正义转变。按照精简统一效能原则，结合清流实际，参照省市机构改革方案，重点整合卫生和计生、食品药品监督、人力资源社会保障和公务员管理、内贸和外贸、涉农及教育管理机构以及其他相关机构和职能。2014年9月前完成政府机构改革工作（县委编办、公务员局牵头）。

（三）加快事业单位分类改革

研究制定分类改革的配套政策，稳妥推进事业单位分类改革，不再批准设立承担行政职能和从事生产经营活动的事业单位，以及各类培训中心、信息中心、机关服务等事业单位。建立各类事业单位统一登记管理制度。继续探索建立法人治理机构，健全事业单位内部决策、执行和监督机制（县委编办牵头）。

（四）深化行政执法体制改革

进一步理顺政府行政执法机构之间的职能分工，合理划分事权，减少重复执法、交叉执法现象。逐步推进政府部门审批、管理、执法、监督职能相对分开，归并、调整同一部门下的执法职能，在部门内部整合建立统一的行政执法机构。整合行政部门机关及所属执法队伍、所属事业单位的行政处罚及相关的监督检查、行政强制等职能，有条件的可实行相关领域跨部门执法，尤其是要加强整合城市管理、市场监管等领域的执法职能。加强行政执法内控机制，实施调查取证和案件预审分离制度，督促本单位行政执法人员依法执法、文明执法、规范执法。建立行政执法网上运行平台，实现执法资源共享，实时发现和查处违法执法行为（县委编办、效能办、城管局牵头）。

（五）深化财税体制改革

完善管理机制，实施全面规范、公开透明的预算制度，建立跨年度预算制度；调整优化财政支出结构，清理、整合、规范专项资金，逐步取消竞争性领域专项，严格控制引导类、救灾类、应急类专项；严格执行党政机关厉行节约反对浪费《条例》，从严控制“三公”经费并公开，适时开展公务用车和接待制度改革；强化政府性债务管理，全县政府性债务实行统一归口管理，控制规模，建立动态监控和预警机制；按照中央的安排，推进税制改革，逐步建立事权与财权相匹配的相对乡（镇）财政管理体制（县财政局、机关事务管理局、监察局牵头）。

（六）加强社会信用体系建设

在部分行政管理事项中启动信用信息应用。对守信者，实行优先办理、简化程序、“绿色通道”和重点支持等实质性的激励政策；对失信者，结合失信类别和程度，制定并严格落实失信惩戒制度，切实加大惩罚力度，促进建立守信激励和失信惩戒机制。2014年，初步建立违信“黑名单”制度，将有违规行为的市场主体列入经营异常的“黑名录”，定期向社会公布，使其“一处违规、处处受限”，提高企业“失信成本”（县发改局、监察局牵头，有关部门配合）。

五、深化社会事业领域改革

（一）创新文化体制机制

按省市要求建立健全公共文化服务体系建设的保障机制，积极引导社会资金以多种方式投入公共文化服务体系建设，推进基本公共文化服务均等化。推进公共文化事业单位内部机制改革创新，完善绩效考核机制，深化内部收入分配制度改革。加快培育资本、产权、人才、信息、技术等文化要素市场，探索建立无形资产评估、托管和质押机制，探索建立文化产业融资担保公司。设立清流县知识产权发展专项资金，推进企业开展知识产权管理规范试点工作。推进县级广电机构管理运营机制改革，整合文化广电经营性资产，推动制播分离改革和非新闻类节目制作市场化运作。严格新闻工作者执业资格制度。加强县级文化产业发展指数测算评估和文化产业统计工作，完善文化产业单位名录库，着力提高相关指标和统计数据的准确性，全面反映文化产业发展的真实水平。策划“海峡两岸三地定光文化节”，着力打造“中华客家祖山文化园”和“海峡两岸中华桂花文化园”品牌，全力创建“中国大提琴之乡”。加快和不断完善赖坊中国历史文化名村等项目建设。注重挖掘优秀民间民俗文化，加强物质和非物质文化遗产的保护和开发利用，把清流建设成为红色文化传承地、客家文化及闽台文化交流平台，推动文化与科技、产业、旅游的深度融合（县委宣传部、文广局牵头）。

（二）深化教育综合改革

深化办学体制和管理机制改革，加快推进义务教育均衡发展，逐步推进义务教育小片区管理改革，实施强校与农村薄弱校结对帮扶，相互促进，共同提高的均衡发展方式。提升义务教育学校标准化建设水平，借助我县是省级扶贫开发工作重点县平台，加快发展我县义务教育。实行公办学校标准化建设，实施城区学校扩容工程，新建1-2所标准化幼儿园，稳步推进全县初中在城区相对集中办学，完成清流一中整体迁建，创建省级一级达标校，推进农村中小学生“幸福成长工程”，利用信息化手段扩大优质教育资源覆盖面。完善以县为主教师管理体制，推进义务教育学校校长教师校际交流和支教，稳妥推进中小学教师职称制度改革。鼓励和支持社会力量兴办教育，探索完善扩大普惠性学前教育资源的政策和模式，推进农村学前教育走教模式改革，实现农村学前教育全覆盖。推进普通高中晋级达标，多样化有特色发展，稳妥推进考试招生制度改革，坚持义务教育免试就近入学，完善初高中学业水平考试和综合素质评价。建立职业学校扶持机制，提高职业学校的教学质量和效益。加大我县紧缺人才培养力度。重视特殊教育、继续教育和老年教育发展（县教工委、教育局、老干局牵头）。

（三）深化医药卫生体制改革

继续完善县公立医院综合改革，破除“以药补医”机制，进一步落实院长年薪制和医生（技师）年薪制。完善30个常见病单病种付费改革，适当扩大单病种数量，减轻群众看病就医负担。从2014年起，每年根据专业岗位需要安排乡镇卫生院卫技人员到县级以上医疗机构进行临床技能进修，鼓励引导社会资本办医。鼓励支持药品零售连锁经营发展，推进药品零售企业“四证合一”改革。按省市部署，执行一方是独生子女的夫妇可生育两个孩子的政策，促进人口长期均衡发展（县卫生局、食品药品监督局、计生局牵头）。

（四）完善社会保障体系

全面建立申请救助居民家庭经济状况核对机制，落实城市低保标准与最低工资标准挂钩的调整机制，与物价上涨挂钩的联动机制，提高农村低保救助标准。2014年城乡居民养老保险基础养老金标准将提高至70元，逐步建立居民多缴多得、长缴多得和死亡丧葬费补助机制。研究制定城乡养老保险关系转移衔接政策和在城镇就业的农村居民养老保险参保接续办法，扩大参保缴费覆盖面。进一步提高新农合保障水平，2014年新农合筹资标准提高到390元，其中各级财政补助320元、个人缴费70元。加强政策引导，鼓励社会力量提供方便可及、价格合理的各类养老服务，完善养老机构责任保险制度，大力发展老年服务业。加强妇女儿童、残疾人权益保障，健全农村留守儿童、妇女、老年人关爱服务体系。引导企业和其他机构参与，加快推进公租房、廉住房等保障性住房建设，

2014年全县建设各类保障性住房253套以上（县人社局、民政局、财政局、住建局、残联、妇联牵头）。

（五）健全促进就业创业体制机制

1、拓宽就业平台

实施就业优先战略和积极的就业政策，健全就业困难群体就业援助机制。规范招人用人制度，消除城乡、行业、身份、性别等一切影响平等就业的制度障碍和歧视。鼓励和引导高校毕业生到基层岗位工作，对列入我县紧缺急需专业的高校毕业生采取直接面试考核的方式聘用。建立“未就业高校毕业生信息库”，实现未就业高校毕业生信息共享。对到各类企业就业并签订一年以上劳动合同的高校毕业生，由县财政一次性拨给每人2000元安家补贴费。对招收符合就业困难人员条件的高校毕业生，并与其签订劳动合同，缴纳社会保险费的企业，按规定给予社会保险补贴。力争2014年，龙津、嵩溪、嵩口、灵地、长校等建制镇完成基层人力资源和社会保障公共服务平台标准化建设（县人社局、公务员局牵头）。

2、优化创业环境

简化经营场所登记手续，放宽经营范围登记，外商投资企业延伸直接登记制，营造便于创业的市场准入环境。放宽注册资本登记条件，除法律、法规另有规定外，取消公司注册资本最低限制。公司实收资本不再作为工商登记事项。外资企业推行电子营业执照和全程电子化登记管理，与纸质营业执照具有同等法律效力。2014年推进注册资本缴纳改革，适时推出实现注册资本由实缴登记制改为认缴登记制，降低开办公司成本（县工商局牵头）。

（六）完善收入分配格局

健全工资决定和正常增长机制，完善企业工资集体协商制度，促进中低收入职工工资合理增长。积极稳妥推进机关事业单位收入分配制度改革，规范各类津补贴。建立健全艰苦边远地区津补贴增长机制。完善工资支付保障机制，从源头预防和治理企业拖欠工资问题。2014年，提出我县最低工资标准及非全日制用工小时最低工资标准调整方案，报省政府批准（县公务员局、人社局、财政局牵头）。

六、创新开放开发的体制机制

（一）推动外商投资和贸易便利化

探索推进外资企业设立、变更备案制。优化外商投资服务和管理，营造良好招商环境。创新贸易模式，大力发展跨境电子商务，解决跨境电子商务发展存在的报关难、退税难和结汇难等问题。建立健全我县对外投资权益保障、投资促进、风险预警等公共服务平台（外经局牵头）。

（二）加强对台交流合作

充分利用国家级清流台湾农民创业园平台，深化与台湾的农业交流合作。进一步完善台创园基础设施建设，支持台湾农业良种技术引进和推广示范培训，大力发展园区现代农业、设施农业、休闲观光农业，实施百亩鲜切花现代精品园、海峡两岸兰花良种繁育中心及展示园、台湾休闲农业观光园、台湾植物工厂、千亩生态茶园、千亩樱花种植基地及樱花观赏园等闽台农业合作项目建设。2014年，争取入驻清流台资企业总数达到70家以上，总投资达2.7亿美元，每年引进台湾新品种10个、新技术5项。适时设立“两岸农民创业担保公司”,解决台商创业担保难题。全面深化对台文化交流合作，充分发挥姓氏宗亲、民间社团等交流纽带的作用，积极探索多渠道、多层次的对台联谊方式，创造性地开展各类对台交流活动，加强客家文化、祖山文化、民间文化交流，建立制度化、规范化、长期化的对台经贸、文化、旅游交流合作机制，促进两地之间形成更紧密、更直接、更深入的交流合作态势（县台创园、台办、外经局、人行、银监办、旅游局牵头）。

（三）投融资体制改革

1.创新金融服务实体经济机制

积极引导银行业机构创新信贷品种，大力发展贸易融资、融资租赁、票据承兑、信用证等表内外业务，增加有效资金供给。加快推动一批民间资本设立中小型银行、村镇银行、小额贷款公司、融资租赁公司等金融组织，加快发展小型的社区银行。促进各类金融企业集聚发展，2014年引建1家村镇银行，增设金融机构网点，提升服务便利度。探索设立创业投资引导基金，对包括民间投资在内的各类创业投资企业，采用参股、融资担保和跟进投资等方式进行扶持。引导各融资性担保公司根据业务需要，建立转贷专项资金，为被担保客户转贷提供支持（县人行、银监办、发改局牵头）。

2.拓宽融资渠道

探索推进县级政府发行市政债券。发挥“新三板”、海峡股权交易中心门槛低、审核松、成本低、效率快等特点，积极引导符合条件的企业到“新三板”、海峡股权交易中心挂牌融资。加强与兴业证券合作，积极推动在我县设立兴业证券经营机构，并借助兴业证券的专业能力，依托海峡股权交易中心平台，为县内企业提供多层次、高效率的金融服务。推进企业境外上市、银行间债券市场、中小企业私募债等多层次、多渠道的融资方式。建立民间资金融资服务平台，引导民间资金通过股权投资、风险投资、创业投资、委托贷款等依法合规方式为中小企业提供融资服务（县发改局、人行、银监办牵头）。

七、加强和创新社会治理

（一）改进社会治理方式

制定符合我县客观实际的新一轮“平安清流”建设总体方案、指标体系和实施步骤、考核标准，构建党政领导、综治协调、部门负责、社会协同、公众参与的“五位一体”平安工作新格局。着力预防化解矛盾纠纷，突出源头预防、权益保障、稳定风险评估、多元调解、排查化解等工作机制建设。着力创新社会服务管理，强化流动人口、特殊群体、非公经济和社会组织、社会治理信息化等重点工作。不断加强综治信访维稳1+N平台建设，强化群防群治队伍规范化建设。深化安全生产管理体制改革，推进安全生产标准化管理，加强防灾减灾体系建设，完善食品、医药、饮水、交通等民生领域的技术监督机制（县委政法委牵头，有关部门配合）。

（二）激发社会组织活力

进一步做好各类行业协会商会与行政机关真正脱钩，全面实行机构分设、职能分开、人员分离、财务分账。建立行业协会商会类、科技类、公益慈善类、城乡社区服务类等社会组织直接登记制。放宽行业（商会）登记管理限制，建立城乡基层社会组织登记备案制度。建立政府与社会组织沟通协调机制，在出台涉及行业发展、社会治理和社会服务等政策时，要注意听取相关社会组织意见，广泛征询民意（县民政局、行政服务中心牵头）。

（三）预防和化解社会矛盾

建立健全排查化解工作制度，推进人民调解、行政调解、司法调解、行政仲裁的衔接联动，最大限度地把问题化解在基层，解决在萌芽状态。健全重大决策社会稳定风险评估机制，规范化运作上求突破，做到事前评估率100%和事后稳定率达到90%以上。建立实体性的社会稳定风险评估中心，把社会稳定风险ABC分类分级管理，按照属地管理、谁决策谁负责原则，落实有关部门和个人的评估责任和责任追究制度。建立健全涉法涉诉信访依法终结制度，制定具体实施细则，扎实推进涉法涉诉依法终结制的落实（县委政法委牵头）。

中共清流县委办公室
2014年1月20日印发

中共清流县委 清流县人民政府
关于完善集体林权制度改革 构建新型林业经营体系的实施意见

清委发〔2014〕3号

各乡（镇）党委、人民政府，县直各单位：

为充分发挥三明作为全国集体林区改革试验区的先行先试作用，积极探索林地家庭承包经营的有效实现形式，增强林业发展的活力和动力，走出一条百姓富、生态美、产业强的现代林业发展之路，促进清流林区生态文明建设配套改革，在林业改革与发展中勇于新实践、探索新路径、创造新经验，现制定如下实施意见。

一、明确深化林改总体要求，确保目标任务实现

1. 集体林权制度改革面临新任务新要求。十年多来，我县在推进集体林权制度改革中，率先完成明晰产权和确权发证主体任务，创新突破林业服务体系、林权抵押贷款、森林综合保险、森林资源流转、林业合作经济组织等配套改革，取得了较大成效。当前，我县林业改革与发展面临新的困难和问题，解决这些问题，关键在于深化改革。为此，要针对城镇化进程不断加快、农村劳动力加速外流、空心村逐步增多，导致林业经营主体缺位，以及林地家庭经营规模小、经营效益低的实际，积极构建多种方式创新发展的林业经营新体系，解决林由谁造、山由谁耕以及林业规模化、集约化、专业化经营问题。要针对林权流转交易不畅，处置权落实难，林业与市场融合程度低的现实，按照搭平台、促流转、引要素的思路，通过市场作用，向林业输入现代生产要素和经营模式，增加林农财产性收入，全面提升林业经营实效。要针对林业产业结构不合理，产业链短，林产品档次和附加值低的现状，在确保森林生态效益和资源增长的同时，改造提升林业传统产业，积极发展新兴产业和现代服务业，推进林业产业转型升级。

2. 完善集体林权制度改革的指导思想和主要目标。坚持以党的十八大和十八届三中全会、《国务院关于支持福建省深入实施生态省战略加快生态文明先行示范区建设的若干意见》（国发〔2014〕12号）、福建省委九届十次全会和

《福建省人民政府关于进一步深化集体林权制度改革的若干意见》(闽政〔2013〕32号)、《三明市委、市人民政府关于完善集体林权制度改革构建新型林业经营体系的实施意见》(明委发〔2014〕8号)精神为指导，完善集体林权制度改革，构建新型林业经营体系，加快现代林业发展，为加快推进清流科学发展跨越发展、建设大美清流幸福清流作出应有贡献。到2016年，全县新型林业经营组织覆盖面占集体商品林地面积的50%以上，农民涉林收入占总收入的25%以上；全县林地面积保有量在230万亩左右，森林覆盖率稳定在现有水平，林木蓄积量达到1250万立方米；全县林业产业总产值突破20亿元。通过努力，建立起集体林区良性发展机制，实现资源增长、生态增效、产业增值、林农增收、林区和谐科学发展。

3.完善集体林权制度改革应坚持的基本原则。一是坚持家庭经营的基础性地位，稳定林地承包关系并保持长久不变，维护林农权益。二是坚持尊重民意、尊重规律，赋予林农充分的当家作主权利，依法、自愿、有偿、规范构建新型林业经营体系。三是坚持因地制宜、分类指导，对城区、重点乡镇、工业园区、基础设施建设规划区内的林地经营主体、经营方式保持稳定。四是坚持林业产业化经营方向，让市场在资源配置中起决定性作用，培育发展新型林业经营主体。五是坚持“百姓富、生态美”有机统一，强化森林经营和保护管理，确保森林资源增量增效，维护林区和谐稳定。

二、创新林地有效经营方式，实现林业规模经营

1.积极发展家庭林场。家庭林场是以家庭为经营单位，有一定自营林地规模，有较高经营管理水平的一种模式。鼓励和引导林农以亲情、友情为纽带，发挥经营大户的作用，将承包经营林地联合组建面积达500亩以上的家庭林场。

2.规范发展股份林场。股份林场是集体林统一经营转变为家庭经营的一种有效实现形式。对原实行“分股不分山、分利不分林”的村林业股东会改为股份林场的，要健全完善经营管理、利益分配和民主管理等制度；对联户承包的林地林木，鼓励组建股份林场，将林地面积林木蓄积份额量化到户，建立健全股份经营管理制度。

3.大力发展林业专业合作社。林业专业合作社是同类林产品生产经营者或同类林业生产经营服务提供者、利用者，自愿联合、民主管理的互助性经济组织。鼓励林农组建紧密型和非紧密型专业合作社，并采取“合作社+林农”模式，进一步扩大经营规模；引导村级组织对出让的林地合同到期、林木采伐后，依法将采伐迹地逐步收回，组建林业专业合作社。

4.鼓励发展“公司+基地+林农”经营模式。这是各类资本相互融合、合作共赢的形式。由企业、国有林场、国有林业采育场与林业经营组织签订合作协议，明确双方权责及利益分配，林业经营组织以林木林地入股，并负责造林、护林、抚育、采伐等生产活动，企业、国有林场、国有林业采育场负责为经营组织提供资金扶持、技术指导和产品销售等服务。发挥企业、国有林场、国有林业采育场在推进林业规模化、集约化及与金融资本融合中的示范作用。

5.探索发展林业托管经营模式。这是林地承包者通过签订契约的法律形式，委托给具有较强经营管理能力、并能承担相应经营风险的企事业进行有偿经营的形式。鼓励国有林场、国有林业采育场开展托管经营业务，相应调增干部职工的绩效工资；引导工商企业设立林业托管经营公司，鼓励林农以林地承包经营权入股方式或委托企业经营管理方式，签订合同明确双方权责及利益分配。

三、搭建森林资源流转平台，引导林权规范流转

1.鼓励林权规范流转。健全完善县林业服务中心运行制度，形成统一、规范和有序的林权流转平台和信息发布机制，鼓励和引导林农以入股、合作、租赁、互换等多种方式流转林地承包经营权。允许有固定职业、有稳定收入的进城农户承包经营的林地长期转让。同时，进一步规范流转合同，明确流转期限，并依法办理有关手续。

2.探索生态公益林林权流转。在确保生态公益林主体用途的前提下，充分利用生态公益林的多种效能以及商品林的林荫空间，积极推行林上与林下、林木与林地、森林生态景观与林木所有权分开，通过租赁、入股、合作等方式，流转给专业大户和企业经营，发展林下经济，开发森林生态旅游。

四、调整转变林业发展方式，提升发展质量效益

1.加强林业生态建设。推进城乡绿化一体化及“四绿”工程、江河流域生态修复工程、生物多样性保护工程实施，加强自然保护区基础设施和能力建设，创建国家、省、市森林城市、生态文明示范村。同时，探索林业碳汇及其交易，逐步建立森林生态效益市场化补偿机制。

2.推进森林可持续经营。全县各类林业经营组织要加强森林经营，大力提高林地生产力，借鉴国有林场资源培育的经验，推行集约经营，强化森林抚育，加快低产低效林改造，建立更新造林和质量保障机制，推广应用林业新机具；要建立森林巡防专业队伍、应用现代科技手段管护，加强源头防范、打击力度，强化森林保护管理。深入实施速生丰产林、短周期工业原料林、国家木材战略储备、大径材和珍贵树种用材林基地建设，加快笋竹、油茶、花卉苗木等特色产业发展，促进森林资源增长、林农持续增收。

3.探索林木采伐管理制度改革。推行毛竹林采伐放开，自主经营。开展人工商品林采伐管理改革试点，抚育性质的采伐试行备案制；主伐皆伐试行“小班经营法”，简化伐区调查设计和采伐审批手续。通过探索，逐步实行林农自主采伐，真正落实林木处置权，调动广大林农造林育林的积极性。

4.科学发展林下经济。要科学编制林下经济发展规划，坚持以市场需求为导向、龙头企业为依托、科技服务为支撑，突出特色，强化品牌，推进林下种植业、林下养殖业、林菌采集加工业和森林旅游业发展。重点推广草珊瑚、黄精等优质道地药材和红豆杉、雷公藤、金线莲、金银花、铁皮石斛等特色药用植物种植，建立示范基地，促进规模发展，开辟林农增收新渠道。

5.打造林业产业升级版。在第一产业上，加强森林资源培育和保护，重点在木材、笋竹制品加工、药用植物萃取、油茶、苗木花卉产业等方面深度开发。在第二产业上，着力改造提升传统产业，开发人造板及家具、木竹制品、纸制品、林化工产品等系列精深加工，延伸林产品精深加工产业链；培育拓展新兴产业，发展生物医药、生物质利用、森林食品、森林旅游健身休闲禅修、林业文化创意等产业，推动林产工业由粗加工向精深加工转变、由物理利用向化学利用转变。在第三产业上，加快发展林业大宗商品和林权交易、林产品物流、林业金融等现代服务业。同时，深入推进林业企业技术改造，全县每年组织实施重点技改项目2项；围绕林业产业链延伸，强化项目策划生成，全县每年滚动策划储备产业链项目2项以上；组织开展林业产业链招商，强化对接央企、民企以及行业龙头企业，拓展对台对外合作，全县每年引进签约亿元项目2项；注重扶持和培育年产值超亿元龙头企业。

五、拓展林业投资融资渠道，推动资本流入林业

1.扩大林权抵押贷款。各金融机构要扩大林权抵押贷款规模，增加办理林权抵押贷款的机构及网点，延长贷款期限，适应林业生产周期长的特点，解决“短融长投”问题；鼓励金融机构实行林权直接抵押贷款，不得强制要求再担保，简化贷款手续，降低融资成本。探索设立林权收储中心，并与金融机构、林业经营组织建立林权抵押贷款风险共担机制。保险机构要进一步提高政策性森林综合保险的覆盖面，积极推行抵押收储林权增大政策性保险份额。

2.创新林业金融产品。支持金融机构推广“免评估”小额林权抵押贷款，推行花卉、苗木、竹林、经济林及林下经济产品抵押贷款。对林业金融产品创新和林权抵押贷款要制定具体的考核奖励办法，进一步调动金融机构的积极性、主动性和创造性。

3.吸收社会资本投入。鼓励和引导工商资本设立林业托管经营、金融仓储、担保、小额贷款、第三方监管等公司，为林业大宗商品交易和林权交易提供配套服务；争取设立林业产业发展基金，支持森林资源培育和林业产业发展。鼓励和引导工商企业选择交通相对方便、森林景观优美的林地，建设“森林人家”，以会员制形式向林权投资人出售，鼓励金融机构对建设者和购买人予以贷款支持。

六、加大林业发展支持力度，落实有关优惠政策

1.支持林业发展措施。从2014年起，县政府对金融机构支持林业贷款情况进行考核；设立300万元林权抵押贷款风险补偿金，重点支持金融机构创新林业金融产品。从2014年起连续三年，每年安排50万元用于发展林下经济。

2.有关部门合力支持林业发展。林业部门要将林业贷款列入贴息项目，争取中央和省上贷款贴息支持；人行、银监、国税、地税、工商、经贸、住建、文广新、旅游等部门要出台支持集体林权制度改革的具体措施办法，并认真组织实施。

3.落实好“三免三补三优先”政策。各级各有关部门要支持各类林业经营组织发展，认真落实好“三免三补三优先”政策，即：免收登记注册费、免收增值税、免收印花税，实行林木种苗补助、林业贷款贴息补助、森林综合保险补助，采伐指标优先安排、科技推广项目优先安排、国家各项扶持政策优先享受，为构建新型林业经营体系创造良好的政策环境。

七、建立健全林业服务体系，切实提升服务水平

1.加快转变职能。要探索建立林木资产管理机构，加强林权动态管理；加大组织协调和督查力度，积极推进县际“插花山”发证；建立林地承包经营纠纷调解仲裁机构，开展纠纷仲裁；健全工作机制，提升森林防火、防疫、防盗的公共服务水平。要加强基层林业站、森林公安派出所、林业行政执法机构等基础设施建设，配齐配强专业人员，结合实际制定招聘的学历资格条件，允许林学类大中专毕业生报考基层林业工作岗位，对于急需紧缺专业岗位，可采取直接考核或专项公开招聘方式予以补充。县林业主管部门要主动适应新形势新要求，进一步转变职能，改进林业管理方式，逐步构建以管理、执法、服务三大职能为主的林业管理新体制。

2.强化林业科技支撑。县林业部门要加强与高等院校和林业科研机构合作，联合开展新树种繁育、栽种和新产品研发、生产等关键技术的科研攻关；鼓励社会资本设立林业科研机构，在课题立项及资金安排上同等对待；深入开展服务林农专业技术骨干培训、林业实用技术和基本技能培训，加大先进科技引进和推广力度，提高林业科技转化率和贡献率。

3.发展林业中介机构。完善森林资源资产评估、伐区调查设计、木材检验、林业物证鉴定等中介机构建设，提

高林业社会化服务水平；鼓励设立具有乙级以上（含乙级）资质的森林资源资产评估机构，林权抵押贷款可由资产评估机构评估，也可由具有丙级以上（含丙级）资质的森林资源调查规划设计等单位提供评估咨询服务。鼓励和引导组建种苗繁育、造林、抚育、管护、采伐以及工程监理等专业组织和各类协会，为林业生产经营提供专业化服务。鼓励森林经营者或企业开展森林认证，引导林业企业充分利用“两种资源、两个市场”，建设开放型林业。

八、加强对深化林改的领导，确保各项工作落实

1.加强组织领导，形成工作合力。各级党委、政府要把完善集体林权制度改革作为贯彻落实党的十八届三中全会精神和建设福建生态文明先行示范区的一项重要举措。各乡（镇）要成立深化集体林权制度改革领导小组及办事机构。县、乡两级要把构建新型林业经营体系作为今后三年农村工作的重要任务来抓。县直有关部门和单位要各司其职、密切配合，主动支持和参与林业改革与发展。

2.加强重点突破，抓好典型带动。各乡（镇）党委、政府、县直机关部门要准确理解深化林改主要目的是为了加快发展，切实把握好林地在“分”的基础上实现“联”的关键节点，加强宣传发动和组织协调，大力构建新型林业经营体系，努力创出好的样板，形成新的经验，取得实的效果。每个乡（镇）要引导组建1-2家具有示范带头作用的新型林业经营组织，并给予一定的经费支持，以点带面，扎实展开。

3.加强督查考核，督促工作落实。各乡（镇）党委、政府、县直有关部门要将深化集体林权制度改革列入政府效能考核和领导干部实绩考核内容，层层制定和落实责任表、进度表、考核表等“三个表”，采取重点督查和专项抽查相结合的方式，深入乡村及时了解进展情况，督促落实各项政策措施，保证改革依法依规进行，不走过场，不违背农民意愿，不损害集体和林农群众利益，确保深化林改取得成效。

中共清流县委
清流县人民政府
2014年8月18日

清流县人民政府
关于扶持商贸企业发展的若干意见

清委发〔2014〕88号

各乡（镇）人民政府、县直有关单位：

根据省政府办公厅《关于促进内贸稳定发展九条措施的通知》(闽政办〔2014〕70号)、市政府《关于扶持商贸企业发展的若干意见》(明政文〔2014〕68号）等文件精神，为进一步提升我县商贸流通业发展水平，培育一批发展潜力大、竞争实力强的限额以上商贸流通骨干企业和成长型企业，提高商贸流通业对第三产业发展和地方税收的贡献度，营造新的经济增长点，特提出如下意见：

一、鼓励限额以上商贸企业加快发展

为进一步做大做强商贸企业，对已列入统计名录库的限额以上商贸企业，从今年开始年销售额（营业额）比上一年增长达到30%以上，按当年企业新增税收（扣除城建税、教育附加费）地方留成增量部分的50%奖励给企业，第二年按30%给予奖励，第三年按20%给予奖励，共执行三年。

二、鼓励新发展限额以上商贸企业

对当年经县统计局确认为新增的限上商贸企业，当年新增税收（扣除城建税、教育附加费）地方财政实得部分的100%奖励给该企业，年终再给予每家企业一次性奖励。奖励标准：批发、零售贸易企业3万元，住宿、餐饮企业2万元。对以骗取奖励资金为目的在三年内退出的，追回奖励资金，并依照《财政违法行为处罚处分条例》进行查处。

对现有生产企业新成立的大型批发公司，若当年度实现批发营业额超亿元，其新增税收（扣除城建税、教育附加费）地方财政实得部分，于次年3月份经县经贸、统计部门确认，报县政府审批后，由县财政安排资金一次性奖励给该企业。

三、建立商贸企业统计信息员联系制度

县经贸、统计部门建立限上商贸企业统计信息员联系制度，对限上商贸企业进行指导。

四、鼓励乡镇扶持商贸企业发展

各乡（镇）要重视商贸企业发展，研究出台措施，对商贸企业加大帮扶力度。对商贸业发展较好的乡镇，县政府将给予适当奖励分，每新增1家限上商贸企业，年度考评确认后给予1万元奖励。

五、严格奖励审核认定与兑付

建立每月社会消费品零售总额任务完成情况通报制度，对年度任务完成较好的限上商贸企业，列入县委、县政府年度表彰奖励。

奖励审核认定由县经贸局牵头，县财政、统计、工商、地税等部门配合。

本意见自2014年1月1日起执行，有效期三年。

清流县人民政府
2014年9月22日

中共清流县委　清流县人民政府
关于深化实施生态县战略 加快生态文明先行示范区建设的实施意见

清委发〔2014〕4号

各乡（镇）党委、政府，县直各单位：

根据《福建省贯彻落实〈国务院关于支持福建省深入实施生态省战略加快生态文明先行示范区建设的若干意见〉的实施意见》和《关于深化三明南方林区生态文明建设综合配套改革的实施意见》等文件要求，立足我县生态优势，现就深化实施生态县战略加快生态文明先行示范区建设提出如下实施意见。

一、总体要求

（一）重大意义。生态资源是清流最宝贵的资源，清流的品牌在生态、形象在生态、潜力在生态、希望也在生态。当前，清流正处于工业化、城镇化快速发展阶段，资源约束趋紧，环境压力加大。实施生态县战略加快生态文明先行示范区建设，是贯彻落实“五位一体”总体布局和响应省、市加快生态文明建设战略部署的需要，是推动产业转型发展、科学发展的需要，是全面深化改革激发活力、促进清流科学发展跨越发展的需要。

（二）指导思想。全面贯彻落实党的十八大、十八届三中全会精神，把生态文明建设放在突出的战略位置，融入经济建设、政治建设、文化建设、社会建设各方面和全过程，树立尊重自然、顺应自然、保护自然的生态文明理念，大力实施“生态立县”战略，解放思想、深化改革、大胆探索、先行先试，创新集聚发展、绿色发展、开放合作、要素保障、环境保护的体制机制，走生产、生活、生态共赢的发展路子，统筹推进生态空间、生态产业、生态环境、生态制度、生态文化建设，加快“太极之城、大美清流”建设步伐，着力打造百姓富、生态美的“幸福清流”。

（三）主要目标。国家级生态县创建工作力争年内通过环保部考核验收。到2015年，生态环境质量明显改善，空气质量达到二级标准；森林覆盖率保持在75%以上，城区建成区绿化覆盖率达36%以上，林木蓄积量达到1200万立方米以上。经济结构调整取得明显成效，绿色循环低碳产业结构和生活方式初步建成，非化石能源占一次能源消费比重达8%；单位GDP能耗降低，主要污染物排放全面完成市政府下达的目标任务；生态产业加快发展，三次产业结构更加优化。生态文明制度建设取得明显突破，生态专项考核制度、源头保护制度、损害赔偿制度、责任追究制度初步建立。生态文化建设积极推进，扎实创建省级文明县城。

到2020年，空间开发格局更加优化，城乡人居环境显著改善。城乡区域发展协调性进一步增强，现代服务业和战略性新兴产业发展取得重大突破。主要污染物排放得到有效控制，生态环境实现良性发展。人民生活更加殷实，基本公共服务均等化基本实现。生态文明意识牢固树立，生态文明制度体系更加完善，生态文明建设走在全市、全省乃至全国前列。

二、主要任务

（一）构建绿色科学发展格局

1.优化主体功能布局。严格落实国家和省、市主体功能规划，探索开展“三规合一”、“多规合一”试点，科学划定生产、生活、生态空间，落实用途管制，促进生产空间集约高效、生活空间宜居适度，生态空间山清水秀。城区和建制镇要加快推进各类要素、产业和人口集聚，大力发展光伏产业、电子商务、苗木花卉等新兴产业，打造高新技术产业、现代服务业和劳动密集型产业的集聚地。林畲、赖坊、李家、田源、里田、沙芜等乡要立足生态资源优势，加快发展现代农业、林产加工、生物医药、生态旅游等特色生态产业。温郊、余朋等矿产资源丰富的乡镇要大力发展矿产品深加工、新型建材等产业，延伸产业链条，推动转型升级。对自然保护区、风景名胜区等禁止开发区域实施强制性保护，严禁不符合主体功能定位的各类开发活动。到2020年，全县国土空间开发强度控制在10%以内，受保护国土面积比例达25%。

2.优化新型城镇布局。坚持“小县大城关”、“中心集镇”和“美丽乡村”三位一体、分层推进、统筹发展，走以人为本、绿色低碳的新型城镇化道路。实施“小县大城关”战略，坚持以新区开发为主、旧城改造为辅，围绕打造“太极之城”和“一带三轴、一心四片”发展定位，充分挖掘历史文化积淀，持续抓好城区一河两岸景观长廊、城市主题公园、城市标志等建设，打造一批展示清流形象的城市名片，彰显城市特色。加快“中心集镇”建设，以“五镇两乡”为重点，依托各自资源禀赋和产业特色，抓好嵩溪市级小城镇建设试点、嵩口“温泉小镇”、龙津“生态园林镇”、长校“客家风情小镇”、灵地“绿化苗木镇”、沙芜“九龙风情小镇”、赖坊“历史文化名镇”等规划建设，打造精品小镇，辐射带动周边集镇加快发展。推进“美丽乡村”建设，围绕打造生态环境优美、村容村貌整洁、产业特色鲜明、乡土文化繁荣的“美丽乡村”，用3－5年时间，每年抓20个美丽乡村示范村建设，不断改善农村人居环境。

3.优化基础设施布局。合理布局交通、能源、市政、水利、信息等基础设施建设，构建便捷高效的生态型综合枢纽。公路方面，加快省道307线沙芜洞口至永安界公路、温郊至塘风公路等3条“镇镇有干线”二级公路建设，推进余朋太山至明溪界战备公路改造、田源至河排二级公路、龙津镇楼下口至宁化天鹅洞二级公路、林畲蛟井至嵩溪河垄口公路改造等项目建设。铁路方面，配合省市相关部门做好浦建龙梅铁路、吉永泉铁路清流段前期工作，力争早日动工建设，并在清流设置站点。高速公路方面，配合省市相关部门推进泰宁至连城高速公路清流段项目前期工作，力争列入海西路网规划。能源基础设施方面，加快推进海西天然气管网建设和吉阳光伏电站、城南工业园变电站、林畲变电站等项目建设。市政基础设施方面，着力推进花卉路、西城区道路、东门桥至横口道路、留芳公园至南岐道路、旧城区道路、迎宾路拓宽改造工程、文化体育中心、留芳公园、城区绿道网、城区排（污）水工程、城区防洪排涝工程等项目建设。水利基础设施方面，加快俞坊水库、岭官水库、南面乡镇集中供水工程、城区应急水源供水工程、“五江一溪”防洪工程等项目建设。信息基础设施方面，大力实施数字清流、信息惠民等项目，构建现代物流、数字城管、电子商务等“大数据”应用平台。公共服务设施方面，统筹推进教育、医疗卫生、体育、文化、社会保障等公共服务设施建设，加快形成覆盖城乡的公共服务设施网络。

（二）加快推进产业转型升级

1.大力发展生态新型工业。突出光伏、氟化工、电子信息、煤炭、建材等特色主导产业，按照“抓龙头、铸链条、建集群”的要求，坚持增量优选、存量升级，完善生态工业发展政策，推进转型升级，提升工业发展质量和效益。大力发展光伏新能源产业，抓住孟加拉国与清流吉阳公司签订首批3亿美元新能源产品订单的契机，加快总投资50亿元的吉阳太阳能电池芯片生产和太阳能摩托车、观光车等应用产品基地建设，努力打造光伏产业园。延伸拓展产业链条，推动矿产加工、林产加工、建材等主导产业向高端、绿色方向发展，充分发挥清流氢氟酸产能占全国10%的资源优势，策划生成一批项目，加大招商引资力度，引进战略投资者开发氟化工下游产品，提升产品附加值。加快发展循环经济，全力推进总投资4亿元的钨矿废弃石循环利用重选项目建设。推动产业集聚发展，做好省级经济开发区扩园工作，加快推进开发区内伊科电子、华晟无纺布、艾恩格电器等单体投资超5000万元以上新增长点工业项目和展化化工项目建设。推进企业技术创新，加快培育壮大吉阳太阳能、展化化工、闽山化工等一批创新主体，形成一批拥有核心技术和自主品牌的科技型企业；着力构建产学研协同创新机制，加快推进更多的高等院校、科研院所在我县建立研发中心、重点实验室等创新载体。

2.加快发展绿色现代农业。坚持用工业理念发展农业，推动农业朝优质、高产、高效、生态、安全的方向发展，努力将农业优势做足、产业做特。大力发展生态特色农业，稳定粮食播种面积26万亩、产量9万吨以上，大力发展花卉、苗木、淡水鱼、肉羊，以及豆腐皮、金线莲、雪薯、茶叶、油茶等特色农业，加快闽台千亩花卉产业园、台湾牛樟芝生物科技项目和闽台生态羊业基地等项目建设，全力推进“中国花都”建设，着力打造一批具有清流特色的现代农业示范基地和示范园。提升农业生产的组织化程度，发挥清流国家级台湾农民创业园和省级农民创业示范基地优势，坚持基地示范、龙头带动，积极引导各类工商资本进入农业重点产业，鼓励农民以资金、土地、设备、技术等要素入股的方式参与企业生产经营，做大做强一批行业领军龙头企业，培育发展农民专业合作社、家庭农场、专业大户，推动农业规模化经营。夯实农业发展基础，充分发挥春舞枝公司建成全省首个标准化智能花卉馆示范带动作用，大力发展现代设施农业；加快粮食产能田间工程、农业综合开发、高标准农田、水利基础设施等项目建设，不断提高农业综合生产能力。

3.做旺做活高效现代服务业。围绕解决无商不活问题，创新服务业发展业态，补齐产业发展短板，促进产业融合。提升生态旅游业，着力在“培育精品、打造特色”上下功夫，大力发展红色体验游、温泉养生游、客家文化游、山水生态游等特色旅游，加快清流毛泽东旧居、朱德旧居红色之旅和花海温泉养生苑、清流温泉国家地质公园、大丰山森林公园等重点旅游景区建设，加大中华客家祖山文化园、九龙湖招商及北斗山开发力度，促进旅游产业持续升温。加快发展电子商务，积极推广春舞枝花卉电商龙头模式，加快春舞枝总部大楼暨海西花卉电子交易中心及海西电子商务青年创业基地、清流豆腐皮电子商务中心、闽西农特产品电子商务服务平台建设，推进农业产业“促一进三”，形成具有清流特色的电商化道路，打造海西电子商务总部基地。积极发展金融服务业，争取交通银行、中信银行、民生银行等商业银行入驻清流；引进成都花木交易所，创办清流花卉苗木金融交易平台；推动县内企业在新三板、海交所挂牌展示、交易，实现投融资渠道多元化和资产的市场化增值。大力发展商贸物流业，引导培育特色商业街区和专业市场，加快发展现代物流，抓好物流供应链金融项目建设，完善以公路港为主体的信息、货运、配送物流体系，进一步改善我县运力结构。做大做强文化产业，加快实施文化与生态、文化与旅游融合发展项目，提升全县文化产业规模化、集约化、专业化水平。

（三）促进生态环境集约利用

1. 加强生态资源保护。落实全国生态保护与建设规划，积极争取我县作为闽江源纳入国家重点生态功能区。加强水资源管理，制定最严格的水资源管理“三条红线”控制指标及考核办法，严格控制入河排污总量，统筹生产、生活、生态用水，保护地下水资源，全面推行“河长制”管理，建立健全水功能监测、评价、管理体系。加强生态保护修复，划定生态保护红线，强化对自然保护区、集中式生活饮用水源保护区、水源涵养区、水土流失重点区等重点生态功能区和生态脆弱区的保护。加强生态屏障建设，大力实施“四绿工程”，推进高速公路、国省道、铁路、江河干流等重点区域沿线一重山造林绿化；持续推进水土流失综合治理，到2018年治理水土流失面积2.53万公倾。加大对饮用水水源地的保护，确保饮用水安全。

2. 推动绿色低碳发展。坚持绿色转型、低碳发展，促进资源节约集约利用。优化能源结构，积极发展太阳能、风能、生物质能等新能源，全力推进光伏电站、光伏应用产品、农村以电（气）代薪等清洁能源项目建设，到2020年，清洁能源使用率达50%以上。促进节能降耗，全面实施能耗强度、碳排放强度和能源消费总量控制，强化目标责任考核；突出抓好工业、建筑、交通运输和公共机构等重点领域节能，加大水泥、化工等重点耗能行业节能力度，实施节能改造，推广高效节能低碳技术和产品；节约土地资源，完善用地控制指标和定额标准，实行工业项目用地的产业类型、用地定额、建筑容积与地价挂钩办法；推进旧城镇旧村庄旧厂房、低效用地等二次开发利用，清理处置闲置土地。

3. 大力发展循环经济。实施大循环战略，加快构建覆盖全社会的资源循环利用体系，提高资源产出率。建设生态园区，以省级经济开发区为重点，按照建设生态工业园区要求，明确园区产业定位，合理布局园区项目，加强招商引资，严把项目准入关，努力引进一批低碳、环保、产业链条长的产业型项目；全面落实环境保护各项法规，大力发展循环经济，全面推行清洁生产，加快淘汰工艺落后、资源消耗大、污染严重的企业，推进经济增长方式转变。综合利用资源，推进工业固体废弃物、建筑及道路废弃物、农林废弃物等资源化利用，积极推行垃圾分类收集，支持建设一批资源综合利用示范企业。建设绿色矿山，提高开采回采率、选矿回收率和综合利用率，促进矿产资源产业化发展。

（四）打造生态文明交流平台

1. 加强生态文化建设。创新生态文化发展机制，不断丰富和深化生态文化内涵，创建国家公共文化服务体系示范区。弘扬生态文明理念，把生态文明内容纳入国民教育体系和干部培训机构教育计划；依托森林公园、地质公园、自然保护区、风景名胜区等，加快建设温泉地质公园、滕头园林等一批生态文明宣传教育示范基地；广泛开展生态文明宣传教育和知识普及活动，在本地媒体、网站增设生态文明专栏和电视节目，在全社会形成关心支持生态县建设的文化氛围。大力发展生态文化事业，加强文化遗产保护和合理开发，推进九龙湖古人类遗址、赖坊古民居等项目建设，组织申报一批非物质文化遗产。整合清流文化资源，打造客家文化、古人类文化、红色文化等特色文化品牌，创作一批优秀生态文化作品。

2. 加强两岸生态文化交流。依托清流国家级台湾农民创业园，努力构建两岸生态文化交流平台，促进与台湾的生态产业协作和民间文化交流。创新两岸生态产业协作，建立与台湾相关协会、企业和园区的生态科技交流与产业合作机制，推进设施农业、现代林业、节能环保、电子信息、新能源等生态产业合作，加大对台招商引资力度，鼓励和支持台商扩大绿色经济投资，力争到2018年台资企业总数达100家以上。推动两岸民间文化交流，依托南山马氏宗祠和中华客家祖山文化园、九龙湖古人类遗址等载体，加快“闽台同根同源”文化旅游项目建设，开展多层次、多形式的民间文化交流合作。建立乡镇互访交流机制和村际交流机制，促进对台地方与民间交流更加密切。

3. 推进区域生态建设合作。加强与周边区域及相关机构的信息沟通、资源共享和务实合作，打响清流生态文明建设品牌。完善跨区域合作机制，深化与集美区山海协作共建，加强与长三角、珠三角和海西城市群的对接和融合发展，推进基础设施对接、产业优势互补和生态文明共建，重点在区域环境保护规划、产业转型升级、环保项目建设、环保科技研发、突发环境事件处置等方面开展务实交流合作。积极引进借鉴欧美等发达国家和地区生态文明建设的成功经验及技术，加强在节能环保、清洁能源、绿色建筑、城市规划、城乡可持续发展等领域的合作。

（五）加强生态文明制度建设

1. 促进生态资源资产化。深化资源要素市场化配置改革，完善资源有偿使用制度和生态补偿等各项制度。健全自然资源资产产权制度，实行土地、房屋、林地、山岭、水流、滩涂等不动产统一登记，实现不动产审批、交易和登记信息在有关部门间依法依规互通共享。深化集体林权制度改革，探索林权抵押贷款风险共担机制，扩大林权抵押贷款规模。完善生态资源有偿使用和补偿制度，发挥好我县闽江源国家生态补偿试点的作用，建立健全森林、流域、区域、矿产资源等与市场经营挂钩的生态补偿机制，争取国家在我县开展生态资源市场化改革试点。完善矿产资源有偿使用和矿山生态环境恢复治理保证金制度，健全污染物排放管理制度，探索开展节能量、排污权、水权交易试点，在化工、水泥等行业试行排污权交易。

2. 严格环境保护监管。实施严格的环境准入和土地管理，提高化工、涉重金属等重点防控行业环境准入门槛，严格保护耕地和节约用地，控制城乡建设用地总规模，不断提高单位土地投入产出效率。实施项目建设的全过程环保监督管理，确保建设项目环保“三同时”执行率达到100%。加强对危险化学品安全监管，推进环境风险源评估和分级分类管理，强化环境风险预警和防控。建立企业环境行为信用评价制度和生态环境损害赔偿制度，建立企业生态信用档案，发挥生态信用档案在项目审批、信贷支持、土地利用、财政税收等领域的导向作用，逐步建立全面覆盖的生态信用体系。

3. 健全评价考核体系。建立健全考核评价、监测分析、责任追究机制，树立鲜明的绿色导向。完善考评机制，加大资源能耗、环境损害、生态效益、科技创新等指标权重，制定实施与生态文明建设相适应的经济社会评价体系和干部考核办法，建立体现生态文明要求的目标体系、考核办法和奖惩机制，把各项目标任务完成情况与生态补偿资金安排及各类评先评优挂钩。加强统计分析，定期监测、评价和公布生态文明建设绩效，并将其作为政绩考核的重要依据，强化生态文明建设行政监察。完善责任追究机制，建立生态文明建设目标责任制和行政问责制，探索编制自然资源资产负债表，对领导干部执行自然资源资产离任审计，建立生态环境损害责任终身追究制。

三、保障措施

（一）加强组织领导。成立清流县深化实施生态县战略加快生态文明先行示范区建设工作领导小组，加强生态文明先行示范区建设的组织领导和综合协调，领导小组下设办公室，负责实施方案的编制和工作的协调落实。建立生态文明先行示范区建设工作联席会议制度，定期研究解决实施推进过程中的重大问题。

（二）明确责任分工。各乡（镇）要把生态文明先行示范区建设作为“一把手”工程，结合实际，抓紧制定实施贯彻落实《意见》和本实施意见的具体工作方案，明确责任分工，落实工作责任，创造性地开展工作。县直各有关部门要按照本实施意见和责任分工，制定本部门具体工作方案，加强部门间协调配合，形成工作合力，共同推进各项目标任务落实。创新管理体制，把生态文明先行示范区建设工作的目标任务，以责任书的形式分解到相关部门，并定期组织工作督查，确保各项工作落实到位。

（三）争取政策支持。各有关部门要研究吃透中央、省、市关于加快生态文明先行示范区建设等政策文件精神，主动加强与上级沟通对接，争取更多的政策、项目、资金支持。要积极争取中央财政转移支付、扶贫开发重点县等项目资金，并按西部地区政策执行，支持我县生态文明建设。争取尽快增列为国家重点生态功能区，享受中央财政生态保护转移支付政策。整合中央和省、市预算内投资，加大对生态建设、节能减排、水土保持、循环经济、污水垃圾处理、流域整治、水利工程、新能源等项目的支持力度。争取中央和省、市加大对我县的流域上游地区、欠发达地区、生态公益林等支持力度。争取符合生态文明建设需要的国家和省、市相关试点示范工作在清流先行先试。

（四）营造良好氛围。弘扬苏区“坚定信念、求真务实、一心为民、清正廉洁、艰苦奋斗、争创一流、无私奉献”优良传统，汇聚社会各方力量加快推进生态文明先行示范区建设。发挥人大监督作用和政协参政议政作用，组织成立专家咨询委员会，对重大事项进行事前咨询论证和事后跟踪评估。坚持党的群众路线，建立社会参与机制，激发人民群众的积极性、主动性和创造性。加强舆论引导，营造上下联动、各方参与、人人支持的改革氛围，为生态文明先行示范区建设提供宽松、和谐、积极的舆论环境。

中共清流县委
清流县人民政府
2014年11月17日

索引

说明

一、本索引按主题词首字汉字拼音字母顺序排列，同音词按声调排列，第一字相同的，则按第二字音序排列，依次类推。

二、索引条目后的阿拉伯数字表示本书的页码。

三、本卷中“特载”“专文”“大事记”，附录中的副科级以上领导名录、光荣榜、重要文件选编以及各部门单位、乡镇综述、概述，不列入本索引检索范围。

A

B

C

D

F

G

H

J

K

L

M

N

P

Q

R

S

T

W

X

Y

Z

清流县公安局

2014年，清流县公安局在县委、县政府和上级公安机关的领导下，贯彻落实中央、省市县委政法工作会议和全市公安局长会议精神，围绕维护社会大局稳定、促进社会公平正义、保障人民安居乐业的总任务，推进平安建设、法制建设和队伍建设，为清流深化改革、促进科学发展营造安全稳定的社会环境。

维稳工作力度加大，打击犯罪措施有力。严厉打击“两抢一盗”、诈骗等犯罪。全年立刑事案同比下降12.7%。立涉毒刑事案10起，破10起，抓获毒品犯罪嫌疑人19人。发案势头有效遏制，社会秩序持续稳定。依托与税务、工商、烟草等联络工作制度，打击各类经济犯罪活动。

年内，再投入218万元，新建双向两车道高清治安卡口1套，在乡镇建设高清视频抓拍监控系统10套，并在城区新建“宽视界”高清视频监控探头。企事业单位内部治安保卫主体责任体系与治安保卫管理制度更加完善。增强执法规范意识，固化创新流动人口管理。1月起，以“雷霆治爆”专项行动为重点，强化各项安全检查、监管和隐患排查、整改，全年未发生涉枪涉爆事故。严厉打击游戏机赌博、野外山头聚众赌博等违法犯罪活动，遏制赌博滋生蔓延。全年，查纠酒后驾驶269起、醉酒驾驶19起、营运车辆超员8起、其他车辆超员802起。

10月，全市公安机关纪委书记会议在清流县召开，县公安局在会上交流队伍教育防控工作。年内，评出各项专项行动之星12名。治安大队长阳发高被福建省总工会授予福建省“五一劳动奖章”称号。

福建省公安厅党委委员、副厅长薛祺安（左二）到县公安局调研出入境管理工作

三明市委常委、政法委书记王刚（右三）到清流县公安局实地查看受灾情况

三明市副市长、公安局局长潘东升（左一）看望慰问奋战在抗洪抢险救援一线的公安民警、武警和消防官兵

县公安局局长邹金春指导警务技能考核

打击犯罪演练

政委郑丰满慰问困难党员

清流县公安局森林分局

2014年，清流县公安局森林分局在林业局党委的正确领导和县公安局的指导下，紧紧围绕省、市森林公安局的工作部署，以党的十八大会议精神为指导，深入开展党的群众路线教育实践活动，狠抓队伍作风建设，坚持从严治警，牢固树立“立警为公、执法为民”的思想，转变执法观念，结合本县实际积极开展林区治安综合治理，加大案件查处力度，切实加强森林资源保护工作，有效打击各类破坏森林资源和野生动植物资源的违法犯罪活动。先后组织开展“春季一号”行动、“天网行动”和“2014利剑行动”，全年共查处各类案件304起。其中森林刑事案件立29起，破19起，捕获逃犯6人；查处林政案件273起；治安案件2起。处罚违法犯罪人员549人次，其中林业行政处罚521人次。移送起诉案件12起16人，收缴木材1310立方米，为国家挽回经济损失130余万元。为稳定林区秩序，加快清流经济社会科学发展、跨越发展，建设“幸福清流”创造良好的林区治安环境。

市局局长孙俐（中）到清流调研

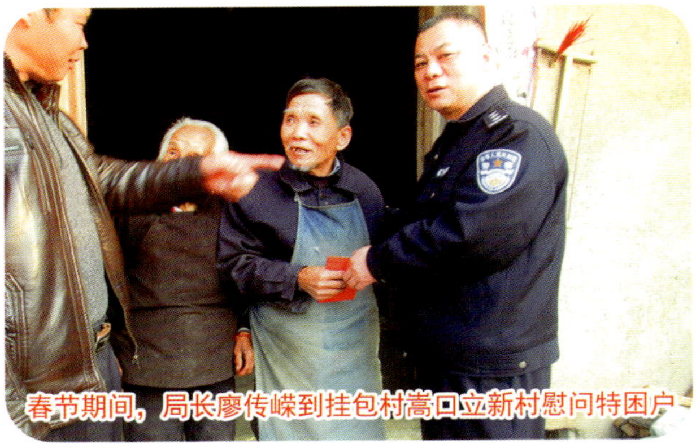
春节期间，局长廖传嵘到挂包村嵩口立新村慰问特困户

参加市局严打工作视频会

开展大练兵、大轮训活动

分局教导员纪贤国带领民警重温入党誓言

深入开展保护野生动物资源“天网行动”

到乡镇开展森林公安法律咨询服务

清流县民政局

省民政厅副厅长罗万荷（左四）到里田乡指导灾后重建工作

县慈善总会在清流一中开展“金秋助学”活动

刘忠局长在2015年新一届村（社区）主干培训班上授课

嵩口镇敬老院揭牌仪式

“十二五”期间，清流县民政工作着力“六个能力”建设，努力打造人民满意的现代服务型民政，为建设“幸福清流”，实现科学发展跨越发展作出积极贡献。

社会救助工作扎实有效。成立清流县社会救助工作协调小组，统筹社会救助政策有效衔接，实现信息共享。建立救助申请家庭经济状况核对机制，规范经济状况核对工作。启动社会救助和保障标准与物价上涨挂钩联动机制。出台“清流县城乡困难家庭临时救助实施办法”，救助金最高限额为5000元。完成低保提标工作，农村低保标准提高到2300元/人年，城市低保提高到452元/人月。五年来共发放城乡医疗救助391.53万元、临时救助62.55万元。

防灾减灾能力不断强化。成立县级减灾委员会，统筹协调全县防灾减灾工作。修订《清流县自然灾害救助应急预案》，强化救灾应急的组织、检查、落实工作。与保险公司签订农房统保与公众责任保险、摩托车道路交通事故伤亡救济救助责任保险。全面建成154个自然灾害避灾点。其中，县级避灾点3个，乡（镇）避灾点32个，村（居）避灾点119个。五年累计下拨救灾救济款3585.81万元。

社会福利服务体系逐步完善。全面实现乡镇敬老院全覆盖目标，建成乡镇敬老院11所，总建筑面积约9200平方米，床位480个。建成农村五保幸福园11个，农村幸福院17个，居家养老服务站9个。县社会福利中心（老年安养中心）落成，建筑面积8200平方米、床位200张。2015年，重建光荣福利院。成立清流县慈善总会，助推慈善活动的开展。建立80周岁以上高龄老年人补贴制度，累计发放补贴金118.60万元。落实70周岁以上老年人免费乘坐城区公交车政策，累计发放老年人优待证6139本。

拥军优属安置改革日益深化。深入开展创建双拥模范县活动，扩大双拥共建成果。大幅度提高重点优抚对象、革命“五老”人员抚恤补助标准，建立抚恤补助自然增长机制。清流县苏区人民广场毛泽东和朱德铜像落成。迁建清流县革命烈士纪念园，举行“9·30”烈士公祭活动。

社会管理和服务能力明显提高。完成2012年和2015年村（居）委会换届选举工作，建成城市社区综合服务站3个。完成了2条市间县级界线和23条乡级界线联检。完成乡镇地名标志、城区街路巷牌设置。5年来共设置乡镇地名牌36块，城区街路巷牌62块，门牌3928块。完成《清流政区大典》编纂工作。召开全县第二次全国地名普查动员部署会议，签订购买服务协议。顺利完成殡仪馆搬迁扩建工作。落实城乡六类困难群众免除殡葬服务费政策。积极推进行业协会改革，培育完善社会组织73个。

第一批民政救灾物资抵达县救灾仓库

鱼水情深，军民同心，共抗“5·19”洪灾

清流县经济和信息化局

局 长：江定荣

根据《中共三明市委办公室、三明市人民政府办公室关于印发〈清流县人民政府职能转变和机构改革方案〉的通知》（明委办〔2014〕45号）和《中共清流县委、清流县人民政府关于印发〈清流县人民政府职能转变和机构改革的实施意见〉的通知》（清委〔2015〕4号）要求，组建清流县经济和信息化局（加挂"清流县国防动员委员会支前办公室"牌子），为县人民政府工作部门，机构规格为正科级，与清流县科学技术局实行一个机构，两块牌子。

主要职责：

一、贯彻执行国家和省、市经济和信息化发展战略、法律法规和规章及政策；拟订并组织实施全县新型工业化、信息化、科技发展和科技促进经济社会发展的战略、规划、计划及政策措施，推进现代产业体系建设；参与拟订全县国民经济和社会发展战略、中长期规划和年度计划。

二、负责监测分析全县工业经济运行态势，并发布相关信息；拟订并组织实施工业、信息化运行调控目标、政策和措施；协调解决工业和信息化运行中的有关问题；建立并组织实施重点行业、重点企业、重点产品运行调度机制和经济运行应急调度机制；组织实施全县重要工业品、重要生产原材料、重点支农产品等的调控方案；建立工业企业服务机制。

三、负责组织实施全县工业与信息化产业发展、结构调整升级的政策措施；执行工业和信息化领域固定资产投资导向和目录，按规定负责管理工业和信息化领域企业投资项目，指导推进企业技术改造；拟订并组织实施工业和信息化领域企业投资项目利用政府资金的政策和使用管理办法；指导、协调全县工业和信息化领域企业与央属、省属企业、港澳台及对外产业交流与合作；负责拟订指导推进民营经济发展的政策措施；牵头承担民营企业产业项目对接；拟订产业龙头促进计划、产业集群建设发展意见和政策措施；统筹、规划、指导、协调全县各类开发区建设。

四、负责原材料工业、装备工业、消费品工业、民爆产品、传统工艺美术、电子信息工业、软件和信息服务业等行业管理工作；组织实施行业技术规范、标准、行业准入和产业政策；指导行业质量和品牌工作；协调解决行业运行发展中的重大问题；按规定负责盐业行政管理；依法负责农药生产的监督管理；依法管理全县稀土资源综合开发和合理利用；依照"一岗双责"规定，负责本系统行业安全生产监督管理工作；联系、指导企业与企业家联合会和相关行业协会。

五、负责全县能源行业管理；负责监测分析能源运行情况并发布能源信息；衔接能源生产和供需平衡，协调解决能源运行中的重大问题；培育和监管能源市场；提出能源价格调整建议；负责煤炭、电力、石油等能源产品的应急保障工作；负责全县电网运行与调度管理；依法负责全县发电企业并网运行的条件审查；依法承担全县电力行政执法工作。

六、负责全县节能监督管理；组织协调、监督管理循环经济发展工作；组织协调自愿性清洁生产促进工作；指导资源综合开发和合理利用；依法承担节能等相关行政执法工作。

七、负责指导和服务企业改革与发展；牵头拟订促进中小企业发展的政策措施；负责建立和完善中小企业服务体系和融资担保体系；引导和支持企业提升经营管理水平；建立现代企业制度；负责指导、推进创业投资业发展；负责指导和服务全县乡镇企业的有关工作；依法指导企业法律顾问工作；承担县减轻企业负担办公室日常工作；组织开展职业经理培训工作，负责工业化、信息化企业智力引进工作；会同有关部门拟订科技人才队伍建设规划。

八、负责牵头协调推进战略性新兴产业发展；负责拟订并组织实施企业技术创新的政策措施；指导引进重大技术装备的消化创新；承担指导协调企业技术创新公共服务平台建设有关工作；指导和推动产学研联合，组织实施重大产业示范工程。

九、负责协调、指导生产性服务业发展，研究提出相关政策措施，推进制造业和服务业融合发展；统筹规划、指导现代物流、工业设计、融资租赁、小额贷款机构等生产性服务业发展；指导、推进科技服务、售后服务、服务外包等工作。

汽枪厂

十、负责指导全县信息产业发展；统筹、规划、协调工业化和信息化深度融合工作；依法承担信息系统工程建设市场的监督管理。负责协调推进信息消费工作，会同有关部门研究提出相关政策措施并组织实施。

十一、负责部队支前的协调、服务工作；负责组织协调有关部门做好支前工作，承担县国防动员委员会支前办公室的日常工作。

十二、牵头负责全县的科学技术工作，制定科技、科普规划和政策，拟订促进技术市场、科技中介组织发展政策，负责相关科技评估管理和科技统计管理。

十三、归口管理全县科技成果、科技奖励、科技信息、科研机构、防震减灾、科技外事及知识产权专利工作。

十四、承担工艺美术行业管理工作。

十五、承办县委、县政府交办的其他事项。

伊科电子

清流县交通运输局

清流县交通运输局内设办公室、财务股、路政管理股、建设管理股和安全监督股等5个职能股室，下辖道路运输管理所（海事处）、交通综合行政执法大队、农村公路养护管理站、交通工程管理站、交通发展中心5个事业单位，有干部职工60人。2015年，全县有省道、县道、乡道及村级公路总里程840公里，从事道路运输经营者459户；全县航道总里程76.14公里，均属于天然河流及渠化河段航段，船舶主要集中在安砂库区。

近年来，县交通运输局按照“贯穿一条主线，实施四大工程”工作目标，紧抓交通建设不放松，强化行业服务不动摇，严守交通安全不懈怠，努力构建和谐交通。全县共投入公路建设资金近8亿元，争取部、省、市资金3.5亿元，全力破解交通瓶颈制约。先后完成永宁高速公路清流段46.2公里路基建设，完成省道、县道和农村公路建设350余公里（其中二级路100公里），完成危桥改造27座。开通城区公交和城乡公交线路。公路港建设已完成。交通运输安全实现无重大事故，为县域经济发展作出积极贡献。交通工作连年受到县委、县政府表彰，先后获交通运输部“依法行政”先进单位、省级文明单位、全省“创先争优”先进基层党组织、省红十字会“红十字爱心公益单位”、市政府“安全生产先进单位”、中国海员工会“职工之家”等荣誉。

天堑变通途，建设中的省道307线洞口（永安界）至新砚大桥公路改建工程

县道田源至横七线搅拌站建设

学生周末班车

水毁公路抢修

水上交通事故联合救援预案演练

开展超限运输整治行动

城拔线（城关至宁化天鹅洞路段）公路建设

“畅安舒美”绿色交通长廊

围灵线（围埔至灵地）安保建设

温郊至横纵七线（塘凤）完工

清流县林业局

省林业厅纪检组长张利生（右二）到清流调研

2014年，清流县林业局弘扬“创新、实干、奉献”的林业行业精神，突出抓好生态建设与保护，加快产业结构调整与升级，全面深化林业改革，较好地完成各项目标任务，为建设机制活、产业优、百姓富、生态美的幸福清流作出贡献。

林业改革持续深化。制定出台《关于完善集体林权制度改革构建新型林业经营体系的实施意见》。全年共受理林权申请登记928宗，面积19.9万亩；办理森林资源流转登记105起，面积3.34万亩，交易金额4894万元；办理林权抵押贷款73起，贷款金额1.2亿元，受益农户126户；完成森林综合保险投保182.43万亩，占应保面积的95%；成立新型经营模式组织4个。

资源培育扎实推进。全年完成造林绿化3.59万亩，占任务的157.5%。积极推广使用良种，有效提高造林苗木质量。全年完成大田育苗面积850亩，容器苗290万株，预计产苗量4450万株。深入开展全民义务植树，完成义务植树35.2万株，占任务的102%。扎实推进竹业开发活动，新造毛竹林1000亩，建立林下种植黄精示范基地450亩，新建“两高一优”丰产竹林3000亩，低产竹林改造10000亩；完成竹业总产值1.03亿元，占任务的103%。《清流县省级森林县城建设总体规划》通过省专家组评审。

美国驻广州总领事馆总领事在林博会清流馆参观

林业产业加快发展。苗木花卉方面，全年新增花卉1000亩、苗木2100亩，实现销售收入8.4亿元。全县形成花卉1.05万亩、绿化苗木5万亩规模，苗木花卉企业已达57家、协会（合作社）48家。“清流鲜切花”获国家地理标志保护产品，春舞枝集团在德国证券交易所成功上市，成为全国首家花卉上市企业，被评为福建省电子商务示范企业。林产工业方面，全县完成木材生产11.83万立方米，完成规模以上林产工业企业产值23.98亿元，比增19.4%，新增产值亿元以上企业3家，总数7家。招商项目方面，完成招商引资项目5个，项目总投资1.5亿元；林博会上完成签约项目8项，项目总投资11.4亿元。五大战役重点项目完成投资1.72亿元。全年共向上争取项目资金4175.59万元。

春舞枝集团在德国证交所上市

森林资源实现“双增”。至2014年末，全县森林覆盖率78.19%，超省下达目标3.67个百分点；森林蓄积量1433.36万立方米，超省下达目标281.84万立方米。全年查处林业行政案件690件，为国家挽回经济损失330.2万元。森林公安立刑事案件29起，破19起，抓获犯罪嫌疑人26人。全年森林火灾发生率和受害率均在省控指标以内。林业有害生物成灾率控制在3‰以内，防治率和检疫率100%。林业工作呈现持续、健康良性发展态势。

植树节活动

兰花基地

到毛泽东故居重温入党誓言

绿化苗木基地

清流县农业局

邹卫东局长走访爱珍豆腐皮合作社

近年来，清流县农业工作在县委、县政府的正确领导下，全面贯彻落实农村工作会议精神，以稳粮促增收为中心，以农业生产、主导产业开发和农村政策落实为重点，着重抓好苏福茶业有限公司的茶叶清洁自动化加工项目，全面开展生态茶园与现代休闲观光农业建设、航天育种基地建设。发展猕猴桃种植加工项目及光伏农业观光园项目，实施豆腐皮加工技术工艺提升等，全面推进农业品牌建设。年内新增农业“三品一标”4家、产品5个，全县获“三品一标”企业达25家，产品34件。推进农民专业合作社规范化发展。全年新增农民专业合作社32家，家庭农场26户。2015年，全县拥有农民专业合作社269家，家庭农场66户，新增省市示范社6家，示范家庭农场4家。农产品质量安全有效提高，农业执法工作稳步推进。

花生高产栽培技术培训

苏福茶业全自动清洁化茶叶生产流水线

花生高产创建现场会

机插秧现场会

水稻统防统治

水稻工厂化育秧

清流县水利局

中国水利

清流县水利局在县委、县政府的正确领导和省、市主管部门的大力支持下，认真贯彻落实党的十八大及县委、县政府的重要决策部署，主动适应“三农”工作新常态，继续深化水利改革发展，夯实农田水利基础设施建设，突出做好防汛抗灾、水行政执法及行政审批、项目建设与前期规划、水土流失综合治理等重点工作，各项工作取得较大进展。在2015年“5·19”“7·3”“7·22”等3次洪灾侵袭中，防抗特大灾害工作得力，全局干部众志成城、扎根基层统计灾情，指导灾后重建工作。共向上争取到2000万元的中央特大防汛补助经费。重点项目推进扎实稳健。全县共有6个项目列入全省重点推进水利项目。俞坊、岭官已基本完成主体建设，进入附属工程建设及扫尾。流域二期、三期治理项目均已全面动工。农村人饮项目于9月顺利通过水利部稽查组稽查。2013年度小农水重点县建设项目通过市局验收。水行政执法成效显著。水政大队共开展水行政执法、打击非法采砂等行动39次，解决历史遗留砂场纠纷5起，采砂行业秩序渐趋规范。完成《河道采砂规划》并通过市水利局评审批复。全县水利事业步入稳健、有序发展态势。

水利部农村饮水安全项目稽察

省水利厅尤猛军厅长（中）到清流调研

市局领导到岭官水库施工现场开展汛前安全检查

水利部领导到清流指导“5·19”灾后重建

全县水利项目推进会

谢荣响局长到挂包村阳坊村慰问“5·19”受灾户

清流县水电站库区移民开发局

省移民局雷雄副局长（中）在田源乡田口村实地调研

清流县水电站库区移民开发局以推动库区跨越发展，促进库区和谐稳定为目标，围绕中心、服务大局，认真落实“四下基层”工作制度，扎实开展“马上就办、办就办好”活动，库区项目建设、平安库区创建、党风廉政建设齐头并进、协调发展。

2014年，全县有直补移民16509人，共发放移民直补资金990.54万元。完成库区移民后期扶持项目45个，已在实施项目15个；完成小型水库扶助项目4个，已在实施1个。拨付后期扶持（扶助）项目资金2658.9万元。

编报清流县避险解困实施方案，拟建移民新村安置点3个，余朋乡东坑村梦溪和田源乡田口村店上、新村村水东队3个安置点大中型水库移民避险解困项目进展顺利。项目估算总投资3425.47万元，其中申请中央补助资金469.5万元。县库区移民旅游创业园项目累计已投入资金3850万元，完成主体及内外墙抹灰工程建设。沙芜乡铁石村、田源乡田口村、龙津镇供坊村照镜排小区3个省、市级环境综合整治试点项目实施完成。根据库区实际，有针对性地开展移民技术、技能培训，提高移民就业率和科技致富能力，实现增收。全年举办培训班7期，培训移民420余人次，推荐就业350余人。

全县库区移民工作会议

县移民局巫光铭局长向兄弟县市同行介绍移民避险解困项目建设情况

库区移民花卉苗木栽培及病虫害防治技术培训

建设中的清流县移民旅游创业园

环境综合整治后的沙芜乡铁石村

清流县安全生产监督管理局

清流县安全生产监督管理局组建于2002年1月，内设办公室（政策法规股）、矿山危化股、综合监管股（职业安全健康监督管理股）3个股（室）。下属单位有清流县安全生产执法大队。2015年，全局有干部职工12人，其中本科学历7人，大专学历4人，高中学历1人。

近年来，清流县安全生产监督管理局紧紧围绕县委、县政府工作重点，牢固树立“科学发展、安全发展”理念，认真贯彻落实习近平总书记等中央领导同志关于安全生产工作的一系列重要指示批示精神，强化红线意识和底线思维，深入抓好安全生产大检查和隐患排查、重点领域（行业）和“打非治违”专项整治、安全生产标准化建设、基层基础建设和宣传教育培训等工作，严格履职，强化监管，有效遏制安全生产事故的发生，确保安全生产形势持续稳定，为促进全县经济又好又快发展作出积极贡献。

严友林局长参加金属、非金属矿山矿长谈心对话

“安全生产月”宣传

危险化学品执法检查

清流县煤炭行业管理办公室

清流县煤炭行业管理办公室为清流县煤炭行业管理部门，履行煤炭行业管理职能。

清流县煤炭资源丰富，含煤面积70.6平方公里，主要分布在李家、赖坊、沙芜、余朋、田源5个乡镇境内，预测储量1.3亿吨。清流煤炭煤质好，属低磷、低硫、低灰分、中高发热量，为我省少有的优质无烟煤。

近年来，县煤行办不断加强煤炭行业管理，加大技改力度，重视提高安全生产技术和管理水平，推行矿井质量标准化建设，组织开展煤炭行业“六打六治”专项行动，努力提高全县煤矿生产能力和规模。2014年，完成固定资产投资额23227万元，实现煤炭产量26.5万吨，全年实现煤矿安全生产无事故目标任务。

县煤行办严香荣主任到沙芜学校开展“闽江源绿家园”厨余堆肥环保志愿活动

煤炭外运

技改项目设备安装

罗口煤矿井下变电所

清流县教育局

2014年，清流县教育局紧紧围绕县委、县政府的统一部署和年度教育工作目标任务，以促进教育公平为重点，以提高教育质量为核心，加快发展学前教育，均衡发展义务教育，积极促进职业教育，规范管理民办教育，完善寄宿制学校建设，教育工作取得一定成效。高考本一、本二上线人数分别为168人、529人，创历史最好成绩，文、理科600分以上合计18人，理科高考最高分669分，全省排名114名，创近20年来高考理科原始分全省排名最好名次。中考中招工作有序推进，中考成绩稳步提升，中考单科合格率和全科合格率居全市第五位，处于全市中上水平。全县建成“班班通”297套、录播教室2间，全面完成教育信息化“班班通”工程。教育民生工程序时推进，校安工程、幼儿园项目、塑胶运动场建设、城市扩容和中央投资项目等稳步实施。在全县中小学校开展以“忠诚履职，爱生乐教”为主线的师德师风教育活动，努力营造教书育人、为人师表的良好氛围。4月25日，“义务教育发展基本均衡县”顺利通过市级核查。6月14日，通过省级验收。

义务教育国家督导评估现场-手工活动室

省人大常委会主任徐谦（中）到清流一中调研

县领导冯明生、刘剑英到实验中学调研

实验中学

嵩溪中心小学教学楼

城关中学

实验小学校园一角

清流县地方税务局

2014年，清流县地税局大力弘扬福建地税精神，牢记为国聚财、为民收税的神圣使命，围绕组织收入中心工作，规范税收秩序、规费管征、存量房交易税收征管、欠税清理，完善个税管征，强化涉税信息运用，落实税收优惠政策，提升纳税服务水平。全年共组织入库各项收入40386.89万元，比上年同期增收2190.85万元，增长5.74%。其中：税收收入30040.33万元（含耕契），同比增收1485.81万元，增长5.20%。地方级财政一般预算口径收入2.36亿元，同比增收1939.59万元，增长6.70%，完成县财政调整任务的100.83%。非税收入入库1.03亿元，同比增收705.04万元，增长7.31%。县局党支部被中共三明市委授予“全市先进基层党组织”称号，顺利通过省级“模范职工之家”创建复查验收，被县委、县政府授予“2013年度省市属单位服务地方经济建设先进单位”，办税服务厅被授予“福建省工人先锋号”荣誉称号。

三明市副市长林守钦（中）莅临我局调研指导工作

税收志愿者向返乡务工人员宣传社保政策

中国邮政 CHINA POST 中国邮政集团公司福建省清流县分公司

2015年8月6日，周玲总经理、夏盛平副总经理为”子改分“揭牌，清流邮政由局改为分公司

中国邮政集团公司福建省清流县分公司下设部室2个、客户部6个、支局所9个、代办所5个、便民服务站47个，肩负全县5镇8乡15万余人口的邮政通信和普遍服务，网点覆盖全县100%乡镇、邮路通达100%行政村，除办理传统的函、包、汇、报刊发行、集邮等业务外，还开办邮政金融、快递业务、物流配送、广告信函、电子商务等业务，全力做好“最后一公里”服务。

清流邮政以“诚信、和谐、优质、高效”的企业精神为指导，以服务人民、奉献社会为宗旨，不断提高服务水平。企业整合邮政物流、信息流、资金流和互联网优势，打造“网络代购+平台批销+农产品返城+公共服务+普惠金融+物流配送”为一体的邮政农村电子商务综合服务平台，将“去赶圩”农村电子商务平台融入中国邮政集团公司“邮掌柜”系统。充分发挥中国邮政全网布局的优势，通过线上推动清流豆腐皮、赖坊花生等农副产品进城，将清流农特产品销往城市，辐射全国。全县已建成“邮掌柜”加盟店143个，搭建了长校、嵩溪、嵩口、林畲、田源、灵地等邮政农村电子商务便民直营店6个，以满足农村地区在互联网时代对商品的购买需求，提供惠农信息和便民服务，实现购物不出村、销售不出村、生活不出村、金融不出村、创业不出村、寄递不出村。

开展“百万善款关爱行动”

中国烟草 CHINA TOBACCO 清流县烟草专卖局（分公司）

三明市烟草专卖局局长、经理张清明（左二）到清流调研

省烟科所三明分所所长张瀛（左二）到清流查看烟叶病虫害情况

县局严绍训局长上门慰问群众

召开首届烟叶分级竞赛表彰会，图为获得第一名并被评为“清流县五一劳动标兵”的员工张清伟

清流县烟草专卖局（分公司）组建于1984年，实行统一领导、垂直管理、专卖专营的管理体制，主要担负烟草专卖管理、烟叶生产收购、卷烟销售业务。2014年，清流县烟草专卖局（分公司）牢牢把握“稳中求进”的总基调，深化党的群众路线教育实践活动，坚持“做精烟叶、做优卷烟、做细专卖、做实管理、做强队伍”的工作思路，各项工作平稳推进。

烟叶工作。全县种植烟叶4.39万亩，收购烟叶10.59万担，烟叶产量连续五年位列全市第二。实现烟叶税3513万元，烟农售烟收入1.6亿元，户均收入4.72万元。累计投入烟基建设资金1000万元，建设烟水路工程66项，受益农户3400余户，受益农田9500余亩。投资9330.55万元援建的俞坊水库和岭官水库二项水源工程分别完成进度59.3%、57.26%。开展科技试验示范项目5个，积极探索专业化服务作业，现代烟草农业建设扎实推进。

卷烟网建。全县销售卷烟5624箱，销售额1.25亿元，条均价89.27元，实现毛利2650万元。推进卷烟销售款银行后台扣款工作，后台扣款销售额占比98.57%。

专卖管理。全年共出动打私打假1170人次，查处涉烟案件12起，其中卷烟案件11起，查获涉案卷烟230条，烟叶案件1起，查获涉案烟叶1059.85公斤。联合工商部门查处取缔无证户6户，市场净化率98.4%。规范内部管理，卷宗质量在全市卷宗评查中名列第一。

企业管理。强化费用控制，深化绩效考核，企业内部监管效果明显，基层和基础管理进一步规范，企业运行安全稳健。文明文化建设不断推进，连续三届获评省级文明单位，先后获“三明市纳税信用A级单位”、“服务清流县经济建设先进单位”、“行风免评”等多项荣誉，展示了良好的企业社会形象。

开展二维码普法宣传活动

开展服务烟农志愿活动

举办第四届职工运动会

ICBC 中国工商银行 清流支行

行 长：戴明辉

中国工商银行股份有限公司清流支行秉承“以市场为导向，以客户为中心”的服务理念，以满足客户的金融服务需求为己任，立足区域金融环境，结合当地区域特点，推行“服务创造价值”的企业文化，切实践行国有大型商业银行服务地方经济发展的社会责任，为广大客户提供更多个性化、多样化的金融服务，全面提升金融服务水平，使工商银行成为“您身边的银行，可信赖的银行”，各项业务实现平稳发展，市场占有率和竞争力稳步提升，真正实现“让财富与您更近，让希望与您更近”。

PICC

金牌好服务 人保伴您行

中国人民财产保险股份有限公司

PICC Property and Casualty Company Limited

清流支公司

中国人民财产保险股份有限公司是国内历史最悠久、业务规模最大、综合实力最强的大型国有财产保险公司，是国内财产保险市场的领跑者。清流支公司是人保财险旗下的县级公司，拥有一支爱岗敬业、开拓进取的员工队伍，秉承“风雨同行、至爱至诚”的核心价值观，以“做人民满意的保险公司”为共同愿景，致力于“一流的企业、一流的服务、一流的效益、一流的队伍、一流的业绩”发展目标，为广大客户提供各种保险保障服务。在服务经济社会发展与和谐社会建设过程中，较好发挥了保险企业保驾护航的主渠道作用。

中国人民财产保险股份有限公司清流支公司服务范围包括国内外财产保险、责任保险、信用保险和农业保险业务，提供个性化保险产品和差异化优质服务，独家承保涉农保险。“4001234567”投保咨询热线、全国服务专线“95518”365天24小时全天候、随时随地为客户提供咨询、投保、理赔等多功能、高品质保险服务。

总经理：黄晓方

地址：清流县龙津镇长兴北街98幢
电话：0598-5327011

中国农业银行
AGRICULTURAL BANK OF CHINA
清流县支行

中国农业银行股份有限公司清流县支行秉承“客户至上、始终如一”的服务理念，立足城市和农村两大市场，着力打造“大行德广 伴您成长”服务品牌。依托经营网络覆盖广、业务品种齐全、服务功能完善、资金实力雄厚等优势，为客户提供包括：（1）人民币业务。吸收公众存款；发放短期、中期和长期贷款；办理国内外结算；办理票据贴现；发行金融债券；代理发行、代理兑付、承销政府债券；买卖政府债券；从事同业拆借；买卖、代理买卖外汇；提供信用证服务及担保；代理收付款项及代理保险业务等。（2）外汇业务。外汇存款；外汇贷款；外汇汇款；外币兑换；国际结算；外汇票据的承兑和贴现；外汇借款；外汇担保；结汇、售汇；发行和代理发行股票以外的外币有价证券；代客外汇买卖；资信调查、咨询、见证业务等金融产品，更好地为小微企业、农业、农民和县域经济发展服务。

行 长：卢泽余

前往长校镇西坑村开展精准扶贫金融服务活动

大行德广 伴您成长

福建省清流县九利油脂有限公司

油茶手工皂

油茶洗发水、沐浴露、护发素

福建省清流县九利油脂有限公司成立于1997年10月，是一家集生产、加工、销售为一体的茶籽油专业生产企业。公司生产的“9利”牌茶籽油产品质量符合《中华人民共和国油茶籽油》GB11765-2003 质量标准和《中华人民共和国食用植物油》GB2716-2005卫生标准，属于福建省最早一家茶籽油可供出口企业。

公司“9利”牌商标荣获“福建省著名商标”称号，其产品“9利”牌茶籽油通过中农质量认证中心多项有机认证，产品远销澳大利亚、日本、意大利、法国等国家和香港、台湾地区，深受广大消费者一致认同，好评如潮。

为做大做强企业规模，2007年9月，九利公司引进香港毅欣国际贸易公司共同投资3000万元，新建年产茶籽油1000吨、提炼油酸200吨生产线和油茶基地5000亩。

九利公司面对风云变幻的市场，始终坚持以市场需求为导向，以文化铸造品牌灵魂，以质量稳健品牌发展，在为客户赢利，让消费者满意的经营前提下，不断完善自我，以诚挚的热情期待与各界朋友共同发展，共举伟业。

1L塑料瓶装

3L精炼山茶油

油茶精油

厨具清洁卫士

油茶唇油

中国银行 BANK OF CHINA 三明清流支行

中国银行股份有限公司三明清流支行努力践行“担当社会责任，做最好的银行”的发展战略，根据既定工作思路，坚持“追求卓越”的核心价值观，弘扬“诚信、绩效、责任、创新、和谐”的企业文化，凭借专业的员工队伍、一流的网点硬件设施，利用中国银行国内领先的操作、管理、信息系统和完善的内控与风险管理体系，为清流县广大客户提供多样、高效、便捷的银行服务，努力打造清流当地最受欢迎的商业银行，树立百年中行形象。截至2014年底，本外币折人民币存款余额13760万元，比上年新增8461万元，其中公司存款新增5796万元，储蓄存款新增2665万元。各外币折美元存款余额30万美元，比上年新增17万美元。各项贷款余额12208万元，比上年新增10447万元，其中公司贷款新增8498万元，零售贷款新增1979万元。为支持地方经济发展发挥积极作用。

省行陶以平行长、市分行郑宇行长到清流支行调研

业务宣传

行 长：詹淑莲

担当社会责任

做最好的银行

福建省清流氨盛化工有限公司

总经理：张美兰

福建省清流氨盛化工有限公司系省级先进企业，前身为福建省清流合成氨厂，1972年筹建，1974年10月投产，1998年1月改制为国家控股和职工持股的有限责任公司，2005年2月改制为民营企业，注册资金1180万元。公司占地面积9万平方米，固定资产5200万元，在岗员工260人，管理人员和技术人员占15%，合成氨生产能力为3万吨/年。企业可根据市场需求灵活产品生产量，公司主要产品有：省优产品“清盛牌”农用碳酸氢铵、商品液氨、甲醇、甲醛、氨水等，畅销省内外，深受用户好评。目前，公司已发展成为集化肥、化工、机械制作及安装为一体的综合型化工企业。

地址：福建省清流县嵩口镇新安路23号

电话：0598-5232218　传真：0598-5231064

合/作/创/造/价/值

专/业/降/低/风/险

中国建设银行 China Construction Bank 清流支行

行　长：蔡和坚

中国建设银行股份有限公司清流支行是国有控股的全国性商业银行。支行自成立以来，始终秉承“中国建设银行，建设现代生活”的发展战略，坚持“以市场为导向，以客户为中心”的经营理念，以“为客户提供更好服务，为股东创造更大价值，为员工搭建广阔的发展平台，为社会承担全面的企业公民责任”为使命，向打造“山区精品行”的目标不懈努力，支行资金实力不断壮大，资产质量不断改善，经营管理状况持续良好。

建行清流支行金融产品类型丰富，能全方位满足客户投资理财需求。拥有存款、贷款、结算、银行卡、电子银行、代理业务等十几类数百种产品。网上银行、手机银行、自助银行等电子化分销渠道及95533客户服务系统，为客户提供全面、实时、个性化的服务。

重新装修后的支行营业厅

福建省展化化工有限公司

总经理：高龙辉

福建省展化化工有限公司创立于2004年，是一家专业从事研发、生产及经营过硫酸盐系列产品的企业，2015年，拥有电解生产线10条，年产过硫酸铵18000吨、过硫酸钠12000吨，约占全国市场份额20%，产品质量处于国内领先水平。企业先后通过ISO9001—2008质量管理体系认证和福建省清洁生产验收，多次获得省市“安全管理先进单位”称号。

公司拥有雄厚的技术力量和先进的生产设备，并建立了一套完善的运作体系和企业规章。经过专业团队多年的研究和试验，公司对生产过程中产生的“三废”进行科学处理，处理技术在国内同行业中独树一帜。一是实现废水零排放。通过技术处理，将废水循环再利用，达到污水零排放；二是实现废气再回收。将生产过程中产生的氨气重新回收成为原料用于再生产，达到节约液氨和减少排放的效果；三是实现废物再生产。将副产物加水硫酸钠进行提纯脱水处理后，得到无水硫酸钠（俗称元明粉），经干燥后制成商品销售。公司“三废”处理技术的研发应用，使企业成功转型，成为低碳高效绿色环保型企业，与国内同行业相比，具有更强劲的竞争优势。

为适应市场需求，提升企业竞争力，近年来，公司积极扩大产能，2014年启动了三期项目建设，新建生产线8条。项目建成后，将达到生产线18条，年产过硫酸盐系列产品8万吨（过硫酸铵、过硫酸钠、过硫酸钾等）。下一步公司将以过硫酸盐的应用开发为发展方向，力争产品在土地修复、水质处理等方面的应用和推广有新突破。

清流县农村信用合作联社

QING LIU RURAL CREDIT UNION

中国信合

福万通 金融服务中心

清流县农村信用合作联社是一家股份制地方金融机构。长期以来，清流县联社作为当地农村金融的主力军，坚持“服务三农、支持中小企业和县域经济发展”的市场定位，全力打造“客户满意、股东满意、员工满意、基业长青”的现代金融机构，以改革推进创新、以创新促进发展，完善法人治理、规范经营管理、改进支农服务、强化风险控制、构建合规企业文化，促进各项业务持续健康发展，为广大客户提供更优质、更高效、更便捷的金融服务。至2014年末，各项存款余额14.9亿元，比年初增加2.17亿元，占全县金融机构增量的79.54%，占市场份额35.62%；各项贷款余额10.33亿元，比年初增加1.02亿元，增幅10.93%，占市场份额35.79%；存贷总量和增幅均位居辖内银行机构之首。

省联社党委书记、理事长鄢一忠（左一）到清流联社调研，与县领导冯明生座谈

精品网点标准化建设培训

开展服务三农金融业务宣传

谢晓宏理事长、杨美雄主任到企业进行贷前调查

清流宾馆

清流宾馆坐落于龙津镇凤翔街，占地面积3664平方米，掩映于绿树林荫之中，环境幽静，交通便捷。

宾馆设施现代时尚，拥有床位148张，豪华套间9个，标间69个，宴会餐厅9间，自助餐厅、多功能大厅1间，可同时接待600人用餐，宾馆设有商务中心、票务中心、旅行社、堂吧、茶吧、市内免费电话、高速上网接口、变频式中央空调，是我市目前较完善的县级宾馆。宾馆全体员工以真诚的服务，为您营造温馨、舒适的清流之旅。

客房部：0598-5323807　　餐饮部：0598-5322125

总统套房

宴会大厅

会议大厅

清流县嵩口中心卫生院

清流县嵩口中心卫生院始建于1958年。2015年，全院共有医技人员30人，新建门诊楼、病房楼及职工周转宿舍各一栋。其中门诊综合楼2186平方米，病房楼1636平方米，周转宿舍2365平方米，就医环境良好。

该院为一级甲等医院，设有内科、外科、妇产科、儿科、急诊科、皮肤科、检验科、防疫科、牙科、手术室、住院部、放射科、B超室等科室，拥有DR机、飞利浦HD5彩超、迈瑞220全自动生化仪、全自动血球计数仪、血凝分析仪、全自动心电图分析仪、尿液分析仪、婴儿保暖台等各类医疗设备30余台(套)。能开展农村各种常见病、多发病的诊治及开展下腹部手术，竭诚为辖区群众提供优质、高效、便捷的公共医疗卫生服务。

开展健康知识咨询、宣传

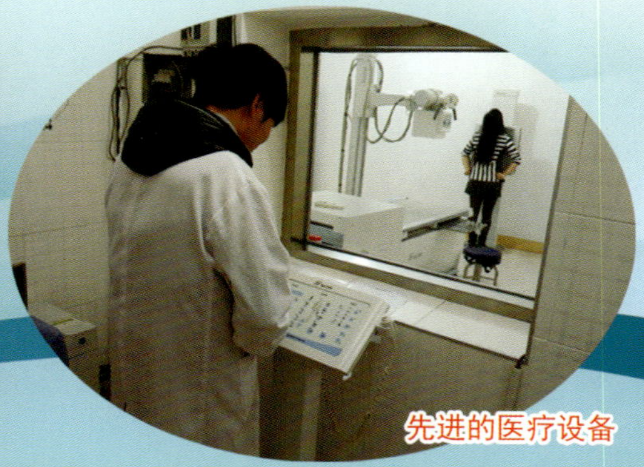

先进的医疗设备

清流县林畲卫生院

清流县林畲乡卫生院始建于1957年。全院建筑面积1200余平方米，床位14张。2015年，有在职职工14人（卫生技术人员12人），其中中级职称1人，医师职称2人。拥有B超、250maX光机、细胞计数仪、全自动生化分析仪、心电图机、血流变分析仪、尿11A等医疗设备。设有公共卫生科、内科、外科、儿科、妇科、中医科、放射科、检验科等职能科室8个。是一所为辖区内0.8万人民群众提供基本医疗和公共卫生服务于一体的综合性一级乙等医院。

该院环境优雅、病房整洁、设施齐全、收费合理、服务热情，实行24小时值班。全院干部职工以饱满的热情，秉承“以病人为中心，以质量为核心”的服务宗旨，竭诚为您服务，全力呵护您和家人的健康。

基本公共卫生服务

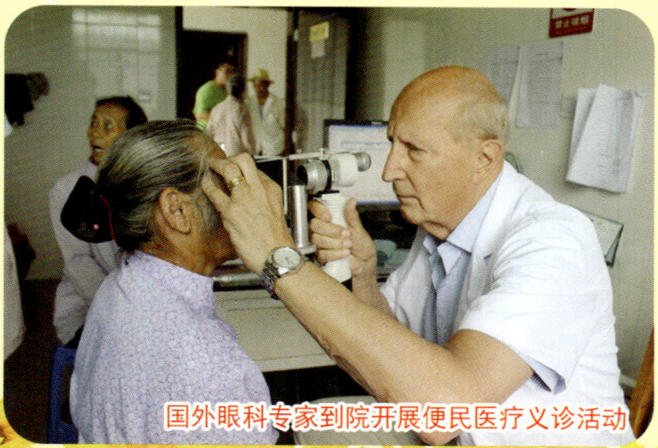

国外眼科专家到院开展便民医疗义诊活动

国家电网 STATE GRID　国网福建清流

总经理：王伟峰

党委书记：何大勇

2014年，国网福建清流县供电有限公司围绕“保安全、促满意、夯基础”工作主线，提升优质服务，确保三大安全，坚持“家”文化建设，取得令人满意的成绩。获省级“年度品牌维护先进单位”、省级“供电企业和供电所标杆单位”、市公司“年度先进单位”、市公司“电网先锋党支部”“党建工作先进单位”等荣誉。

国网福建清流县供电有限公司集中开展“低电压、频繁停电”整治活动攻坚，按照“三全”、“四到位”和“五明确”的原则推进，制定专项方案计划并严格开展，治理效果明显。公司全年完成地区电网建设投资7547.91万元，有效提升地区电网可靠性。

务实进取的公司领导班子

国网福建清流县供电有限公司将持续强化执行，提升管控，以安全生产为根本，严格落实党风廉政建设，坚守依法治企方针，全力以赴推进服务质量提升，为加快建成“一强三优”现代企业打下坚实的基础。

党员突击队

电力抢修

县供电有限公司

市长杜源生（左一）视察灾后电网抢修情况

电网志工到幸福敬老院献爱心

“6 · 10”节能周宣传

深入田间地头向烟农宣传用电知识

安全用电线路检查

职工文化生活

做美城区·做强工业·做活农业·做好民生——龙津镇

龙津镇位于清流县城所在地，东与嵩口镇、嵩溪镇相连，西、北面与宁化县交界，南与田源乡相接。全镇区域面积231.2平方公里，辖14个行政村、4个居委会、80个自然村、112个村民小组，总人口4万余人。

龙津镇立足区位优势，以“做美城区、做强工业、做活农业、做好民生”为工作重点，不断壮大工业、做优农业、推进项目、做美乡村和维护稳定，经过全镇人民的共同努力，较好完成了镇第九届人大三次会议确定的各项目标任务。2014年，全镇实现农林牧渔总产值2.62亿元，增长5.8%；工业总产值28亿元，增长26%。其中，规模工业产值24.83亿元，增长24%；农民人均纯收入14345元，增长14%；财政总收入1503.44万元，增长57%。

龙津镇党委、政府将继续求真务实、凝心聚力，加快龙津科学发展、跨越发展，促进“百姓富、生态美”有机统一，全面提升龙津镇综合经济实力，努力建设经济更加繁荣、社会更加和谐、环境更加秀美、人民生活更加富裕的幸福龙津。

省扶贫“两会”会长叶继革（中）带领调研组到龙津镇下戈村调研扶贫开发工作

市县领导到社区调研

美丽乡村大路口新貌

大路口柑橘产业

闽江大型文艺创作组到龙津镇采风

龙津镇创建国家公共文化服务体系示范区志愿者活动

保护母亲河—龙津镇志愿者活动

生态靓乡·农业富乡·旅游兴乡— 林畲乡

毛泽东旧居

林畲乡地处清流县东北部，与明溪县接壤，为清流“北大门”，享有“雪薯之乡”美誉。近年来，乡党委、政府主动适应经济发展新常态，紧紧围绕县委提出的“做美城区、做强产业、做优环境、做好民生”工作重点，坚持“生态靓乡、农业富乡、旅游兴乡”的发展思路，以新农村建设为主线，以发展现代农业为手段，大力加强民主法制建设，不断优化发展环境，提升综合经济实力，全乡呈现出经济加快发展、社会和谐稳定、事业稳步推进的良好态势。

桂花生态科技园

林畲乡初步形成以特色种植、规模养殖和品牌打造为重点的现代农业产业体系。在稳定粮食、烤烟生产基础上，继续加大花卉、苗木、茶叶、雪薯等“四大”产业的发展力度，“南方红豆杉”荣获第十六届海峡两岸花卉博览会观赏类苗木金奖。闽新畜牧业被列为省、市生猪储备基地和三明市菜篮子基地。龙泉渔庄现有冷泉养殖水域面积近500亩，年产鲜鱼60余万斤，产品远销福州、厦门等大型超市。茶叶、雪薯、腊鸭等品牌的建立和推广成效显著。全乡新增省名牌农产品2个，绿色食品2个，无公害农产品1个，新增龙头企业2家，新增农民专业合作社2家，新增家庭农场1家，新发展专业大户4家。以林畲雪薯为主的“清流雪薯”获国家农产品地理标志登记。

工业发展立足培育成长型企业，提升工业经济运行质量和效益，抓好2家规模企业的转型升级。总投资5000万元的清洁型茶叶加工生产线建设项目已投入使用，产品通过欧盟191项检测，均达到指标要求。同时，实现年产精茶5万斤，粗茶600吨的生产目标，苏福茶业被授予市农业产业化龙头企业称号，并被列为省级农业（种植业）标准示范区，有力推进全乡茶叶产业化、科技化进程。宏志矿业1000万元的生产线改建项目稳步进行，实现年产值8000余万元。

省人大副主任苏增添（中）到林畲调研

按照“规划先行、注重特色、远近结合、协调发展”的理念，聘请浙江大学设计院编制林畲乡集镇发展总体规划。打造经济发展与文化内涵、城镇建设与自然生态完美融合的宜居、宜业、宜游的旅游名乡。岭官幸福小区建设项目、向阳新村二期工程按序时进度稳步推进。环境集中整治成效明显，集镇面貌明显改变。

大力实施旅游兴乡战略，旅游产业初具规模。毛泽东铜像、牌楼、红军广场及展示馆等红色景点已基本完工。桂花文化园加快文化馆、住宿部、园区漫步道等基础设施建设进程，整体平台初具雏形。龙泉渔庄完成整体规划设计，并完善餐饮、垂钓、游泳、棋牌等农家乐休闲项目。苏福茶业公司承办的休闲观光体验茶园建设项目，集休闲、体验、展示和观光为一体的茶叶博览园已完成规划设计，计划总投资5000万元，已在进行部分旅游交通道路和茶园改造建设。

乡党委书记陈喜雄到美丽乡村创建现场查看项目情况

怡达兰花基地

苏福茶业公司

做大煤炭、做优服饰、做特农业、做美乡村—田源乡

省高速副总指挥、纪检书记吴毅荣（中）到田口调研新农村建设

田源乡地处清流县中南部，距县城32公里，与龙津、嵩口、灵地、长校、沙芜等乡镇毗邻。因村庄方圆，田多水源丰富得名，是省定革命老区乡之一。下辖4个行政村，26个自然村，38个村民小组，1686户、人口6675人。全乡总面积114平方公里，其中耕地面积7758亩，林地面积94203亩，森林覆盖率81.6%，林木蓄积44万立方米。境内物产丰富，矿产资源主要有煤炭、铁、锰、石英石、铀等。

2014年，田源乡实现农林牧渔业总产值1.12亿元，比增6.1%；规模以上工业总产值4.85亿元；农民人均纯收入14657元，比增15%；完成社会固定资产投资5.9亿元，比增39.3%，经济社会得到全面发展。被授予“国家级生态乡镇”，连续二届荣获“福建省级文明乡”称号，先后被评为“全省农村宣传思想示范乡”“福建省花木之乡”。

乡党委书记余生贵下村指导灾后重建工作

开展“逢二”墟日宣传咨询服务活动

乡长李水旺到学校了解教育工作情况

田口店上新村

田源白鹜鸭

罗汉松盆景

永明园艺千亩罗汉松

适应新常态 铸造新辉煌——灵地镇

市人大主任徐峥（右二）到灵地调研

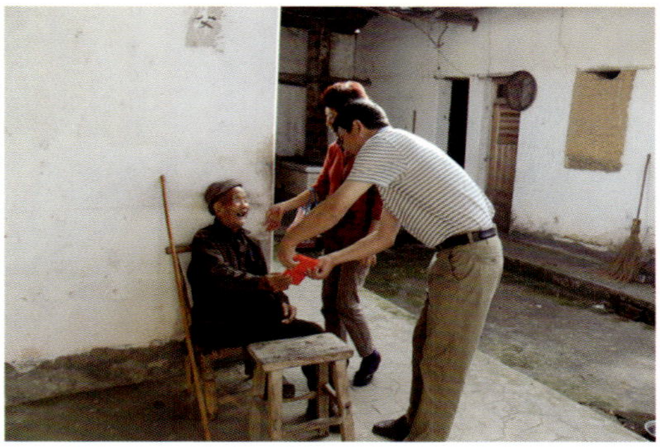
镇党委书记邓文清上门慰问百岁老人赵怀南

灵地镇地处清流县南部，属南面中心集镇和商贸交易大镇，镇区交通便利，是三明通往龙岩及广东省的主要通道之一。镇党委、政府紧紧围绕县委、县政府“做美城区、做强产业、做优环境、做好民生”的发展战略和镇“工业求突破、农业做特色、集镇兴人气、文化创品牌”的发展思路，锐意进取，团结拼搏，不断创新工作机制，抓重点，攻难点，树亮点，各项工作均取得较好成绩。2015年，全镇已完成固定资产投资78067万元，预计全年可完成82600万元，规模以上工业实现产值24062.4万元，预计全年可完成26300万元，财政收入1008.805万元，农民人均纯收入12700元。

项目工作稳步推进，发展活力不断增强。（1）土地整理项目进展迅速。吉龙、田中结合水土流失治理的土地整理项目，已开发耕地168.21亩，水土流失治理237.87亩，完成年度投资任务100%；九龙溪下游灵地高标准农田建设项目，完成节水灌溉1000亩，机耕路3000米，水泥路硬化1500米（5米宽）。（2）湖羊养殖项目进展顺利。已完成投资5453万元，完成羊舍建设8000余平方米和装修配套工程建设，湖羊存栏约4000只；青贮池、干草仓库已完成，有机肥加工厂有序推进，2015年年底可竣工并投入使用；冷冻库及配套设施建设基本完成土地平整，着手开工建设；种植的1000亩牧草进入收成阶段。（3）水产养殖扩建项目进展平稳。清泉特种水产养殖已完成鱼苗投放及鱼塘扩建；晟源水产开发有限公司已在续建200亩养殖场及建设配套设施。（4）引进厦门客商投资3000万元，发展福建龙阳农林肉牛养殖项目，拟建高标准牛舍10000平方米，并配套青贮池、饲料加工车间、储粪间、沼气池等。该项目完成“三通一平”，已在兴建厂房。项目建成后，生态养殖肉牛存栏可达3000头。（5）引进台湾客商投资6000万元，发展灵地镇冷链肉联加工项目。已基本完成土地平整工作，准备进入主体施工阶段。（6）引进厦门客商投资1亿元，实施食用菌GAP（即：良好农业规范）标准化基地建设项目。该项目已完成公司注册，名称为福建省宜尚股份有限公司，注册资金5000万元。

农牧渔产业均衡发展，产业结构日趋合理。全面推广超级稻、再生稻种植，建立国家万亩超级稻高产示范片和省粮食产能区核心示范片4片，共1100亩。在稳定水稻、甘薯两大传统主导产业基础上，坚持烤烟兴镇，巩固烤烟基地，2015年全镇完成种植烤烟面积9469亩，收购烟叶1445396公斤，上等烟比率63%，收购均价34元/公斤，实现总产值4925.5万元。同时坚持以市场为导向，以专业合作社为引擎，引导农户发展规模适度种养产业，种植猕猴桃、红荷芋、太子参、仙草等，预计产值可达300万元。

益晟苗木基地

林下特色种植

林下特色养殖

龙阳肉牛基地

优质烤烟基地

闽台农业示范园　生态休闲旅游乡——李家乡

李家乡位于清流县最南端，被誉为山区明珠清流县的“内陆小平原”，距县城65公里，是清流县通往厦门、广东等沿海省市的重要交通要道。全乡面积75.1平方公里，耕地12200亩，林地115000亩，木林蓄积量达16万立方米。辖8个行政村、38个自然村、83个村民小组，总人口12600人、总户数3397户，其中农业人口9997人，农村劳动力6800人。境内溪流纵横，土质肥沃，地势平坦，适于种植水稻、烤烟、大豆、花生、甘薯、水果、茶叶等经济作物和发展牛、羊、鱼等草食动物；全乡有煤炭、冷泉、高岭土、硫铁矿、石灰石、金矿等资源，全乡探明煤炭总储量为3500万吨，其中可采储量为2800万吨；鲜水冷泉日出水总量33868立方米，四季水温在18～22摄氏度。

境内距离连城冠豸山机场18公里，距永武高速连城文亨互通口20公里，距赣龙铁路冠豸山火车站35公里，距省道204线10公里。2006年，全乡各村高标准实现村村通水泥路目标。随着清流县“以永宁高速公路、长永铁路和莆建龙梅铁路为主的交通骨架网，以两条省道为依托，辐射农村公路网”的交通大格局逐步形成完善，境内交通运输体系将更加便捷。

以清流县被列为国家生态旅游大县和升格为国家级台湾农民创业园、李家乡入选“海西最具潜力十大乡村休闲游”之一并被列为全省海西十大旅游产品建设项目为契机，充分发挥李家乡旅游资源优势，全力打造以冷泉生态旅游和农业休闲观光为主题的海西旅游之乡。重点突出冷泉休闲旅游度假山庄、油茶文化博览园、花卉、珍稀苗木生态农业观光园开发建设。

李家乡近年引进资金累计10000余万元，先后引进了台资企业2家，即清流青龙果菜有限公司和三明嘉德综合农业科技有限公司，分别种植优质水果蜜雪梨和开发养殖冷水性鱼类。引进浙江奉化滕头园林公司成立三明景秀园林工程有限公司，投资建设绿化苗木种植基地。乡党委、政府因地制宜，开拓创新，提出新一轮经济整体发展思路，打造“中国冷泉第一村”“闽台农业示范园”“生态休闲旅游乡”，创建全省乃至全国有名的农业生态观光乡镇。建成万亩绿化苗木基地、万亩油茶基地、千亩冷泉养殖基地、千亩高档优质梨基地、全县最大农产品加工基地等五大基地。

市委组织部部长陈炎标（左二）到李家乡调研学习李彬精神

乡党委书记王恒英在领导接待日现场与群众交谈，了解民生

乡党委书记王恒英、乡长黄胜木主持召开村支部委员竞选人集体谈话会

三毛食品地瓜加工现场

美丽乡村-冷泉小区农民文化广场

鲜水冷泉休闲游

花园式的乡政府大院

大丰山风景

中国历史文化名村
国家级生态乡镇
马英九福建祖居地

山水天赖 文化古坊——赖坊乡

县领导冯明生到赖坊乡指导灾后重建工作

赖坊乡位于清流县东南部，距县城56公里，往南距连城38公里，往北距永宁高速40公里，毗邻永安市、连城县。全乡区域面积114平方公里，辖8个行政村，人口1.1万人。全乡耕地面积14287亩，山林面积13.4万亩，是全县粮食主产区，烤烟重点乡，主要农特产品有花生、茶叶、茶籽油、绿化苗木、大蒜、西瓜、席草等，是新兴的台商投资乐土。境内文化旅游资源丰富，有大丰山省级森林公园，是中国历史文化名村、中国传统村落、国家级生态乡镇，也是台湾地区现任领导人马英九的福建祖居地。

近年来，赖坊乡党委、政府立足乡情实际，紧紧围绕“文化、生态”两个方面，以“生态产业开发、文化与旅游、优美乡村建设”为工作重点，突出打造“中国历史文化名村”和“樱花之乡”两大品牌，切实抓好新经济增长点和“花乡花海”形成工作落实，按照“在山上再造一个赖坊”的工作思路，践行“把农业当作工业来做、把基地当作景区来建、把文化当作产业来抓、把乡村当作城市来发展”的工作措施，2015年，有企业40家（其中台企7家、港企1家、市级龙头企业4家、规模以上工业企业5家），经营范围囊括农业、工业、商贸旅游开发等方面，建成茶叶、油茶、苗木3个万亩基地和花生、烤烟2个5000亩基地，并不断促进农业向二产、三产方向发展，有效促进农业增效、农民增收。在加大古民居保护与开发和传统文化传承力度基础上，按照保护古村、改造旧村、建设新村的理念，有效实施绿化景观带建设、综合生态旅游景区开发和环境连片综合整治工作，不断完善配套设施建设，精心打造功能完善、最具特色的历史文化名镇，努力将赖坊打造成“农耕文明的沉淀地、天然食品的聚集地、生态旅游的目的地”，实现“机制活、产业优、百姓富、生态美”的有机统一。

集镇新貌

台湾樱花观光园

民俗活动——走古事

赖坊古民居

农产品加工园区

赖坊花生

赖坊西瓜

母亲河—文昌溪

万亩生态茶园示范基地

打造“生态长校、文化长校、旅游长校、商贸长校”—长校镇

市政协主席程立双（左四）到长校指导救灾工作

“十佳孝子、十佳好婆媳”表彰大会

长校镇位于清流县之南，地处闽西北交通要冲，东邻灵地镇，西与长汀县接壤，南接古雕版印刷之乡连城四堡镇，北毗里田乡。辖10个行政村、1个居委会，人口1.4万人，行政区域面积141平方公里。是三明与龙岩结合部的重要边贸古镇，也是著名的革命老区镇。长校镇文化底蕴雄厚，是中国民间文化艺术之乡，十番锣鼓列入省第三批非物质文化遗产名录。

近年来，长校镇党委、政府围绕打造“生态长校、文化长校、旅游长校、商贸长校”目标，和“以旅游为核心，把镇村当景区来建，把文化当产业来抓，把产业当景点来做”工作主线，求真务实、锐意进取。2014年，实现工农业总产值46132万元，增长11%；规模工业总产值17334万元，增长15.1%；农民人均纯收入12740元，增长13.8%。获得全县旅游和商贸服务业先进乡镇第二名、社会治理创新和综治维稳工作先进单位第二名、小城镇和美丽乡村建设先进乡镇第三名、社会事业与民生发展先进乡镇第三名、公路沿线环境综合整治“百日会战”先进乡镇第三名、民兵预备役工作先进单位第三名等荣誉。

“伍郎公”主题广场

美丽乡村—河排村罗永公园

集镇全景

清流县长校中心小学

清流县长校中心小学创办于1946年，原名校溪学堂，1952年正式命名为长校中心小学。1970年又改名为长校学校，并设立初、高中部。1981年，长校中心小学与中学分开，迁至长校村溪尾环村路旁。

2015年，学校占地面积8016平方米，建筑面积4796平方米。拥有教学楼、办公楼、教师宿舍楼、学生公寓楼各1幢。配有学生食堂、学生餐厅、电脑室、多媒体教室、图书室、阅览室、科学室、美术室、音乐室、体育器材室、电子备课室、篮球场、羽毛球场、塑胶环形运动跑道，已在实施“班班通”。有教学班13个，在校学生516人。教师44人，其中一级教师27人，县级骨干教师11人。下辖江坊完全小学1所，茜坑、留坑2个教学点。

学校以“为学校可持续发展创造条件、为学生终生发展奠定基础”为办学理念，“勤奋好学、和谐创新”为校训，“博学善教、敬爱学生”为教风，“勤学好问、求异多思”为学风。办学思想端正、校风学风优良、管理规范科学、师资力量雄厚，校园环境建设美观，绿化别具风格，人文景观醒目，激人上进。学校在改革中不断发展，培育了一批批农家孩子，是一所深受老百姓赞誉的农村小学。

学校先后获国家“艺术教育先进学校”“福建省农村示范小学”、三明市“花园式学校”、市“绿色学校”、市“德育工作先进校”、清流县“教育工作先进单位”、县“文明单位”、县“平安合格校”等荣誉称号。长校中心小学，这颗山乡教育明珠，正在闪烁璀璨的光芒。

经典诵读活动

电子阅读吧

清流县实验幼儿园

创办于1959年的清流县实验幼儿园，在清流这块红色的土地上“生根发芽”。经过半个多世纪的教育文化积淀，打造了内敛而激情的办学作风。特别是近几年来，在县委、县政府和各级教育行政部门的关心支持下，1995年12月新建实验幼儿园。2010年2月，该园被确认为“省级示范性幼儿园”，已成为县城规模最大，布局合理、设备齐全的省级示范性幼儿园。该园占地面积6668平方米，建筑面积4887平方米，绿化面积2400平方米，户外活动面积4600平方米，室内幼儿活动面积2031平方米，有教学班16个。全园教职工79人，专任教师36人，大专学历33人，占97%，教师专业合格率100%。保育员16人，学历合格率100%；16人均受过保育知识培训。

园 长：张春花

清流县实验幼儿园坚持以“一切为了孩子，为了孩子一切，为了一切孩子”为办园宗旨，“一流育人环境、一流服务质量”为工作目标，以“以人为本、保教并重”为办园理念，以“团结、开拓、创新、奉献”的工作精神，践行该园的办学愿景：“赏识教育，幸福人生”；该园的办园思路是“用赏识教育凝聚人心，用团队精神打造特色学校”。随着校园赏识文化活动的深入开展，教师与家长树立了赏识理念，理解和把握了赏识教育的方法，并以此来教育幼儿和指导教学活动；全面推广“赏识教育”，构建公平、和谐的教师管理评价机制和幼儿发展评价机制；建立赏识教育园本化课程体系，促进师师之间，师幼之间，幼幼之间，亲子之间的相互赏识，逐步形成尊重、信任、互助、和谐、以人为本的工作氛围和人际关系，在老师之间形成“乐教、爱生”的教风，在孩子之间形成“自信、快乐”的学风，逐渐形成“爱、勤、严、诚”的园风。

该园连续8年获得县目标管理考评一等奖及县教育工作先进单位称号；先后获得“省绿色学校”“市先进教工之家”“县文明学校”“省、市级巾帼文明岗”“市级文明学校”“基层党建工作示范学校”“全省学校先进基层党组织”“市三八红旗集体”“市级环境友好学校”。教师中被评为省市级优秀教师15人次，获三明市各项教学奖励20人次，在CN刊物上发表论文11人，在市级教学刊物发表论文60人次。

快乐童年

小小升旗手

校园运动会

“六·一”美工作品展

课程开发活动

亲子互动

精心打造闽人之源文化·推动学校和谐健康发展

——清流县沙芜学校

清流县义务教育均衡发展迎国检工作现场会在沙芜乡召开

清流县沙芜学校创办于1926年，坐落于美丽的省级风景区九龙湖湖畔，前身为“沙芜国民学校”。解放后，曾先后更名为沙芜中心小学、沙芜学区，现为清流县沙芜学校，是一所环境优美、育人氛围浓厚的边远山区农村学校。

学校占地面积10975平方米，校舍面积7795平方米，图书室、阅览室、计算机室、仪器室、实验室、音乐室、美术室等功能室齐全。2015年，有教学班6个，学生144人，教师23人。其中，中级职称教师14人，本科学历4人、大专学历17人，县骨干教师3人。优美、舒适的校园环境，功能齐备的教学设施，适应当前所辖区域教育事业的发展。

近年来，学校以社会主义核心价值观为统领，以“福建精神”为主题，充分挖掘当地“闽人之源”文化资源内涵，积极推进爱祖国、爱民族、爱家乡的校园文化建设。以“以德育人、特色兴校、全面发展”为办学理念，秉承“养成好习惯，成就好人生”的校训，开展丰富多彩的主题教育活动，深受社会各界好评。学校校风、教风、学风日益浓厚，教师爱岗敬业、团结协作，学生各方面良好习惯逐步养成，素质教学成果喜人，教育教学质量大幅提高，创建“人文校园、绿色校园、和谐校园”条件日趋成熟。

学校先后获“全市教育系统创先争优先进基层党组织”、县“文明单位”“卫生单位”“语言文字合格校”“德育先进校”“校园文化建设先进学校”“优秀基层党组织”“环境友好型学校”和“省级心理健康教育先进单位”等荣誉称号。

爱岗敬业、甘于奉献的校领导班子

开展“讲文明、讲卫生、拒绝乱扔垃圾”教育活动

2015年“好习惯 成就中国梦”元旦文艺汇演

新建标准化塑胶跑道运动场

开展水上交通安全知识讲座

整洁、卫生、规范的学生食堂

建设花之校园，培育时代君子

井井有条的学生寝室

独具特色的厕所文化

开水房

洗衣房

卫生室

阅览室

棋类活动室

心理咨询室

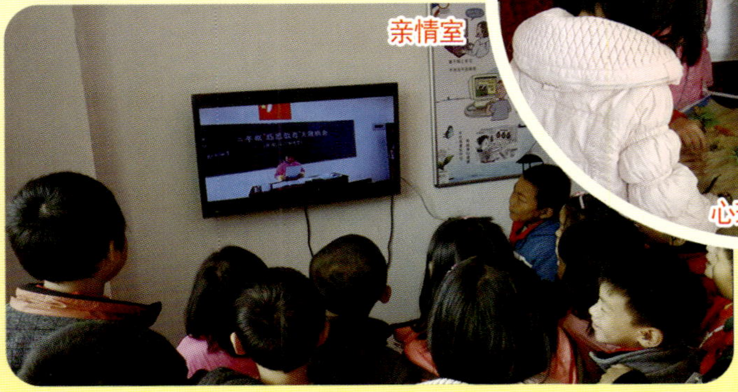

亲情室

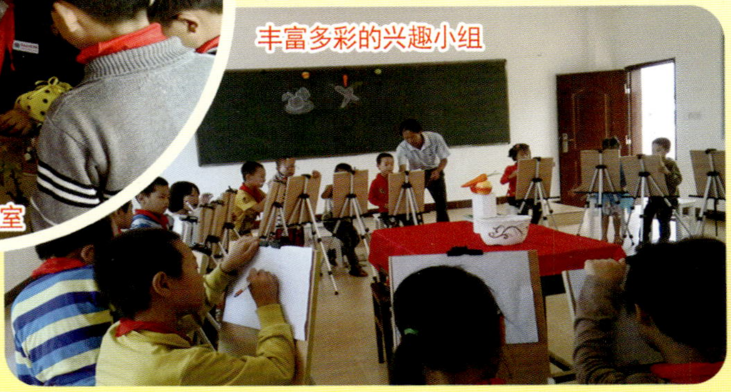

丰富多彩的兴趣小组

清流县嵩口学校

清流县嵩口学校是一所理念先进、管理优化、设施齐全、校园精致、质量较高、特色初具的九年一贯制学校（含幼儿园）。创办于民国5年（公元1916年），具有近百年的办学历史。

校 长：张金根

2015年，学校设有中心幼儿园、小学部、中学部。辖有围埔、范元、沧龙3个初小点。在编教师149人（含幼儿志愿者3人、外县支教教师2人），其中幼儿教师21人，小学教师77人（含初小点6人），中学教师46人，县级骨干教师17人。在校学生1634人，其中在园幼儿636人，小学部890人（含初小点15人），中学部108人。

学校坚持以“重德 博识”为校训，紧紧围绕“办人民需要的教育，创群众满意的学校，做学生喜爱的教师”的办学宗旨，坚持“以人为本、和谐发展、以德为先、质量立校”的办学理念，全面贯彻党的教育方针，全面实施素质教育，形成“真诚、博爱、团结、拓进”的校风，“敬业、爱生、严谨、创新”的教风，“好学、善思、乐学、向上”的学风。学校的办学特色为传承国学经典。深化教育教学研究，2015年，承担省级幼儿课题1个，市级课题2个，县级课题2个。

百年阳光，百年风雨，学校以其悠久的办学历史、深厚的文化积淀、锐意的进取精神、优异的办学成效，抒写嵩口学校辉煌历史，展现嵩口学校的多彩今朝。近年来，学校先后通过“六项督导”“两基”“双高普九”等验收，多次被评为“清流县教育工作先进单位”、县“文明单位”“卫生单位”“安全生产标准化合格单位”，荣获县教育目标管理考评一等奖、“课题研究实验先进校”“语言文字规范示范校”等称号。

清流县邓家学校

新建的幼儿园教学大楼

邓家学校创办于1911年。2015年，校园占地面积9896平方米。有省优秀农村教师1名，一级教师10名，县骨干教师3名。校级领导中有2名是高级教师。

近年来，学校紧紧围绕农村品牌特色，加大改革创新力度，适时调整办学思路，坚持以人为本的办学理念，狠抓规范管理，突出强化内涵建设，促进学校事业全面协调发展，发挥广泛的示范、辐射和引领作用。学校通过全面规划校园环境建设、文化建设等，办学条件发生巨大变化：新建多媒体教室、电脑室、图书室、科学实验室、体育室、劳技室、音乐室、美术室等专用教室；改建学生食堂、学生宿舍和学生运动场；建立了三房五室；新建幼儿园教学大楼并完善设施和监控设备；添置学生健身器材，种植大量花草树木，学生的生活条件和学习环境得到巨大改善。学校班子务实进取、真抓实干，全体教师团结奋斗、努力拼搏，办学成效显著：学校先后被评为义务教育标准化学校、市级文明学校、市语言文字先进校、德育工作先进校、市绿色学校、环境友好学校、行为规范示范校、校园文化标准化学校和书香校园。

丰富的校园文化生活

勤学乐教

清流县田源中心小学

敬业奉献的校级领导班子

清流县田源中心小学始创于1951年。1972年，发展为完小。1976年，附设初中班、高中班。1979年，撤消高中班。1981年，又撤消初中班。1983年，创办初级农业中学。1986年，改为田源初级中学，中小学分开办学。1997年，被评为福建省农村示范小学。2004年，全县学制改革，田源学区与田源初级中学合并成九年一贯制的田源学校。2007年，学校初中部撤消。

2015年，学校有教学班8个，附设幼儿园班3个，在校小学生242人，幼儿89名。在职教师36人。其中，专任教师32人；高级教师1人，一级教师23人；取得本科学历的2人，大专学历12人；县骨干教师5人。

校园占地面积7223平方米，校舍面积5372平方米。三层教学楼内设图书室、电脑室、心理咨询室、阶梯教室、综合实践室等专用教室及普通教室9间；五层教学综合楼内设音乐室、美术室、实验室、劳技室、体育室等；三层学生公寓内设“三房五室”，为学生的生活和同家长沟通交流提供了方便。2015年，校园铺设塑胶运动场，整体面貌焕然一新。

近年来，学校秉承“知书达理，立志成才”的办学理念，坚持以“立德树人”为工作思路，以学生学习习惯和行为习惯的素养形成为抓手，构建学生能力、品德形成体系，突出“素质为重，发展为本”的教育理念，抓好学校各项工作开展。连续几年英语教学成绩名列全县前茅，先后获德育合格学校，文明单位，教育目标考评一、二等奖等多项荣誉。

清流县里田学校

教研活动

里田学校原名为里田育才小学，始建于1951年。1965年，开办里田农中，2003年，改名为里田学校。2012年2月，初中部撤并入清流县实验中学。2015年11月，新建幼儿园竣工。学校占地面积9332平方米，建筑面积8020平方米。共有教学班11个（其中幼儿班4个），在校学生331人（其中幼儿129人，小学生202人），教师44名。

学校以德育工作为首，抓好学生的爱国主义教育、养成教育、感恩教育、革命传统教育、社会主义核心价值观教育和文明礼貌教育。在素质教育中，学校以提高课堂教学效益、校本教研和教师专业成长为突破口，努力抓好教育教学质量，加强校园文化建设，创建平安校园。通过乡村少年宫兴趣小组活动，学生的书法、棋技、阅读、体育、音乐、绘画、手工等方面素质得到综合发展。

歌咏比赛

学校积极加大教育投入，改善办学条件。完成操场硬化及花园改造和绿化，新建塑胶跑道，新购教师办公电脑。增加图书量，丰富学生的阅读内容。建设“班班通”教室，加强信息技术在教学中的应用。建设“三房五室”。2014年11月，学校通过清流县教育均衡发展验收。

新建幼儿园

近年来，全校师生团结协作，形成了“诚信、守纪、拼搏、创新”的校风；“敬业、严谨、博学、善导”的教风；“善学、明理、笃志、上进”的良好学风，教育教学质量稳步提高。2013年，获“清流县文明礼仪示范学校”“清流县教育目标管理考评二等奖”。2014年，获“清流县先进基层党组织”等荣誉。

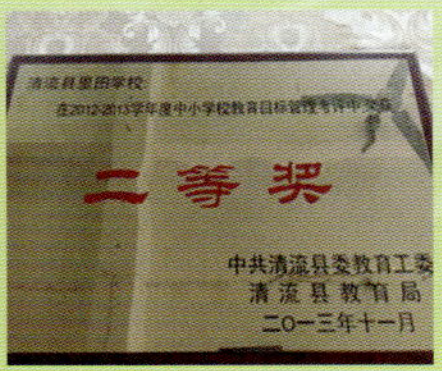

清流县林畲学校

北片区教学研讨

清流县林畲学校创办于1941年，前身为“清流县林畲中山中心小学”。是一所小学带附属幼儿园的中心校，承担着林畲乡辖区8个行政村的教学任务。2014年，有教学班13个（含学前班3个），在校生287名（含幼儿数62名）。校园占地面积13494平方米，校舍面积6333平方米，绿化面积4473平方米，校园环境整洁优美。学校基础设施完善，设有图书室、阅览室、电脑室、美术室、音乐舞蹈室、多媒体室、体育室、科技室、劳技室等；学生活动场所面积6637.5平方米；教学仪器、图书（7500余册）按Ⅰ类标准配备。学校师资力量雄厚，拥有教职员工42人，其中本科学历9人，大专学历18人；中、高级职称35人；县级以上骨干教师8人。

学校围绕“全面发展，素质为本，特色兴校，科研强校”的办学目标，秉承“爱国、勤朴”的老区精神，坚持育人为本，德育为先，以林畲乡本土文化、苏区红色教育为研究，爱国主义和养成教育为主线，将毛泽东同志旧居、红军烈士墓、红军夜校、红军井等革命传统教育基地作为德育载体，把德育融入学校课堂教学、学生管理、学生生活的全过程，林畲乡教育事业不断向前发展。

学校先后获福建省留守儿童先进校、三明市绿化先进单位、清流县教育工作先进单位、清流县文明单位等荣誉称号。该校孙桃香老师被评为全国“优秀教师”，省、市“劳动模范”。

鲜花基地体验生活

红色经典诵读

艺术节展示学生风采

清流县赖坊中心小学

清流县赖坊中心小学地处中国历史文化名村赖坊乡境内，文昌街36号。占地面积17500平方米，建筑面积4700平方米。2015年，有教学班15个，学生579人，教职工46人。

学校确立以“追求和谐 体验成功”为办学理念，“以和为美 明理成人”为办学宗旨，打造“科学民主 知行合一”的校风、“博爱诚信 解放个性”的教风、“勤学好问 求异多思”的学风。校领导带领全校师生扎实走好二条路：一是精细化管理立校之路；二是素质教育强校之路。先后获文明学校、德育合格校、卫生单位、语言文字合格学校、先进基层党组织等荣誉称号。

新教师公寓、学生公寓、综合楼、塑胶运动场已在兴建，竣工之时，赖坊中心小学将是一所标准化的山区示范学校。

清流县实验小学

国家督学到学校检查

清流县实验小学创建于清光绪三十二年（1906年），历经百年，桃李满天下，学子遍五洲。学校位于龙津镇常春街25号，是一所花园、学园、乐园式的省、市文明学校。在各级领导的亲切关怀和社会各界的大力支持下，在勤奋、敬业、开拓、奉献的实小几代人的共同努力下，清流实验小学由小变大发展到至今规模。校园占地面积16020平方米，建筑面积10202平方米，内设较为规范的运动场（环形塑胶跑道200米，塑胶直跑道100米，塑胶篮球场3个）。有教学楼、学生公寓各2幢，有可容纳300名学生同时就餐的食堂1个。有教学班35个，1759名学生，教师121人，其中一级教师60人，县级以上骨干教师、学科带头人32人。

市、县专题研讨暨教学开放周活动在清流实小举行

学校以“思源敦行，知源获智”为校训，以“共建孩子成长乐园，共创教师发展空间”为办学宗旨，以“承源力行，人人成才”为办学理念，全面推进素质教育，努力培养和形成“探源启明，勤思善教”的教风、“承源求实，多思乐学”学风和“培源润新，尚思进取”的校风。2014—2015学年度，学校先后被市环保局、市教育局评为“市环境友好学校”；被市关工委授予“全市‘五好’关工委”荣誉称号和关心下一代工作“先进集体”。在2014年度福建省学校心理健康教育工作建设成果评定中，被福建省学习科学学会心理健康委员会评为省级先进单位；在省委宣传部、省教工委和省军区政治部联合举办的全省“热爱国防好少年”评选活动中，被评为优秀组织学校。

开展“模拟法庭”学生实践活动

大提琴兴趣小组

少儿歌手大赛

庆“六·一”文艺汇演

a product than a source of nourishment. And the increased inclusion of packaged, processed foods into the Standard American Diet has brought with it an alarming increase in illness and disease.

However, this descent into poor diet and health is not unstoppable. Many have completely transformed their health and their quality of life by changing the way they eat. As an owner of the NutriBullet 900 Series, you are clearly aware and interested in living a healthy, nourished life.

Whether you are recovering from an illness or disease, drastically changing unhealthy eating habits, or looking for a way to include more plant based nutrition into your diet, everyone at every level of health can benefit from incorporating the NutriBullet into their daily routine. So what are you waiting for? Plug in your NutriBullet and start blasting today!

NUTRIBULLET is a registered trademark of HOMELAND HOUSEWARES, LLC
©NUTRIBULLET, LLC
LOS ANGELES, CA 90025, USA
ALL RIGHTS RESERVED, MADE IN CHINA

NB-IM027-02

ife Changing Recipes